HIPERPUBLICIDADE:
FUNDAMENTOS E INTERFACES

VOLUME 1

Dados Internacionais de Catalogação na Publicação (CIP)
(Câmara Brasileira do Livro, SP, Brasil)

Hiperpublicidade : fundamentos e interfaces, v.1 /
Clotilde Perez, Ivan Santo Barbosa, organizadores. —
São Paulo : Thomson Learning, 2007

Bibliografia.
ISBN 978-85-221-0355-3

1. Marketing 2. Propaganda 3. Publicidade
4. Semiótica I. Perez, Clotilde. II. Barbosa, Ivan
Santo

07-5432   CDD-659.1

Índice para catálogo sistemático:

1. Publicidade   659.1

HIPERPUBLICIDADE:
FUNDAMENTOS E INTERFACES

VOLUME 1

Clotilde Perez
Ivan Santo Barbosa
organizadores

THOMSON

Austrália   Brasil   Canadá   Cingapura   Espanha   Estados Unidos   México   Reino Unido

THOMSON

Gerente Editorial:
Patricia La Rosa

Supervisora de Produção Gráfica:
Fabiana Alencar Albuquerque

Composição:
Megaart Design

Editora de Desenvolvimento:
Ligia Cosmo Cantarelli

Copidesque:
Alessandra Miranda de Sá

Capa:
Eduardo Bertolini

Supervisor de Produção Editorial:
Fábio Gonçalves

Revisão:
Norma Gusukuma

COPYRIGHT © 2008 de Thomson Learning Edições Ltda., uma divisão da Thomson Learning, Inc. Thomson Learning™ é uma marca registrada, aqui utilizada sob licença.

Impresso no Brasil.
Printed in Brazil.
1 2 3 4   10 09 08

Agosto de 2008.

Condomínio E-Business Park
Rua Werner Siemens, 111
Prédio 20 – Espaço 3
Lapa de Baixo – CEP 05069-900
São Paulo – SP
Tel.: (11) 3665-9900
Fax: (11) 3665-9901
sac@thomsonlearning.com.br
www.thomsonlearning.com.br

Todos os direitos reservados. Nenhuma parte deste livro poderá ser reproduzida, sejam quais forem os meios empregados, sem a permissão, por escrito, da Editora.
Aos infratores aplicam-se as sanções previstas nos artigos 102, 104, 106 e 107 da Lei nº 9.610, de 19 de fevereiro de 1998.

Esta Editora empenhou-se em contatar os responsáveis pelos direitos autorais de todas as imagens e de outros materiais utilizados neste livro. Se porventura for constatada a omissão involuntária na identificação de algum deles, dispomo-nos a efetuar, futuramente, os possíveis acertos.

Dados Internacionais de Catalogação na Publicação (CIP) (Câmara Brasileira do Livro, SP, Brasil)

Hiperpublicidade : fundamentos e interfaces, v.1 / Clotilde Perez, Ivan Santo Barbosa, organizadores. – São Paulo : Thomson Learning, 2007
Bibliografia.
ISBN 978-85-221-0355-3
1. Marketing 2. Propaganda 3. Publicidade 4. Semiótica I. Perez, Clotilde.
II. Barbosa, Ivan Santo
07-5432   CDD-659.1
Índice para catálogo sistemático:
1. Publicidade 659.1

Agradecimentos

Ao professor e pesquisador da Universitá La Sapienza de Roma, Massimo Canevacci, pelo carinho com o qual aceitou ser o prefaciante desta obra. Os nossos *multivíduos* agradecem o privilégio.

Aos queridos professores, amigos e colegas que integram esta obra, pela dedicação.

Aos profissionais da Editora Thomson Learning, Ligia Cantarelli, Patricia La Rosa, Fábio Gonçalves, pelo envolvimento, profissionalismo e paciência.

Apresentação

Em meio às atividades cotidianas de nosso departamento na Escola de Comunicações e Artes (ECA-USP) nos perguntávamos sobre as razões que explicariam a falta de uma bibliografia ao mesmo tempo profunda e abrangente em Publicidade. Nenhum livro existente conseguia atingir esse duplo objetivo, apresentar os conceitos fundamentais que norteiam a Publicidade, tais como a própria diversidade de entendimentos e nomenclaturas, suas conexões com outras áreas da comunicação e da gestão, as funções e os processos de uma agência, a abrangência da atuação profissional e sua história, entre outras, e, por outro lado, fomentasse a reflexão e a discussão sobre as questões basilares da Publicidade, que envolve a construção e a sustentação do simbólico, o realce do desejo humano e à condução ao consumo, o fetiche visual e a produção de sentido, a ética e a estética na contemporaneidade.

Refletimos conjuntamente e tivemos a convicção de que tínhamos o dever de materializar em obra essa demanda, principalmente porque a Escola de Comunicações e Artes, nos seus 40 anos, formou a base do pensamento e da atuação Publicitária em nosso país. Para dar conta dessa prestigiosa e ousada tarefa, optamos por integrar os professores do departamento CRP das diferentes especialidades e convidar outros professores, pesquisadores e profissionais que, dentro ou fora do ambiente acadêmico, refletiam e produziam o que há de melhor e mais conseqüente na Publicidade brasileira e nas áreas afins.

Assim, partimos para nossa tarefa de produzir o que inicialmente chamávamos de "manual da publicidade". A idéia de manual servia apenas para expressar a abrangência que pretendíamos, mas falia na intenção de aprofundar a reflexão teórico-metodológica da Publicidade e também na sugestão implícita de modelo a ser seguido de forma inconteste. Apenas recentemente surgiu *Hiperpublicidade* como o título ideal que refletia certeiramente o que pretendíamos e que ao cabo construímos. O nome que atribuímos aos fenômenos à nossa volta revela nossas convicções. Desse modo, *Hiperpublicidade* expressa nosso entendimento, aberto, interdisciplinar, líquido, complexo, criativo e ético, dessa que é a expressão sociocultural de eleição na contemporaneidade.

Inevitavelmente, a obra ficou imensa para poder dar conta de todos os objetivos e, assim, optamos por segmentá-la em dois volumes para não afugentar nossos leitores. *Hiperpublicidade 1* dedica-se aos fundamentos e às interfaces da Publicidade, em aproximações com a Psicanálise, com as Ciências Sociais e com o Marketing em suas diversas abordagens. *Hiperpublicidade 2,* atividades e tendências, mergulha no fazer publicitário, no planejamento e na pesquisa, nos processos de criação, no tratamento da imagem, nos novos formatos publicitários, na fotografia e na produção audiovisual, passando pela hipermídia e pelas comunidades virtuais. O livro se encerra, sem esgotar a reflexão e a aprendizagem, com uma reflexão coletiva e interdisciplinar de pesquisadores da ECA-USP sobre uma campanha publicitária de êxito, o que resulta em uma complexa análise de sua potencialidade comunicativa que, certamente, poderá subsidiar férteis discussões em salas de aula e em reuniões de trabalho.

Para vocês, *Hiperpublicidade.*

Clotilde Perez
São Paulo, 11 de agosto de 2007

Sumário

Prefácio – Publicidade transitiva para minorias não-minoritárias
Massimo Canevacci XI

Parte 1 – Os Fundamentos da Publicidade

1 Publicidade: um olhar metodológico
Neusa Demartini Gomes e Maria Lília Dias de Castro 3

2 O desafio do ensino superior de Publicidade para o século XXI
Tereza Cristina Vitali 14

3 O contexto da propaganda nas teorias da comunicação: emergência da publicidade contemporânea e alicerces de suas principais feições teóricas
Jean-Charles Zozzoli 32

4 História da propaganda brasileira: dos fatos à linguagem
Vander Casaqui 51

5 Da estratégia do anunciante à comunicação publicitária: o caminho do significado
José Carlos Carreira 91

6 A publicidade como possibilidade
Ricardo Zagallo Camargo 124

7 A publicidade e a cultura contemporânea: uma visão crítica
Cláudio Novaes Pinto Coelho 155

8 O desejo e o simbólico na publicidade: contribuições da psicanálise
Arlete dos Santos Petry e Luís Carlos Petry 184

Parte 2 – As Interfaces da Publicidade

9 Marketing, de olho no retrovisor
Mitsuru Yanaze e José Antônio Rosa 201

10 Serviços de marketing
Júlio César Tavares Moreira 222

11 Marketing e o desenvolvimento de novos produtos
Marluci Torquato 243

12 Marketing de relacionamento. As relações da empresa com seu mercado
Helgo Max Seitz 268

13 E quando o assunto é política, como é que fica?
Ivan Santo Barbosa e Katia Saisi 284

14 Semiótica e gestão de marcas
Clotilde Perez 319

15 Merchandising televisivo: *tie-in*
Eneus Trindade 340

16 Promoção de vendas: a teoria da prática
Leandro Leonardo Batista 352

17 Comunicação organizacional: surgimento e evolução das práticas, conceitos e dimensões
Margarida M. Krohling Kunsch 369

18 Agências de comunicação, uma atividade em (r)evolução
Paulo Nassar 391

19 Patrocínio, apoio e mecenato: importância e estratégias de uso
Luiz Alberto de Farias 412

Prefácio

Publicidade transitiva. Para minorias não-minoritárias

No processo de radical mutação em diversas esferas da comunicação contemporânea, a publicidade assumiu um papel decisivo. É impossível afirmar que – mesmo diante de uma expansão freqüentemente mais quantitativa do que qualitativa – os produtores de publicidade conseguiram por muito tempo antecipar as ciências sociais em sua capacidade de pesquisa e interpretação dos fenômenos culturais emergentes. Além disso, eles estão habituados a uma contínua transposição, para as diferentes linguagens, de tudo aquilo que pertencia apenas aos escritos das ciências sociais. O processo que está em andamento é uma mudança expressiva da forma tradicional dos ensaios (de cunho sociológico) para os meios da mídia: nesse sentido, a publicidade antecipa o hipertexto.

Mas mesmo quem trabalha na publicidade não pode ficar parado nem tranqüilo. Sua sensibilidade perspectiva precisa estar sempre em movimento, desenfurnar-se, farejar tudo o que nasce das pequenas minorias – cada vez menos caracterizadas quanto às estratificações sociais existentes – que não tendem a ser minoritárias. Para mim, esse é o ponto decisivo: o publicitário funciona se consegue sentir os estilos e códigos vividos pelas *minorias não-minoritárias*. E transporta-os – transfigura-os – em narrações breves que poderão atrair segmentos de subjetividade que tendem a se tornar hegemônicos e até mesmo majoritários nos respectivos âmbitos de consumo performativo contemporâneo.

O publicitário etnógrafo – pois é isso que ele precisa ser se não quiser se automarginalizar – precisa experimentar os territórios inovadores que envolvem os processos de elaboração simbólica vividos ao ar livre, ou viciado, da comunicação. Sua capacidade de interpretação é, com freqüência, intuitiva, mas desde que participe pessoalmente da pulsação dos comportamentos sensíveis expressos pelas diferentes *minorias não-minoritárias*, referentes a novos *targets* cada vez mais diversificados e flutuantes. Na verdade, quando se pensa no *target*, até mesmo a imagem visual é a de um objetivo estático, rodeado por círculos concêntricos cada vez mais próximos até que se chega ao ponto focal: e esse ponto – ou seja, o assim chamado *target* – está lá, imóvel, à espera de ser apanhado e atingido pelo *golpe* do genial publicitário.

Foi exatamente isso que mudou no corpo do *target*: ele não está lá, dócil e imóvel como um animal enjaulado, à espera de que o caçador o alimente ou o acaricie. O corpo do *target* não pode mais ser caracterizado em termos estáticos, diversificados nos vários segmentos da estratificação social, visão essa baseada ainda numa produção de valor e de valores do tipo industrialista.

O *target* move-se mais rapidamente do que os instrumentos de pesquisa. Esse *target* móvel, flutuante, híbrido, solicita novas capacidades de leitura, um olhar oblíquo, fluido e sincrético ao mesmo tempo. Olhos novos para *targets* novos. E nessa perspectiva, provavelmente a noção de *target* torna-se supérflua ou enganadora.

O último aspecto que gostaria de ressaltar é o seguinte: a publicidade aproxima-se e desafia cada vez mais os territórios contíguos aos da arte, principalmente os que têm o corpo como referência. O corpo como panorama (*bodyscape*) e os contextos espaciais (*location*) exprimem uma atração recíproca que permeia as disciplinas tradicionais – especialmente o *design*, a arquitetura, a música, além da arte –, e aquela coisa que requer cada vez mais especificações e que ainda se chama comunicação visual. Os nexos flutuantes – simetricamente *targets* –, entre corpos-panoramas e espaços-intersticiais, determinam a publicidade atual em suas transfigurações possíveis, graças às tecnologias digitais.

Comunicação corpórea, espacial, digital flutuam entre códigos possíveis de serem fixados e transfigurados ao acessar os meios da mídia.

Enfim, se o *target* subjetivou-se cada vez mais, a questão de uma visão nova da identidade torna-se central e conecta-se, não apenas a um sujeito "multividual" (ou seja, potencialmente plural) e a um contexto espacial identitário igualmente fluido, mas também e, de certo modo, essencialmente, à marca, ou seja, um *brand* que precisa desenvolver uma sensibilidade igualmente fluida e mutante em relação à própria identidade.

O *brand* como sujeito pós-orgânico, com uma biografia e uma biografia.

O texto, cujos curadores são Clotilde Perez e Ivan Santo Barbosa, perpassa por diversos olhares e disciplinas para focalizar esse continente semidesconhecido em que está se tornando a publicidade. Nesse sentido, é um desafio levado ao coração pulsante e transitivo dessa forma de comunicação visual que não relaciona apenas, como quer a tradição, à arte ou ao cinema, mas também a essa cultura digital que está modificando particularmente a sensibilidade cognitiva e cada vez mais on-line. Por tal motivo, o modo como fazer, interpretar e modificar a nova publicidade da comunicação on-line já é claramente algo diferente do passado, embora solidificado em um presente compacto. Pensemos nos novos desafios representados por "Second Life", mesmo para a publicidade digital.

Nesse sentido, as ciências deveriam começar a virar do avesso suas diferentes metodologias e a descentralizar os pontos de observação, a partir do quanto uma determinada publicidade, ainda viva, emana entre os cenários de um corpo cada vez mais panorâmico e uma metrópole cada vez mais comunicacional.

Massimo Canevacci
Roma, maio de 2007

Parte 1
Os Fundamentos da Publicidade

1

Publicidade: um olhar metodológico

Neusa Demartini Gomes*
Maria Lília Dias de Castro**

Introdução

Se, até a segunda metade do século XIX, a publicidade era marcada pelo seu caráter informativo, a Revolução Industrial trouxe-lhe o predomínio da persuasão sobre a informação. Neste momento, o processo de industrialização e de crescimento mercadológico consagrou a publicidade como instrumento indispensável do auge do comércio e dos primeiros encontros competitivos da economia capitalista na formação de mercados. Sua evolução ficou definitivamente associada ao desenvolvimento da sociedade de consumo.

Como sustentação do capitalismo, a publicidade não pode prescindir da produção em série, da urbanização, dos grandes centros comerciais, dos meios de comunicação e da elevação dos níveis de vida com base no incentivo ao consumo dos bens colocados no mercado. Nessa ação, concorrem diretamente fatores de ordem *sociocultural*, porque a publicidade reflete os interesses e dialoga com os valores aceitos na sociedade; *econômica*, porque a produção está voltada para a oferta, a venda e o lucro; *mercadológica*, porque implica papel do

---
* Professora Doutora da Pontifícia Universidade Católica (PUC-RS), Porto Alegre (RS).
** Professora Doutora da Universidade do Vale do Rio dos Sinos (Unisinos), São Leopoldo (RS).

segmento e posição no mercado; *simbólica*, porque trabalha a linguagem nas diferentes potencialidades de sentido; e *tecnológica*, na medida em que se apropria dos recursos tecnológicos para se tornar mais contundente.

Concordamos com essa perspectiva de que o trabalho com a publicidade exija um olhar atento aos fenômenos da realidade socioeconômica e cultural, já que é difícil falar da mídia, de seus gêneros, de suas formas de construção de sentido, de sua produção ou recepção, da crescente segmentação da demanda e da oferta, ou dos processos de globalização simbólica, bem como de seus efeitos e usos, isolando-os da sua complexa trama de transformações socioculturais e econômicas.

Outros autores, como Jhally (1995, p. 13), afirmam que a publicidade é, na sociedade moderna, a mais influente instituição de socialização, uma vez que ela

> estrutura o conteúdo dos meios de comunicação de massa; desempenha um papel-chave na construção da identidade e do gênero sexual; atua sobre as relações entre pais e filhos em termos de mediação e da criação de necessidades; controla algumas das nossas instituições mais importantes, tais como o esporte e a música pop, e tornou-se, ela própria, nos últimos anos, um tópico de conversa favorito.

Com essa afirmação, o autor dá sentido bastante reducionista aos efeitos da publicidade. Acrescentamos que, além de atuar sobre as relações entre pais e filhos, ela também passa a exercer controle sobre outras instituições não citadas anteriormente, uma vez que, hoje, invade espaços mais amplos do nosso cotidiano, principalmente aqueles já dominados pelos meios de comunicação de massa. É inegável que a publicidade atua no controle da programação da televisão e do rádio por meio de sua presença em *talk shows*, programas de auditório e *reality shows*, entre outros. Essa presença marcante em uma imensa variedade de domínios não pode ofuscar aquilo que a publicidade realmente é, descaracterizando-a em relação às áreas às quais se relaciona: a influência mercadológica, a responsabilidade informativa e o caráter persuasivo no processo de comercialização de bens e serviços.

Como produção midiática, a publicidade funciona como uma espécie de ritual: trata-se de dar a conhecer, a um público determinado, aspectos positivos e/ou vantagens de produto(s), marca(s) ou serviço(s), com vistas a obter a aceitação desse público e a conseqüente aquisição do que lhe foi mostrado. Naturalmente, para que tal ritual seja realizado, há necessidade de um conjunto de regras socialmente estabelecidas, a serem observadas por todos os envolvidos nesse ato solene.

Dada assim a proeminência da publicidade na sociedade moderna, na condição de verdadeira instituição de comunicação, há uma possibilidade múltipla de tratamento do seu fazer em função do tipo de concepção interpretativa a ser desenvolvido. No âmbito deste artigo, a proposta é o exame da publicidade sob duas perspectivas em especial: a teoria geral dos sistemas e a teoria da linguagem.

Teoria sistêmica

O uso da *teoria geral dos sistemas* para o estudo teórico da publicidade apresenta muitas vantagens diante dessa sua complexidade, para fins de compreensão dos múltiplos elementos inter-relacionados que constituem a atividade publicitária: vista como um conjunto de métodos encaminhados a favorecer a venda de produtos e serviços, pode ser estudada estruturalmente pelas suas etapas, como o planejamento, a criação, a produção, a veiculação e o controle das mensagens. O estudo estrutural pode ser ampliado com a descrição das técnicas apropriadas para realizar cada uma das tarefas que constituem essas etapas.

Entendida como um sistema, a publicidade envolve todas as suas interfaces, que, em decorrência, apresentam-se compostas por elementos inter-relacionados, mediante processos mais ou menos complexos, claramente hierarquizados. Cada elemento tem a própria estrutura, e a ação conjunta dos elementos conduz o sistema a um objetivo comercial determinado e previamente fixado.

Esse conjunto complexo de elementos em contínua interação, chamado *sistema publicitário*, está relacionado com o ambiente exterior, ou seja, o entorno que rodeia o indivíduo, e com mensagens estimulantes que lhe trazem informações e significados do mundo exterior, os quais servem para determinar seu comportamento ao ter de adaptar sua conduta às modificações do entorno.

Sistematizando, pode-se dizer que *"sistema publicitário" é uma rede organizada de elementos, participantes do entorno geral da comunicação de massa, programados segundo determinado plano para atingir um objetivo cujo marco referencial é o universo econômico da empresa capitalista.*

Dessa definição derivam algumas características próprias do *sistema publicitário* que, unidas a outras interessantes de serem ressaltadas, permitem uma compreensão mais completa do novo conceito e dos elementos que o compõem:

1. o sistema publicitário pertence à categoria dos sistemas abertos;
2. a publicidade é um instrumento de caráter econômico, inserida dentro do entorno do marketing, portanto faz parte do conjunto de atividades empresariais;
3. a publicidade gera vários outros subsistemas que configuram sua estrutura interna, dos quais dois são fundamentais: o processo de planejamento e o processo de comunicação; e
4. o mecanismo de retroalimentação (*feedback*) é uma peça importante do sistema publicitário a fim de corrigir os desvios do estado final estabelecido, que vai aparecer na forma de objetivo a ser atingido.

Como processo administrativo, a publicidade tem início com o estabelecimento dos objetivos de gestão do produto ou da marca, normalmente expressos em termos de lucros, margens e benefícios. Após, são fixados os objetivos de marketing mediante fatores como a penetração do consumidor, a distribuição e a participação no mercado, que são, na realidade, estratégias por intermédio das quais os objetivos comerciais podem ser alcançados.

Sendo uma atividade relacionada ao comércio, a publicidade é um dos elementos do processo de marketing, que, em conseqüência, é o componente principal da estrutura comercial da empresa. E, como todos os elementos comerciais de uma empresa, ela requer gerência competente e administração eficaz.

Para a realização dos objetivos, a empresa se movimenta em um ambiente em constante fluxo, onde forças externas provocam ações e reações de caráter interno que afetam a empresa e seu meio. Tais forças, incontroláveis para a empresa, podem ser classificadas em várias categorias gerais: políticas, sociais, econômicas, culturais, legais e da concorrência, e obrigam a empresa a se adaptar a elas em sua atividade comercial. A empresa reage contra as forças externas por meio de diversas ações, que podem ser resumidas, de maneira bastante simplista, em algumas atividades comerciais internas ou controláveis: o *produto* que se vende, seu *valor* de venda, seu *território* de distribuição, sua *promoção* ou modo de se promover o produto ou serviço e sua *comunicação*.

Portanto, a publicidade se enquadra, do ponto de vista da administração na empresa, como parte do marketing, mas inserida entre os instrumentos de comunicação mercadológica. Assim, conhecendo todos os instrumentos de comunicação mercadológica, os profissionais deverão levar em conta que a publicidade constitui uma alternativa opcional entre as atividades possíveis do negócio, e sua avaliação final dependerá do papel que vai desempenhar na realização dos objetivos de marketing da empresa. Nesse processo, é importante que o publicitário não se concentre apenas nos aspectos criativos das campanhas publicitárias, mas que dê especial atenção ao *briefing*, ou coleta de informações para o planejamento, bem como ao estudo das peças e dos meios mais adequados para a veiculação das campanhas.

Como integrante do sistema de marketing, a publicidade é essencialmente um processo comunicativo que requer o uso dos meios de difusão de massa, denominados veículos, que transmitem mensagens simultâneas a um grande número de pessoas.

Esse sistema de comunicação mercadológica serve a duas finalidades: informar e persuadir. Informar é transmitir conhecimentos. Os anúncios transmitem os dados idôneos, que, sob forma concreta, asseguram a consecução do objetivo perseguido. Informam o receptor sobre tudo aquilo que é julgado como interessante, para que ele adote a decisão de adquirir o produto ou serviço. Nas mensagens publicitárias, a informação é convertida em argumento de persuasão.

Persuadir, do latim *per suadere* (fazer crer), supõe convencer e, para tanto, é preciso motivar.

Em publicidade seleciona-se somente a informação que motiva, que induz o público a adquirir o produto que satisfará suas necessidades fisiológicas ou psicológicas. Fica bem claro que a publicidade é, portanto, informação persuasiva.

Joannis (1965, p. 336), referindo-se a essa motivação, afirma que

> O primeiro resultado do estudo das motivações é fornecer as regras para influenciar o público. Seu primeiro resultado é educar o industrial, o comerciante e o publicitário. Através dela eles aprendem a compreender que toda a ação psicológica eficaz deve ter como ponto de partida as necessidades do receptor (o consumidor) e não as do emissor. Através dela compreendem que influenciar o público não é fazer-lhe confidências sobre as suas próprias necessidades e sim trazer-lhes algo concebido para ele e expresso em sua linguagem.

Portanto, esse tipo de informação se caracteriza, conforme Brewster Smith (2006, p. 76), por ser deliberada, orientada a conseguir determinados efeitos, utilizando técnicas de comunicação e psicológicas, de certa maneira, coercitivas. Isso significa que a publicidade usa meios de influência para convencer.

Toda a comunicação mercadológica é uma forma de comunicação persuasiva. Ela é uma variante da comunicação de massa e um esforço empresarial para se comunicar com o seu mercado, além de ter o evidente propósito de obter mais vendas por meio da conquista de uma imagem salutar.

Dessa perspectiva, podemos afirmar que a persuasão comercial, ou publicidade, pode ser considerada, com base em um ponto de vista técnico, como "um conjunto de técnicas que se compõe de regras e procedimentos de persuasão com os quais dá a conhecer, a partir de anúncios, que em conjunto chamamos de campanha, um produto ou serviço, para que se consuma ou utilize" (idem).

Assim, se nos referimos ao modelo dos dois sistemas que se envolvem nesse conceito e se apresentam em interação (produção e consumo), vemos que ambos se procuram e se tocam para se adaptar. Podemos entender que essa adaptação necessária, sem a qual, segundo Mucchielli (1978, p. 38), aparecem formas patológicas de economia, repousa, do ponto de vista em que nos situamos, no estudo do mercado e das suas motivações.

Teoria da linguagem

Na perspectiva da *teoria da linguagem*, o estudo da publicidade implica seu reconhecimento como instância produtora de sentido, e é para essa perspectiva que se volta sua análise. A produção de sentido é sempre o resultado de uma relação contratual que se estabelece entre parceiros, representados, de um lado, pelo anunciante e, de outro, pelo consumidor potencial. Cria-se entre eles um tipo de pacto que leva cada uma das partes, sob determinadas condições, a cumprir o que foi combinado entre elas. Tanto é presente essa idéia de pacto, de cumprimento de regras, que existe regulamentação acerca de princípios e padrões para a constituição da mensagem publicitária.

No âmbito dessa produção, é possível reconhecer na publicidade duas angulações básicas: a competitividade comercial e a força simbólica. Em primeiro lugar, por perseguir a divulgação de qualidades e vantagens de um produto, serviço, marca, idéia (Delgado, 1997, p. 200), a produção publicitária funciona como mediação entre o interesse do anunciante e o fortalecimento do consumo. Por isso, torna-se elemento decisivo e impulsionador da economia. Esse princípio econômico tem que ver com o domínio de mercado e com a maximização de lucros, com a concentração de capital e poder, definindo-se novas fronteiras sociais, mediadas pela aquisição de mercadorias e serviços. O processo de tomar posse de algo resulta, para cada pessoa, em dinâmica capaz de alterar as práticas cotidianas dos grupos sociais e de transformar a ordem da aquisição em bem cultural.

Em uma sociedade de configuração predominantemente mercadológica, em que as pessoas são mobilizadas para um cenário no qual possam desejar as coisas do mercado, é decisivo o papel da publicidade. Ela ganha projeção e adquire espaço nos meios, buscando não apenas apreender os valores da sociedade, perceber seus movimentos, como refletir os gostos e os interesses do público-alvo.

Nessa direção, a ordem econômica desencadeia novos padrões sociais e culturais, somados ao desenvolvimento tecnológico, que favorece o fluxo constante das informações e o poder da mídia. Isso acarreta uma constante renovação de mercadorias e de serviços, e a ilusão da completa trocabilidade de bens.

Todas essas transformações, responsáveis por novas formas de organização e de produção econômica, por novas práticas e hábitos sociais e culturais, geram, também, mudanças nas experiências diárias e, em conseqüência, na vida das pessoas: produção e consumo tornam-se vitais. Entenda-se por consumo o conjunto de processos socioculturais em que as pessoas se apropriam de bens/produtos, envolvendo tanto as necessidades básicas – alimentação, habitação, vestimenta, locomoção e lazer – como as consideradas complementares à vida do ser humano.

Se o valor comercial sempre foi, e continua sendo, a condição primeira da produção publicitária, o valor simbólico, sobretudo nesses tempos de forte concorrência, passou a ser um diferencial significativo na busca de novas configurações de conquista do consumidor. Pensar em forma simbólica é conceber o signo em uma dimensão pluriisotópica: ele não se confunde com a coisa simbolizada, nem com a significação que anuncia; sua função é conferir sentidos possíveis à coisa referida.

A instância simbólica empresta ao discurso um papel ímpar, na medida em que nele se cruzam informações concretas e movimentos persuasivos que buscam refletir interesses e gostos do público e sensibilizá-lo para que haja adesão ao que lhe é ofertado. Por intermédio de recursos inovadores, a dimensão simbólica é então a maneira de a publicidade fazer notar, de provocar, de ousar. O discurso da publicidade aparece assim como porta-voz do sistema social e funciona como instrumento de comunicação e de reprodução social, além de mascarar a intenção comercial tão explicitamente existente.

Essa dupla perspectiva, comercial e simbólica, confere ao estudo da publicidade a possibilidade de considerar tanto o conjunto de acontecimentos que cercam o fazer publicitário como os elementos que condicionam seu dizer. Isso significa a mobilização de estratégias que dêem conta dessas duas dimensões. De um lado, situam-se as estratégias ligadas a sua intenção primordial: vender, o que compreende a formulação de políticas de ação e a proposição de situações para buscar adesões. Essas estratégias são definidas com base no produto a ser mostrado, no perfil da empresa anunciante, na mídia escolhida, na posição do anunciante no mercado, no público que se deseja atingir. De outro, estão as estratégias relacionadas à construção discursiva, com as escolhas de dizer, muitas vezes formuladas para mascarar o efeito comercial e sensibilizar o consumidor.

Desse modo a construção de sentido/significado decorreria da inter-relação entre o espaço das condições decorrentes da realidade econômica, social e cultural em que a publicidade se constrói com o intuito de vender e o espaço relativo à construção de linguagem, com os valores que nela se imprimem.

No terreno da linguagem, isso implica uma forma de abordagem que leva em conta, para a publicidade, aqueles traços cognitivos, interativos e passionais que se reconhecem na sua manifestação. A dimensão cognitiva diz respeito à construção de sentido, à veiculação informativa, ao oferecimento de novidades. Toda publicidade traz, em si mesma, um tipo de informação muito peculiar, em que procura ressaltar as qualidades ou vantagens acerca de um produto ou serviço. A dimensão interativa vê a publicidade como um momento de interação entre sujeitos socialmente organizados no qual se estabelece uma espécie de negociação, de relação de troca. É importante ressaltar que essa interação, em publicidade, se dá de modo assimétrico e não presencial: é uma anunciante falando, por intermédio dos meios, a um público heterogêneo e, embora configurado em seu todo, particularmente desconhecido. A dimensão emocional corresponde ao processo de sensibilização, de preenchimento de vazios, de jogo entre objetividade e subjetividade, para despertar no outro o desejo, a vontade de adesão. A publicidade explora recursos de toda ordem para sensibilizar, emocionar, chocar, comover, divertir o consumidor e, com isso, conseguir sua adesão ao que lhe for ofertado.

Em síntese, a tridimensionalidade significa que o discurso publicitário mobiliza a cognição: o fazer (o outro) saber; a interação: o fazer (o outro) fazer; e a emoção: o fazer (o outro) querer/dever. O discurso simula essas relações e cabe ao analista reconhecer as *pistas*, as *marcas* que remetem a essas instâncias. Tudo isso confere ao discurso publicitário o caráter de um jogo de vozes que se sobrepõem, em contínuo diálogo, em um movimento convergente de busca de adesão.

Resta ao estudioso, no âmbito do discurso publicitário, entender as dimensões econômica e simbólica do seu processo e desvelar os efeitos cognitivos, interativos e emocionais que, como verdadeiras vozes presentes no seu discurso, conferem sentido a essa produção.

Conclusão

A reflexão aqui proposta procurou situar a publicidade como um fenômeno complexo, intimamente ligado às questões sociais, econômicas e culturais que pautam a sociedade atual. Como forma de comunicação de massa, nela convergem contingências sociais com valores econômicos, passando por recursos tecnológicos e articulações simbólicas.

Nessa trama complexa, instauram-se diferentes possibilidades de análise para o fenômeno. No caso desta reflexão, duas abordagens foram priorizadas: a teoria sistêmica e a teoria da linguagem.

A teoria sistêmica, voltada para o olhar sobre a publicidade como rede organizada, vem precedida, necessariamente, da descrição do âmbito circundante ou entorno comunicativo sobre a qual se assenta e da qual se deriva. Dito de outra maneira, se o conceito de comunicação publicitária parte do fato de que, para transformar uma produção massiva (produto ou serviço) em um consumo massivo (mercado), um produtor singularizado (anunciante) deve dirigir mensagens a uma massa de consumidores, é necessário conhecer as características gerais da comunicação de massa, descrever as peculiaridades da comunicação publicitária que definam suas especificidades e, finalmente, estudar o modelo que permita reproduzir, adequadamente, os elementos que nela intervêm, bem como suas relações de interdependência.

A teoria da linguagem vê a publicidade preliminarmente como uma construção discursiva decorrente da tensão entre interesses econômicos e valores simbólicos. Como a meta em publicidade é conseguir a adesão do público para assim garantir a venda de determinado produto, marca ou serviço, ela se vale de formas simbólicas que lhe possibilitem atingir esse objetivo.

Fazendo convergir, no eixo simbólico, aspectos cognitivos, interativos e emocionais, a perspectiva da linguagem prioriza o caráter da publicidade como produção de sentido que gera conhecimento e que atua junto aos consumidores, motivando seu entendimento como um verdadeiro jogo em que cada um dos sujeitos envolvidos busca agir sobre o outro na tentativa de *com-vencer*. O importante, portanto, é priorizar não o *quê*, e sim o *como* dizer, que faz com que o consumidor não apenas atente para o que lhe é oferecido, mas se sensibilize ou manifeste claramente sua adesão.

Desse ponto de vista, a teoria da linguagem vai examinar a publicidade como uma articulação de sentido resultante do delineamento de determinadas estratégias, configuradas discursivamente e representadas sob diferentes formas textuais. Cabe então ao analista, na sua investigação, reconhecer essas tensões que, inter-relacionadas, são responsáveis pela construção, circulação e reconhecimento dos sentidos/significados produzidos pela mídia publicidade.

BIBLIOGRAFIA

BEWSTER SMITH, M. *Social psychology and human values*. Edison, NJ: Transaction Publisher, 2006.

DELGADO, J. B. *Lenguaje publicitario*. Madri: Síntesis, 1997.

FABBRI, P. *El giro semiótico*. Barcelona: Gedisa, 1999.

FLOCH, J. M. *Sémiotique, marketing et communication: sous les signes, les stratégies*. 4. ed. Paris: PUF, 2003.

GOMES, N. D. *Publicidade: comunicação persuasiva*. Porto Alegre: Sulina, 2003.

JHALLY, S. *Os códigos da publicidade: feiticismo e a economia política do significado na sociedade de consumo*. Porto: ASA, 1995.

JOANNIS, H. *De l'étude de motivations à la creation publicitaire et à la promotion de ventes*. Paris: Dunot, 1965.

MUCCHIELLI, R. *A psicologia da publicidade e da propaganda*. São Paulo: Livros Técnicos e Científicos, 1978.

2

O desafio do ensino superior de Publicidade para o século XXI

Tereza Cristina Vitali*

> O pensamento que recorta, isola, permite que especialistas e *experts* tenham ótimo desempenho em seus compartimentos, e cooperem eficazmente nos setores não complexos de conhecimento, notadamente os que concernem ao funcionamento das máquinas artificiais; mas a lógica a que eles obedecem estende à sociedade e às relações humanas os constrangimentos e os mecanismos inumanos da máquina artificial e sua visão determinista, mecanicista, quantitativa, formalista; e ignora, oculta ou dilui tudo que é subjetivo, afetivo, livre, criador. (Morin, 2003)

Opinar, escrever ou comentar sobre o ensino superior no Brasil é uma questão que não pode ser dissociada dos aspectos culturais que regem a sociedade, levando-se em consideração que a difusão da cultura é feita principalmente pelos meios de comunicação, mercado este que emprega grande parte dos profissionais de publicidade e propaganda.

Edgar Morin (1997) escreve que, até o início do século XX, as barreiras das classes sociais, das idades e do nível de educação delimitavam as zonas respectivas da cultura. "A imprensa de opinião se diferenciava grandemente da im-

---

*Doutora em Ciências da Comunicação pela ECA-USP. Diretora da Faculdade Cásper Libero.

prensa de informação, a imprensa burguesa da imprensa popular, a imprensa séria da imprensa superficial".

A cultura tradicional e a cultura humanista se detinham nas fronteiras das classes; o mundo camponês e operário, mesmo ao entrar no circuito da cultura primária da alfabetização, ficou à margem das humanidades.

A partir dos anos 1930, o rádio atingiu de modo rápido todo o campo social, e, desde os anos 1950, a televisão marcou presença nos lares mais ricos, gradativamente alcançando os mais populares. "A grande imprensa de informação, as grandes revistas ilustradas se difundiram, desigualmente, é verdade, mas incontestavelmente foram ampliando fronteiras" (Morin, 1997).

As barreiras culturais antigas foram sendo abolidas no mercado das *mass media*, mas novas estratificações foram constituídas. Alguns autores colocam o jornal impresso, os romances de folhetim, o teatro de revista e os cartazes como elementos que deram origem à cultura de massa. Argumentam que tais produtos também foram criados especialmente para o consumo por agentes que tinham como alvo um amplo público, pois eram elaborados por uma arte fácil, que se servia de esquemas simplificados a fim de traçar um quadro real da vida de determinada época.

A indústria cultural e sua produção cumprem os mesmos princípios que qualquer outro produto industrial e se estabelecem em uma economia de mercado, que constitui a sociedade de consumo. Teixeira Coelho (1986) considera que "o momento de instalação da cultura de massa seja mesmo o século XX, quando o capitalismo, não mais dito liberal, mas um capitalismo de organização (ou monopolista), criou as condições para uma efetiva sociedade de consumo cimentada, em ampla medida, por veículos como a TV".

É indiscutível o poder de que se revestem os meios de comunicação de massa; no entanto, indo de encontro a todos os prognósticos, estes não levaram as formas mais tradicionais de cultura, bem como as culturas populares, ao esquecimento. "Provocaram, isto sim, recomposições nos papéis, cenários sociais e até mesmo no modo de produção dessas formas de cultura, assim como borraram suas fronteiras, mas não apagaram sua existência", de acordo com o pensamento de Santaella (2003).

Tratando do mesmo fenômeno, Edgar Morin (1997) amplia a discussão sobre os produtos dessa indústria, "chegando aos sonhos, aos medos, aos amores", como produtos industriais, tecendo o seguinte comentário: "No começo do século XX, o poder industrial estendeu-se por todo o globo terrestre: a industrialização se processa nas imagens e nos sonhos". A cultura e a vida privada nunca haviam entrado a tal ponto nos circuitos comercial e industrial.

Morin (1997) continua: "Nunca os murmúrios do mundo haviam sido fabricados industrialmente e vendidos comercialmente, essas novas mercadorias são as mais humanas de todas, pois vendem a varejo os grandes anseios humanos, os amores e os medos romanceados, os fatos variados do coração e da alma".

Santaella (2003) ainda contempla em seus estudos que os elementos da cultura têm significado para os indivíduos que dela participam dentro de um contexto total, ou seja, "uma cultura apresenta configurações, premissas, valores e objetivos que lhe dão uma certa unidade". Assim, as concepções tradicionais de cultura defendem que estas são extraídas com base em uma visão parcial que concebe a cultura exclusivamente como "patrimônio, herança ou acervo do passado a ser preservado".

A cultura, assim como a educação, está voltada prioritariamente para a constituição do indivíduo, pois só a partir da existência dele é que se pode pensar na constituição do coletivo. Para Teixeira Coelho (1986), "[...] existe a cultura viva e a cultura morta, a cultura de consumo e a cultura de produção pelo indivíduo em grupo, com bens seja de que origem for".

Na interpretação de Edgar Morin (1997), a noção de cultura pode parecer *a priori* demasiadamente extensa se for tomada no sentido próprio e etnográfico; histórica e muito nobre, se tomada no sentido derivado e requintado do humanismo cultivado, "[...] mas o fundamental é não perder de vista que uma *cultura* orienta, desenvolve, domestica certas virtualidades humanas, e inibe ou proíbe outras". E Morin também defende:

> Cultura constitui um corpo complexo de normas, símbolos, mitos e imagens que penetram o indivíduo em sua intimidade, estruturam os instintos, orientam as emoções. Este processo se efetua segundo trocas mentais de projeção e de identificação polarizadas em símbolos, mitos e imagens da cultura como nas personalidades míticas ou reais que encarnam os valores (os ancestrais, os heróis, os deuses).

Nas sociedades contemporâneas, a família, e depois a escola, desde cedo, imergem seus integrantes no universo da cultura, em seus aspectos nacionais, religiosos e humanistas. Portanto, segundo Morin (1997):

> Através de experiências mítico-vividas do passado, nos ligamos por relações de identificação e projeção aos heróis da pátria, os quais também se identificam com a pátria, "a mãe" como o grande corpo invisível, mas vivo, que através da história de provações e vitórias assume a figura materna, a quem devemos amor, e paterna, o Estado, a quem devemos obediência.

As sociedades transmitem, por intermédio da cultura, uma visão de mundo (que inclui valores, ideais, conceitos e preconceitos) que será considerada por seus membros como única, absoluta ou a melhor de todas; só em contato com outras culturas os indivíduos terão parâmetros para comparar, absorver ou desprezar seu repertório inicial.

A excelência de uma indústria cultural estigmatizada pela presença implacável das regras do mercado começa a se fazer presente na dinâmica da produção cultural como um todo. Torna-se evidente, assim, que a produção da cultura é parte fundamental da produção de mercado.

Com base nessas constatações, pode afirmar-se que, desde que a criança ingressa na escola, há um percurso para a apreensão do conhecimento que culmina quando o jovem ingressa no curso superior, embora o que se verifique atualmente seja que o jovem entra na faculdade sem ter uma base cultural, e os efeitos desse processo, no campo da comunicação, são sentidos com base em determinações econômicas que sempre marcaram, com muita evidência, o mundo das comunicações.

Estuda-se não apenas para aprimorar uma habilidade, como é o caso dos cursos superiores, mas para adquirir mais conhecimentos, que são tratados sob um enfoque maduro e, aí sim, aplicados profissionalmente.

Tratando-se dos cursos de Publicidade e Propaganda, a questão da comunicação e do conhecimento geral de mundo é fundamental. Um publicitário precisa enxergar além da linha do horizonte para entender as necessidades humanas e usar desse argumento para lançar um produto ou um serviço no mercado.

A primeira Escola de Propaganda: origem e evolução

No Brasil, o início da publicidade foi caracterizado por sua grande dependência em relação ao talento em detrimento da técnica: o ensino publicitário no Brasil, em seus primórdios, caracterizou-se pela aprendizagem prática do trabalho rotineiro das agências. As associações de classe – Associação Brasileira de Propaganda (ABP) e Associação Paulista de Propaganda (APP) – criaram cursos de curta duração para o preparo de profissionais, fornecendo suporte para os empresários da área que, cansados de transformar seus negócios em casas de ensino, passaram a oferecer alta remuneração aos profissionais treinados pela concorrência, fato que ocasionou uma inflação salarial no mercado publicitário.

Em 1950, o Museu de Arte de São Paulo (Masp) realizou o Primeiro Salão Nacional de Propaganda, evento que germinou a idéia de se incorporar ao currículo do curso de Arte Contemporânea, com sede no museu, uma cadeira de Arte Publicitária. Para elaborar esse projeto foi convidado Rodolfo Lima Martensen (1990), que sugeriu: "O Brasil necessitava de uma faculdade de propaganda [...] capaz de ensinar criação, é claro, mas também e com igual ênfase: planejamento, pesquisa de mercado, técnicas de veiculação (mídia), promoção de vendas, produção de rádio e televisão e todas as matérias de apoio a essas especialidades".

Martensen realizou pesquisas nas principais universidades internacionais envolvidas no ensino publicitário, visitou os cursos da Fédération Française de la Publicité e os da British Advertising Association, consultou dirigentes de agências brasileiras e internacionais e confirmou sua hipótese: era premente a criação de uma escola de propaganda profissionalizante que proporcionasse aos alunos uma formação técnica e humanística e que embasasse as responsabilidades sociais e econômicas da profissão.

O anteprojeto da Escola de Propaganda foi elaborado e apresentado a Assis Chateaubriand, que o aprovou. Assim foi fundada a primeira Escola de Propaganda no Brasil em 27 de outubro de 1951. O curso tinha a duração de dois anos e as matérias que faziam parte do currículo eram: Psicologia, Elementos da Propaganda, Técnica de Esboço (*Layout*), Arte-Final, Produção e Artes Gráficas, Redação, Rádio-Cinema-Televisão, Mídia, Estatística e Pesquisa de Mercado,

Promoção de Vendas e, ainda, atividades extracurriculares como visitas técnicas profissionais a veículos, anunciantes e fornecedores, aproximando, por meio dessas iniciativas, a escola e o mercado. É imprescindível lembrar que nessa época havia uma crescente demanda do mercado por mão-de-obra qualificada.[1]

A criação da primeira Escola Superior de Propaganda surgiu da necessidade detectada pelos profissionais da área publicitária em formar mão-de-obra capacitada. Seus idealizadores, destacados profissionais da época, encarregaram-se de ministrar o curso. O corpo docente era formado por personalidades como Rodolfo Lima Martensen, Ítalo Éboli, Renato Castelo Branco, Antonio Nogueira e Geraldo Souza Ramos, todos eles experientes publicitários que seguiram, desde o início, a premissa de que quem ensina é quem faz. Estes eram os grandes homens da propaganda da época, diretores e presidentes de grandes agências, que foram selecionados não pela capacidade didática, e sim pelo conhecimento prático das matérias.

A Escola de Propaganda recebeu apoio dos anunciantes, que entenderam a importância de sua fundação para o aperfeiçoamento das campanhas publicitárias; os veículos de comunicação fizeram graciosamente a divulgação e os fornecedores apoiaram a iniciativa, doando o material necessário. Ainda com sede nas dependências do Museu de Arte de São Paulo, a escola fez tanto sucesso que, em 1955, o então diretor do Masp, Pietro Maria Bardi, convocou os dirigentes para lhes comunicar que a escola havia crescido demais: "tornou-se um estado dentro do estado" e não poderia mais funcionar com o museu.

Neste momento, com o apoio financeiro das agências, a Escola de Propaganda ganhou sua autonomia, ampliou a área de ação e passou a ser denominada Escola de Propaganda de São Paulo. Em 1961, ampliou o nome para Escola Superior de Propaganda de São Paulo (ESPSP).

Até 1968, a Escola Superior de Propaganda de São Paulo foi a única especializada no ensino publicitário brasileiro, mas existiam outros poucos cursos de curta duração espalhados pelo país. A partir dessa data, surgiram os cursos de Publicidade e Propaganda na Universidade de São Paulo, Universidade Anhembi Morumbi, Fundação Armando Álvares Penteado, Faculdade Cásper Líbero, Faculdade Objetivo, entre outras.

---

[1] De acordo com Ramos (1984), calcula-se em mais de 50% o aproveitamento dos alunos formados por clientes, agências e veículos.

Martensen (2001) teceu um comentário bastante interessante a respeito: "A propaganda que a propaganda fizera de si mesma havia criado, principalmente entre o público jovem, uma imagem de profissão charmosa e lucrativa".

A comunidade acadêmica passou a assistir à expansão do ensino da comunicação, um número que, segundo Otto Scherb, na ocasião presidente da Escola Superior de Propaganda de São Paulo, não encontrava paralelo no mundo inteiro: em 1976 havia 53 faculdades de comunicação, sendo 42 particulares e 11 públicas.

Em seu discurso no 1º Congresso Nacional Universitário de Propaganda, realizado na Universidade de São Paulo em 1972, Scherb aponta para essa expansão, elencando os motivos do fenômeno:

> [...] consiste justamente no hábil aproveitamento das favoráveis condições de mercado por parte dos empresários do ensino. Das 53 faculdades existentes, apenas uma insignificante minoria é formada por institutos realmente sem fins lucrativos. A promessa de um diploma universitário, o qual encerraria ao mesmo tempo excelentes oportunidades de ganho, provou ser uma campanha publicitária altamente proveitosa, pelo menos para os felizes proprietários desses institutos, que conseguiram acrescentar, aos métodos dedutivos e indutivos, o lucrativo. (apud Martensen, 1990)

Na área da comunicação, assim como em outras, houve o surgimento do empresariado do ensino, que na maioria das vezes era descomprometido com a educação, a qualidade e a sociedade, visando apenas ao lucro e fomentando a criação do curso, na época em alta no mercado.

O mercado da publicidade e propaganda: as agências

Para que se possa compreender a situação atual, é necessário traçar um breve perfil histórico que contemple o surgimento do comércio e do consumidor.

No final do século XIX, a industrialização promoveu a mudança do homem do campo em direção aos centros urbanos. Teve início, nessa ocasião, a produção maciça de bens de consumo, empregos, salários, crescimento econômico e, como conseqüência, houve uma nova maneira de viver na sociedade. Assim surgem os consumidores, seguindo os princípios do sistema capitalista, tendo em vista a emergência de novos padrões de consumo.

As empresas, em contrapartida, em resposta à explosão da demanda, trataram de aumentar e diversificar sua produção. Tornou-se necessário, portanto, a fim de que se incentivasse a comercialização dos produtos industrializados, que os consumidores tivessem a chance de optar por um ou outro produto. Estava instalada a livre concorrência.

Posteriormente, os estudos realizados para atingir o consumidor deram origem às teorias de marketing e, por intermédio delas, às pesquisas de mercado, embalagens, promoções e ao uso da mídia e da propaganda para divulgação.

Hoje, todos esses serviços estão reunidos em uma única empresa: a agência de propaganda. Antes simples intermediária na veiculação de anúncios, hoje se transformou nas chamadas agências *full service*.

Segundo relato histórico, inicialmente as agências funcionavam como representantes de jornais e revistas, desempenhando o papel de corretoras de anúncios que ofereciam também alguns serviços adicionais de criação. Nos dizeres de Júlio Ribeiro (1998), "talvez poucas empresas tenham mudado tanto em termos de função quanto as agências de propaganda".

Até 1950, as agências trabalhavam na propaganda de seus clientes atingindo pequenos segmentos da população, pois não havia, em nenhum país do mundo, uma mídia que realmente tivesse intensa penetração e que abrangesse um universo expressivo de consumidores.

Mesmo nos Estados Unidos e na Europa, a mídia atingia segmentos irrisórios da população. A revista *Life*, por exemplo, um dos ícones da cultura americana, abrangia, nos anos 1950, apenas nove milhões de leitores, ou seja, pouco mais de 5% da população do país. Segundo Ribeiro (1998), "as agências trabalhavam com veículos que tinham pouco poder de penetração".

Ainda nos anos 1950, a relação agência/cliente se estabelecia nos moldes pessoais, ou seja, um misto de propaganda e relações sociais. O publicitário era um indivíduo simpático que encontrava uma maneira de resolver o problema do cliente com uma alternativa criativa para divulgar seu produto. Na década de 1960, com o aprimoramento dos meios físicos de comunicação e com o grande aumento da produção industrial, facilitado pela tecnologia, a aplicação das estratégias de marketing teve um grande desenvolvimento. Além disso, deve-se considerar que, a partir da invenção do satélite, do acesso irrestrito à TV e da chegada do computador, as relações agência/cliente/consumidor mudaram e a comunicação passou a ter grande poder influenciador no mercado de consumo de produtos e serviços.

As relações pessoais foram diminuindo sensivelmente de importância e as agências se profissionalizaram. Para Júlio Ribeiro (1998), atualmente não basta que a agência produza uma boa propaganda, ela deve estar preparada para cumprir e atender os objetivos de mercado do cliente: "O crescimento da importância da comunicação no processo produtivo e da circulação de mercadorias corresponde, na mesma proporção, à responsabilidade das agências".

As agências que eram vistas, até então, apenas como criativas passaram a desempenhar um papel mais completo, de maneira a atender a um mercado mais exigente e competitivo. Atualmente, são mais comprometidas com o sucesso de seus clientes, com a capacidade de propor soluções apoiadas nos princípios de marketing; são diversificadas, detêm alternativas e técnicas para fornecer um amplo portfólio de serviços; desenvolvem estratégias eficientes de longo prazo orientadas para apresentar bons resultados. A agência hoje tem maior envolvimento profissional com o cliente.

Ribeiro (2002) afirma que:

> A criatividade, que era o que se esperava de uma agência de publicidade, continua sendo muito importante para os clientes, mas este conceito foi aprimorado. Tomando por base pesquisas realizadas em 2002 pela Empresa Jr. da ESPM, aplicada a uma amostra de 47 grandes anunciantes, 44% do universo entrevistado associava criatividade com inovação e 30% com solução do problema e resultado das vendas.

Pyr Marcondes (2002) – adotando um ponto de vista pragmático – fala sobre a mudança no quadro de empregos para os criativos, conforme transcrito a seguir:

> Aí estavam lá, divinos e adorados, sentados no Olimpo, os profissionais de criação. Era a década de 90 e a luta pela compra, por altas somas, do passe dos grandes nomes da criação no mercado brasileiro, como no futebol, era intensa. As agências cobriam ofertas atrás de ofertas, os clientes bancavam o jogo, todos investindo na caça ao tesouro na qual se transformou a contratação das estrelas criativas da publicidade nacional.
>
> No vácuo dessa espiral ascendente, eram carregados também os salários dos profissionais de segundo time, mas igualmente de qualidade, que se beneficiavam do efeito cascata que impactava positivamente em sua remuneração. Eram todos felizes, estavam no auge, eram reverenciados e disputados, os profissionais de criação. Pois é, acabou!
>
> Agora, meu caro e minha cara, seu salário está descendo a ladeira, há bons profissionais desempregados e que podem aceitar sua vaga por ofertas menores do que você ganha hoje e você, de repente, pode virar estatística. Uma estatística que se inflaciona tristemente, feito uma ameaça do novo século: a dos profissionais de criação com salários achatados e/ou na rua.
>
> Perceba ainda que já há no mercado, cada dia, um número crescente de profissionais de criação que têm hoje um nível de diálogo com o cliente bem diferente daquele que, na média, os profissionais de criação tiveram no passado. Falam mais abertamente de planejamento estratégico, de estudos de mercado, de posicionamento de marca, de ponto-de-venda, discutem a aplicação da verba, feito gente grande, buscam influenciar, enfim, no mundo dos negócios da publicidade.
>
> [...] e a nova regra é: se você não se adaptar a ele, o mundo dos negócios adapta você... prepare-se para a virada. Você precisa pensar como um executivo. Se for diretor de arte, dando um peso maior do que sempre deu à expressão "diretor" do seu cargo. Se você é redator, começando, quem sabe, a redigir uma sólida apresentação num Power Point.

Quanto ao perfil atual do publicitário, a opinião de Júlio Ribeiro (1998) é a seguinte:

> [...] o profissional de comunicação não pode mais exercer seu ofício de forma meramente complementar. Deixa de ser figurante para se tornar protagonista no processo de comercialização da empresa. As agências deixaram de ser simples fornecedoras de anúncios e serviços para se tornarem parte essencial do processo de "fazer as coisas acontecerem".

Um publicitário moderno deve saber sobre tudo o que envolve sua profissão, desde ser um bom negociante, enxergar novas idéias na mídia, ter sensibilidade para analisar o mercado, escrever bem textos, títulos e roteiros de TV até ser capaz de elaborar um eficiente planejamento estratégico.

Na opinião de Petit (1991),

> O homem de propaganda tem que ser informado com todo tipo e toda espécie, seja acadêmica, técnica e até amenidades e reunir uma bagagem cultural sólida, que englobe a história da arte clássica e moderna, literatura, filosofia, teatro, cinema e conhecer os principais movimentos culturais.

A complexidade de cenários, a evolução do mercado consumidor e o aumento da competitividade das empresas têm imposto um sério desafio no planejamento estratégico de marketing. Atualmente, o processo tem sido cada vez mais compartilhado entre anunciante, agência e cliente, que, cada vez mais, exige soluções inovadoras e o efetivo envolvimento da agência com o negócio.

A propaganda deixou de ser apenas criativa para se tornar também científica; os serviços deixaram de ser um monólogo com a participação da tecnologia e passaram a manter um diálogo direto com o consumidor.

Todas essas mudanças impactaram e colocaram uma série de questões em pauta para os publicitários da geração da década de 1990. Estes adquiriram grande experiência criativa, mas são poucos os que hoje transitam com desenvoltura na área de marketing direto, merchandising e ponto-de-venda, marketing de relacionamento, ações mais segmentadas e alternativas. Ao contrário, a marca da geração de 1990 é a especialização na mídia de massa.

Considerando o mercado atual, os publicitários terão de aprender a conhecer as novas técnicas disponibilizadas pelas novas tecnologias e que foram incorporadas como ações de abordagem junto aos consumidores.

Para Caio Domingos, citado por Marcondes (2003), sócio e diretor de criação da Age, "essa nova tendência veio para ficar e a especialização em mídia de massa pode engessar seu desenvolvimento profissional. O futuro é dos criativos mais versáteis".

José Roberto D'Elboux, diretor de criação da Young & Rubican, afirma, segundo Marcondes (2003), que "minha escola de formação profissional era menos especialista e temos que, de alguma maneira, voltar a formar profissionais de publicidade mais generalistas". Sérgio Lopes, sócio e diretor da QG, agência do grupo Talent, aponta para o fato de que "sempre haverá os talentos específicos, mas os rótulos no organograma da agência deverão desaparecer, dando lugar a criativos-multipreparados".

As citações selecionadas referem-se ao atual perfil do profissional e apontam que este deve ter uma formação mais generalista, isto é, além da especialização, é necessário um conhecimento geral para poder participar de todas as áreas que compõem uma campanha.

As agências precisaram seguir as tendências do mercado, principalmente em relação ao desenvolvimento tecnológico, e se adequaram, inclusive fisicamente. O formato e o *layout* das agências mudou e, no momento, os diversos setores de criação, planejamento, pesquisa e mídia, por exemplo, trabalham de maneira integrada e fisicamente próxima, de modo que haja envolvimento dos profissionais das diversas áreas, os quais devem compartilhar e participar de todas as fases da campanha.

Alguns fatores, além da rápida e profunda transformação tecnológica, como a globalização e a competição acirrada pela conquista de mercados, estão modificando os padrões de produção e organização do trabalho. O que há de novo no atual processo de transformação é a importância que desempenham o conhecimento e a informação, pois as mudanças na sociedade atual estão vinculadas às novas tecnologias, que têm impacto significativo não só na produção de bens e serviços, mas também no conjunto das relações sociais.

As possibilidades para o entendimento do mundo globalizado e a busca de soluções implicam mudanças nos instrumentos conceituais, ou seja, do paradigma da simplicidade (mecânico, reducionista e linear) para o paradigma da complexidade (dinâmico, aberto e interdisciplinar), o que traz profundas exigências para as instituições educacionais (formais e informais).

A globalização está trazendo profundas transformações para as sociedades contemporâneas. O já acelerado desenvolvimento tecnológico e cultural, principalmente na área das comunicações, como já citado, caracteriza uma nova etapa do capitalismo, contraditório por excelência, a qual coloca grandes desafios para o homem.

Em termos práticos, as dúvidas remetem a uma única questão, conforme afirmativa de Montaigne: O que vale mais, uma cabeça cheia ou uma cabeça bem-feita? O sociólogo Edgar Morin defende a formação do intelectual polivalente mais adaptado a uma sociedade que apresenta grandes e expressivas mudanças.

Assim, uma das características que distinguem um sistema de aprendizagem eficiente e um sistema de comunicação heterogêneo é o controle das relevâncias. A intenção é adotar um sistema de aprendizagem que capacite o aprendiz a controlar, por si, as relevâncias e gerar novas competências que o ajudem. Esse é o sentido da autoformação assistida que leva à autonomia do educando; autonomia no sentido do controle das próprias relevâncias, interdisciplinaridade e contextualização. Os profissionais-cidadãos devem ter sua autoformação estimulada nessas bases.

A prática interdisciplinar complementa-se quando o conhecimento necessário para certas competências é relacionado com a realidade do educando e, uma vez contextualizado, passa a ter efetiva significância.

A possibilidade para a formação e o exercício da autonomia depende da aquisição de habilidades técnicas para o domínio das novas tecnologias e de um adequado cabedal cultural, sem se constituir unicamente em uma qualificação técnica, específica para o mundo do trabalho, mas sim em uma qualificação social que se desenvolve sobre a base do saber-fazer e do saber-ser, possibilitando ao homem um desenvolvimento profissional, individual e social, que, em condições de globalização, é imprescindível.

Com relação aos conteúdos, a escola moderna deve ser, acima de tudo, a preparação para a vida em um mundo em constante mudança, onde o que conta mais é a capacidade de entender o que ocorre ao redor de si e de crescer continuamente, e não apenas a aquisição de uma habilidade técnica qualquer, que pode se tornar obsoleta de uma hora para a outra. Em sociedades integradas e globalizadas como as de hoje, não há sentido em transmitir, por intermédio da escola, um conjunto compartimentalizado de conhecimentos que se chocam ou que não se relacionam com a realidade.

O desafio da educação formal está principalmente em transmitir conteúdos mais permanentes, o conhecimento histórico e a localização espacial e política, que dão sentido e continuidade ao dia-a-dia de uma sociedade.

A relação educação e trabalho

Ao discorrer sobre a tecnologia e a educação tecnológica, Carvalho (1997) acentua que, no mundo globalizado, existe uma grande força no sentido de fortalecer as desigualdades sociais. Essa força poderá ser atenuada com base em uma ação educacional que trabalhe com a percepção da realidade dos educandos como um todo; uma ação que seja mais humanista e abrangente, que transmita conhecimentos tecnológicos e informacionais e que possibilite desenvolver capacidades inovadoras, criativas e críticas; uma ação direcionada para o conhecimento das diversidades culturais, do respeito às identidades e da aceitação do multiculturalismo.

No ambiente globalizado, o ensino fica vinculado a um mercado muito competitivo que se modifica para acompanhar a dinâmica do avanço tecnológico e que requer, portanto, exatamente formação tecnológica que contemple uma sólida base humanista, de modo a permitir boa integração interpessoal, bom relacionamento humano e adaptabilidade a novos e diferentes ambientes de trabalho, que são repletos de peculiaridades.

Ao exigir que os profissionais adquiram competências e habilidades, o mercado valoriza uma formação geral, antes desprestigiada. A formação técnica e específica era prioritária, pois visava unicamente ao aprendizado de um ofício.

Dimenstein (1997) destaca que estudos realizados nos Estados Unidos demonstraram que os ambientes de trabalho atuais tecnologicamente sofisticados requerem novos conceitos de eficiência dos funcionários. Valorizam-se a criatividade, a flexibilidade e até mesmo a intuição, valores estes opostos aos padrões administrativos antigos, quando um "bom" profissional era o que levava para casa serviço extra, trabalhava nos finais de semana, sacrificando as horas de lazer em troca de um salário maior.

Hoje, o termo competência não se limita à obediência de regras básicas ou normas técnicas, mas toma forma com base em um princípio segundo o qual o sujeito deve possuir, simultaneamente, atitudes difíceis de serem medidas, como criatividade, inovação e sensibilidade.

A formação de um profissional que atenda aos padrões de competência deve proporcionar condições de torná-lo capaz de se adaptar e assimilar novas situações e diferentes funções. Além do conhecimento profissional e técnico, deve possuir aptidão intelectual para dominar outras técnicas, apreender valores diferentes, entender e fazer-se entendido, trocar idéias e superar divergências.

A busca por melhor qualificação e requalificação dos profissionais deve ser prioridade, visto que o ambiente globalizado caracteriza-se por possuir rápido grau de dinamismo, forte concorrência entre as empresas e violenta competição no mercado de trabalho.

Todas essas mudanças fizeram com que as exigências em relação ao perfil do egresso dos cursos de Publicidade incorporem padrões desafiadores, que devem ser provenientes da academia.

Cultura, Estado, mundo do trabalho e educação sofrem as influências de um novo paradigma, devendo, com isso, se adequarem. Nesse novo paradigma, a autonomia e o empreendedorismo são privilégios que exigem novas capacidades em ambientes complexos, incertos e competitivos, além de impor ao homem pós-moderno mais instrução e aperfeiçoamento para se inserir no processo de trabalho.

Desse modo, as exigências da sociedade não estão pautadas apenas nos livros, na Internet e nas técnicas, mas principalmente na pessoa de desempenho que incorpora valores, desafia, pesquisa, cria formas de convivência solidária e tem poder de decisão no confronto das novas demandas e responsabilidades.

Essa nova conformação social deve ser pensada e refletida pelas instituições de ensino, já que a elas são atribuídos a responsabilidade e o dever de formar as novas gerações, definindo o legado cultural, os valores e a concepção de homem e sociedade que se pretende disseminar.

Ao lado dessas transformações, há ainda que se considerar as inovações tecnológicas no domínio da informação, as quais, por sua vez, introduziram mudanças decisivas no universo da comunicação. Não apenas os modos de fazer se alteraram mas, essencialmente, os modos de pensar.

No cenário em que o Brasil procura se fixar, é necessário preparar futuros empreendedores, uma vez que não mais existirão empregos na concepção antiga do termo. Indivíduos empreendedores são os que compartilham suas perspectivas, seus talentos e o desejo de realizar em parceria com outras pessoas, transformando a imaginação e os sonhos em bens de capital.

Com base nessa nova ordenação, que no decorrer do tempo tem sido absorvida pelas empresas, os saberes passam a ser quantitativa e qualitativamente mais exigidos: é necessário maior conhecimento para uma atuação flexibilizada, que é a tônica dos profissionais modernos.

As competências a serem desenvolvidas, em termos gerais, conforme Delors (1996), estão associadas aos quatro pilares da educação:

1. Aprender a conhecer, é o mesmo que aprender a aprender, para se beneficiar das oportunidades oferecidas.
2. Aprender a fazer, tornar as pessoas aptas a enfrentar numerosas situações e a trabalhar em equipe, não somente uma qualificação profissional.
3. Aprender a conviver, desenvolver a compreensão do outro e a percepção das interdependências, realizar projetos comuns, nos valores do pluralismo e da compreensão mútua de paz.
4. Aprender a ser, desenvolver sua personalidade, maior capacidade, responsabilidade pessoal.

A missão da escola e as competências voltam-se, em termos gerais, para a formação de um profissional-cidadão autônomo, disposto a intervir, de maneira ativa e equilibrada, em uma sociedade que está sujeita às rápidas inovações sociais e tecnológicas. O dilema entre priorizar conhecimentos ou desenvolver competências tem sido esclarecido progressivamente.

De acordo com o professor Edevaldo Alves da Silva: "As pessoas atualmente encontram uma grande dificuldade para se colocarem no mercado de trabalho. Vivemos a era da pós-modernidade, da sociedade pós-capitalista, marcada pela incerteza e pela importância dada ao conhecimento".

Na era do conhecimento, o ensino superior ganha grande relevância, e educar para a mudança torna-se obrigação e dever da escola. É preciso mudar para acompanhar as exigências atuais do mundo globalizado.

Na opinião de Alves da Silva: "Educar para a mudança é e será sempre um grande desafio, pois é preciso encontrar a coerência do que vai ser ministrado e o seu significado real na atualidade, o verdadeiro conteúdo e a forma adequada de realizá-la, garantindo, assim, uma contribuição efetiva para o desenvolvimento, agora concebido em múltiplas dimensões".

A formação de um profissional que atenda aos padrões de competência deve proporcionar condições de torná-lo capaz de se adaptar a novas situações e a diferentes funções. Além do conhecimento profissional e técnico, deve possuir aptidão intelectual para apreender valores diferentes dos seus, entender e fazer-se entendido, trocar idéias e superar divergências.

As distinções entre os conceitos de competência atuais e do passado tornarão os profissionais mais instrumentalizados para atuar nos diversos ambientes geopolíticos que não reconhecem barreiras econômicas, culturais, religiosas e raciais.

Bibliografia

CARVALHO, M. G. Tecnologia, desenvolvimento social e educação tecnológica. *Educação & Tecnologia. Revista Técnico-Científica dos Programas de Pós-Graduação em Tecnologia dos CEFETs PR/MG/RJ.* Curitiba, 1997, 143 p.

COELHO, T. *O que é indústria cultural?* São Paulo: Brasiliense, 1986.

DELORS, J. et al. *Educação: um tesouro a descobrir.* Relatório da Comissão Internacional sobre a Educação para o século XXI. Paris: Unesco/Rio Tinto: ASA, 1996.

DIMENSTEIN, G. Novo conceito de eficiência. Disponível em: http://www.aprendiz.com.br. Acesso em: abr. 2004.

MARCONDES, P. *Uma história da propaganda brasileira*. Rio de Janeiro: Ediouro, 2001.

_____. Seu emprego pode depender de sua qualidade de gerar negócios, sabia? *Revista da Criação*, n. 1039, p. 22, set. 2002.

_____. A invasão das coisas do outro mundo. *Revista da Criação*, n. 1043, p. 10-12, jan. 2003.

MARTENSEN, R. L. O ensino da propaganda no Brasil. In: *História da propaganda no Brasil*. São Paulo: T. A. Queiroz, 1990.

_____. O ensino da propaganda no Brasil. *Revista ESPM/SP*, v. 3, p. 62-68, jan./fev. 2001.

MORIN, E. *Cultura de massa no século XX*. 9. ed. São Paulo: Forense Universitária, 1997. V. 1.

MORIN, E. et al. *Educar na era planetária*. Trad. Sandra T. Valenzuela. São Paulo: Cortez; Brasília: Unesco, 2003.

PETIT, F. *Propaganda ilimitada*. São Paulo: Siciliano, 1991.

RAMOS, R. *Do reclame à comunicação: pequena história da propaganda no Brasil*. 3. ed. rev. São Paulo: Atual, 1984.

RIBEIRO, J. *Fazer acontecer*. 5. ed. São Paulo: Cultura, 1998.

_____. *Caderno de Estudos da ESPM*, p. 42, jul. 2002.

SANTAELLA, L. *Culturas e artes do pós-humano*. São Paulo: Paulus, 2003.

SILVA, E. A. *Revista de Cultura IMAE*, ano 2, n. 8, jul. 2002.

3

O contexto da propaganda nas teorias da comunicação: emergência da publicidade contemporânea e alicerces de suas principais feições teóricas

Jean-Charles Zozzoli[*]

Cabe ao publicitário provocar modificações na relação que estabelece com um objeto, serviço ou uma idéia qualquer, destacando e enriquecendo seu valor e minimizando suas possíveis fragilidades.

Como bem lembra Lagneau (1977, p. 14), podemos atribuir ao produto (bens, serviço, idéias, organização, celebridade, homem político etc.) valor instrumental, apreciando seu custo (preços, esforço, história de vida etc.) e levando em consideração o que dele esperamos, todavia podemos também ser indiferentes se este não condiz com nossos anseios, ou depreciá-lo se nos incomoda e até fere nossos valores mais profundos. Mas, principalmente, podemos também dotá-lo de virtudes e benefícios tangíveis e intangíveis, se desperta em nós, consciente e inconscientemente, boas lembranças, provocando afeição, expectativas positivas e, até mesmo, esperanças.

Ao gerar valor a publicidade adquire significação econômica, social e política. Inscreve-se, hoje, no escopo mais amplo do marketing, integrando-se com outras formas de comunicação à disposição de empresas e outras organizações, quase sempre sob a égide da marca, no quadro conceitual da comunicação global.

---

[*] Professor da Universidade Federal de Alagoas (Ufal). Doutor em Ciências da Comunicação pela Escola de Comunicações e Artes (ECA) da USP.

Dessa maneira, contribui para a instauração de modelos de produto, estilo de vida e modo de consumo e para a venda de mercadorias produzidas em série, que aparecem como dotadas de qualidades que as apresentam como diferentes e detentoras de algum trunfo; algo que as torne e faça parecer, de qualquer modo, únicas, ou quase únicas.

Quase sempre invasiva, muitas vezes lúdica, procurando surpreender e, até, por vezes, assumindo posturas chocantes, a publicidade é diversa, onipresente na vida cotidiana com mensagens efêmeras repetidas. Ocupa os mais variados espaços midiáticos de comunicação e divulgação: da inscrição em um objeto, ou do panfleto distribuído na rua, ao ambiente da Internet. Atina para as consciências coletivas e individuais, procurando divulgar, transmitir, convencer e participar efetivamente do reforço ou da instauração de necessidades, da instalação de uma marca. Seus objetivos sintetizam-se nas ações planejadas de informar, argumentar, seduzir, provocar, persuadir; em suma, fazer sonhar para desencadear, nutrir e manter o processo de compra de um produto e/ou de adesão a uma idéia.

Convém, portanto, para situá-la epistemologicamente, analisar a natureza comunicacional e persuasória da publicidade para, em seguida, relacionar sua atuação, suas funções e possibilidades com saberes científicos que tratam de assuntos relacionados à ação e comunicação publicitárias.

Divulgação e persuasão

Valorizar

Valorizar posses, pessoas, comportamentos, ações e o fruto de seu trabalho engloba práticas milenares com aplicações em quase todas as sociedades. Em contexto meramente comercial, desde a Antigüidade mercadores utilizaram procedimentos diversos. Encontraram-se, por exemplo, na Babilônia, inscrições de mais de cinco mil anos vangloriando os méritos de um artesão; no século VIII a.C., em plena dinastia Zhou, praticava-se nos mercados uma atração musical com tocadores de flauta; comerciantes gregos e romanos valiam-se de tabuletas e pregoeiros; mercadores em Pompéia se valiam de *slogans* elaborados no estilo da retórica latina.

Propaganda, publicidade

A publicidade confunde-se com a propaganda e distingue-se dela. Na esteira de Leduc (1987, p. 5) e de muitos outros autores, podemos definir a publicidade como o conjunto de meios cuja finalidade consiste em informar o público e convencê-lo a comprar um produto, e/ou compartilhar um comportamento, ou ainda aderir a uma idéia. Retém-se dessa definição que a publicidade é uma comunicação que procura, por meio de mensagens dirigidas (anúncios), criar um elo entre um produtor e seus consumidores, como também entre o produtor e seus revendedores, sobre o consumo. Trata-se de um discurso de massa que para ser eficaz deve se articular com os outros elementos do composto mercadológico. Com efeito, mesmo que alguns defendam que a publicidade vende, ela só contribui, em meio a muitos outros fatores, a vender. Só como ação de marketing direto o anúncio publicitário vende sozinho.

Ao anunciar, a publicidade articula esse discurso sobre o consumo com a informação, dando conta de seu sentido original de tornar público, de ser algo público.

Lendrevie e Baynast (2004, p. 68) lembram que a publicidade é adaptada às economias de mercado (e até às economias dirigidas: marcas na ex-União Soviética), é uma ferramenta essencialmente concorrencial. Não é exclusivamente mercantil – pode defender instituições, causas sociais, políticas etc. Está presente em todos os meios de comunicação e divulgação e se interessa por eles, bem como todos se interessam por ela.

Os múltiplos aspectos contemporâneos da publicidade

A natureza da publicidade é múltipla e ambígua; ela apresenta vários atributos e peculiaridades distintivas:

A publicidade – processo permanente, onipresente, repetitivo

Dizer que a publicidade é um processo permanente, onipresente, repetitivo e que se inscreve no conjunto das comunicações de massa é "só é um de seus elementos" (Leduc, 1987, p. 7). Nos países industrializados, o amplo desenvolvimento do consumo acompanhou o aumento de consumo da informação, mas a superabundância criou limite. Desencadeou o ceticismo dos consumidores em relação à publicidade, que perdeu em eficácia e credibilidade. Geraram-se, assim, mecanismos de decodificação que dificultaram a aceitação das mensagens, submetidas a processos mais ou menos conscientes e severos de filtragem.

A publicidade está em todos os lugares: em revistas, diários, na tevê, no cinema, na Internet, nas paredes, na rua, em *outdoors*, nos pontos-de-venda, nos meios de transporte, no correio tradicional e eletrônico e em tantos outros veículos possíveis.

Como comenta Leduc (1987, p. 4), é o único aspecto da atividade industrial e comercial que está tão freqüente e evidente para um largo público. A onipresença tem como razão o volume da publicidade e o caráter repetitivo das mensagens em face da indiferença do público e sua faculdade de esquecer (idem), mas também existe porque o acesso às mídias pelos públicos é intermitente, parcial e superficial, o que implica uma probabilidade fraca de o público-alvo ver a mensagem. Deve ser mencionada igualmente como fator desencadeador dessa situação a necessidade de exposição das marcas e produtos em uma concorrência direta e indireta aguçada entre eles ao se disputar a fidelidade dos consumidores.

Os públicos-alvo mudam continuadamente, o mercado apresenta novas facetas, os produtos (qualidade etc.) e preços alteram-se e as pessoas envelhecem, mudam de local, de centro de interesse, suas necessidades se modificam, bem como suas aspirações.

Muitas vezes a publicidade atinge a todos: público-alvo e outros. Como todas as comunicações de massa, goza de um contrato de confiança "forçado".

Publicidade – comunicação partidária, parcial e dirigida

A publicidade não se assemelha às notícias ou a outras informações tradicionais. Diferentemente das outras formas de comunicação de massa, a publicidade afirma sua origem e seus propósitos. Portanto, é recebida com cumplicidade e/ou distanciamento e, até mesmo, com rejeição.

À primeira vista, a publicidade é uma informação paga pelo anunciante, e não pelo destinatário. Aparece, assim, como gratuita a todos os que a recebem, apesar de seu custo estar embutido nos custos do produto.

É, portanto, uma informação a serviço dos propósitos de alguém, geralmente comerciais, mas que podem ser também sociais ou políticos.

A publicidade é partidária e dirigida, uma vez que a informação é fornecida pelos produtores (via agências) a determinados *prospects* e consumidores e que sua intenção manifesta é ser um elemento atuante na incitação à compra do produto ou à adesão a uma idéia. Por isso, esconde as fraquezas dos produtos e valoriza, e até cria, suas qualidades e seus critérios de superioridade, tangíveis e intangíveis, ligados ou não diretamente ao produto.

O trabalho de publicidade assemelha-se muito mais ao papel dos vendedores ou dos advogados, que exortam seus interlocutores em prol de seu cliente, do que ao trabalho jornalístico, que pretende, apesar das imposições das linhas editoriais, apresentar uma informação objetiva de fatos cotidianos. Ao contrário, a publicidade é concebida e amplamente conhecida como unilateral e subjetiva. Objetiva influenciar atitudes, e não somente transmitir dados a respeito de um produto ou serviço. Veicula, portanto, argumentos e outros meios de sedução. As informações veiculadas devem ser vistas como meios de se alcançar algo, e não como um fim em si. A persuasão faz parte do dia-a-dia tradicional de nossa sociedade, tanto no papel de consumidor como no de cidadão sempre requisitado a apoiar, comprar, manifestar-se, votar etc.

A publicidade é limitada porque só fornece informação incompleta, em virtude de apresentar características positivas dos produtos, serviços e conceitos visando à sua venda. Também precisa transmitir com eficiência as informações a respeito dos produtos, e não pode dizer "tudo" sob pena de gerar confusão.

Ela aparece também em espaço geográfico e temporalmente limitado, devendo levar em conta os imperativos e custos impostos pela própria natureza da mídia, bem como os contratos das empresas e meios de comunicação, tanto em termos de volume como, às vezes, de formulação.

A publicidade procura antes de tudo ser atrativa e sedutora. Mescla, em função das ocasiões, o racional e o afetivo, apelando sempre à emoção, pois a racionalidade também é um tipo de emoção. Procede por alusões, elipses, metáforas, provocando convivência. Em nenhum caso deve ser vista como descrição meramente informativa.

A publicidade não é exclusivamente mercantil

Observa-se com certeza uma preponderância da utilização da publicidade por empresas comerciais. Contudo, a publicidade está também a serviço de instituições sem fins lucrativos, instituições públicas, causas sociais etc.

Da mesma maneira que contribui para dinamizar o par vender–comprar, e serve a campanhas de interesse privado, pode também promover campanhas de interesse coletivo (marketing social) como a luta contra a Aids, contra a violência, para ajudar crianças de rua etc. Verifica-se que as campanhas promovidas pela União e pelos estados formam uma parte importante do volume publicitário, pois não basta regimentar, precisa-se de um esforço de comunicação e de persuasão para que essas regras sejam adotadas via marketing social a fim de provocar progressivamente mudança cognitiva, de ação, de comportamento e, finalmente, de valor.

Nascida da industrialização, está a serviço da produção e do consumo

A publicidade tem função econômica inegável, mas também é inegável sua forte influência sobre os valores sociais, principalmente nas grandes cidades. Ela estabelece um falseamento da sociedade no sentido em que busca refletir uma sociedade de satisfação.

Não é nem ciência, nem arte; é uma habilidade

Do domínio do humano e do social, a publicidade não obedece a leis rigorosas que determinariam com precisão comportamentos e reações.

No campo complexo em que atuam com ela diversas outras modalidades ligadas à venda e à concepção, divulgação, implementação e instauração de idéias com fins persuasivos, surgem situações imponderáveis. Nesse sentido, a publicidade é um conjunto de técnicas empíricas que se apóiam largamente sobre saberes provenientes da psicologia, da sociologia, da antropologia, da comunicação, da semiótica e até da neurobiologia, mas que não se confundem com essas disciplinas.

Todavia a publicidade não é do domínio da magia ou do charlatanismo, nem mesmo da arte pura. Apesar de recorrer a estéticas e a tendências artísticas do momento, não se fundamenta exclusivamente em *insights*, dotes pessoais ou talentos inatos. Apóia-se em conhecimento, pesquisas e testes.

Ela não é também arte; sua atividade de criação não tem nem a subjetividade pura, nem gratuidade. Tem objetivos concretos, precisos, e está a serviço de um propósito comercial em última instância (ou, às vezes, em primeira instância).

O discurso publicitário tem regras, sua vocação primária não é agradar ou expressar a verdade, mas, prioritariamente, produzir um sentido previamente determinado.

A publicidade é comunicação efêmera; agradar e permanecer durante o tempo de uma campanha são meios, e não fins.

A arte pode ser usada pela publicidade, mas é, antes de tudo, com o fim de atrair, criar convivência, um meio de seduzir, e não uma operação de mecenato.

A publicidade é, em essência, uma habilidade.

A publicidade é uma comunicação conjuntural e otimista para produtos banalizados

A publicidade é conjuntural; ela recupera o modismo. Reflete e refrata os estereótipos dos públicos que objetiva atingir. Nesse sentido, é convencional, porém sempre atenta às tendências e novidades socioculturais. Retomando uma expressão da década de 1980, ela "faz surfe sobre as ondas" das transformações sociais. O fenômeno publicitário "engloba todas as modas, todas as aspirações e todas as contradições de um momento" (Lendrevie e Baynast, 2004, p. 72). Nesse particular não se distingue da mídia de grande difusão (tevê, revistas, rádio), condenada ao conformismo se quiser agradar ao maior número de pessoas (marketing não diferenciado) e manter audiências elevadas.

A publicidade só anuncia boas notícias, vê o lado bom das coisas, "escreve contos de fadas para supermercados", na expressão de Lendrevie e Baynast, que continuam exemplificando: sempre a vida é bela, as mulheres sedutoras ou a um passo de sê-lo, os homens "sarados", as crianças sadias e bem-comportadas, as tarefas e árduas atividades transfiguram-se em agradáveis. Não cabe à publicidade ser um espelho realista verídico e pouco complacente da realidade da sociedade.

A publicidade exagera qualidade e prazer e tende a apagar os defeitos. Ela exerce uma função "cosmética" e lúdica ao retirar os produtos do anonimato para dar-lhes vida própria, alegrando nosso cotidiano moroso. Ao prometer o fim do "tédio" com o uso do produto anunciado, ela gera uma associação subliminar de bem-estar, mesmo que ninguém realmente acredite (pelo menos racionalmente).

O poder da publicidade é relativo

A publicidade não é panacéia. Integra-se em uma estratégia mercadológica maior que ela. Numerosos são os fracassos, mesmo com investimentos orçamentários importantes. Não se pode fazer uma campanha de publicidade sem levar em conta a realidade do mercado e seu contexto. Quando falamos de contexto, para além das questões gerais de política, economia, tecnologia, estamos falando principalmente do produto, da concorrência e das condições de produção e distribuição.

Não se pode ignorar a natureza das qualidades específicas, o preço, o posicionamento do produto e dos serviços, a força de vendas, as iniciativas e reações dos concorrentes etc.

A publicidade pode contrabalançar algumas fraquezas intrínsecas, conjunturais ou comerciais, mas não pode, em médio e longo prazos, impor um produto inadequado ou com problema de distribuição.

A publicidade pode criar movimento nos pontos-de-venda, mas não pode ir de encontro a um vendedor que redireciona os anseios dos clientes para outra marca.

Ela pode influenciar as decisões dos consumidores, mas sem que estes sejam manipulados a ponto de perder definitiva e coletivamente seu poder de julgar e decidir.

O impacto da publicidade não neutraliza a concorrência pelos preços, pela inovação, pelos serviços prestados, pela presença na distribuição, em suma, a uma receptividade tangível das ações de marketing.

As modalidades da publicidade alteram-se em função do contexto

A publicidade é sensível às alterações econômicas em função da conjuntura econômica e do estado de ânimo dos empresários. Conforme seu otimismo ou pessimismo, o volume de publicidade pode variar, porém muitos empresários já são mais conscientes de que a publicidade não é um luxo, mas um custo tão necessário como a compra de matérias-primas ou a remuneração de vendedores.

A quantidade e as formas de publicidade divergem também em relação aos setores econômicos e às diversas economias no mundo. Elas apresentam muitas diferenças no mesmo setor, de empresa para empresa, ou até, em uma mesma empresa, de marca a marca, de produto a produto. Essas divergências só ilustram opções estratégicas e disponibilidades financeiras diversas. A publicidade apresenta ainda diferenças em relação a países em função não somente de disparidade de desenvolvimento econômico, como também de especificidades nacionais de produção, distribuição e consumo e de valores e comportamento. Ela depende do caráter sazonal das compras e eventos comerciais, como, por exemplo, Natal, dias das mães, dos pais, dos namorados etc.

A publicidade é muito sensível aos modismos de uma época em relação à outra, de uma cultura em relação a outras, de um mercado para outro. Isso é facilmente perceptível ao depararmos com campanhas publicitárias globais que não se conectam com a realidade social, política e cultural local.

Comunicação de massa para o micromundo dos públicos segmentados

Fora das questões ligadas a pesquisa, efetivação e controle das campanhas, a publicidade envolve pelo menos três grande momentos: o planejamento, a criação, a mídia. Mesmo se a criação chama a atenção das audiências e as seduz, a publicidade não pode depender só do talento dos criativos. Não há verdadeira comunicação publicitária sem estratégia; é necessário administrar o sentido das(s) campanha(s).

Após análise da situação mercadológica e estabelecimento da política publicitária, e antes da realização e do controle das ações publicitárias, a estratégia pode ser dividida em estratégia de comunicação (planejamento/orientação do conteúdo da mensagem), estratégia de divulgação (mídia) e estratégia de criação (peças/conteúdo e forma(s) das mensagens).

A estratégia é primordial. Deve ser clara e bem determinada a fim de tornar as mensagens eficazes. Atualmente não é mais possível dirigir-se aos criativos solicitando uma campanha "bonita" sem ter nada a dizer. É preciso identificar o problema que desponta, a ser resolvido no marketing.

Portanto, a estratégia permite orientar a pertinência e a coerência das aparições na mídia; inscreve-se no tempo, e não esporadicamente. Assegura a pertinência dos meios utilizados em relação aos anseios dos consumidores, além de diferenciar o produto de seus concorrentes. Expressa a promessa e os compromissos da marca. Orienta e canaliza a expressão criativa e a escolha dos suportes midiáticos (veículos de comunicação e divulgação). Trabalha a diversidade dos alvos da comunicação definindo-os com base nos alvos do marketing e vendo a comunicação de maneira integrada (comunicação global/diversos destinatários da comunicação).

É preciso ver quem tem papel importante nas tomadas de decisão, ver se a compra é automática, refletida ou impulsiva. Notoriedade não é suficiente; necessita-se de conteúdo de notoriedade – criação de um monopólio simbólico.

A publicidade tem presença plural

Apesar de fortemente presente na tevê no Brasil, a publicidade não se atém a nenhum suporte midiático em particular. Qualquer mídia, analisadas sua audiência e a relação custo-benefício, é vetor potencial de publicidade. Os diversos veículos são concorrentes e complementares. Em geral, a mídia obtém seus recursos da venda do espaço publicitário.

Normalmente, para veicular suas mensagens, a publicidade associa e combina os veículos sem preconceitos ideológicos, embora em função da adequação de suas audiências aos públicos-alvo em uma relação de custo-benefício.

A publicidade não se limita à grande mídia. Integra em seu repertório outros meios como publicidade no ponto-de-venda, publicidade pelo objeto, mala direta, camisetas, sacos de plásticos, envelopes etc.

Publicidade é uma rede, uma estrutura

Entender a publicidade é entender por quem e para quem ela é fabricada. A publicidade tem seus especialistas, que são os publicitários; tem empresas especializadas, as agências, os canais, os veículos.

Surgindo no topo da linha, temos os anunciantes, que são os fabricantes ou revendedores dos produtos. Intermedeiam a comunicação as agências compostas de publicitários especializados em pesquisa, planejamento, mídia e criação redacional, visual, eletrônica, e em controle da boa divulgação das campanhas. Há também as generalistas (atendem todo tipo de comunicação e produtos) e outras especializadas em diversos setores da economia ou técnicas de comunicação. Finalmente, temos empresas especializadas na confecção das peças (gráficas, produtoras etc.) e em sua veiculação (mídia *out* e *indoor*).

As empresas dispõem de técnicos que as ajudam a determinar o que dizer, como, onde e quando dizê-lo. Essa estrutura se insere nos quadros das antigas e novas formas de comunicação que integram tanto o marketing direto, o marketing um-a-um, de permissão, viral etc., a promoção de vendas, o marketing esportivo e cultural, quanto o *design* e as relações públicas que, no todo, formam a estrutura mais ampla da comunicação integrada, ou melhor, da comunicação global.

Pragmatismo e ecletismo

Para cumprir sua missão, a publicidade deve recorrer às disciplinas mais diversas. É uma atividade que necessita conhecer os mecanismos econômicos no que diz respeito às trocas, pesquisas de mercado, à observação e previsão econômica. Pressupõe também que o publicitário domine as questões comerciais e mercadológicas. Como produzir uma publicidade satisfatória se não se conhece o marketing do qual ela é a faceta expressiva mais visível?

Além disso, a publicidade encontra apoio nas ciências humanas. Após, devem-se estudar os anseios, necessidades, motivações, atitudes e comportamentos, intenções e opiniões para descobrir os desejos.

O publicitário deve, portanto, recorrer à psicologia, à semiótica, à sociologia e à antropologia. Enfim, a publicidade é principalmente comunicação – uma mescla dialética de argumentação e poesia que se vale de todos os recursos estéticos verbais e não verbais, associando técnicas e artes diversas. É uma atividade complexa e híbrida que necessita, por isso, como comenta Leduc (1987, p. 8), de profissionais de larga cultura geral, de espírito curioso e disponível, que façam prova de rigor e objetividade, mas também que sejam intuitivos, imaginativos e críticos.

Pluralismo disciplinar dos fundamentos teóricos da ação e comunicação publicitárias

A publicidade – uma prática empírica

Vimos que a atividade publicitária consiste em conhecer o consumidor e os modos de se comunicar com ele. Ela encontra embasamento nas mais diversas teorias propondo, ao amalgamá-las intuitivamente ou sob forma de modelos, com base em relato e análise de experiências refletidas, um entendimento de como proceder para idealizar campanhas e planejar estratégia de mídia e, principalmente, criar anúncios.

Para entender o que fundamenta esse saber, diferentemente dos recursos engenhosos de Hopkins em *Ciência da propaganda* ou de Hass, retomados em Santana (1981), quando discorre sobre as leis publicitárias afirmando que são semelhantes às leis da mecânica, preferimos aqui analisar os substratos que pretendem explicar e subentender o fenômeno geral da comunicação publicitária.

Como toda teoria, sua convalidação depende dos princípios epistemológicos investidos. Abordaremos, na seqüência, esses conhecimentos polivalentes com base em sua origem científica, bem como procuraremos comentar sua focalização e utilidade em função da perspectiva dos atores do processo de comunicação diretamente envolvidos.

Embasamento em modelos da psicologia

Para exercer corretamente sua profissão, isto é, conseguir provocar uma ação da parte de outrem, o publicitário precisa conhecer o que é suscetível de motivar essa pessoa. No entanto, apesar de em geral se achar um psicólogo nato, por ser dotado de bom senso, o publicitário, como comenta Cathelat (1993), aceita a psicologia com circunspecção. Com efeito, essa disciplina intimida as tradições de empirismo e pragmatismo de uma profissão ainda jovem, nostálgica de seu recente passado artesanal.

A psicologia só adquire valor de predição e justificação profissional com um marketing que lhe incumba de descobrir as necessidades dos consumidores para prever seus comportamentos e, em decorrência, as condições de permeabilidade desses públicos às influências das mensagens.

A preocupação da publicidade consiste em conferir racionalidade gerencial a seus atos, procurar justificar suas notas de recomendações com dados quantitativos, pois o qualitativo inquieta. Ademais, revelando profundezas insuspeitáveis, esse tipo de revelação é dificilmente transponível de uma pessoa a outra, o que contraria a coletivização dos públicos-alvo. Aliás, a pesquisa qualitativa custa caro, e o publicitário valoriza intuições espontâneas; sente sua "liberdade de expressão" e sua sensibilidade, já limitadas pelas orientações do marketing, ainda mais cerceadas. Em resumo, as conclusões dos estudos psicológicos são muitas vezes tão surpreendentes que parecem fantasiosas ou tão estereotipadas que já eram do conhecimento informal do publicitário. E, afinal, muitos pequenos e médios empresários, homens de negócios e comerciantes estão intimamente convictos, em uma espécie de miopia em marketing, que já sabem exatamente o que o cliente quer. Nessa perspectiva, os desejos e as motivações dos consumidores correspondem às necessidades gerais da natureza humana e são pretensamente conhecidos há tempo.

Daí a sobrevivência do muito ultrapassado modelo Aida – apresentado mais adiante –, que é um esquema racional, ainda presente em muitos livros brasileiros de publicidade e ensinado em muitos cursos de publicidade brasileiros.

A seguir apresentaremos alguns dos modelos mais conhecidos.

Modelo de efeitos diretos sobre os comportamentos: o behaviorismo; o público-alvo condicionado

O behaviorismo, desenvolvido durante toda a metade do século XX, entre outros, por pesquisadores como Watson, Pavlov, Skinner e Shannon, explica o comportamento dos seres vivos como respostas a estímulos. Mesmo se a preocupação inicial resumia-se em procurar tratamentos eficazes para distúrbio de comportamento, os conceitos que desenvolve interessaram aos especialistas do marketing e da comunicação, que não cessam de direcionar estímulos em direção aos consumidores para provocar comportamentos precisos: entrar em uma loja, comprar e recomprar um produto, preencher um cupom, opinar favoravelmente a respeito de uma marca. Trabalhar o condicionamento das pessoas, estabelecendo uma relação direta entre um determinado estímulo e um comportamento resultante, permitiria mensurar direta e precisamente os efeitos da publicidade, embora os comportamentos decorram de muitos outros fatores, além das já numerosas variáveis comunicacionais.

Segundo esse modelo, a mensagem publicitária age sobre um consumidor passivo e acrítico, ao ser repetida diversas vezes, em uma lógica mecânica e determinista, como conheceu o reclame.

No entanto, mesmo se a escola behaviorista inspirou a propaganda de líderes como Stalin e Hitler, ou teóricos da propaganda como Tchakhotine, sua influência na prática publicitária não resultaria de uma correlação direta. Segundo Lendrevie e Baynast (2004, p. 29), numerosos publicitários se valeram de processos de tipo comportamentalista sem, no entanto, conhecer especificamente as teorias behavioristas.

Mesmo assim, e com todas suas críticas e limites, utilizam-se, ainda, na publicidade contemporânea, estratégias semelhantes às do reclame, isto é, estratégias de geração da notoriedade do nome da marca por meio de mensagens de conteúdo pobre (nominação da marca e associação simples), reduzidas geralmente a uma injunção, na qual a criatividade se resume a um *slogan* impactante, fácil de ser lembrado. Esse tipo de publicidade mecânica encontra-se principalmente veiculado hoje em dia no rádio ou no *outdoor* e em sistemas de identidade visual e sonora, no *packaging*, na promoção de venda e em muitas publicidades nos pontos-de-venda.

Porém, a publicidade pode concernir, também, a campanhas publicitárias completas de produto de implicação fraca, isto é, produtos banais com forte freqüência de compra ou de compra impulsiva; em outros termos: bens com pouco conteúdo simbólico, nos quais não há projeção dos consumidores.

No caso dos produtos com implicação forte, automatismos podem ser criados. Contudo, são extremamente complexos e frágeis, misturando compulsões afetivas, emoções e raciocínios que não são levados em conta pelos esquemas behavioristas.

Modelos de efeitos intermediários: hierarquia dos efeitos – o público-alvo mecanizado

A abordagem clássica do gráfico de Arren, mais popularizado como esquema mnemotécnico Aida, é oriunda da psicologia das funções e faculdades mentais. Inicialmente formulado em 1898 por E. St. Elmo Lewis para servir de guia na argumentação das vendas, esse modelo foi utilizado, desde a segunda década do século XX, para explicar a comunicação publicitária.

Provavelmente porque é simples e fácil de ser memorizado, é ainda muito conhecido. A sigla Aida é formada pelas primeiras letras da seqüência *Atenção – Interesse – Desejo – Ação*,[1] que decompõe o processo da venda e conseqüen-

---
[1] Inicialmente: *Aquisição*.

temente o processo publicitário nas fases cronologicamente ordenadas de *Chamar a atenção, despertar o interesse, suscitar o desejo, desencadear a compra*. Esse procedimento supõe funções mentais separadas e independentes. Só leva em consideração as manifestações conscientes e coerentes de um consumidor visto como racional e lógico.

Questionável no conjunto de críticas às teorias do reflexo condicionado, é também precário porque, com o propósito de atrair a atenção, despertar o interesse e suscitar o desejo, a grande preocupação dos publicitários focaliza-se em uma procura desproporcionada do efeito, provocando, nas palavras de Joannis (1977, p. 232), um divórcio entre o desejo de atenção e a função de comunicação da mensagem, a atenção sendo freqüentemente despertada por um elemento anexo à mensagem. Assim, e a título de exemplo, quantos anúncios de produtos masculinos ligados a carros ou outros produtos se valem da beleza plástica de jovens mulheres nuas, ou praticamente nuas, sem relação com o produto, para se apoiar em conotações eróticas do desejo mal-entendidas porque não se trata aqui de desejo do produto, mas do objeto do apelo? Não se considera aqui a utilização diferente de procedimentos semelhantes quando "xis" associações são procuradas. Ainda hoje muitas regras de impacto visual das mensagens inspiram-se nesse modelo.

Seguir esse esquema é aderir a uma concepção mecanicista da publicidade, que considera o consumidor como algo condicionado por estímulos mnemotécnicos. De qualquer maneira, é fundamental estabelecer uma ligação de natureza casual entre gancho e produto. Como bem declara Joannis (1965), que defende uma comunicação sintética imagem–palavra (modelo Cosyma), um anúncio pertinente deve cativar o olhar e expressar uma mensagem.

Muitos modelos recentes inspiram-se no modelo Aida, assim como no modelo Dagmar (Defining Advertising Goals to Mesure Advertising Results), especificamente concebido na transição das décadas de 1950 e 1960 por Russell H. Colley (1976) para explicar o processo de ação da publicidade.

Idealizando o modelo em cinco etapas: *Desconhecimento, (tomada de) Consciência, Compreensão, Convicção, Ação*, o autor explica que cada etapa permite formular objetivos específicos. Diferenciando-se os objetivos, possibilitam-se métodos de controle e mensuração dos resultados adequados a cada nível.

Na esteira de Dagmar, inúmeros modelos foram propostos. Entre eles, destaca-se principalmente o modelo de Lavidge e Steiner:

Notoriedade → Conhecimento → Avaliação → Preferência → Decisão → Compra

Todos se estruturam em três etapas. Enunciam a hipótese de que o consumidor, graças à influência da mensagem publicitária, aprende primeiro a conhecer o produto; em seguida, deseja-o para finalmente comprá-lo.

Assim formalizam-se:

- o nível cognitivo ou estágio do fazer conhecer, no qual o consumidor potencial toma conhecimento da existência da marca e do produto, bem como das características desse produto;
- o nível afetivo ou estágio do fazer gostar, no qual o consumidor potencial expressa motivações e atitudes para com o produto e a marca;
- o nível conativo ou estágio do fazer agir, no qual o consumidor potencial age, demonstrando sua convicção, isto é, sua intenção de compra para, em seguida, passar ao ato (compra efetiva), podendo repeti-lo (fidelização).

Vale ressaltar que não foi demonstrado rigorosamente que os consumidores seguiam as etapas propostas pelos modelos da hierarquia dos efeitos, porém empiricamente a distinção dessas etapas mostrou-se eficaz, uma vez que uma única mensagem tem pouca probabilidade de conseguir realizar a totalidade desse processo de informação e persuasão.

Em outro nível, a teoria desenvolvida por esses últimos modelos é aplicável a qualquer forma de comunicação e à combinação dos diversos meios utilizados. Convém também mencionar que os primeiros modelos propunham uma hierarquia que observava sempre a ordem apresentada. Contudo, essa seqüência não é absoluta, conforme explicita a matriz de Vaughn, que, ao cruzar o tipo de implicação (forte ou fraca) dos consumidores potenciais com o caráter da compra (racional ou emocional), evidencia os casos do quadro a seguir:

	Cognitivo→Afetivo→Conativo (Esquema da persuasão, da aprendizagem) Procura de informações e marcas confiáveis. Exemplos de produtos: carros, computadores etc.	Afetivo→Cognitivo→Conativo (Esquema da valorização social e pessoal) Padrões de referência: celebridades. Exemplos de produtos: cosméticos, jóias, roupas etc.
Implicação forte		
Implicação fraca	Conativo→Cognitivo→Afetivo (Esquema da implicação mínima) Necessidade fraca de informações. Marcas notórias. Informações e sentimentos após experimentar o produto. Exemplos de produtos: produtos alimentícios, de limpeza etc.	Afetivo→Conativo→Cognitivo (Esquema da auto-satisfação) Necessidade fraca de informações. Reconhecimento da marca e dos produtos. Exemplos de produtos: cervejas, refrigerantes etc.
	Compra racional	Compra emocional

Fonte: Adaptado de Vaughn (apud Lendrevie e Baynast, 2004, p. 36).

Observa-se que todos esses modelos conferem poder aos atores presentes no pólo da emissão e se consideram passivos (ou parcialmente passivos) os atores presentes no pólo da recepção.

Modelo da teoria das motivações: o público-alvo motivado

Para a teoria motivacionista, o comportamento não pode ser explicado por uma resposta mecânica a estímulos exteriores pois, ao ser relacionado à história de seus autores, os atos têm justificativas que decorrem da personalidade profunda e diferente de cada um. Para propor uma explicação que considerasse essas forças psicológicas e dar conta dos estados de tensão, o conceito de necessidades é por demais geral e objetivo. Assim, nos anos 1930, com os estudos de Louis Cheskin e Ernest Dichter, procura-se entender os determinantes irracionais de características comuns a grupos de pessoas tendo em vista sua utilização em uma ação psicológica.

Conforme descreve Gentzel (s.d., p. 56), "na linguagem freudiana, a motivação representa um conflito inconsciente entre uma necessidade, um desejo (pulsão do id) e formas repressivas (censura do superego) que proíbem, limitam ou desviam sua satisfação (mecanismo de defesa do ego)". Porém, Mucchielli (1978, p. 15) esclarece que a motivação surge como impacto da mensagem ou da percepção de um sinal. Existem anteriormente tensões latentes, ou atitudes pré-orientadas, que ora são ativadas.

A utilização dos conceitos desenvolvidos por Freud e as escolas decorrentes encontraram pleno sucesso a partir dos anos 1960 com o desenvolvimento das pesquisas de motivação, utilizando, adaptando e criando ferramentas de observação e análise oriundas da psicologia experimental como, entre muitas, entrevistas em profundidade, entrevistas não diretivas, reuniões de grupo, métodos projetivos.

A utilização da noção de motivação não se limita às pesquisas por poder orientar a estratégia e a criação publicitárias, pois, ao ser uma força que incita a pessoa a agir de determinada maneira, fundamenta qualquer conceito publicitário, uma vez que em essência é exatamente o objetivo da publicidade que procura direcionar os comportamentos dos consumidores potenciais no sentido desejado pelo anunciante. Joannis (1977) formula com esmero essa proposta ao ilustrar os usos e benefícios operacionais que a publicidade pode retirar com essa abordagem e, ao explorá-los, propõe uma metodologia de criação publicitária.

Decorre dessa abordagem a noção de publicidade denominada sugestiva. Obviamente toda mensagem é sugestiva, porém, aqui, diferenciam-se anúncios que simplesmente enunciam de anúncios que sugerem, isto é, anúncios que apelam mais aos sentidos do que à razão, que não objetivam menos informar do que motivar; trata-se de um discurso indireto que privilegia símbolos e figuras metafóricas. Esse tipo de publicidade convém particularmente a produtos cuja função utilitária já se encontra indiferenciada, no sentido em que todos os produtos do setor aparecem como semelhantes.

Bibliografia

CHATELAT, B. *Socio-stiles*. Londres: Koogan Page, 1991.
COOLEY, R. H. *Dagmar – Sistema de definição de objetivos publicitários para medir a eficiência da propaganda*. São Paulo: Pioneira, 1976.

DELGADO, J. B. *Lenguaje publicitario.* Madri: Síntesis, 1997.

FABBRI, P. *El giro semiótico.* Barcelona: Gedisa, 1999.

FLOCH, J. M. *Sémiotique, marketing et communication: sous les signes, les stratégies.* 4. ed. Paris: PUF, 2003.

GOMES, N. D. *Publicidade: comunicação persuasiva.* Porto Alegre: Sulina, 2003.

HOPKINS, C. *Ciência da propaganda.* São Paulo: Cultrix, 2002.

JHALLY, S. *Os códigos da publicidade: feiticismo e a economia política do significado na sociedade de consumo.* Porto: ASA, 1995.

JOANNIS, H. *De l'étude de motivations à la creation publicitaire et à la promotion de ventes.* Paris: Dunot, 1965.

_____ . *O processo de criação publicitária.* Porto: Mem Martins, 1977.

LAGNEAU, J. *Éscrits.* Paris: Harmattan, 1977.

LEDUC, R. *Principios de la publicidad.* Barcelona: Deusto, 1987.

LENDREVIE, J.; BAYNAST, A. *Publicitor.* Paris: Dalloz, 2004.

MUCCHIELLI, R. *A psicologia da publicidade e da propaganda.* São Paulo: Livros Técnicos e Científicos, 1978.

RAMOS, R. *Propaganda.* São Paulo: Global, 1998. (Coleção Contato Imediato).

SANTANA, A. *Propaganda – Teoria técnica e prática.* São Paulo: Pioneira, 1977.

SCHMITT, B. H. *Marketing experimental.* São Paulo: Nobel, 2000.

_____ . *Um século de propaganda.* Suplemento da edição de 21 anos do jornal *Meio & Mensagem,* abr. 1999.

VIEIRA, L. *Incomodada ficava a sua avó: anúncios que marcaram época e curiosidades da propaganda.* Rio de Janeiro: Ediouro, 2003.

YVES, P. *Annuncios paulistanos.* São Paulo: Referência, 2004.

4

História da propaganda brasileira: dos fatos à linguagem

Vander Casaqui*

A história da propaganda é um patrimônio que não é estanque, mas sim parte viva do que ela é atualmente: a linguagem. A cada período da trajetória, em cada contexto social em que se inseriu, a publicidade encontrou a sua maneira de dizer, dialogando com o mundo ao redor, bebendo desse grande recipiente que é a sociedade, com suas maneiras de ver o ser humano, a natureza, a cultura, o "futuro", o presente e o passado, que variam conforme o momento em que vivemos.

À parte das especulações sobre quais seriam as suas origens mais remotas (e há quem regrida até a Idade da Pedra para provar que a publicidade é algo "natural" do ser humano, e não uma construção cultural), vamos pensar na publicidade no Brasil, quando ela se torna uma instituição com um fim comercial preciso, e, em alguns momentos, quando sua linguagem reveste a atividade política, nas campanhas eleitorais criadas por profissionais da propaganda.

Alguns ditos precursores são elementos da cultura incorporados pela linguagem publicitária através dos tempos. Como os bordões inventados pelos vendedores no comércio que se desenvolvia na época em que éramos uma colônia portuguesa. Uma tradição oral que ainda influencia a cadência verbal dos

*Doutor em Ciências da Comunicação pela ECA-USP.

anúncios, que são realizados, em essência, para dialogar com seu público; dessa forma, até um material impresso transmite a coloquialidade, a "conversa" envolvente, um certo tom informal que busca "humanizar" os produtos, colocá-los em sintonia com a percepção do consumidor, com sua maneira de ser e de sentir o mundo. Essa simulação de "conversa informal" vem de nosso jeito brasileiro de ser; não foi inventada pela publicidade, mas aproveitada por ela. Até o século XIX, os vendedores davam o tom da voz do comércio. Como no bordão a seguir, coletado em 1880: "Sorvetinho, sorvetão,/ sorvetinho de limão/ quem não tem duzentos réis/ não toma sorvete não".

A chegada da Corte Real portuguesa em nossas terras, expulsa pelo avanço das tropas de Napoleão em Portugal, trouxe uma novidade: a prensa tipográfica, que tornou possível a primeira publicação de um jornal feito no Brasil, a *Gazeta do Rio de Janeiro*, editado pela Impressão Régia, em 1808; em edições desse e de outros jornais, nos anos seguintes, encontramos facilmente um gênero que foi dominante na publicidade do século XIX: o classificado. Nele, os cidadãos podiam expressar suas intenções de oferta de serviços, de compra, troca e venda de produtos e propriedades. Assim era o primeiro anúncio publicado em nosso país: "Quem quiser comprar uma morada de casas de sobrado com frente para Santa Rita, fale com Ana Joaquina da Silva, que mora nas mesmas casas, ou com o capitão Francisco Pereira de Mesquita, que tem ordem para as vender".

Como na época vivíamos sob um regime escravocrata, os escravos eram propriedades das que mais circularam nos classificados daquela época. Vale a pena conferir o trabalho de Gilberto Freyre (1979) sobre esse gênero de anúncios, em que o autor busca, com base neles, mapear quais eram as etnias africanas que vieram para o Brasil com o tráfico de negros. Freyre opta pelos anúncios de fuga de escravos em vez de estudar os classificados de vendas, por um motivo: quando um senhor queria vender um escravo, utilizava palavras que "maquiavam" o "produto", ou seja: utilizava-se a retórica para se tornar a oferta mais atraente. Distintamente dos anúncios de fuga, nos quais o proprietário procurava fazer uma descrição mais próxima possível da aparência do escravo "fujão", com suas características físicas, cicatrizes, marcas de trabalho pesado, crueldades que tivesse sofrido nas atividades forçadas que exercia. Como podemos ver na Figura 4.1 do caderno colorido.

Em meados do século XIX, surgem os primeiros *free lances* da história da publicidade brasileira – os poetas. No Brasil, Casemiro de Abreu, Castro Alves e Guilherme de Almeida, e, décadas após, Bastos Tigre, o redator do famoso e precursor *slogan* da Bayer ("Se é Bayer, é bom", de 1922); e Fernando Pessoa, em Portugal, são alguns dos poetas que emprestaram a técnica da rima para construir uma linguagem publicitária envolvente, mais fácil de memorizar. Exemplo disso é o *slogan* da Coca-Cola redigido por Pessoa, uma pérola de síntese em torno da percepção do autor, que expressa a sensação de consumir o produto: "Coca-Cola. Primeiro estranhas, depois entranhas".

Em 1875, a chegada dos classificados com ilustrações aumenta a atração dos anúncios publicados. Mas as condições técnicas da época não permitem grandes vôos criativos com relação à imagem. Isso seria possível com a chegada do meio revista, no início do século XX, e, por intermédio dele, com a progressiva melhoria da qualidade de impressão e inserção de cores através das décadas. A linguagem publicitária ganha novos contornos ao assimilar o espírito de publicações como *A Careta*, *Fon-Fon* e *O Malho*: a sátira aos políticos e aos costumes da época também é utilizada nas idéias dos anúncios. A brincadeira e a ironia que vinham dos pasquins (jornais que faziam sátiras e paródias desde o século XIX no Brasil) vinculam a publicidade aos conteúdos das conversas cotidianas e das notícias dos jornais: os temas do dia-a-dia servem como contexto para alguns produtos (ver Figura 4.2).

Na direção de arte dos anúncios e cartazes do início do século XX, temos freqüentemente o trabalho de ilustradores e artistas influenciados pela obra de Toulouse-Lautrec, o pintor e cartazista francês da *art nouveau*, estética muito difundida no país naquele momento. O espírito da *belle époque*, a atmosfera dos cabarés franceses, o glamour das mulheres vestidas com babados, chapéus e vestidos rodados, reproduzidos por aqui, nos remetiam à sedutora Paris, palco da alta moda e da sofisticação que a elite brasileira tinha como padrão para demonstrar seu poder econômico, sua diferenciação das classes mais baixas. A riqueza trazida pela cultura do café, que conheceu seu ápice na primeira década do século XX, sustentava o luxo de nossa elite (ver Figura 4.3).

O início de um novo século traz a expansão das cidades, as populações urbanas se multiplicam, e com elas surge a necessidade de mídia com maior cobertura. Nesse momento, ganham destaque as ações nas ruas, os cartões-postais e os anúncios em bondes – um espaço privilegiado, com grande cobertura, uma vez que as alternativas de transporte não eram muitas para a população em geral. Alguns desses cartazes veiculados nos bondes conquistaram a empatia das pessoas da época, como o Xarope São João, que durante décadas acompanhou as idas e vindas dos passageiros dos bondes.

Os *anos 1910* foram marcados pela chegada da alemã Bayer ao Brasil, como representante da indústria farmacêutica (a maior anunciante da década), mantendo-se entre as maiores investidoras no mercado publicitário até o início da década de 1940.[1] O biotônico Fontoura apresenta o seu Jeca Tatu, criação de Monteiro Lobato, que ganharia um lugar em nosso imaginário popular pela difusão do *Almanaque Fontoura* (1920), distribuído por 50 anos, chegando a 100 milhões de exemplares. O almanaque, uma espécie de revista com informações e entretenimento em torno de produtos, marcou uma época (ver Figura 4.4).

A Primeira Guerra Mundial (1914-1918) é um marco negativo do período, mas que coincide com o início da implantação da indústria nacional. Os ramos de tecelagem e de alimentos se destacam, num momento de substituição de parte das importações por produtos fabricados aqui. Algumas empresas de capital alemão instaladas em nossas terras, como a Bayer (1911) e a Companhia Antarctica Paulista, são perseguidas e sofrem retaliações ao fim da guerra. São anos de grandes novidades no comércio, como o nascimento do Mappin, de capital e inspiração ingleses, inaugurando o conceito de loja de departamentos no Brasil. Em suas instalações, na cidade de São Paulo, são promovidos os primeiros desfiles de alta moda no país; a elite paulistana era o segmento atendido pelo Mappin, que, de certa maneira, inaugura as ações segmentadas de mídia, privilegiando a veiculação de seus anúncios em jornais que falam aos "donos do dinheiro", os consumidores da alta moda e de artigos sofisticados.

A primeira agência do Brasil, a Eclectica – Castaldi & Bennaton, fundada em 1913/1914 (não é uma data precisa), de início exercia principalmente

---

[1] Em 1941, o Departamento de Imprensa e Propaganda (DIP) da ditadura de Getúlio Vargas restringia com rigor a propaganda de remédios, encerrando o período de liderança do setor como anunciante, desde 1850. Foi um período de inúmeros abusos e falta de critérios na realização de anúncios da categoria, que prometiam todos os tipos de cura e milagres possíveis pelo uso de produtos que, muitas vezes, nem sequer tinham quaisquer propriedades medicinais comprovadas.

as atividades de negociação de espaços comerciais e nos veículos, além de organização de eventos, assim como muitos profissionais dos "reclames" (como se chamavam os anúncios à época) e representantes comerciais que a antecederam. Passa a ter um papel mais aos moldes do que conhecemos como agência publicitária nos anos 1930.

Anos 1920. Época de grandes transformações. Expande-se a urbanização nas metrópoles; acompanhando o avanço urbano, a tecnologia difunde novos hábitos de consumo que vão afetar a maneira de o homem ver seu mundo. A arte brasileira se faz notar pela Semana de Arte Moderna de 1922, resultado de uma geração de artistas que buscaria "deglutir", assimilar as influências do modernismo europeu no cruzamento com raízes, temáticas, enfim, um estilo brasileiro. O automóvel, um dos produtos mais representativos das transformações da época, possibilitava novas experiências: com ele, as pessoas começam a ter outra percepção do tempo e do espaço, devido à nova maneira de ver o mundo sobre quatro rodas. Reservado para os mais abastados pelo seu alto preço, tornou-se um símbolo de *status* e também da idéia de que o homem era senhor do planeta, capaz de construir máquinas que superariam as limitações impostas pela natureza. É na esteira desse pensamento "positivista" que se produziram danos irreversíveis ao meio ambiente, com os quais nos debatemos até hoje.

Na década de 1920, temos a chegada de grandes indústrias e das primeiras agências internacionais. Com a vinda da General Motors, vários profissionais são formados por seu Departamento de Propaganda, desde 1925, até a chegada da agência americana J. W. Thompson ao Brasil, em 1929, que assimilou os profissionais do departamento fechado e passou a atender a conta da GM. Assim se inicia a profissionalização do setor de criação, com os conhecimentos técnicos trazidos pelos profissionais norte-americanos. Na década seguinte, viriam a Ayer (1931, atendendo a Ford) e a McCann (1935, com a conta da Esso), entre outras (ver Figura 4.5).

No final da década, um fato abala as estruturas econômicas do mundo capitalista, tendo como origem os Estados Unidos da América: a quebra da Bolsa de Nova York, que é sucedida por um período de dificuldades e privações para pessoas e países: a Grande Depressão. No Brasil, a conseqüência mais clara foi a queda das cotações do café no mercado internacional, que levou muitos plantadores e donos de terras à falência, abrindo espaço para o avanço do setor industrial na sua influência sobre a economia, principalmente no estado de São Paulo. Questionava-se, durante o período da Grande Depressão, a respeito de um imaginário cultivado até então: o *american way of life,* ou estilo norte-americano de viver e consumir, não poderia ser para todos. Um tema bastante atual, considerando que o sistema de consumo em que vivemos cada vez sabe lidar menos com os excluídos da capacidade de adquirir produtos e viver com condições mínimas de bem-estar (ver Figura 4.6).

A *década de 1930* foi o início da expansão da linguagem publicitária e de sua comercialização, pelas possibilidades de elaboração sonora trazidas pelo rádio, que havia sido inventado na década anterior, mas só então ganhava regulamentação, abrindo-se assim para a propaganda comercial em 1932. Antes, estava restrito a clubes de ouvintes privilegiados. Mídia que atingiu seu auge nos anos 1940 e 1950, o rádio ofereceu à publicidade a capacidade de ocupar a imaginação das pessoas por intermédio de patrocínios e reclames, com cenários e situações construídos pela fala, pelos efeitos sonoros, por signos que são completados pelas referências do ouvinte. Muda-se o hábito da recepção da publicidade, uma vez que o rádio ocupa o centro da sala; as pessoas acompanham atentamente as tramas das radionovelas, as "cantoras do rádio", os programas humorísticos e de auditório, os noticiários "oferecidos" pelas marcas de produtos, como o *Repórter Esso.*

Pela Revolução de 1930, Getúlio Vargas chegava ao poder federal. Lá ele ficaria por 15 anos consecutivos. Inicialmente como líder de um governo provisório, Getúlio passou rapidamente para uma ditadura explícita. Em 1932, o estado de São Paulo enfrenta a situação, exigindo uma Constituição democrática. O Movimento Constitucionalista de 1932 mobiliza gente de todo o estado para batalhar contra as tropas federais. Empresas utilizam suas instalações e máquinas para produção de armamentos. A mobilização é alimentada, desde o início, por uma intensa campanha de propaganda, com cartazes que convocam a população a se alistar e colaborar com o movimento (ver Figura 4.7).

A Revolução Constitucionalista, como sabemos, não foi vitoriosa em todos os seus objetivos, mas entrou para a história do país, assim como a sua propaganda. Getúlio Vargas, nos anos seguintes, promoveu iniciativas nas áreas da comunicação e da propaganda, como a criação do DIP (1939), o temido Departamento de Imprensa e Propaganda, que patrulhava a produção cultural do país e perseguia os opositores ao regime do Estado Novo, assim como a fundação da Rádio Nacional (1936), a rádio estatal que seria o maior veículo de comunicação do país durante 20 anos. Junto com a revista *O Cruzeiro*, lançada em 1928, os dois veículos expandiam a cobertura e a circulação da comunicação para o país inteiro de maneira integrada, seja pelas ondas curtas da Rádio Nacional, seja pela distribuição nacional da revista que elevou significativamente a qualidade gráfica da publicidade impressa brasileira.

A publicidade no rádio se aperfeiçoou progressivamente. A partir dos *anos 1940*, a "era do rádio", temos uma grande difusão e avanço na qualidade dos *jingles* publicitários, que embalam as marcas em trilhas sonoras com grandes doses de emoção, de ritmo, de empatia com o público, em gêneros musicais tão distintos como o samba, a música caipira, o jazz. Eles eram a solução para o problema de restringir as mensagens ao tempo determinado do reclame no rádio (assim como as locuções gravadas, os primeiros *spots*); uma locução ao vivo corria o risco permanente de transpor os limites, devido à enorme quantidade de informações que os anunciantes queriam transmitir. A seguir, alguns exemplos que se tornaram verdadeiros *jingles* inesquecíveis, que atravessaram décadas na memória da propaganda brasileira:

– Anos 1940 – Pílulas de vida do Dr. Ross ("... fazem bem ao fígado de todos nós" de autoria de Valdemar Galvão); Melhoral ("... é melhor e não faz mal").

– Anos 1950 – Grapette ("Quem bebe Grapette, repete Grapette..."); Alka Seltzer ("Alka Seltzer/ existe apenas um./ E como Alka Seltzer/ não pode haver nenhum."); cobertores Parahyba ("Já é hora de dormir/ não espere mamãe mandar...").

– Anos 1960 – Varig ("Seo Cabral vinha navegando..." de autoria de Archimedes Messina); ("Urashima Taro, um pobre pescador..."); Casas Pernambucanas ("Não adianta bater/ que eu não deixo você entrar/ nas Casas Pernambucanas/ é que vou aquecer o meu lar"); Kolynos ("Você vai sentir a sensação/ o gosto da vitória...").

Os ídolos do cinema hollywoodiano alimentam os sonhos, as vestimentas e os comportamentos, dividindo com o glamour francês os modelos aspiracionais de nossa sociedade. A indústria cinematográfica norte-americana – desde aquela época um intenso, sedutor instrumento de propaganda do *"american way of life"* – seria decisiva no avanço da influência desse estilo de viver em nossos lares, traduzindo o espírito do progresso à comodidade e ao aconchego do lar, pela aquisição de bens de consumo, como os eletrodomésticos, os televisores etc.

Essa influência seria intensificada após a Segunda Guerra Mundial. Conviviam com as estrelas estrangeiras os cinejornais de Primo Carbonari, que, apoiado em decreto instituído por Getúlio Vargas em 1939, tinha financiamento pelo repasse de porcentagem de bilheteria sobre a veiculação de filmes estrangeiros. Na verdade, eram os famosos *informativos publicitários* que davam os seus primeiros passos, com matérias pagas sobre celebridades, empresas e, obviamente, com a presença freqüente do presidente. Estavam lançadas as bases do merchandising, do cinema publicitário e da propaganda política na TV, além do *jornalismo publicitário* audiovisual, que surgiriam nas décadas seguintes (ver Figura 4.8).

No final dos anos 1930 e primeira metade dos anos 1940, a Segunda Guerra invade o cotidiano do mundo, seja diretamente, pelos milhões de mortos e flagelados nos combates e ataques, seja pelo desabastecimento de produtos nos países europeus e nos Estados Unidos, cujas linhas de produção passam a fabricar armamentos. No Brasil, a falta de produtos importados dos países envolvidos na guerra impulsiona a indústria nacional, pelas mãos das políticas nacionalistas da ditadura de Getúlio Vargas. A Rádio Nacional é a primeira iniciativa realmente efetiva de mídia nacional, integrando a nação por suas ondas curtas, transformando em ídolos cultuados as cantoras do rádio e inúmeros outros artistas cariocas e de outros estados, que saem de sua terra natal para ganhar projeção, como Dorival Caymmi.

Falando do compositor baiano, de uma de suas músicas é extraído o nome brasileiro do filme de Walt Disney, *The three caballeros* (1944): *Você já foi à Bahia?*, longa-metragem de animação que marca o encontro dos personagens Zé Carioca e Pato Donald, é antes de tudo uma peça de propaganda que incentiva a integração das Américas em torno do pacto militar antinazista. Brasil, Estados Unidos e México são apresentados como nações irmãs, da mesma forma que a chegada da Coca-Cola em nosso país, em 1941, representa o braço comercial desse alinhamento do Brasil aos Estados Unidos. No rodapé dos anúncios de Coca, podemos ver a silhueta das Américas acompanhada da frase: "Unidos hoje, unidos sempre" (ver Figura 4.9).

Anos 1950. A televisão chega ao Brasil em 1950, pelo esforço pioneiro de Assis Chateaubriand, que inaugura a TV Tupi Difusora/SP, financiado em parte pelo pagamento antecipado de um ano de publicidade, por anunciantes como Sul América, Antarctica e Moinho Santista. Sem profissionais preparados especificamente ou com experiência anterior para trabalhar no meio, a TV teve influência direta da estrutura já desenvolvida para o rádio, que "emprestou" técnicos, locutores, artistas e programas. A precariedade das condições técnicas, aliada à falta de preparo, fez com que a publicidade engatinhasse no início do meio: nos primeiros dias, os logotipos "estáticos" dos anunciantes eram colocados na tela, quando muito apoiados por música.

O segundo passo foi a incorporação das vozes eloqüentes dos locutores de cabine, à maneira do rádio, ilustradas por jogos de slides, imagens estáticas que compunham uma espécie rudimentar de comercial televisivo. Pouco depois, mais um formato publicitário se incorpora à TV: as garotas-propaganda, que faziam os comerciais ao vivo, no tom didático que caracteriza a época. Era preciso ensinar as donas-de-casa a conhecer as utilidades e as vantagens de aparelhos elétricos (depois seriam chamados de eletrodomésticos), como o liquidificador, a geladeira e a máquina de lavar. Fazia-se necessário estimular a mudança de hábito nas residências, como o uso de leite e sabão em pó, ou mesmo escovar os dentes com os cremes dentais. Para isso, as garotas-propaganda desenvolveram, com o tempo, o carisma e o jogo de cintura, necessários para driblar os imprevistos quando alguma coisa dava errada, fosse com elas mesmas, fosse com os produtos que não funcionavam, fosse com os inúmeros problemas de produção.

Belas e comunicativas, algumas dessas garotas-propaganda se tornaram verdadeiras estrelas, amadas, respeitadas, admiradas, criando condições para legitimar seu papel de porta-vozes dos anunciantes. Mas os desafios a serem superados esbarravam na audiência, ainda baixa no início, devido ao preço alto dos aparelhos receptores e ao alcance restrito da emissora em âmbito local. As condições de captação e veiculação de som e imagem eram muito limitadas, com aparelhos grandes e pouco práticos. Os atores formados em teatro abominavam e desprezavam os convites para atuar na publicidade; os modelos, contratados inicialmente por fotografias, tinham dificuldades para lidar com o vídeo, como dicção ruim ou despreparo para atuar.

Assim, o meio TV ainda não conseguia superar o maior volume de investimentos publicitários, que iam para os meios impressos e também para o rádio, com programas conhecidos do público e dos anunciantes. Revistas como *O Cruzeiro, Manchete* e *Seleções* tinham tiragem nacional e boa qualidade gráfica; novos produtos eram lançados, como o gibi do Pato Donald, primeira publicação da editora Abril, um grande sucesso com as crianças. A publicidade em televisão somente superaria os outros meios a partir da metade da década de 1960. Antes disso, em 1957, surgem as duas primeiras produtoras de cinema publicitário do país, a Jota Filmes e a Lynce Filmes, cujos proprietários vieram do cinema de longa-metragem, depois do fechamento da produtora Vera Cruz. Com eles, a publicidade na TV ganhou novos cenários, como praias, estradas, montanhas, além do cinema de animação, que obteve grande êxito à época.

Mas as dificuldades de produção, os altos custos e limitações técnicas para captação de som e imagem, além da escassez das verbas, adiaram o avanço da televisão no uso dos enormes potenciais da linguagem audiovisual. Isso se daria a partir do aumento dos investimentos e, principalmente, pela chegada do videoteipe, em meados da década de 1960, quando os profissionais de RTV, do departamento de rádio e televisão, passaram a trabalhar com a produção mais "nobre" da publicidade, ao contrário da realidade do começo dos anos 1950, em que os profissionais da mídia impressa tinham maior prestígio, como o *layoutman*, que desenvolvia as ilustrações dos anúncios.

Uma estratégia para transferir a credibilidade do rádio à TV foi desenvolver programas com o mesmo nome e patrocinador, nos dois meios. Assim foi com o *Repórter Esso*, que começou a ser veiculado na televisão em 1952. Programas humorísticos e de auditório e teleteatros ganhavam vinhetas estáticas. Ilustrações do pequeno índio Tupi, símbolo da emissora, atravessavam a programação, inclusive às nove horas da noite, quando as crianças eram avisadas da "hora de ir para a cama" pela música que, cerca de uma década depois, se consagraria como *jingle* dos cobertores Parahyba.

Os anunciantes embarcaram pouco a pouco na "nova era" da mídia, patrocinando programas como o *Circo Bombril, Grande Teatro Nestlé, Um Milhão de Melodias* (Coca-Cola), entre tantos outros (ver Figura 4.10).

A década que começa logo após a frustração da nação ao perder a final da Copa do Mundo de Futebol de 1950, realizada no Maracanã – construído para o acontecimento esportivo –, desenvolveu em torno de si a marca da euforia, do ufanismo. Euforia dos tempos do presidente Juscelino Kubitschek, que celebrizou o *slogan* de seu governo, "50 anos em 5", com obras de grande visibilidade e enormes investimentos e dívidas, como a construção de Brasília. A Era JK oferece fortes incentivos para as montadoras de automóveis se instalarem no país, como isenções fiscais e concessões de áreas, além de investir pesadamente em rodovias, priorizando o transporte rodoviário, colocando em segundo plano a malha ferroviária, bem desenvolvida no Brasil daqueles dias. Juntando-se às montadoras norte-americanas Ford e GM (que já estavam por aqui), a alemã Volkswagen se instala no ABC paulista, assim como outras indústrias que alimentam o setor publicitário com novos investimentos, transformando o setor automobilístico num dos maiores anunciantes do país, dessa década em diante.

Em torno do imaginário dos automóveis, mais do que a idéia de que eram conquistas tecnológicas, incorpora-se o espírito do progresso, que se tornaria uma das bases dos discursos que justificaram o golpe militar de 1964. Subordinada ao progresso, a força de trabalho passa a ser vista em termos de produtividade, de competência, de ajuste do trabalhador aos grandes planos que se traçavam para o Brasil. Eis o imaginário do "Brasil Grande", que discutiremos mais adiante. A segunda metade dos anos 1950 teve bossa nova, teve a seleção brasileira vencedora da Copa do Mundo de Futebol, de Pelé e Garrincha (1958). "Produtos" de exportação que construíram a marca de um momento mágico para o país, em que a nação acreditava poder alcançar um padrão de Primeiro Mundo.

Em 1951, nasce a Escola de Propaganda, sediada no Museu de Arte de São Paulo (Masp), a primeira no país, que daria origem, alguns anos depois, à Escola Superior de Propaganda e Marketing (ESPM) (ver Figura 4.11).

A turbulência política dos *anos 1960* marcou a ferro e fogo a história da publicidade. Com o país dividido em torno do mandato de João Goulart, o vice-presidente que assumiu o cargo após a desastrada renúncia de Jânio Quadros, havia no ar um clima favorável a se realizar mais uma tentativa de tomada do poder pelos militares, algo que esteve iminente desde o suicídio de Getúlio Vargas. A legitimação do governo militar se deu a partir da lógica da economia. O regime ditatorial colocava em primeiro plano, com base em intensiva propaganda, os benefícios do crescimento que os números divulgados apresentavam. "Eu te amo, meu Brasil", "Brasil: ame-o ou deixe-o", e outros motes "martelados" pela comunicação governamental, traduziam o papel que, grosso modo, o mercado publicitário assumiu durante grande parte do período militar: dar sustentação ao regime.

A comunicação televisiva deu um grande salto com a invenção do videoteipe, que ofereceu condições para que os programas pudessem ser gravados com antecedência, preparados em seus cenários e efeitos, ganhando assim maior elaboração – inclusive a publicidade, uma das beneficiadas, apesar de a prioridade no uso da inovação estar voltada à produção dos programas das emissoras, restando aos produtores de comerciais as madrugadas e horários livres da grade televisiva. A gravação prévia das imagens em vídeo permitiu que a publicidade audiovisual desenvolvesse, com maiores condições, as possibilidades de roteiros que fugissem da ditadura das garotas-propaganda, dos locutores, do comercial ao vivo, dos improvisos. A pioneira rede Tupi começa a entrar em declínio, com a chegada das concorrentes TV Excelsior e TV Record, e a TV Globo do Rio de Janeiro, fundada pelo jornalista Roberto Marinho, também proprietário do jornal *O Globo*. A utilização do satélite permitiu que se desenvolvessem as grandes redes televisivas, sendo a pioneira a Rede Globo, ao final da década.

Em 1966 era inaugurado o primeiro shopping center no Brasil: o Iguatemi, em São Paulo. Cercado por dúvidas sobre a viabilidade do empreendimento, sobre a aceitação dos paulistanos de um modelo de comércio norte-americano que era novidade para todos, sem cinemas, praça de alimentação ou ar-condicionado. Das 75 lojas iniciais, em cinco anos o shopping passou a abrigar 160. Com o crescimento urbano vertiginoso e a violência se disseminando nos anos posteriores, a iniciativa pioneira se aperfeiçoou e se expandiu pela cidade de São Paulo, pelas capitais e pelas cidades com maior poder econômico do país.

A cultura jovem ganha novas dimensões nos anos 1960 (ver Figura 4.12). A febre do *rock'n'roll* na década anterior, principalmente por Elvis Presley, ganha características distintas: Beatles, Jimi Hendrix, Rolling Stones, Bob Dylan, Janis Joplin... os ídolos jovens, inseridos no movimento da contracultura, de questionamento dos valores da sociedade até então, de estruturas de poder aos modelos de família, de trabalho, de perspectiva humana, enfim. Tais personalidades promovem uma revolução cultural, de comportamento, que ganha contornos diferentes em regiões distintas do planeta. Se as grandes utopias juvenis, das "sociedades alternativas" propostas pelos hippies de Woodstock, pelos estudantes e operários franceses em maio de 1968 e por aqueles que se tornaram guerrilheiros para lutar contra a ditadura no Brasil – se todas essas manifestações e muitas outras, de uma forma ou de outra, não atingiram seus mais claros objetivos, trouxeram mudanças de comportamento, deram novas cores à concepção de um jovem ingênuo, quase infantil, visto pela ótica dos adultos, que prevalecia até então. É nos anos 1960 que a cultura jovem ganha linguagem própria, que logo vai ser assimilada pela indústria cultural. Exemplo desse fato é o anúncio de Tergal, que mostra mulheres e jovens com armas em punho, "posando" com roupas feitas com o tecido, "declarando guerra às coisas comuns" (ver Figura 4.13).

No Brasil, uma das maiores manifestações da cultura juvenil foi inteiramente planejada como estratégia mercadológica, num trabalho inovador do publicitário Carlito Maia: a Jovem Guarda, que consagrou tipos com características específicas, como o "Rei" Roberto Carlos e o "Tremendão" Erasmo Carlos, que tinham em torno de si um grande suporte de comunicação, dos gestos às gírias, dos figurinos aos suvenires. Era uma resposta brasileira à cultura musical jovem que chegava do exterior, já domesticada pela nossa indústria cultural.

O mercado editorial apresentava novos produtos segmentados, como as revistas *Exame*, *Cláudia*, *Quatro Rodas*, além da *Realidade*, marco do jornalismo brasileiro, e a semanal *Veja*, que se tornaria a revista com maior tiragem do país.

Muitas coisas aconteceram naquela década: o homem chegou à Lua, os Grandes Festivais da Record trouxeram os ídolos da música brasileira das décadas seguintes, a pílula anticoncepcional impactou fortemente o comportamento sexual dos anos seguintes. Desenvolveu-se na década de 1960 uma marca de liberdade e de efervescência criativa em torno da cultura jovem, que no Brasil contrastava e convivia com a rigidez militar, que se tornava mais violenta e arbitrária por meio do Ato Institucional nº 5, o AI-5, que só seria revogado quase dez anos depois.

Em *1970*, a Copa do Mundo de Futebol realizada no México serviu de tema para embates ideológicos, muitas vezes sendo instrumento de propaganda do governo. O presidente Médici aparecia em fotos com um radinho de pilha no ouvido, torcendo pela seleção, numa tentativa de aproveitar o clima de otimismo, de auto-estima do brasileiro, o exemplo de brasileiros vencedores que alimentou o espírito ufanista do "Brasil Grande", que também se deixava ver pelas grandes obras de engenharia que foram realizadas durante a década, como a ponte Rio–Niterói, a hidrelétrica de Itaipu e a rodovia Transamazônica. Essa última foi tema de célebre campanha da Volkswagen, vencedora do Leão de Bronze no Festival de Cannes/1972, que apresentava o Fusca como o único automóvel capaz de superar as dificuldades da rodovia, naquele momento ainda em obras.

Pelo que acompanhamos nos anos seguintes, toda a simbologia da Transamazônica ficou pelo caminho, ou no meio de uma natureza que se mostrou mais forte que o gigantismo dos planos do governo daquele momento. O Fusca seguiu como um dos bens de consumo mais identificados com o brasileiro por algumas décadas, até o fim definitivo de sua produção, depois da saída de linha na década de 1980 e do breve retorno nos anos 1990. A simbologia do "milagre econômico" entrava nos anúncios publicitários daquele momento, acompanhando o discurso oficial que deixava em segundo plano a ausência dos direitos democráticos, ressaltando índices da economia que não se sustentaram por muito tempo, principalmente pelas conseqüências da crise do petróleo de 1972, quando a alta dos preços dos barris, pelos produtores árabes, aumentou os combustíveis e gerou elevação da inflação.

A publicidade foi porta-voz do "Ame-o ou deixe-o" do governo militar, mas também foi censurada. A exposição do corpo feminino na publicidade foi bastante restringida. Também as referências negativas ao regime ditatorial. E não somente: há o conhecido caso do outdoor das salsichas Swift, cujo título brincava com a confusão gramatical dos estrangeiros, no caso o alemão, quando tentava falar o português. Uma referência bem-humorada à origem do produto e da empresa, mas que não teve tolerância do censor, que concluiu ser um erro de gramática: " 'O' salsicha" de Swift, dessa forma, foi tirado de circulação.

Durante toda a década, o setor publicitário foi ameaçado por projetos de lei que visavam à sua censura. A alternativa dos profissionais foi propor a autorregulamentação: assim nasceu o Conselho de Auto-regulamentação Publicitária (Conar), que propôs uma cartilha para estabelecer princípios éticos a serem seguidos pela comunicação e uma atividade de discussão dos pontos polêmicos, na relação entre comunicação de marcas e o público em geral.

Ainda nos anos 1970, temos outra discussão importante sobre mídia: os formatos dos *outdoors*, veículo que chega desgastado ao começo da década, por não ter uma padronização de formato e sistemas mais estruturados para facilitar a negociação de grandes coberturas. Das discussões realizadas nas instalações da recém-criada Escola de Comunicações e Artes – a ECA-USP (com seu curso de Publicidade e Propaganda funcionando desde 1971) – origina-se a Central de Outdoor em 1977, estabelecendo condições para que o meio voltasse a ser prestigiado.

A Rede Globo se transforma em líder absoluta de audiência. Acompanhamos os acontecimentos do Brasil e do mundo pelo *Jornal Nacional*; a telenovela vira mania nacional. Tudo com imagens em cores, a partir de 1971, apesar de muitos brasileiros conviverem com seus aparelhos em preto-e-branco anos depois. Quanto ao rádio, que perdera parte significativa de investimentos publicitários para a televisão durante a década de 1960, há um renascimento por meio das rádios FM, com melhor qualidade de transmissão e ênfase na música, embalando os consumidores jovens.

Em 1978, surge um personagem que sintetizava grande parte dos esforços, até então, de dar uma "cara brasileira", mais próxima ao consumidor, para a nossa publicidade. Eis que surge o Garoto Bombril, vivido pelo ator Carlos Moreno, desenvolvido na DPZ por Francesc Petit e Washington Olivetto; depois levado por Olivetto para a W/GGK, em seguida à W/Brasil, para se tornar o garoto-propaganda com mais tempo à frente da comunicação de uma marca, figurando inclusive nas páginas do *Guiness Book of Records*. A coloquialidade no trato com a dona-de-casa, o "jeito brasileiro" de se expressar ganham um de seus maiores representantes, transcendendo o campo da comunicação da marca de palhas de aço e produtos de limpeza para entrar em nossa cultura nas conversas do dia-a-dia (ver Figura 4.14).

Esse jeito brasileiro de se comunicar não é exclusividade do Garoto Bombril. Em 1971, um personagem tipicamente paulistano, compositor e cantor de sambas clássicos como *Saudosa Maloca* e *O Samba do Arnesto*, narrando histórias entre o humor e a tragédia, entra na mídia para anunciar a cerveja Antarctica: Adoniran Barbosa. O mote "nós viemos aqui para beber ou para conversar?" é ainda uma das mais felizes realizações publicitárias no setor cervejeiro. Regredindo no tempo, Ricardo Ramos (1990, p. 3) aponta o tom irreverente como uma identidade própria da publicidade brasileira, presente nas sátiras, nas paródias, nas rimas que já foram desenvolvidas em anúncios do final do século XIX e início do século XX, como vimos anteriormente. Podemos notar que grande parte das campanhas memoráveis, que tiveram clara identificação com o público e fizeram história, baseou-se no tom irreverente, na criação de tipos bem-humorados, naturalmente engraçados, estabelecendo assim um vínculo mais representativo com a nossa cultura. Mais do que uma *realidade* do que somos, a personalidade bem-humorada, irreverente, representa uma das maneiras como o povo brasileiro gosta de se projetar.

A década de 1970 deve ser lembrada também por um filme sério, de impacto, criativo e de difícil realização para os recursos disponíveis na época: falamos do comercial "Menino Sorrindo", da Seagram, criado pela DPZ (1973) (ver Figura 4.15). No filme, sobre a imagem desacelerada de um garoto – passando de uma expressão fechada, carrancuda, para um sorriso aberto – era narrado um texto contundente, pedindo aos adultos que moderassem o seu consumo de bebidas alcoólicas. Uma mensagem institucional de imenso impacto, apesar da pouca veiculação, precursora do gênero "Beba moderadamente", décadas antes das exigências legais para constar essa mensagem na publicidade de bebidas.

As empresas estatais estiveram entre os grandes anunciantes da década, acompanhando a estratégia de comunicação do regime ditatorial. Porém, logo no início dos anos 1980, mais exatamente em 1981, um filme de utilidade pública, contra o vandalismo em telefones públicos (os chamados "orelhões" da

HISTÓRIA DA PROPAGANDA BRASILEIRA: DOS FATOS À LINGUAGEM   67

2:000U000

Offerece-se dous contos de réis (2:000$), a quem prender, e puzer na cadeia da cidade de Sorocaba o escravo Generozo que assassinou seu senhor, o tenente-coronel Fernando Lopes de Souza Freire, ás 6 1/2 horas da tarde do dia 28 de Abril, cujos signaes são os seguintes: estatura regular, delgado de corpo, côr fula avermelhada, cabellos carapinhos, nariz chato, bocca grande, pés magros e um pouco franzidos, pernas finas; é domador, e viciado em bebidas alcoolicas. Anda fugido desde Janeiro do anno proximo passado; do seu escondrijo suhiu para commetter o crime.   3—1

Província de São Paulo, 14/5/1875

Excellente escravo

Vende-se um creoulo de 22 annos, sem vicio e muito fiel; bom e aceado cozinheiro, copeiro, balieiro. Faz tudo o serviço de arranjo de casa com prestesa, e é o melhor trabalhador de roça que se póde desejar; humilde, obediente e bonita figura. Para tratar na ladeira de S. Francisco n. 4.   5-3

Província de São Paulo, 19/2/1878

▲ **Figura 4.1** À esquerda, anúncio de fuga e, à direita, de venda de escravos no século XIX.

▼ **Figura 4.2:** À esquerda, anúncio classificado com imagem, de 1900. O anúncio, à direita, do gênero da sátira aos políticos da época, tem um título sintético: "Instantâneo", uma referência à "fotografia" de Floriano Peixoto e Rui Barbosa (presidente e ministro da Fazenda nos primeiros anos da República, respectivamente) ao se encaminharem à Alliança do Brasil, Sociedade Puramente Mútua de Pecúlio e Bonificações, uma das empresas precursoras do setor financeiro no país.

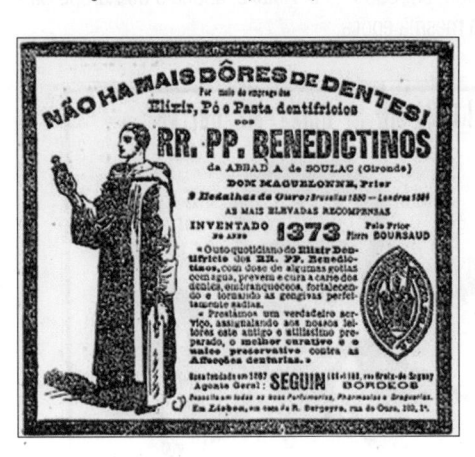

▲ ▼ **Figura 4.2:** Acima, anúncio de espetáculos inspirados na casa francesa *Moulin Rouge*, realizados no início do século XX, no Largo do Paissandu, em São Paulo. Abaixo, anúncio do Xarope São João, que ocupou bondes e páginas de revistas, na mesma época.

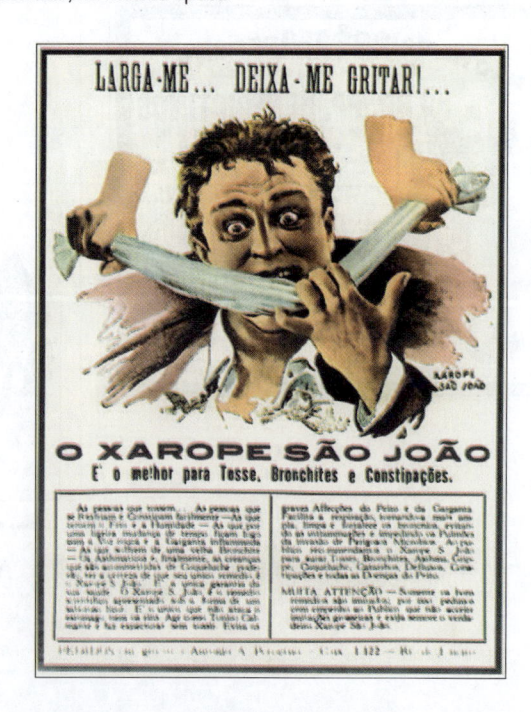

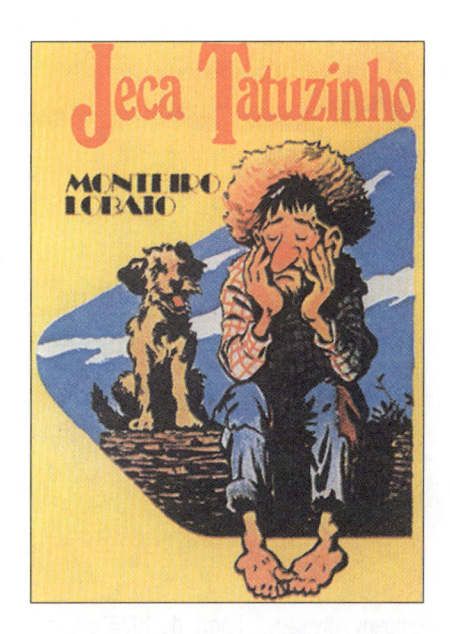

▲ ▼ **Figura 4.3:** Acima, o *Almanaque Fontoura* com a história de Jeca Tatuzinho, salvo dos vermes e da apatia pelo biotônico Fontoura. Abaixo, anúncio publicado em 1917, para a aspirina da empresa alemã Bayer, em tom formal, sem título, e produzindo um contexto "à francesa" para o produto.

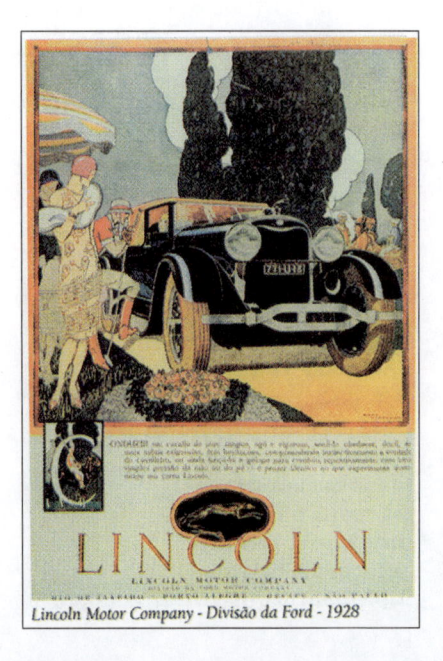

▲ ▼ **Figura 4.5:** Acima, anúncio da Lincoln Motor Company (divisão da Ford), de 1928, em que o automóvel é associado ao prazer de se andar a cavalo – os "cavalos" seriam vinculados, nos anos posteriores, à potência do motor. Abaixo, cartaz do guaraná Antarctica, bebida lançada em 1921, inicialmente associada ao espumante, o "champanhe"; os cartazes do refrigerante o inseriam simbolicamente em ambientes de glamour, de festas, com homens de smoking e mulheres de vestido e chapéu. Enfim, era chique beber o nosso guaraná, derivado da frutinha amazônica de mesmo nome.

▲ **Figura 4.6:** Uma das imagens produzidas por Margaret Bourke-White, fotógrafa norte-americana que, no período da Grande Depressão (1929-1941), percorreu seu país capturando cenas de contraste entre os modelos de vida apresentados pela publicidade (o modelo americano de vida, em torno dos bens de consumo, que se propagaria como aspiração para muitos países pelo mundo afora, sendo o Brasil um dos maiores adeptos, principalmente após a Segunda Guerra Mundial) em choque com a dura realidade das pessoas à margem do sistema capitalista (na foto, à frente de um grande cartaz publicitário, uma fila de pessoas carentes à espera de um pouco de comida. Cena comum em um período em que o desemprego era muito alto nos EUA). Bourke-White, assim como tantos outros fotógrafos nos EUA, foram os precursores do que hoje se conhece como *culture jamming*, ou ações antipropaganda, com as quais o universo das marcas convive desde então. Hoje, as multinacionais como McDonald´s, Coca-Cola e Nike, presentes em escala global, são os alvos prioritários dos movimentos antiglobalização.

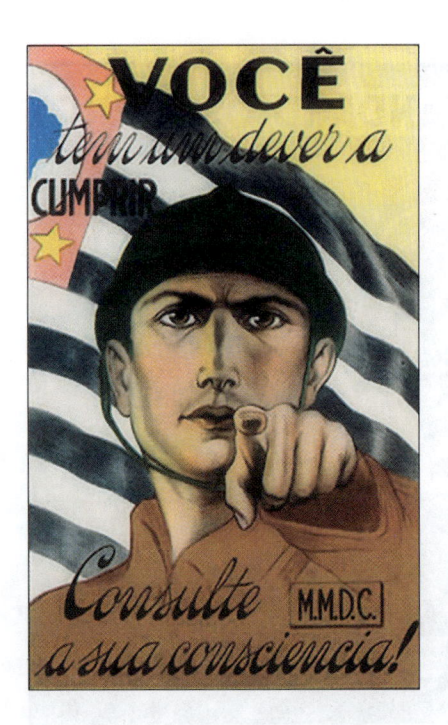

▲ **Figura 4.7:** À esquerda, cartaz que convocava os paulistas a se alistarem nas tropas do Movimento Constitucionalista, que também defendia o separatismo de São Paulo, a "locomotiva do Brasil", do restante do país. O dedo apontado para o leitor da peça faz referência direta à imagem do "tio Sam" norte-americano. À direita, a campanha "Ouro para o bem de São Paulo" visava levantar recursos para manter o movimento de enfrentamento ao governo.

Alpargatas Roda, revista *O Cruzeiro*, 1954, Rádio G.E., revista *Seleções*, 1945, e, abaixo, Pó de Arroz Coty, revista *O Cruzeiro*, 1940

▲ **Figura 4.8:** À esquerda, anúncio do rádio GE de 1945, com Carmen Miranda, um ícone de exotismo e excentricidade, representando o Brasil para "norte-americano ver". A grande cantora de samba ganhou o figurino "tropicalista" a partir de sua participação em produções cinematográficas que representavam o alinhamento militar e também cultural do Brasil aos EUA, por força dos acordos feitos no período da Segunda Guerra. Quanto ao rádio anunciado, percebe-se que se tratava de um grande "móvel", que tinha destaque nas salas das casas de famílias, que o rodeavam, ouvindo radionovelas, transmissões de futebol, radiojornalismo e programas de auditório. À direita, Elizabeth Taylor, a famosa atriz de Hollywood, colocando sua imagem a favor do sabonete Lever (1951), da empresa norte-americana Gessy, numa adaptação para o Brasil da campanha mundial "Usado por nove entre dez estrelas do cinema", um grande sucesso durante décadas.

▲ **Figura 4.9:** Dois anúncios veiculados no período da Segunda Guerra. Na publicidade da Coca-Cola, além da associação do produto à imagem do corpo feminino, a marca do alinhamento brasileiro ao posicionamento dos EUA na Guerra: "Unidos hoje, unidos sempre" no rodapé da peça. O anúncio da Esso, em vez de incentivar o consumo, tenta alertar as pessoas para usarem com racionalidade, diante do perigo do desabastecimento, um tema bastante comum daqueles anos de conflito. Os anúncios que ofereciam produtos a serem consumidos "após a Guerra" eram freqüentes.

▼ **Figura 4.10:** Anúncio de televisor do início dos anos 50 que apresentava a novidade aos olhares surpresos dos consumidores. Uma peça com leiaute inovador para os padrões da época. À direita: garota-propaganda da Avon, em transmissão ao vivo, nos primeiros anos de operação do veículo.

▲ **Figura 4.11:** À esquerda, "Think small", o anúncio criado por Bill Bernbach, da agência norte-americana DDB, para o Volkswagen, que serviria de inspiração para a publicidade do automóvel desenvolvida no Brasil, por Alex Periscinoto, da agência Alcântara Machado, depois Almap (à direita), assim como o conceito de "dupla de criação" (redator e diretor de arte), trazido por Periscinoto para o Brasil nos anos 60, inspirado no método de trabalho da DDB. A campanha da Volkswagen é um exemplo de "conceito de produto", do diferencial encontrado na mercadoria para desenvolver a linha de comunicação – abordagem bastante difundida e influenciada pelo marketing da época. Atualmente, com as semelhanças entre produtos cada vez maiores e a sofisticação das pesquisas sobre o consumidor, a publicidade vende comportamentos, sonhos, desejos, vínculos sociais, alívios e temores psicológicos, trazendo a marca e seu universo simbólico à frente do produto.

▲ **Figura 4.12:** À esquerda, anúncio de 1960, de um produto que ganharia identidade eterna com o espírito da juventude: o jeans. À direita, anúncio de Pepsi, com os ingredientes do marketing da ação, do apelo à alegria e à diversão constantemente associados ao segmento juvenil – abordagem que se renova em ingredientes estéticos e cenários, mas que mantém o espírito através dos tempos.

▼ **Figura 4.13:** À direita, anúncio do tecido Tergal, ao lado de um cartaz utilizado nas manifestações de maio de 1968, em Paris. Nos dois, o mesmo espírito de confronto e de desejo de revolucionar as estruturas sociais, comportamentais, governamentais. Um produzido no calor da luta; outro pensado como posicionamento para vender produtos.

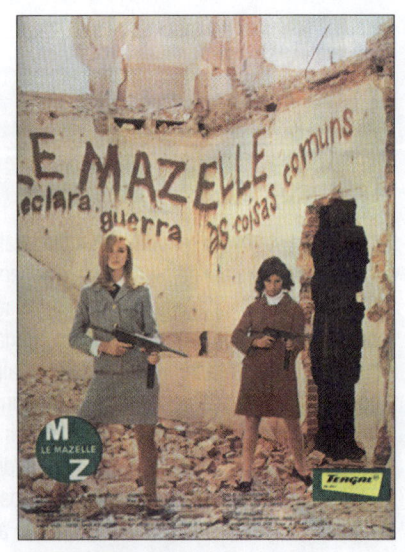

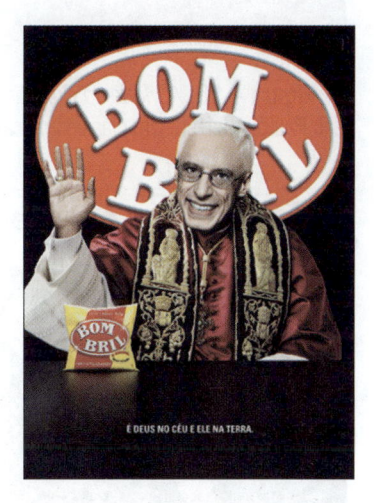

▲ **Figura 4.14:** Cinco das "1001 caras" do Garoto Bombril Carlos Moreno, desde o final dos anos 70 (primeiro fotograma), passando pela campanha impressa a partir de 1997 (na seqüência: Bill Clinton e Monica Lewinsky, Che Guevara e Papa Bento XVI); no último quadro, na "pele" de um robô, em 2002.

▲ **Figura 4.15:** Fotograma do comercial "Menino Sorrindo", para a Seagram´s, indústria fabricante de bebidas alcoólicas (1973).

▲ **Figura 4.16:** *A Morte do Orelhão*, filme de 1981 para a (até então estatal) empresa de telefonia de São Paulo, a Telesp. Um clássico da categoria "utilidade pública".

▲ **Figura 4.17:** Peça da campanha de Benetton de 1985 veiculada na França, que representa a estética *new wave* da moda jovem daqueles anos, influenciada pelos ídolos pop que ganharam projeção global por meio de videoclipes produzidos para a MTV americana e veiculados no mundo todo.

▲ **Figura 4.18:** À esquerda, "Primeiro sutiã", para Valisère (1987), e "Hitler", à direita, para o jornal *Folha de S.Paulo* (1988).

▲ **Figura 4.19:** Dois momentos da comunicação da marca de cigarros Hollywood, uma das mais vendidas de todos os tempos. Em 1953, as mulheres eram o público-alvo, numa abordagem que ressalta o estilo sofisticado, jovem, até independente, em comparação com a imagem da "mulher margarina", da "rainha do lar", que figurava em campanhas da época, para produtos como alimentos, remédios e eletrodomésticos. Em 1997, poucos anos antes da proibição da publicidade para o setor, a continuidade da célebre campanha "O sucesso", dos anos 80, com imagens vertiginosas de jovens que praticavam esportes dinâmicos e até radicais, acompanhados de belas mulheres e embalados por músicas que viraram sucesso nas paradas, de artistas do rock como Whitesnake e Peter Frampton. No canto superior esquerdo, uma marca da época da veiculação dos anos 1990: o aviso do Ministério da Saúde, que se associou definitivamente ao produto, hoje figurando nas suas embalagens.

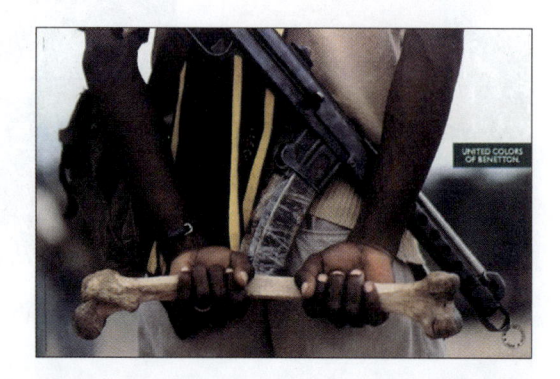

▲ **Figura 4.20:** À esquerda, anúncio do SBT, veiculado em 26 de novembro de 1993, no jornal *O Estado de S. Paulo*, aproveitando a oportunidade de uma notícia publicada no dia anterior, nas páginas do mesmo jornal. No texto da matéria, a cidade de Lagoa do Barro, no sertão do Piauí, mesmo em situação de precariedade e miséria, investe num aparelho de televisão e promove a primeira transmissão de TV para parte de seus habitantes num dia de chuva. O primeiro programa visto por eles é *Chaves*, humorístico mexicano voltado para o público infantil, grande sucesso de audiência do SBT nos anos 1990. Eis uma oportunidade vista pela agência do SBT, que fez uma "releitura" do evento em função da presença do canal de TV na primeira transmissão, como se fosse um grande espetáculo no espírito de "inclusão social" pelo viés da economia – enfoque característico da época do Plano Real e da economia neoliberal. A direita, anúncio da polêmica campanha de Benetton desenvolvida pelo fotógrafo italiano Oliviero Toscani, segundo o autor, com a intenção de questionar o mundo idealizado da publicidade, o "cadáver que nos sorri". Temas como a morte, a exclusão social, a Aids, os terrores das guerras, são transportados pelas lentes de Toscani para o universo da propaganda. O ceticismo dos consumidores não identificados com a "felicidade" e a "alegria" difundidas pela propaganda; a atitude antipropaganda; a realidade dura e crua de nossos tempos; tudo isso passa a ser explorado também como segmento de mercado.

▲ **Figura 4.21:** Anúncio do Ford Ka de 1998.

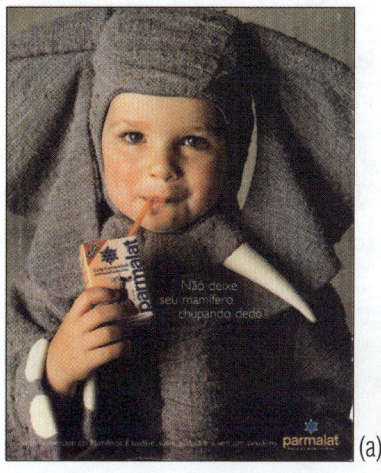

▲ **Figura 4.22:** a) Peça de 1999 da campanha "Mamíferos", o grande sucesso da marca Parmalat. b) Anúncio de 2002 de Havaianas, "As legítimas", de grande impacto visual e inegável espírito jovem. Um posicionamento desenvolvido a partir dos anos 1990, para um produto que sempre teve a imagem de ser popular, simples, até banal; seu maior atributo era "não soltar as tiras e não ter cheiro", durante décadas.

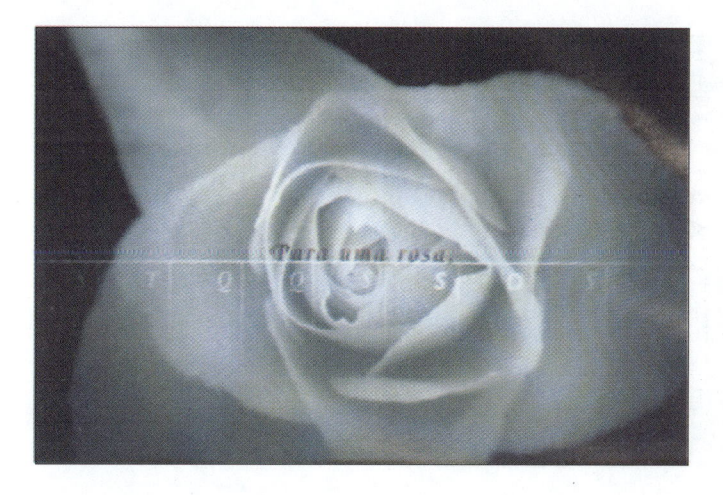

▲ **Figura 4.23:** Filme "A semana", para a revista *Época* (2000).

▲ **Figura 4.24:** Campanha do Itaú.

Telesp), torna-se um marco criativo da publicidade brasileira: o filme *A Morte do Orelhão*, criado pela DPZ, une idéia criativa e impactante, com realização à altura (ver Figura 4.16).

A publicidade brasileira da *década de 1980* encontra um cenário conturbado. Passando pelo fim do regime militar, em 1984, à abertura da economia brasileira às importações pelo governo Collor, tivemos muitos acontecimentos que influenciaram ou foram revestidos pela propaganda. Após a frustrada campanha Diretas-já!, formou-se um *pool* de agências publicitárias para desenvolver a campanha do político mineiro Tancredo Neves à Presidência da República, mesmo que pela via indireta. A campanha, que ganhou as ruas com planejamento, materiais e *slogans* realizados por agências como a Adag, do professor da ECA-USP e publicitário Luiz Celso de Piratininga; a Salles, de Mauro Salles; a DPZ, de Duailibi, Petit e Zaragoza; a CBP, de Armando Santana, entre outras. Uma campanha que ganhou as ruas, o coração das pessoas e os votos do Congresso, mas que teve desfecho frustrante para a nação com a morte de Tancredo antes de tomar posse. Ao povo brasileiro, restou aguardar o direito ao voto para presidente da República em 1989, numa campanha que contou com uma série de recursos publicitários incorporados ao marketing político, resultando na eleição de Fernando Collor de Mello.

Em contrapartida, tivemos a presença de personagens, mascotes inesquecíveis, que marcaram a publicidade daqueles anos: o "Baixinho da Kaiser" e o "Fernandinho da US Top" (o mote da campanha, "Bonita camisa, Fernandinho...", tornou-se uma expressão cotidiana, corriqueira, durante muito tempo). A publicidade se fez mais brasileira nesses ícones, em contraste com a estética *new wave* que marcou a comunicação para o segmento jovem, com cores berrantes e cortes modernos de cabelos, seguindo a moda da época.

A trilha sonora era o chamado rock brasileiro, com bandas que eram influenciadas pelos movimentos da música pop internacional, tanto no som como no visual, conquistando um espaço para a expressão da rebeldia juvenil, algo que era reprimido nos anos 1970. O mercado fonográfico os recebeu de braços abertos. Nessa época se difunde o formato do videoclipe, com o surgimento da MTV americana no começo dos anos 1980, desembarcando no Brasil no final da década. A cultura jovem ganha novas nuances, com ações cada vez mais coordenadas por grandes corporações, produzindo febres mundiais como Michael Jackson e Madonna, elevando os volumes de negócios em torno do nicho descoberto principalmente nos anos 1960, com a beatlemania, e, especificamente no Brasil, com a Jovem Guarda (ver Figura 4.17).

Os anos 1980 produziram ao menos dois comerciais que ganharam *status* de inesquecíveis, não somente no Brasil mas internacionalmente: "O primeiro sutiã", de Valisère, e "Hitler", da *Folha de S.Paulo*, realizados pela agência W/ Brasil, em 1987 e 1988, respectivamente. Ambos figuraram na lista das cem melhores campanhas de todos os tempos, e são exemplos para suas categorias.

Da campanha de Valisère, extraímos a sensibilidade feminina no entendimento do papel do produto num momento de transição, da menina para a mulher. "Hitler" inova ao incorporar, de maneira inusitada, a estética do "reticulado" do jornal em imagem audiovisual, estabelecendo a relação entre informação e credibilidade, no exemplo da biografia de Adolf Hitler, o líder nazista, visto pela ótica "positiva", em suas realizações e conquistas pessoais, na maneira como era visto pelos seus próximos (ver Figura 4.18).

A ausência das referências à barbárie promovida pelo regime nazista, durante a Segunda Guerra Mundial, é exemplo de como a informação, transmitida de forma distorcida, pode induzir a falsas conclusões, resultando em desinformação. A imagem de credibilidade e de "patrulhamento do poder" em defesa do cidadão foi revertida brilhantemente para a *Folha de S.Paulo*, em capital simbólico explorado em sucessivas e importantes campanhas. Essas e outras peças publicitárias elevaram o Brasil a uma das grandes potências criativas na publicidade mundial, pelo desempenho em festivais nos anos 1970, 1980 e 1990.

Foi na década de 1980 que a indústria tabagista se solidificou como uma das maiores anunciantes, com campanhas que atendiam a diversos públicos: dos homens às mulheres, dos refinados aos modernos, dos jovens aos mais maduros. Por meio de uma publicidade que emoldura situações de identificação e projeção, mais do que o hábito de fumar, vendeu-se um estilo de ser, deixando para segundo plano os problemas de saúde decorrentes do vício. A "orquestração" das operações de marketing em torno dos cigarros envolveu uma série de eventos que agregavam públicos específicos; algumas ações, claramente voltadas para públicos que estavam abaixo da idade legal permitida para a compra de cigarros – 18 anos. Assim, sucederam eventos com artistas internacionais, como o Carlton Dance, o Free Jazz, o Hollywood Rock. Aos poucos, a sociedade começa a reagir a essa indústria, com processos e movimentos organizados, que culminariam com a proibição da publicidade de cigarros no Brasil em 2000 (ver Figura 4.19).

No final da década, a queda do muro de Berlim (1989) marca o fim da União das Repúblicas Socialistas Soviéticas (URSS) e das polarizações entre capitalismo e comunismo, ou o regime desenvolvido no Leste Europeu, com sua burocracia, caráter repressor, ineficácia, atraso tecnológico – argumentos explorados por ideólogos do capitalismo para proclamar a *nova era* representada pela globalização, em que a economia de mercado se apresentava como a grande vencedora. Mudanças geopolíticas, econômicas e tecnológicas estavam por vir.

Anos 1990. A década começa difícil para o mercado publicitário brasileiro, pelas desastrosas conseqüências do Plano Collor, que confisca o dinheiro das aplicações financeiras de cidadãos e empresas. As vendas despencam, a crise gerada pela queda do poder de compra do brasileiro leva a indústria e o comércio a investir minimamente em comunicação, quando muito para divulgar promoções e ofertas. Da crise, surge em 1991 a campanha antológica da marca Brastemp, um dos mais bem-sucedidos casos brasileiros de publicidade bem planejada em sua unidade de campanha, sempre criativa com texto envolvente e engraçado, um exemplo de empatia com o seu público-alvo. O mote "não é assiiim... uma Brastemp..." é mais um caso de expressão que ganha as ruas e é incorporada pelas conversas cotidianas.

Uma conquista importante é o Código de Defesa do Consumidor (CDC), de 1991, instrumento de proteção ao cidadão, que também trata da questão da propaganda enganosa. Talvez ainda subutilizado pelo brasileiro, mas mesmo assim um passo importante na regulamentação das transações comerciais.

Na imprensa, pipocam denúncias de corrupção e desvio de verbas no governo federal. Vem o *impeachment* do presidente Fernando Collor em 1992, processo que ajudou a fortalecer as instituições democráticas brasileiras e também ajudou a alavancar as vendas de jornais e revistas semanais, edificando a imagem de *Quarto Poder*, de *defensor da democracia,* atribuída aos produtos jornalísticos, com destaque para a revista *Veja* e o jornal *Folha de S.Paulo.*

Algum tempo depois foi lançado o Plano Real, e com ele uma espécie de euforia gerada pelo controle da inflação, que, entre outras conseqüências, possibilitou as compras parceladas "sem juros" e as linhas de crédito, instrumentos utilizados para inclusão, no mercado de consumo, das classes com menor poder aquisitivo. O discurso econômico passa, então, a se confundir com o discurso social, numa fusão não muito bem resolvida: as carências da sociedade passam ao segundo plano no cenário globalizado; os problemas e as restrições da economia são prioridades nas decisões governamentais. Por globalização, entenda-se uma economia que se expande em operações que integram todos os cantos do mundo, de operações de especulação a cadeias produtivas de marcas "globais" como Benetton e Nike – esta, acusada por explorar mão-de-obra infantil em países do Terceiro Mundo (ver Figura 4.20).

A informática invade definitivamente a publicidade nos anos 1990. Se antes uma idéia de cenário futurista ou uma reconstituição de época demandavam custos altos para sua produção, é pela elaboração da computação gráfica que a linguagem audiovisual e impressa da publicidade ganha novas nuances, simplificando e expandindo as possibilidades, viabilizando idéias. Como podemos ver no anúncio publicado em 1998, que tem como recurso criativo a "recriação" de animais extintos, como os "dinossauros" do anúncio do Ford Ka (ver Figura 4.21).

Nessa década temos casos importantes, como os inesquecíveis "Mamíferos", os bichinhos da Parmalat (Figura 4.22a), em campanha da DM9 (de Nizan Guanaes), que coordenava as peças publicitárias com promoções de vendas – cupons adquiridos por meio de notas fiscais de compra dos produtos da marca podiam ser trocados pelos bichos de pelúcia, numa ação que entregou milhões de brindes. Ação coordenada, ou marketing total, é como se pode denominar a ação da Brahma, durante a Copa do Mundo de Futebol de 1994: desenvolvida pela agência Fischer & Justus em torno do conceito "A número 1". A campanha da marca de cerveja envolvia contratos com os mais conhecidos jogadores da seleção, presentes em comerciais, anúncios e cartazes, chegando a ponto de patrocinar e uniformizar uma torcida organizada, que levou a marca às arquibancadas dos jogos amistosos da seleção.

Essas e outras campanhas, como a da Garota e do tio Sukita; do Sebastian da C&A; das formigas da Philco (precursora de uma série de comerciais que utilizaram "bichos" criados por computação gráfica, interagindo com cenários e pessoas "reais"); e o reposicionamento das sandálias Havaianas para um público jovem e ligado em moda, apresentando nos comerciais de TV celebridades jovens, sedutoras, em situações bem-humoradas, marcaram época e colaboraram para resultados expressivos de vendas e de identificação com as marcas (ver Figura 4.22b).

Um novo meio surge com impacto: a Internet, tecnologia desenvolvida nos Estados Unidos (para fins militares, a partir da década de 1960), cujos primeiros provedores comerciais passam a operar no Brasil em 1995. Desde então, ano a ano, o meio digital é inserido cada vez mais no cotidiano das pessoas, trazendo facilidades na comunicação a distância, comércio eletrônico, operações bancárias, pesquisas. A "supervia" da informação, ainda desenvolvendo sua linguagem própria e suas estratégias de atração das verbas publicitárias, incorpora grande parte da percepção de futuro, de progresso, que temos contemporaneamente. Como foi o rádio nos anos 1930, ou a TV nos anos 1950.

As inovações tecnológicas representam os sonhos e os temores de sua época; quando se trata de veículos de comunicação, também influenciam na configuração da linguagem publicitária. Não é diferente com a chegada da Internet: com ela, as marcas encontram possibilidades de relacionamento constante com os seus consumidores, em portais que oferecem entretenimento, informação, serviços, curiosidades, promoções e produtos. Os bancos de dados ganham nova dimensão, uma vez que os consumidores podem ser monitorados, analisados em seus caminhos e nas suas escolhas. Os perfis do público-alvo ganham contornos mais nítidos, mais individualizados do que a comunicação de caráter massivo, veiculada nos grandes canais de TV, por exemplo – apesar da segmentação representada pela TV a cabo que é implantada nos anos 1990, mas que ainda não atinge o grande público, que permanece com as opções oferecidas pelos canais abertos.

O comércio pode ser feito diretamente entre fabricante e cliente, transpondo etapas do marketing tradicional para se tornar acessível, facilitado, tentador aos navegadores seduzidos pelos desdobramentos do universo das marcas em conteúdos acessíveis do conforto do lar. Pensada pelo aspecto comercial, a Internet fala com quem realmente lhe interessa: os cidadãos com poder de compra. Aos excluídos dos benefícios do sistema capitalista, restam tentativas ainda limitadas de inclusão digital, tanto por parte de políticas governamentais quanto de instituições voltadas para as carências sociais.

Em 2000, às portas do novo milênio, o filme *A Semana*, para a revista semanal *Época*, conquista o primeiro *grand prix* da história da publicidade brasileira em filmes no Clio Awards. A criação da agência W/Brasil propõe um cruzamento entre a linguagem da fotografia – retrabalhada em cadência audiovisual envolvente – e um texto essencialmente poético, que versa sobre os vários sentidos que têm os sete dias da semana, o período que separa uma edição da revista *Época* da seguinte. Feito todo em preto-e-branco, em montagem com efeitos gráficos elaborados, com trilha em tom hipnótico, o filme é um marco da publicidade brasileira. Como tantos outros que vimos aqui, inovadores ao seu tempo (ver Figura 4.23).

É nesse caminho entre a continuidade das conquistas passadas e a incorporação dos recursos digitais que a publicidade se renova nos anos 2000. Dialogando com as marcas de sua época e as aspirações dos consumidores que são percebidas por pesquisas, a linguagem publicitária testa caminhos, abordagens, formatos.

Como a campanha de 2003 criada pela agência África para o Banco Itaú, veiculada em *outdoors*, painéis, *backlights*, *banners* de Internet, transpondo a criatividade conceitual para as operações de mídia, buscando o diálogo com os vários públicos que podem ser atendidos pelo banco, detectáveis em pesquisas (ver Figura 4.24). Uma espécie de sinal dos tempos, que aponta para uma tendência de segmentação da linguagem, de linguagens específicas que correspondam a produtos e segmentos de mercado determinados. Não que isso já não ocorra há bastante tempo, mas pode haver uma intensificação do processo, por influência da marca da diversidade de nossa época, de gostos e preferências, de estilos de vida e de caminhos a seguir, principalmente quando tratamos dos públicos privilegiados pela comunicação, aqueles com poder de compra e com algumas opções a mais de escolhas.

É no diálogo com os vários contextos em que se insere, com seu passado, com seu presente e com seu possível futuro, que a linguagem publicitária se molda, se forma, se constrói. Durante essa breve viagem no tempo, procuramos traçar alguns pontos de reflexão sobre como a publicidade se traduz em formatos, maneiras de dizer, tentando corresponder às aspirações, aos sonhos, desejos e necessidades de seus públicos, de acordo com a sua época. Ao olhar para a história da propaganda, entendemos como ela constrói laços com a vida e com o imaginário, das pessoas e da sociedade em que ela se situa.

Bibliografia

ACCIOLY, A. et al. *Marcas de valor no mercado brasileiro*. Rio de Janeiro: Senac, 2000.

ANUÁRIOS *do Clube de Criação de São Paulo* – CCSP (a partir de 1975).

A REVISTA *no Brasil*. São Paulo: Abril, 2000.

CADENA, N. V. *Brasil – 100 anos de propaganda*. São Paulo: Referência, 2001.

CANCLINI, N. G. *Consumidores e cidadãos: conflitos multiculturais da globalização*. Rio de Janeiro: UFRJ, 1999.

CARRASCOZA, J. A. *A evolução do texto publicitário*. São Paulo: Futura, 1999.

CASTELO BRANCO, R.; MARTENSEN, R. L.; REIS, F. (orgs.). *História da propaganda no Brasil*. São Paulo: T. A. Queiroz, 1990.

FAUSTO, B. *História do Brasil*. São Paulo: Edusp/FDE, 1999.

FIGUEIREDO, A. C. C. M. *"Liberdade é uma calça velha, azul e desbotada" – publicidade, cultura de consumo e comportamento político no Brasil (1954-1964)*. São Paulo: Hucitec/História Social-USP, 1998.

FREYRE, G. *O escravo nos anúncios de jornais brasileiros do século XIX*. São Paulo: Nacional, 1979.

GARCIA, N. J. *Sadismo, sedução e silêncio: propaganda e controle ideológico no Brasil (1964-1980)*. São Paulo: Loyola, 1990.

GIUCCI, G. *A vida cultural do automóvel: percursos da modernidade cinética*. Rio de Janeiro: Civilização Brasileira, 2004.

MARCONDES, P. *Uma história da propaganda brasileira*. Rio de Janeiro: Ediouro, 2001.

PADILHA, M. *A cidade como espetáculo: publicidade e vida urbana na São Paulo dos anos 20*. São Paulo: Annablume, 2001.

PAES, M. O. *Memória da implantação do audiovisual publicitário brasileiro: um panorama visto do espigão da Avenida Paulista*. São Paulo, 2004 (Dissertação de Mestrado) – Universidade Paulista.

RAMOS, R. "1500-1930 – Vídeo-clipe das nossas raízes". In: *História da propaganda no Brasil*. São Paulo: T. A. Queiroz, 1990.

_____ . *Propaganda*. São Paulo: Global, 1998. (Coleção Contato Imediato).

RAMOS, R.; MARCONDES, P. *200 anos de propaganda no Brasil: do reclame ao cyber-anúncio*. São Paulo: Meio & Mensagem, 1995.

SCHMITT, B. H. *Marketing experimental*. São Paulo: Nobel, 2000.

UM SÉCULO *de propaganda*. Suplemento da edição de 21 anos do jornal *Meio & Mensagem*, abr. 1999.

VIEIRA, L. *Incomodada ficava a sua avó: anúncios que marcaram época e curiosidades da propaganda*. Rio de Janeiro: Ediouro, 2003.

YVES, P. *Annuncios paulistanos*. São Paulo: Referência, 2004.

5

Da estratégia do anunciante à comunicação publicitária: o caminho do significado

José Carlos Carreira*

Introdução

Um sujeito está sentado em seu sofá, diante da televisão, às nove horas da noite de um domingo qualquer. Nesse momento surge, no intervalo de um programa de variedades, campeão de audiência, um comercial de um novo produto, um novo automóvel. Enquanto ele assiste, "algo" começa a tomar forma em sua mente. É esse "algo" claro? É pertinente ao produto e à marca? Faz sentido? É atraente?

Voltamos três anos no tempo, na sala do conselho de diretores executivos de uma montadora. Os diretores estão definindo uma nova estratégia, que se iniciou com uma visão e agora está formalizada em um plano de ações que vai terminar com o lançamento, em quatro anos, de um novo automóvel. Essa estratégia está claramente definida? É pertinente à empresa? Faz sentido? Vai gerar lucro?

Para o sujeito no sofá, que em alguma parte da estratégia denominaram "público", o que veio antes do produto automóvel em si foi a comunicação publicitária, elaborada por uma agência de propaganda. Essa comunicação, para

---

*Doutorando em Ciências da Comunicação pela ECA-USP. Mestre em Comunicação e Mercado pela Cásper Líbero.

ser bem-sucedida, teve de traduzir o significado e o valor do produto, de maneira coerente, coesa e verossímil, em valor para o público.

Como nasce e evolui o significado para ir finalmente se alojar na mente de um potencial consumidor? Para responder a essa pergunta, vamos procurar entender como nascem as estratégias e como circulam as mercadorias, tanto no âmbito do significado simbólico quanto no significado funcional, até chegar à mente do público.

Esperamos que, ao percorrer esse caminho, tanto empresas como agências entendam um pouco mais sobre a importância de se construir, para uma mercadoria, um significado que não se deturpe ao longo de sua trajetória e que seja compreendido e valorizado pelo seu público.

Elementos da circulação de mercadoria e discurso

As empresas, em geral, são responsáveis pela circulação de dois tipos de "bens". O primeiro é a circulação da mercadoria. Exemplo: automóvel, relógio, serviços etc. O outro é a circulação do discurso que deve carregar o significado, contendo os simbolismos do produto e seus principais atributos funcionais, que tem a marca como seu vetor. Este último é o responsável por posicionar a marca na mente do público consumidor.

A circulação da mercadoria é impulsionada pela fabricação, enquanto a circulação do discurso é impulsionada pela comunicação. Assim, o sucesso de um produto não está somente nas estratégias de sua circulação física no mercado, cuja ênfase sempre dominou o enfoque de marketing, mas também na circulação de um discurso que tenha um significado forte. É fundamental entender o caminho do significado, sua coerência com o produto e a correlação dinâmica com os valores do público.

Nesse cenário, os personagens que vão fazer a história de sucesso são: empresa, produto, marca, departamento de marketing, agência de propaganda, contexto e público. Será dado um enfoque maior para a relação entre empresa e agência de propaganda, objetivando estudar o caminho do significado a ser transmitido pela comunicação, desde o seu aparecimento nas estratégias empresariais, seu desenrolar nos objetivos estratégicos e funcionais, na tradução do *briefing* pela agência, até a finalização com a identificação e aprovação da campanha para o público por parte do administrador de marketing, com o foco no posicionamento visando dar conteúdo à comunicação publicitária para a valorização do mercado.

O posicionamento, como parte da circulação do significado, é o processo que vai conectar o sentido da marca aos valores do consumo. O *briefing* é a síntese dos dois sistemas para a interpretação da agência. Ambos devem ser claros, coesos, coerentes e verossímeis, abordando não somente os aspectos relativos à circulação do produto – como características técnicas, ambiente de mercado, perfil do consumidor – como também aspectos da circulação de significado – um conteúdo simbólico – para o desenvolvimento de toda a campanha publicitária.

Entendemos o posicionamento como elemento fundamental no caminho do significado, porém o seu conceito tradicional traz como finalidade diferenciar um produto de sua concorrência, destacando-o em uma categoria com base em seus atributos funcionais. Neste capítulo vamos ressaltar a importância de uma abordagem do posicionamento, além da diferenciação e funcionalidade do produto, para fazer frente a uma sociedade complexa repleta de mercadorias, porém carente de significados.

Na sociedade contemporânea, como efeito do processo acelerado de globalização dos mercados, das grandes concentrações urbanas e das novas tecnologias a serviço da comunicação, os indivíduos, por serem bombardeados a todo instante com mensagens publicitárias vendendo tudo para todos, tornaram-se seletivos e implacáveis contra aquilo que não oferece sentido.

Marcas são despejadas à percepção do público com o objetivo de se diferenciar, geralmente por meio de uma característica funcional do produto, entre seus concorrentes, buscando uma colocação melhor em uma categoria ou até mesmo criando uma nova. São cada vez mais freqüentes na mídia os apelos frágeis e inconsistentes que não oferecem um significado valorizado pelo público.

Um *briefing* elaborado de modo exclusivamente funcionalista e sem parâmetros para uma correta interpretação simbólica do produto por parte da agência torna a eficácia da prática publicitária e o sucesso do posicionamento de marca excessivamente dependentes de um certo "brilhantismo" da criação.

A criação não deve ser vista como algo mágico que, com um toque, vai transformar um produto em campeão de vendas. É função do departamento de marketing da empresa estabelecer claramente os objetivos de marketing e de comunicação, transmitir no *briefing* os parâmetros funcionais e simbólicos do produto e posicionar a marca sobre um conceito fundamental que seja compreendido e valorizado pelo público, facilitando a leitura do problema de marketing por parte da agência e direcionando o trabalho da criação no sentido desse conceito.

Para entender como os objetivos nascem e se desdobram, vamos analisar, brevemente, o processo de administração estratégica empresarial, considerando-o como início da gestação do significado.

Administração estratégica

No ambiente corporativo o processo de elaboração de estratégias empresariais, em sua maioria, procura seguir tradicionais modelos estruturados e formalizados nos termos da análise da situação interna e externa, contrapondo-a aos pontos fortes e fracos da organização, visando identificar oportunidades e ameaças e, por fim, estipular objetivos que devem aproveitar as oportunidades identificadas e minimizar as possíveis ameaças.

Esse processo, desenvolvido a partir da década de 1960, é formal, pois é elaborado periodicamente, em base anual, por meio de projeções do desempenho em formulários específicos. O planejamento estratégico parte da premissa de que, sob a luz de novas tendências e o histórico do passado, as descontinuidades do mercado são previsíveis.

A partir do início dos anos 1990 houve muitas críticas contra a formalização excessiva do planejamento estratégico, sendo as principais: as previsões de longo prazo e a necessidade de estabilidade do ambiente. Na dinâmica complexa do mercado atual essas premissas vêm se mostrando inviáveis. Em ambiente turbulento, mais importante que prever é estar preparado para as mudanças.

Visando lidar com a complexidade do mercado, o planejamento estratégico foi evoluindo para uma administração estratégica de mercado (Aaker, 2001). Ao contrário da premissa de previsibilidade do mercado e do processo periódico, inadequado para fazer frente às mudanças repentinas, a administração estratégica é maleável, dinâmica e contínua, permitindo o reconhecimento rápido das modificações no ambiente externo, aumentando o tempo e a qualidade da resposta, bem como propiciando a preparação de elementos estratégicos para se antecipar às mudanças.

O ponto de partida para a administração estratégica é o significado da existência da empresa e o valor que ela agrega aos seus acionistas, funcionários, fornecedores, à comunidade e, por último, mas muito importante, para o seu cliente. Esse significado, para ser entendido por todos os envolvidos com a empresa, é elaborado com um enunciado cujo título é a "visão" da empresa. A visão da empresa é nada menos que uma imagem de onde ela quer chegar, é aquilo que ela aspira ser ou se tornar. Sob a visão vem outro enunciado, o da "missão", que indica como chegar aonde a visão determina, com qual tipo de negócio a empresa conseguirá realizar aquilo que almeja (Albrecht, 1994, p. 140).

A empresa, orientada por uma visão e missão corporativas, que funcionam como uma constituição empresarial, e pelos valores considerados mais importantes pelos seus fundadores e principais executivos, faz a análise das ameaças e oportunidades e das forças e fraquezas para definir os objetivos gerais e específicos. Definidos seus objetivos, a empresa passa então, finalmente, a identificar e a selecionar as estratégias empresariais, as de unidade de negócio e as funcionais (Wright, Kroll e Parnell, 2000).

Esse desdobramento dos objetivos gerais para os específicos alinha todos os departamentos da empresa, deixando claro o que cada um tem de fazer, porém, mais que isso, carrega de maneira sistemática um significado, um conteúdo que deverá estar no produto final.

Um exemplo pode ser o objetivo de conquistar a liderança de mercado. Os desdobramentos que se seguem podem estar relacionados ao aumento da participação de mercado, à melhoria da qualidade do produto, à abertura de mais pontos de distribuição, à melhoria da capacidade produtiva, entre outros objetivos específicos, que devem ser mensuráveis quantitativa e temporalmente, conforme os exemplos a seguir, divididos já entre as áreas da empresa:

- Produção – Aumentar a capacidade produtiva em 20% em 10 meses.
- Engenharia – Projetar uma nova funcionalidade para o produto em 8 meses.
- Compras – Renegociar com fornecedores obtendo 3% de desconto em média nos próximos 6 meses.
- Marketing – Aumentar a participação de mercado em 5 pontos percentuais.

Destacando o departamento de marketing, seguindo os objetivos gerais e específicos, é elaborado o plano de marketing, definindo os objetivos funcionais e o problema de marketing. O plano, baseado em pesquisas de mercado, no público-alvo, na posição atual da marca e da empresa, nos recursos disponíveis, na capacidade produtiva e no ambiente, define os objetivos funcionais mercadológicos e de comunicação. Entram em cena aqui os valores do público, os quais deverão estar alinhados com o significado da empresa e seus valores.

É de extrema importância para a empresa, bem como para a agência de propaganda, entender as diferenças entre esses dois objetivos, pois para a aferição do sucesso ou fracasso das ações futuras devem-se confrontar ações de vendas com objetivos mercadológicos e ações de comunicação com objetivos de comunicação.

Os objetivos mercadológicos são basicamente os objetivos quantitativos de vendas, ou seja, volume de vendas anual e mensal, a participação do produto no segmento do mercado, o lucro a ser gerado na comercialização, como por exemplo:

- aumentar as vendas em 10% em relação ao ano anterior;
- aumentar os pontos de distribuição para estar presente em mais 50 cidades em 2 anos.

Os objetivos de comunicação são uma combinação de metas quantitativas e qualitativas que visam satisfazer a função da comunicação de estimular a demanda e informar os valores oferecidos pela empresa:

- expandir a cobertura geográfica em mais 10 estados com um plano de mídia anual;
- aumentar o fluxo de loja em 30% a partir do próximo mês;
- persuadir o público a experimentar um novo produto;
- obter boa repercussão na imprensa referente a um lançamento;
- convencer que um produto é superior ao do concorrente;
- informar sobre as características do produto;
- estabelecer, reforçar ou mudar uma atitude em relação ao produto;
- posicionar ou reposicionar a marca.

É importante ressaltar que a comunicação, sozinha, não vende. Por mais criativa que seja, se não houver uma estratégia bem delineada, com objetivos claros, tanto para vendas como para comunicação, e com um alinhamento coerente de significados e valores entre o produtor, produto e público consumidor, provavelmente haverá apenas dispêndios.

Para se assegurar que o público vai comprar com sucesso um certo produto, é necessário que o consumidor perceba uma coerência entre a marca, o produto e o significado entregue pela comunicação publicitária. Nesse sentido, o posicionamento é a transferência do significado das estratégias para a mente do consumidor. "A propaganda está entrando em uma era em que a criatividade já não é mais a chave para o sucesso, quem manda é a estratégia. É a Era do Posicionamento" (Ries e Trout, 1996, p. 18). Para compreender o processo tradicional do posicionamento, faz-se necessário primeiro entender o processo da administração de marketing.

Administração de marketing

Administrar o marketing é um processo que objetiva facilitar a troca de mercadorias por dinheiro gerando satisfação para as partes envolvidas. O gerente de marketing tem como função ser um administrador da demanda (Kotler, 1996, p. 30), ou seja, alguém que analisa as oportunidades do mercado, faz uma seleção dos segmentos de interesse, desenvolve estratégias, elabora o plano de marketing, implementa-o e controla a sua execução, ajudando a empresa a atingir seus objetivos, facilitando a operação de vendas.

Implementar e controlar o plano de marketing em uma empresa significa basicamente estabelecer um processo de planejamento, execução e controle do mix de marketing – produto, preço, distribuição e comunicação – de forma a possibilitar e potencializar trocas com os mercados-alvo as quais satisfaçam o público e os objetivos empresariais.

Desenvolver esse trabalho no mercado contemporâneo, extremamente veloz e competitivo, requer uma sintonia fina com os fatores que influenciam o ambiente: os fatores sociais, culturais, tecnológicos, econômicos e políticos (Hooley e Saunders, 1996, p. 14). Enquanto o gerente de marketing está trabalhando no lançamento de um novo produto, o que pode, dependendo do produto, levar anos, uma lei pode alterar toda a sua comercialização, inviabilizando-o. Uma nova tecnologia lançada pela concorrência pode derrubar as vendas de um produto líder. "A estratégia vitoriosa do ano anterior pode ser hoje o caminho mais certo para o fracasso" (Kotler, 2001, p. 15).

Uma eventualidade do outro lado do mundo pode modificar todo o sistema de valor da sociedade, matando, do ponto de vista mercadológico, algumas oportunidades, possibilitando o surgimento de outras. A sociedade contemporânea, além de complexa, está extremamente dinâmica. Os valores mudam constantemente, exigindo das empresas cada vez mais análises de cenários e tendências do ambiente externo para enfrentar essas mudanças.

Por outro lado, o ambiente interno das empresas também requer muita atenção. Problemas como margens decrescentes, custos ascendentes nas vendas com freqüentes promoções, crescentes ataques da concorrência visando a nichos de mercado e, para finalizar, o orçamento de marketing, cada vez mais carente de recursos com menor resultado, impõem às empresas muita flexibilidade e ação. Além disso, o espaço virtual oferecido pela Internet criou uma nova "praça de mercado", tanto para vender ou comprar como para se relacionar com clientes, modificando totalmente a maneira de se pensar o negócio.

Segundo os modelos de administração de Kotler para o marketing, nesse ambiente deve-se aplicar o seguinte modelo (Kotler, 2001, p. 46):

PM = > SDP => MM => I => C   onde:
PM = pesquisa de mercado
SDP = segmentação, definição do *target* e posicionamento
MM = mix de marketing (quatro Ps)
 I = implementação
 C = controle

O ponto de partida é a pesquisa de mercado, com enfoque tanto no ambiente externo do mercado como no interno da empresa. Ela tem como função investigar o mercado, o ambiente externo, verificando tendências, antecipando-se aos eventos, identificando diferenças de necessidades dos indivíduos, formando segmentos, entendendo o comportamento do consumidor e fazendo constante monitoramento da concorrência.

Do lado interno, o trabalho é buscar, de modo sistematizado, as informações disponíveis dentro da própria organização. Registros internos, pesquisas anteriores devem, em conjunto com a análise do mercado, formar um "sistema de inteligência de mercado" que suporte todas as decisões de marketing (Kotler, 1996, p. 122).

Com base nessas pesquisas será possível segmentar a demanda segundo critérios quantitativos e qualitativos, procurando segmentos com características mais homogêneas possíveis. Uma vez identificados esses grupos, é feita uma avaliação do potencial de mercado para então haver seleção dos mais atrativos, para os quais serão focadas todas as ações de marketing de determinada mercadoria.

Conhecer a fundo o público é fator fundamental para o próximo passo da administração de marketing. Saber qual o comportamento de compra, o que os consumidores pensam, o que valorizam, o que gostam de fazer nas horas de lazer, que tipo de mídia utilizam, enfim, quanto mais detalhes para se montar um correto perfil do público, mais condições a empresa terá para posicionar sua mercadoria.

O posicionamento é o esforço de implantar os benefícios-chave da mercadoria e da marca na mente dos clientes (Kotler, 2001, p. 48). Para conquistar um espaço na mente do consumidor, deve-se procurar uma posição de destaque para a mercadoria, dentro de uma categoria, de modo que ela seja lembrada, admirada e desejada pelo grupo-alvo.

Segundo Hooley e Saunders (1996, p. 258): "O posicionamento ocupa o cenário central do processo de planejamento de marketing e, tal como a segmentação, apresenta uma simplicidade que quase desafia contestações". Concluída essa fase estratégica, inicia-se a parte tática com o gerenciamento dos quatro Ps, seguido da implantação e do controle das ações de marketing. O mix de marketing compreende as iniciativas – que têm como função sustentar o posicionamento adotado para a mercadoria – distribuídas entre os *outputs*; o produto; o preço; a logística de distribuição e toda a comunicação necessária para promover a mercadoria.

Implantar essas iniciativas, e torná-las efetivas no mercado, é colocar em prática toda a estratégia desenvolvida pela organização. Essa fase de realização costuma trazer uma série de problemas que eram invisíveis no planejamento. A engenharia pode encontrar barreiras técnicas para desenvolver o produto, conforme solicitado pelo marketing; os custos podem sofrer incrementos, implicando aumento de preço acima do desejado e diminuindo o tamanho do mercado; uma nova legislação pode inviabilizar toda uma estratégia de distribuição; uma eventualidade pode alterar a percepção do grupo-alvo, prejudicando de forma fatal toda a comunicação. Assim, fatores internos como incompatibilidades entre departamentos – por exemplo, marketing e vendas –, bem como fatores externos já citados, podem jogar fora uma boa estratégia por falhas na fase de implementação.

A implementação do marketing requer relacionamentos profundos entre o gerente de marketing e os outros departamentos da empresa. Conforme Kotler (1996, p. 50):

> Os gerentes de marca dessas empresas concentram-se no desenvolvimento de uma proposta de valor, de modo que o recebimento da proposta de valor por parte do cliente depende da capacidade do profissional de

marketing de influenciar os processos fundamentais da empresa, tais como fabricação e abastecimento, administração de ativos e gerenciamento da reputação da empresa.

Como etapa final do processo de administração de marketing, o controle é a avaliação constante do programa de marketing implementado e de suas devidas correções de rumo. Também pode ser considerada uma fase inicial, uma vez que, dentro do ciclo de marketing, serão os *feedbacks* do controle que darão início a uma nova estratégia.

A essência empírica do marketing o torna dependente de *feedback*. Kotler (1996, p. 227) afirma que "muita coisa pode sair errada ao se lançar um programa de marketing" e que "organizações eficazes em marketing são aquelas que desenvolvem procedimentos coerentes de avaliação e controle do marketing".

Essas afirmações deixam bem claro que lidar com a falibilidade dos instrumentos de análise do ambiente, bem como com as dificuldades internas para integrar as áreas da empresa, dentro de uma estratégia com objetivo de atingir o mercado-alvo, requer do gerente de marketing uma sensibilidade muito apurada para "ler" o mercado e uma habilidade de relacionamento interpessoal bem desenvolvida, pois antes de se vender o produto para o mercado, faz-se necessário vender a estratégia de marketing para a empresa, alinhando-a aos significados da visão e missão empresarial.

Resumindo, o processo de marketing deve fixar objetivos específicos de marketing que dêem suporte aos objetivos empresariais. Com base em tais objetivos, a administração de marketing elabora a parte estratégica do planejamento, amparada pelos mecanismos de pesquisa e análise do mercado; segmentação, definição do público-alvo e do posicionamento. A parte tática trabalha o mix de marketing, finalizando com a implementação do plano e o seu controle.

O controle dá o *feedback* do que está dando certo e do que não está, apontando para o que deve ser corrigido. O fato é que os recursos estão cada vez mais escassos; há uma inundação de marcas e comunicação. Com tudo isso, um erro de posicionamento dificilmente será corrigido sem demandar muito tempo e recursos, e esses fatores, mais uma vez, na maioria das empresas, não estão disponíveis para uma segunda chance.

A importância capital do posicionamento para o sucesso de uma estratégia de marketing pode estar resumida no dito popular "A primeira impressão é a que fica". Isso leva a refletir sobre como elaborar um posicionamento com mais chances de acertar. Grande parte dos autores, incluindo os pioneiros na utilização do termo, Al Ries e Jack Trout, enfatiza que o posicionamento deve ser elaborado seguindo um procedimento de diferenciação, baseado em características funcionais, em relação aos seus concorrentes diretos, com o objetivo de colocar a marca dentro de uma certa categoria sempre em primeiro lugar. "O caminho mais fácil para se chegar à mente de uma pessoa é ser o primeiro" (Ries e Trout, 1996, p. 14); porém, como será mostrado logo adiante, mais que diferenciar, é necessário trabalhar a dimensão simbólica da mercadoria ao se extraírem dela valores que vão coincidir com o sistema de valorização do consumo.

Dimensão simbólica da mercadoria

Para entender melhor o que referimos como *dimensão simbólica da mercadoria* e sua importância no posicionamento, analisaremos como exemplo o *automóvel*. O automóvel, na sociedade contemporânea, é antes de qualquer coisa um objeto comercializado, uma mercadoria. Assim, o automóvel serve a um sistema econômico e produtivo, no qual se investe um capital para produzi-lo e difundi-lo, bem como a um sistema social, no qual se inserem as necessidades de mobilidade e os desejos do ser humano. A mercadoria automóvel faz essa mediação entre o produtor e o consumidor.

O consumidor, quando compra o automóvel, depara com uma "manifestação do valor de uso" (Haug, 1997, p. 127), uma promessa de satisfação de uma necessidade. O valor de uso se configura como uma aparência, segundo Haug (1997, p. 127):

> [...] o estético no sentido mais amplo: a manifestação sensível e o sentido do valor de uso separam-se aqui do objeto. O domínio e a produção deste estético tornam-se instrumento para os objetivos monetários.

O automóvel, meio de expressão de uma promessa de satisfação, reflete os desejos de seus potenciais compradores; suas emoções alteram a percepção do valor de troca. Surge então uma "dupla funcionalidade do automóvel" (Floch, 1993, p. 144), uma funcionalidade pura "prática" e outra emocional "estética", que refletem os atributos de identidade. Essa condição humana foi rapidamente apreendida pelo produtor, que manipula a comunicação com o público por intermédio do mundo de aparências da publicidade.

Para o produtor, o objetivo ao comercializar a mercadoria automóvel é o de fazer lucro em sua troca pelo respectivo valor em dinheiro. Para o consumidor, no processo de troca, entra um sistema de valorização que oscila entre a razão e a emoção, entre a dirigibilidade e o refinamento, entre o custo/benefício e o *status,* entre a segurança e a aventura.

A mercadoria automóvel passa a ter a percepção, por parte do consumidor, do seu valor de troca alterado, acrescido. A funcionalidade, embora reduzida em sua essência racional, foi ampliada pelas técnicas estéticas, dando origem à sua essência mítica. Conforme Haug (1997, p. 140):

> O ideal da estética da mercadoria é precisamente o de fornecer um mínimo contínuo de valor de uso, associado, encoberto, mascarado como um máximo de aparência atrativa, que deve entrar, se possível, coercitivamente, nos desejos das pessoas, através da capacidade de penetração nos sentimentos alheios.

O automóvel, como várias outras mercadorias, não está fundamentado predominantemente na satisfação de necessidades funcionais, mas também em um jogo de significações. Diante dessa dimensão simbólica da mercadoria em uma sociedade complexa, como administrar o marketing?

Administração de marketing em ambiente complexo

Para enfrentar um mundo dinâmico e complexo, a administração estratégica se estabelece como um processo contínuo de análise do ambiente *versus* a capacidade da empresa de agregar valor para o mercado. Em seu desdobramento, o objetivo principal chega ao departamento de marketing, que tem a função de captar o significado e o valor do produto, traduzindo-o em valor para o público, facilitando o processo de troca, que vai gerar o lucro para a empresa.

Como foi visto anteriormente, a administração de marketing parte das pesquisas de mercado para identificar o público-alvo e entender seu estilo de vida. O indivíduo que hoje vive nos grandes centros urbanos é o grande alvo do marketing; segui-lo traz a essa disciplina grandes dificuldades. As técnicas clássicas de pesquisa de mercado para identificação de um *alvo,* baseadas em alguma escala de diferenciação, vão dar somente uma posição estática e efêmera do momento avaliado, como uma fotografia.

O grande problema para o marketing hoje é o fato de que a sociedade contemporânea é mutável e contraditória (Di Nallo, 1999). O indivíduo é maleável e está disponível para atuar em vários estilos de vida dentro de um só dia. Seus valores, baseados no mercado, mudam como muda a moda. Comportamentos e declarações de hoje podem não valer nada amanhã, pois, devido à falta de identidade social coerente e constante, perguntar a um grupo momentaneamente homogêneo, ou a um único consumidor, pode identificar uma necessidade ou desejo daquele dia, mas não garantirá fidelidade futura.

A proposta da socióloga italiana, Egeria Di Nallo, para enfrentar essa situação é mudar o foco do marketing do consumidor para o consumo (Di Nallo, 1999, p. 20). Dos estilos de vida para os *estilos de consumo,* uma vez que o consumidor contemporâneo não é, por exemplo, esportista. Ele *está* esportista, pois, em virtude da dinâmica da sociedade, ele poderá mudar seu estado a qualquer momento.

Para um fabricante de material esportivo, seguir um indivíduo que foi identificado como consumidor de bolas de tênis com as ferramentas do marketing direto pode funcionar por somente alguns meses, porque tal indivíduo pode resolver aderir a outras atividades, dependendo da afinidade com outros grupos de pessoas, jogando no lixo infindáveis cartas desse fabricante, sem mesmo abri-las. Certamente novos consumidores entraram na quadra no lugar do anterior. Não seria mais eficiente focar esse ponto de encontro de clientes ocasionais?

A sociedade industrial massificada da modernidade colocava o indivíduo como participante de grupos contratuais, com função específica: trabalhador, pai, sócio de clube etc. Todos com seus estilos de vida definidos e perenes com uma identidade clara. A sociedade complexa pós-moderna deslocou essa lógica do indivíduo, com uma identidade, para pessoas que assumem um papel efêmero, como participantes de várias tribos urbanas.

Trata-se de um processo sociológico que se pode observar nas ruas das grandes cidades, com os *happers*, os *clubbers*, os surfistas, os "mauricinhos" e "patricinhas", os *gourmets*, fumadores de charutos, o clube da cachaça, os jipeiros, aventureiros, trilheiros, entre tantos outros, que entram para as tribos por empatia e lá ficam enquanto obtêm o prazer de fazer parte de algo e de serem reconhecidos por todos como tal. Maffesoli (2000, p. 9) aponta que:

> A metáfora da tribo permite dar conta do processo de desindividualização, da saturação da função que lhe é inerente e da valorização do papel que cada pessoa é chamada a representar dentro dela. Claro está que, como as massas em permanente agitação, as tribos, que nela se cristalizam, tampouco são estáveis. As pessoas que compõem essas tribos podem evoluir de uma para outra.

Traçando um paralelo com a visão da italiana Di Nallo, as tribos do consumo são partes dos pontos de encontro (*meeting points*), ou bolhas, que se formam na superfície de estruturas que se distinguem umas das outras por meio de vários critérios, mas sem apresentar um denominador comum entre elas que possibilite uma segmentação. Essas estruturas representam a complexidade da sociedade de consumo atual (Di Nallo, 1999).

A dimensão de profundidade da estrutura proposta influencia a superfície em que está a bolha. Assim, estudar tais estruturas no nível profundo, e suas relações com o mercado e a empresa, seria como analisar mapas meteorológicos para prever o tempo, possibilitando aplicar uma estratégia de antecipação (Aaker, 2001) que poderia sustentar um posicionamento competitivo, pois desse modo se tornaria possível entender os novos valores dessa bolha.

O *meeting point* pode ser visto como o ponto de encontro de consumidores atraídos por um estilo de consumo e como o ponto de articulação de mercadorias que constituem a parte visível desse estilo (Di Nallo, 1999, p. 206). A mercadoria, pela ótica do *meeting point*, está inserida em um grande sistema de consumo, porém pode entrar em mais de um *meeting point*, assumindo significados diferentes.

Segmentar para depois perseguir o público é atuar em uma perspectiva de curto prazo. Entender o processo de circulação de significado desde as estratégias empresariais até as mensagens enviadas ao público, tornando-as perceptíveis e valorizadas, faz-se imprescindível para quem quer sobreviver com sua marca em um ambiente complexo.

Posicionar uma mercadoria desse ponto de vista é colar nela, por intermédio de uma eficaz estratégia de comunicação, os significados possíveis de serem agregados, levando em conta o *design*, a funcionalidade, a empresa, o ambiente, a concorrência e o sistema de valorização de consumo. Em outras palavras, posicionar é compartilhar um significado, por intermédio da marca, com o maior número de pessoas, dando-lhes motivos para comprá-la.

Criar uma única identidade, crível, desejada e acessível para a marca de determinada mercadoria não é simples; necessita-se de uma visão gerencial do seu valor, de seu *brand equity*[1] (Aaker, 1998); envolve a imagem da empresa produtora perante a comunidade, seus funcionários e o mercado; sua atual linha de mercadorias em sinergia com a nova; todas as variáveis de marketing devidamente elaboradas de maneira harmoniosa; uma visão clara do sistema de valorização do público e de como ele enxerga o mercado; um estudo profundo sobre a concorrência; sua pertinência com o contexto social e mercadológico do momento; um entendimento entre as gerências, principalmente entre marketing de produto e comunicação; um *briefing* de qualidade que expresse um conceito forte de posicionamento e, por fim, uma fiel tradução, com muita criatividade, de tudo isso em mensagens publicitárias.

---

[1] *Brand equity* é como um "balanço da marca", um conjunto de ativos e passivos (lealdade à marca, conhecimento do nome, qualidade percebida, associações à marca, patentes, relações com os canais de distribuição, entre outros) ligados a uma marca, ao seu nome e ao seu símbolo, que se somam ao valor proporcionado por um produto ou serviço para uma empresa e/ou para seus consumidores ou se subtraem dele.

Posicionamento além da diferenciação

O posicionamento, sob a perspectiva da circulação de significado, permite pensar a mercadoria e sua marca como um texto que comunica algo e que faz algum sentido para quem a compra. O ato de consumir determinada mercadoria de certa marca também é um texto com uma linguagem e um significado que o cliente quer transmitir pelo seu uso. Consumir é comunicar.

A mercadoria então estaria inserida em um sistema de significação; sua identidade expressaria o estilo, a personalidade, enfim, os valores simbólicos por meio dos quais seu consumidor gostaria de ser reconhecido. As características funcionais e seu preço são aspectos *racionalizantes* para justificar uma escolha emocional baseada no valor simbólico transmitido pelo bem.

O valor simbólico deve ser atribuído a uma marca, considerando sua total compatibilidade com o produto, para que seja reconhecido quando de sua divulgação na prática publicitária.

Aqui cabe uma pequena digressão sobre o conceito de *mercado de marca*. Enquanto o mercado é uma arena de interação entre duas partes, o produtor e

Sistema da produção – mercadoria e discurso

Sistema da fabricação	Sistema da comunicação
Produtor Oferta – Mercadoria	Emissor Oferta – Discurso

Público
Consumidor

Sistema da recepção
De mercadoria e de discurso

Fonte: Semprini (1993, p. 49).

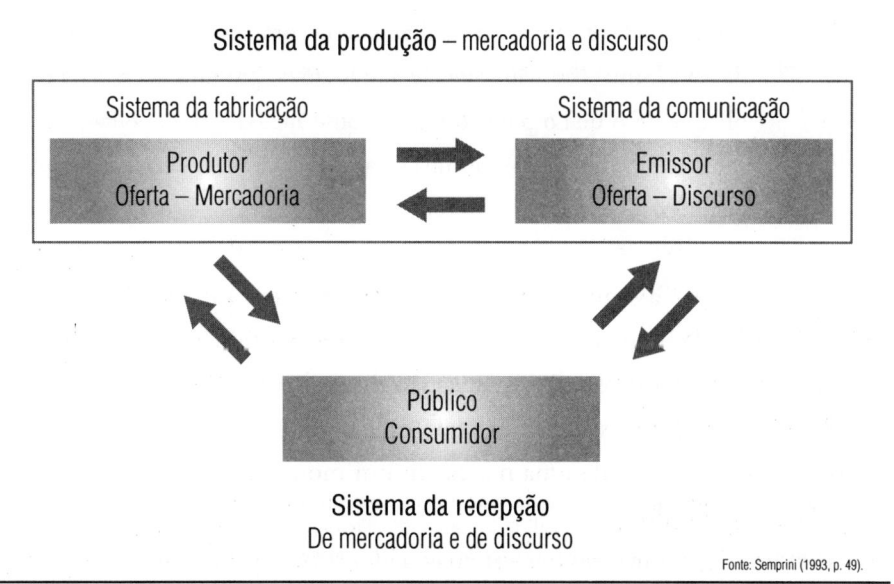

Figura 5.1 O mercado da marca.

o consumidor, o mercado de marca expande a concepção dessas partes. Do lado do produtor, dois são os sistemas emitidos para dialogar com o consumidor: o sistema da fabricação (circulação do produto), que inclui a oferta e o produto distribuído no ponto-de-venda, e o sistema da comunicação (circulação do significado), que inclui a oferta e o discurso.

Enquanto o sistema da fabricação provê o objeto físico, o sistema da comunicação provê ao mercado uma existência imaterial e discursiva para dar à mercadoria um sentido.

A interpretação da mensagem de discurso se dá na mente do consumidor, que interage com ela em função de seu nível de conhecimento sobre a mercadoria e de seus valores. Vale ressaltar que Semprini sugere adotar o termo *consumidor* somente para destacar o fluxo material da mercadoria, sendo que para o sistema completo o termo mais apropriado seria *ricettore* – "receptor" –, quando se fala de um indivíduo, e *pubblico* – "público" – para o fenômeno de recepção coletiva. Esses termos abrangem a mercadoria-objeto e a mercadoria-discurso (Semprini, 1993, p. 51).

Voltando à identidade da marca, é importante situá-la no contexto do mercado de marca. Segundo Semprini (1993, p. 73):

> A identidade de marca é o resultado deste complexo jogo de interações e de transformações, não somente aquilo que o produto libera para o público, nem o que o público recebe como mensagem... a identidade é a resultante da interação contínua e da troca incessante entre três sistemas: o contexto, recepção e a produção.

Na Figura 5.2 a seguir, tem-se um esquema dessas interações que resultam na identidade de marca e, conseqüentemente, no posicionamento. É importante ressaltar que esses três sistemas são dinâmicos; qualquer mudança em uma das variáveis listadas na figura pode mudar as outras, ou seja, só se pode determinar a identidade de uma marca em um momento de sua história e em determinado mercado.

Para interagir com esses três sistemas, a identidade da marca deve ser gerada levando em consideração o *ethos* de cada um deles, ou seja, ela deve apresentar-

Contexto
- Contexto social
- Contexto de mercado
- Legislação
- Concorrência
- Modificações vindas da produção e recepção

Enciclopédia da produção
- Cultura e valores da empresa
- Objetivos – curto e longo prazos
- Mix de comunicação
- Visão do contexto de mercado
- Visão do contexto sociocultural
- Estratégia de lançamento
- Entendimento do público-alvo

Identidade da marca

Enciclopédia da recepção
- Atitudes e motivações
- Valores
- Sensibilidade sociocultural
- Prática de consumo
- Contextualização da identidade da marca
- Interpretação da produção

Fonte: Semprini (1993, p. 74).

Figura 5.2 Interações para o posicionamento.

se afinada com a conjuntura ideológica e assumir um estereótipo estimulante para uma incorporação não somente da recepção, mas também da produção, pois fica muito mais convincente vender aquilo em que se acredita.

A geração da identidade da marca deve considerar também uma verossimilhança para com o que se espera da mercadoria e de sua mitologia. Salvo um objeto totalmente novo, toda mercadoria tem seus *antepassados*, que já formaram um mito, um *arquétipo*, na mente do público.

Um exemplo hipotético seria um posicionamento do leite como bebida para se matar a sede, mostrando um atleta suado bebendo-o. Isso é contra a mitologia desse produto, já instituída há milhares de anos, uma vez que o leite é uma bebida para alimentação, muito relacionada a crianças. Por fim, a identidade da marca deve ter um discurso coerente e coeso com o seu conceito imutável fundamental.

Estruturar um conceito de liberdade, virilidade e sedução para um administrador de empresa, responsável pela área de marketing e produto de uma companhia, é uma tarefa, na maioria das vezes, feita com critérios pessoais eivados de "achismos", ou, na maior parte, delegada para agências de propaganda, cujos critérios, embora com roupagem mais científica, ainda em muitos casos são baseados na "criatividade". Nesse caso, também falta ao administrador a competência para analisar as propostas da agência sem se deixar envolver pelo clima de "show" criado a fim de lhe vender a proposta que, para ela, seria a melhor.

Posicionamento, como processo, consiste em selecionar um conceito e estruturá-lo, dando-lhe uma forma que vai proporcionar à mercadoria ser reconhecida, diferenciada e desejada. Essa tarefa fica sob a responsabilidade do administrador de marketing, do gerente de produto, enfim, do profissional de marketing do sistema de produção. Esse profissional pode se valer da ferramenta semiótica apresentada aqui para pensar sua mercadoria como um texto cuja linguagem estruturada, como uma "história", vai "contar" de maneira homogênea, coerente e sedutora a mercadoria para o seu público, facilitando a identificação, diferenciação e atração deste em relação à oferta.

Ferramenta semiótica para posicionamento

A semiótica, em definição ampla, "é a ciência dos signos e dos processos significativos (semiose) na natureza e na cultura" (Nöth, 1995, p. 17). O signo é o seu elemento básico, sua definição; segundo a escola lingüística, é a unidade do plano de manifestação constituído pela relação de pressuposição recíproca, que se estabelece entre o plano da expressão (significante) e do conteúdo (significado) no momento do ato de linguagem (Greimas e Courtés, 1979).

Como exemplo de signo, podemos tomar a palavra *rosa*. Tal palavra, grafada no papel, está no lugar do objeto rosa, e assim se manifesta relacionando o plano de expressão ou significante – a folha de papel que contém escrita a palavra rosa – ao plano do conteúdo ou significado – a projeção mental de uma rosa. Esse processo de interpretar uma manifestação, um signo, relacionando o seu significante a algo que faça sentido, o seu significado, chama-se *significação* e é o objeto de estudo da semiótica.

Expandido o conceito de signo, um texto também tem um plano de expressão – seu corpo escrito em uma folha de papel –, e o significante e seu conteúdo – seu significado. Assim como o texto, tudo que faz sentido, como uma peça de teatro, uma música, uma propaganda, ou mesmo um cartaz no ponto-de-venda, é um signo, que apresenta um significante, o material, e o significado, ou seja, aquilo a que se quer dar um sentido, e é passível de ser estudado pela semiótica.

A construção do significado na semiótica é um conceito-chave. Ele é obtido ao se percorrer um caminho de geração que nasce com um conceito fundamental e se desenvolve até se manifestar como signo. Para se aprofundar nesse assunto, recomendamos estudar a semiótica narrativa de Algirdas Julien Greimas (1976).

Transpondo essa teoria para o ambiente empresarial, a construção do significado se inicia na visão estratégica da empresa. Seus atores querem atingi-la, e para isso buscam as ferramentas que vão contribuir para que se chegue lá. Um produto diferenciado com qualidade, que, corretamente comunicado para o público, vai materializar a visão.

Como então a semiótica pode contribuir com o marketing? Em seu livro dedicado à semiótica para o marketing e comunicação, o francês Jean-Marie Floch deixa bem claro, já no título, qual o seu ponto de vista de como a semiótica pode contribuir com o marketing: "Semiótica, marketing e comunicação: sob os signos, as estratégias" (Floch, 1993).

Esse título deixa bem claro que a semiótica pode ajudar o marketing, não somente na análise dos signos e em como eles podem ser mais eficazes na recepção pelos consumidores, mas também como ferramenta para o lançamento de produto, posicionamento da marca, treinamento comercial, estratégia de comunicação integrada, pesquisa de comportamento, enfim, qualquer atividade que possa ser *lida* como um *texto,* no sentido amplo da palavra, e que tenha como função transmitir um sentido, um conceito, para o mercado.

Alguns exemplos práticos estão contidos no livro antes mencionado, como uma pesquisa comportamental dos usuários do metrô parisiense, na qual o texto significante é o trajeto dos passageiros, desde a entrada na estação de origem até a saída na estação de destino; a análise desse texto, desde o quadrado semiótico, revelou quatro tipos de passageiros; essa tipologia pode ser utilizada por empresas que utilizam o metrô como meio para expor sua propaganda ou mesmo pela companhia transportadora, a fim de que melhore seus serviços. Outros exemplos são relativos à elaboração da identidade visual de um banco, na propaganda de remédios e na publicidade de automóvel, que inspiraram muito esse estudo na busca de uma metodologia para a elaboração de posicionamento de um produto no seu mercado.

A oposição entre a valorização funcional e a valorização simbólica é o ponto de partida para o caminho de geração do posicionamento. Floch trabalhou com esse conceito, estudando especificamente um automóvel. Partindo do que ele chamou de valorizações prática e mítica, ou seja, os valores funcionais (dirigibilidade, conforto, segurança) e os valores simbólicos (a própria identidade do proprietário, seu *status* social, sua virilidade, sua beleza, entre outros), foram identificados quatro tipos de valorização para o consumo: a prática, a utópica, a crítica e a lúdica (Floch, 1993, p. 147).

A valorização prática corresponde aos valores funcionais, utilitários (concebidos como contrários aos valores simbólicos), como dirigibilidade, conforto e segurança.

A valorização utópica corresponde aos valores simbólicos, contrários aos valores funcionais; são valores ligados à aventura a respeito de uma identidade existencial própria.

A valorização lúdica corresponde à negação dos valores funcionais; as valorizações lúdica e prática são contraditórias entre si. Os valores lúdicos são o luxo, o refinado.

A valorização crítica corresponde à negação dos valores simbólicos, utópicos; as valorizações crítica e utópica são contraditórias entre si. Os valores críticos são "o melhor negócio", o melhor preço pela qualidade oferecida.

Construir o posicionamento como um texto é considerar a empresa, o produto, o contexto e o público como manifestações significantes, cujo significado será a mensagem que deverá ser atribuída na campanha publicitária. O posicionamento é a identidade com a qual a empresa deseja ungir a sua mercadoria/marca para, nas manifestações publicitárias, o público reconhecê-la e valorizá-la; esta deverá ser construída como um texto.

Na figura a seguir, exemplificamos como é o percurso de geração de sentido para um automóvel, partindo de um conceito fundamental baseado na valorização de consumo de Floch, passando pelo mapeamento dos perfis de valorização de consumo de Semprini, até chegar no enunciado do posicionamento.

O enunciado do posicionamento começa a ser elaborado na construção das interações entre *contexto, enciclopédia da produção* e *enciclopédia da recepção*. Da análise dessas interações deve surgir um conceito fundamental: a identida-

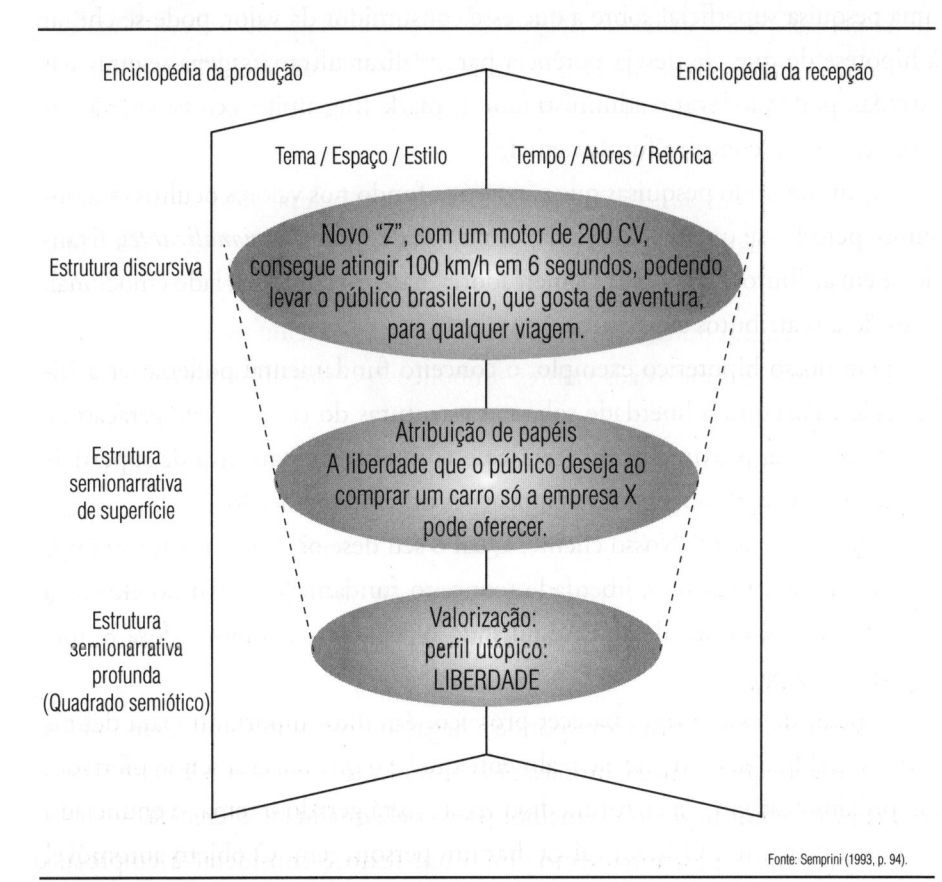

Enciclopédia da produção		Enciclopédia da recepção
	Tema / Espaço / Estilo	Tempo / Atores / Retórica
Estrutura discursiva	Novo "Z", com um motor de 200 CV, consegue atingir 100 km/h em 6 segundos, podendo levar o público brasileiro, que gosta de aventura, para qualquer viagem.	
Estrutura semionarrativa de superfície	Atribuição de papéis A liberdade que o público deseja ao comprar um carro só a empresa X pode oferecer.	
Estrutura semionarrativa profunda (Quadrado semiótico)	Valorização: perfil utópico: LIBERDADE	

Fonte: Semprini (1993, p. 94).

Figura 5.3 Estrutura para posicionamento.

de da marca. Esse conceito, que reflete o "espírito" da marca, deve ser confrontado com o sistema de valorização do consumo e, por fim, ser alocado em um ou mais destes quatro perfis: *prático, utópico, lúdico* ou *crítico*.

Semprini se aprofundou nesse sistema de valorização e criou o mapa semiótico dos valores do consumo (Semprini, 1993), que se revela importante ferramenta semiótica para o posicionamento. Porém, como o nosso objetivo aqui é estudar o fluxo do significado das mercadorias, limitamo-nos a alguns pontos, mais importantes, do conceito de posicionamento semiótico para finalizar com um exemplo simples, que concluímos logo à frente.

Voltando ao processo do posicionamento, no caso do exemplo de um automóvel, temos de um lado um carro esportivo, com um motor potente, e, de outro, um tipo de consumidor que valoriza a potência. Se for considerada uma pesquisa superficial sobre a que esse consumidor dá valor, pode-se chegar à hipótese de que ele deseja potência para realizar ultrapassagens seguras nas estradas, podendo levar o administrador de marketing afoito a considerar a "segurança" como conceito fundamental.

Considerando pesquisas que vão mais a fundo nos valores ocultos do consumo, percebe-se que o consumidor utiliza-se de fatores *racionalizantes*, fixando-se em atributos funcionais da mercadoria, não revelando seu lado emocional, atrelado aos atributos simbólicos.

Em nosso hipotético exemplo, o conceito fundamental poderia ser a "liberdade". Portanto a liberdade sobe nas estruturas do caminho de geração de significado. Sua próxima parada será na estrutura semionarrativa de superfície em que os atores desse jogo de significações devem ser alocados.

Quem é o herói? Nosso cliente. Qual o seu desejo? Algo (um automóvel) que lhe dê sentimento de liberdade (conceito fundamental). Como ele entra em conjunção com seu desejo? Adquirindo-o pela oferta da montadora X, que lhe destina o objeto.

Apesar de esse estágio parecer prosaico, é muito importante para definir qual é o público-alvo, o que ele realmente quer e o que lhe está sendo ofertado. No próximo estágio – a estrutura discursiva – será gerado o tema, o enunciado do posicionamento. O herói vai ganhar um personagem. O objeto automóvel será ungido com sua identidade, entregando ao personagem a "liberdade", atributo simbólico, por intermédio da velocidade, atributo funcional. Quem vai lhe proporcionar a realização do desejo é a montadora X. Tudo isso deverá estar localizado no tempo e no espaço.

Sobre esse enunciado a agência deverá construir o *slogan* e toda a campanha, adaptando o tema a cada mídia e a cada ação proposta, assegurando assim que toda a comunicação do produto, incluindo mídia, ponto-de-venda, entrevista com jornalistas, feira de negócios, enfim, que todo o mix de comunicação reflita o posicionamento, permitindo ao público identificar e projetar seus valores e desejos.

O *briefing*

Substantivo do idioma inglês que, nesse contexto, segundo o *Cambridge Dictionary of American English*, traduz-se como "informações" que são dadas a alguém para que este faça algo. É importante não confundir com o adjetivo *brief*, que significa "breve". O termo correto é o verbo *brief*, que significa "dar instruções".

Esse esclarecimento se faz necessário, pois não é raro se entender *briefing* como informações breves e reduzidas. Em publicidade, o *briefing* é o documento por meio do qual o cliente transmite todas as informações necessárias para orientar a agência no seu trabalho.

Na rotina do relacionamento entre cliente e agência, podem existir dois tipos tradicionais de *briefing*. O primeiro, e mais importante, é o completo, que nasce no planejamento de marketing para relatar uma nova estratégia, lançamentos de produto ou uma nova marca. O segundo, o prático, tem foco em um problema, um fato principal, como um contra-ataque à concorrência, uma queda nos níveis de vendas, um comunicado sobre novos pontos de distribuição, entre outros tantos.

Briefing completo – Estratégico

O sucesso de uma campanha publicitária está diretamente relacionado à qualidade do *briefing*. O profissional de marketing das empresas deve investir tempo e paciência para coletas de dados, a fim de transformá-los em informações precisas. Quando isso não é feito, em geral essas informações são coletadas pela agência para compor o planejamento de comunicação. O risco é perder a conexão com a essência da estratégia empresarial e lançar uma campanha sem sintonia entre a empresa e o público.

O *briefing* completo deve fornecer informações para cobrir os seguintes itens:

- empresa, marca e produto e posicionamento;
- força de vendas e a cadeia de distribuição;
- análise de ambiente de mercado e concorrência;
- comportamento de compra e o público;
- pesquisas realizadas;
- objetivos empresariais e mercadológicos;
- objetivos de comunicação;
- cronograma de implementação.

Entre esses itens, a ênfase maior é dada para o produto, o ambiente e o público, em que são detalhadas informações sobre os diferenciais e a qualidade do produto; o posicionamento pretendido; o preço perante a concorrência; o ambiente social, demográfico, econômico, competitivo, legal e natural; quem, como, quando, onde e por que compra e os fatores que influenciam o público.

Briefing prático – Tático

Neste, o objetivo é focar ações pontuais que, na maioria dos casos, são reações ao mercado e à concorrência ou modificações no produto ou na distribuição. Esse processo não é considerado muito formal e, em geral, é transmitido via reunião entre empresa e agência. O importante é analisar o impacto na estratégia e, se necessário, rever alguns objetivos.

Tanto o *briefing* estratégico como o prático devem respeitar a consistência e a perenidade com aprovação formal do cliente. Muitas vezes uma empresa sem foco estratégico dá um direcionamento para a agência e, quando recebe a proposta de campanha, decide alterar o rumo, exigindo um retrabalho completo da criação, desgastando o relacionamento; em outros casos, o departamento de marketing aprova uma campanha, mas outros membros da diretoria não, acarretando redirecionamento completo das informações. Por isso é fundamental o comprometimento da empresa em todos os níveis para com o que foi informado à agência.

Briefing do significado

Considerando o mercado da marca e a circulação do significado, é necessário acrescentar aos requisitos do *briefing* tradicional os parâmetros para a correta tradução do significado para a campanha publicitária. Como foi visto, o *briefing* tradicional compõe o cenário da produção de mercadoria, suas características funcionais, sua distribuição, o ambiente, seu público e como ela é consumida, ou seja, descreve o sistema da fabricação focando o produto como objeto físico. Resta ainda definir os parâmetros do sistema da comunicação com a elaboração do enunciado do posicionamento para a construção da identidade da marca.

O enunciado do posicionamento é matéria-prima para a equipe de criação elaborar o tema da campanha, o *slogan* da marca e todo o planejamento de comunicação. Baseada nele a agência tem parâmetros para fazer fluir todo o significado da forma mais criativa possível, porém dentro dos limites estabelecidos pelo posicionamento.

Traduzir o enunciado do posicionamento em uma campanha de sucesso é, sem dúvida, o ponto crítico na cadeia de valor do significado, no entanto saber identificá-lo e aprová-lo também é tarefa importante. Para isso, será necessário conhecer profundamente o repertório e os valores do público, entender como ele vai interpretar o produto e o discurso da marca.

Análise e aprovação de campanha publicitária

Reunião marcada, prazos apertados, diretoria presente, ansiedade por bons resultados, mercado inquieto, concorrência agressiva, público indiferente. Os representantes da agência prepararam todo o ambiente para a apresentação da campanha de lançamento do novo produto. Eles não trazem somente uma idéia; percebe-se que, no mínimo, três linhas diferentes serão expostas à aprovação.

As primeiras são lançadas como cristãos aos leões: são idéias que oscilam entre muito ousadas e muito conservadoras, como se os publicitários quisessem calibrar a mente da audiência para aquilo que eles julgam ser a melhor idéia. Esta, depois de muita introdução, é apresentada diante dos olhos impacientes do cliente.

O cliente olha e, enquanto o contato da agência adiciona uma série de comentários explicativos, procura imaginar, com base em seu repertório do que ele entende do produto, do mercado e do público, se "aquilo" vai vender ou não. Ele se lembra de seus objetivos de vendas e tenta naquele instante fazer uma conexão entre o seu produto e o público-alvo, procurando encaixar a proposta da agência. Sem muitos parâmetros, recorre ao *briefing* para checar se o que foi instruído sobre o produto está presente na peça. Nesse momento, o cliente se vê iluminado, pois descobre que uma característica técnica importante do produto foi deixada de lado. A agência tenta então convencê-lo de alguma maneira para não alterar a peça, mas por fim concorda em incluir a informação solicitada, e o cliente, satisfeito, aprova a campanha.

Esse pequeno drama não tem a pretensão de ser regra no relacionamento entre cliente e agência; seu objetivo neste trabalho foi o de ressaltar a necessidade de estabelecer parâmetros claros, tanto do lado da mercadoria quanto do seu significado, para o cliente poder analisar e aprovar uma campanha.

O *briefing* completo – que abrange o sistema de produção, comunicação e recepção, o enunciado do posicionamento, indicando claramente qual é o significado fundamental a ser comunicado ao público, e os objetivos mercadológicos e de comunicação – é o instrumento no qual o cliente deve se amparar no momento da análise da proposta.

Parâmetros para aprovação de campanhas

Como foi dito na construção do posicionamento, o mais importante em uma campanha é que ela expresse claramente a identidade da marca de determinado produto para o seu público. Complementando a mensagem, deverá estar explícito quem, onde e por quanto oferta. Do lado do anunciante, deverá ser analisado se a campanha proposta atende aos objetivos de comunicação e, conseqüentemente, mercadológicos e empresariais. Partindo do princípio de que o *briefing* foi corretamente elaborado, contemplando inclusive os aspectos simbólicos, todos os parâmetros para a aprovação de uma campanha estão presentes nele mesmo.

Cabe ao anunciante saber "ler" a tradução que foi feita do seu enunciado do posicionamento, identificando os pontos de contato entre a mensagem proposta e os aspectos simbólicos e funcionais que ela deve conter. Devemos nos lembrar de que esses pontos de contato devem estar em sintonia com os valores do público.

Como exemplo de pontos de contato podemos ilustrar a seguinte situação, seguindo o exemplo do automóvel. A liberdade que a aceleração rápida traz pode estar presente na mensagem da seguinte maneira: primeiro plano: em meio a uma reunião de trabalho, que se estendeu muito além do horário, executivo olha o relógio, cujo marcador indica 22 horas de uma sexta-feira. De algum modo ele se livra da reunião, vai até a garagem e pega o carro. Um texto aparece abaixo da tela indicando: "Cidade de São Paulo". Um corte mostra o carro já na estrada, para logo em seguida mostrá-lo estacionando em frente a uma linda mansão, parecida com um castelo, onde um outro texto indica: "Campos do Jordão – SP". No plano final, o executivo olha novamente para seu relógio, que indica 23h55. O executivo dá um suspiro de alívio, olha para o carro como que agradecendo; em seguida, já próximo da meia-noite, uma jovem linda desce as escadas da mansão correndo, deixando seu sapato de cristal sair do pé. O executivo apanha a jovem e o sapato, deposita-os no carro e sai acelerando.

O primeiro ponto de contato é o executivo com o público. O ator deve ser escolhido de modo a representá-lo adequadamente. O segundo ponto, a localização no tempo e no espaço, como ponto de partida de uma corrida. O terceiro é o carro na estrada mostrando desempenho e algum item que seja uma novidade no modelo. Por fim, a chegada e nova marcação de tempo e de espaço, conotando que só um carro potente poderia conseguir a façanha. A finalização, a surpresa, é somente um artifício retórico para incrementar o apelo emocional.

No exemplo anterior descrevemos o ponto de contato liberdade com aceleração rápida de um automóvel como uma escapada de final de semana. A criação da agência de comunicação tem sempre a liberdade para criar como quiser o ponto de contato entre o que o público valoriza e o que a mercadoria pode oferecer; contudo, o anunciante deverá saber interpretá-lo como pertinente, claro, verossímil, coerente e coeso em relação a tudo que foi descrito no *briefing*.

Cabe ainda ressaltar que para escolher o conceito fundamental da identidade da marca deve-se levar em consideração, como já dito, o aspecto *valorização do consumo*, mas não se pode esquecer da diferenciação perante a concorrência. O objetivo foi demonstrar que o posicionamento deve ir além da diferenciação, mas em momento algum podemos desprezá-la. O trabalho correto é identificar o conceito e analisá-lo sob dois aspectos: a relevância deste para o público (valorização) e a diferenciação em relação aos concorrentes. Colocando essas variáveis em uma matriz, teríamos o seguinte quadro:

Valorização	Diferenciação Baixa	Diferenciação Alta
Alta	Conceito que importa para o público, mas é também ofertado pela concorrência.	Conceito que importa para o público e se diferencia da concorrência.
Baixa	Conceito que é irrelevante para o público e não apresenta diferenciação.	Conceito que é diferente da concorrência, porém irrelevante para o público.

Analisando o quadro anterior, fica claro que a melhor escolha são os conceitos que se localizam no quadrante superior direito; portanto, na ocasião da escolha entre os atributos funcionais e os simbólicos para definir o conceito de identidade de marca, é fundamental a análise do mapa de valorização do consumo, bem como uma comparação de atributos com a concorrência.

Considerações finais

A mercadoria possui duas dimensões. A funcional e a simbólica. O público a valoriza muito mais tendo como base os atributos dessa última; assim, dar um significado a uma mercadoria, uma identidade para a sua marca por meio de um correto posicionamento de mercado, que seja coerente com o produto, coeso em todas as suas manifestações e verossímil no que tange à mensagem proposta, é fundamental para o sucesso.

O caminho do significado de uma mercadoria nasce da visão estratégica da empresa anunciante e termina na mente do público. Considerando que esse significado foi traduzido em um posicionamento que faça sentido e que seja valorizado e diferenciado pelo consumidor, e que a agência de comunicação seguiu esse posicionamento, as chances de a campanha publicitária cumprir com os objetivos fixados pela empresa aumentam significativamente.

O anunciante no mundo contemporâneo espera resultados imediatos daquilo que foi investido em publicidade, mesmo porque os recursos estão cada vez mais escassos. Medir esse retorno confrontando os objetivos com os resultados está se tornando uma tarefa cada vez mais científica. Seja medindo fluxo, seja contabilizando relações, ou com pesquisas de posicionamento, o anunciante quer ter certeza de que seu investimento não está sendo em vão ou, pior, trazendo prêmios para a agência, com produções caríssimas, e deixando o produto sem giro no ponto-de-venda.

A incerteza nesse ponto traz como conseqüência o perigo do domínio do varejo sobre os investimentos com marca. Como o grande objetivo é vender, fica muito mais fácil controlar os investimentos nas campanhas de varejo, cuja medição é pelo número de vendas. O perigo é ficar com os resultados de curto prazo, não investir na marca, deixando-a se enfraquecer sem ser desejada, tornando-a uma *commodity* cujo único atrativo é o preço.

Ultimamente, os anunciantes têm tentado estar presentes perante o público de todas as maneiras possíveis. Como conseqüência disso, a verba de marketing se fragmentou em várias frentes: eventos, mídia, causa social, varejo, Internet, ponto-de-venda, entre outros tantos. O que se percebe por parte das agências é uma vontade de querer dar conta de tudo isso.

Agências grandes têm conseguido esse resultado se associando a outras agências pequenas com especialização em determinado ramo da comunicação atual. Porém, as agências menores que não têm recursos para investir em aquisições ou parcerias estão vendo suas atividades ficarem restritas às poucas iniciativas dos anunciantes.

Diante desse quadro, fica muito evidente que não se pode errar mais. Não há tempo, e muito menos recursos, para corrigir um posicionamento malfeito. O *branding* surge como alternativa ao marketing tradicional quando coloca seu foco nas relações entre a marca e o público. Desse modo, entender como tornar essa relação profícua e duradoura passa por entender qual é a verdadeira troca entre empresa e público na atualidade.

Hoje a troca é de sentido. O público compra uma marca determinada que lhe traz um significado para seu atual modo de viver. Para entender o que está sendo valorizado e como dar um sentido para uma mercadoria por meio de práticas publicitárias faz-se necessário conhecer o caminho do significado do lado do anunciante. E para este é fundamental saber interpretar as propostas da agência, identificando os pontos de contato que farão o público reconhecer algo que ele valoriza e que se destaca da concorrência.

Bibliografia

AAKER, D. A. *Marcas* brand equity: *gerenciando o valor da marca*. São Paulo: Negócio, 1998.

_____. *Administração estratégica de mercado*. Porto Alegre: Bookman, 2001.

ALBRECHT, K. *Programando o futuro: o trem da linha norte*. São Paulo: Makron Books, 1994.

BAUDRILLARD, J. *O sistema dos objetos*. São Paulo: Perspectiva, 2000.

Di NALLO, E. Meeting points: *soluções de marketing para uma sociedade complexa*. São Paulo: Cobra, 1999.

FLOCH, J.-M. *Semiótica, marketing y comunicación; bajo los signos, las estrategias.* Barcelona: Paidós, 1993.

GREIMAS, A. J. *Semântica estrutural.* São Paulo: Cultrix, 1976.

_____. *Semiótica e ciências sociais.* São Paulo: Cultrix, 1981.

_____. Os atuantes, os autores e as figuras. In: CHABROL, C. *Semiótica narrativa e textual.* São Paulo: Cultrix, 1997.

GREIMAS, A. J.; COURTÉS, J. *Dicionário de semiótica.* São Paulo: Cultrix, 1979.

HAUG, W. F. *A crítica estética da mercadoria.* São Paulo: Unesp, 1997.

HOOLEY, G.; SAUNDERS, J. *Posicionamento competitivo: como estabelecer e manter uma estratégia de marketing no mercado.* São Paulo: Makron Books, 1996.

KOTLER, P. *Administração de marketing: análise, planejamento, implementação e controle.* 4. ed. São Paulo: Atlas, 1996.

_____. *Marketing para o século XXI: como criar, conquistar e dominar mercados.* São Paulo: Futura, 2001.

_____. *Marketing insights from A to Z: 80 concepts every manager needs to know.* New Jersey: John Wiley & Sons, 2003.

MAFFESOLI, M. *O tempo das tribos: o declínio do individualismo nas sociedades de massa.* Rio de Janeiro: Forense Universitária, 2000.

NÖTH, W. *Panorama da Semiótica: de Platão a Pierce.* São Paulo: Anablume, 1995.

PORTER, M. *Vantagem competitiva: criando e sustentando um desempenho superior.* Rio de Janeiro: Campus, 1992.

RIES, A.; TROUT, J. *Posicionamento: a batalha pela sua mente.* São Paulo: Pioneira, 1996.

SCHULTZ, D. E.; TANNENBAUM, S. I.; LAUTERBORN, R. F. *O novo paradigma do marketing: como obter resultados mensuráveis através do uso do database e das comunicações integradas de marketing.* São Paulo: Makron Books, 1994.

SEMENIK, R.; BAMOSSY, G. *Princípios de marketing: uma perspectiva global.* São Paulo: Makron Books, 1996.

SEMPRINI, A. *Marche a mondo possibili: uno aproccio semiotico al marketing della marea.* Milão: Franco Angeli, 1993.

WRIGHT, P.; KROLL, M. J.; PARNELL, J. *Administração estratégica: conceitos.* São Paulo: Atlas, 2000.

6

A publicidade como possibilidade

Ricardo Zagallo Camargo*

Introdução

Em tempos como esse
De sangrenta desorientação
De arbítrio planejado
De desordem induzida e
Humanização desumanizada
Que nada seja dito natural
Para que nada seja dito imutável
Bertold Brecht

Este artigo surgiu com a tarefa de levantar os aspectos positivos da publicidade e propaganda, tarefa que parte do pressuposto de que a propaganda já é bastante conhecida pelos seus pontos negativos e encontra-se, na visão de muita

---

*Professor da Escola de Comunicações e Artes da USP. Doutorando em Ciências da Comunicação na USP e coordenador-executivo do Centro de Altos Estudos de Propaganda e Marketing (CAEPM) da ESPM.

gente, no banco dos réus. Tem responsabilidade, muitas vezes não assumida, sobre os destinos sombrios e desequilibrados da sociedade capitalista. Embora julguemos pertinente discutir o próprio capitalismo e não façamos coro com a maioria que não enxerga outras opções possíveis de sociedade, vamos partir de um ponto pacífico: o capitalismo é uma realidade e deve permanecer por algum (muito?) tempo.

Tendo em mente a constatação da hegemonia capitalista, a defesa ou o ataque à publicidade e propaganda parte, normalmente, de visões de mundo opostas. As correntes de pensamento mais críticas em relação ao sistema capitalista olham para esse contexto social-histórico, não o vêem como pronto e acabado e procuram discutir o que acontece sob uma perspectiva transformadora. Costumam apontar, diga-se de passagem, com bastante pertinência, os pontos negativos da atividade publicitária, sobretudo por servir de sustentação à lógica de consumo constituinte desse sistema.

Já as correntes que acreditam ser o capitalismo o único sistema social capaz de levar ao progresso e à liberdade, alinhando-se a uma visão de mundo, hoje hegemônica, que podemos chamar de neoliberal, têm uma visão bastante positiva da publicidade, valorizando seu papel como uma das bases do mundo da livre escolha.

Buscando justamente evitar essa visão cindida entre pontos positivos e negativos, que tem mobilizado tanto defensores quanto detratores da atividade publicitária, julgamos cabível, em vez de propriamente defender ou levantar aspectos positivos da publicidade e propaganda, pensá-la como fenômeno histórico, com base em uma visão multifacetada do mundo e da sociedade.

Para tanto serão apresentados, de início, alguns pressupostos conceituais que consideramos ponto de partida para essa reflexão. São eles: o uso das palavras *publicidade* e *propaganda*, a definição de consumo, o pensamento neoliberal e a relação entre persuasão e informação.

Após essa apresentação de conceitos fundamentais para pensar a publicidade e propaganda, o artigo divide-se em três grandes partes, cuja formatação e inspiração vieram das considerações do geógrafo Milton Santos (2003) no livro *Por uma outra globalização*, no qual o autor aponta a existência de três mundos num só: mundo como fábula, como perversidade e como possibilidade.

O mundo globalizado como fábula é aquele tal como nos fazem crer, um local que, ao ser analisado, provoca certo questionamento ao autor: em vez de vivermos nele o fim das ideologias, não estaríamos num período de ideologização maciça, segundo a qual o mundo atual exigiria como condição essencial o exercício de fabulações? Fala-se, por exemplo, de aldeia global, com base no mito de que a difusão instantânea de notícias realmente informa as pessoas, e também de encurtamento das distâncias – para aqueles que realmente podem viajar –, como se o mundo estivesse disponível para todos, quando, na verdade, as diferenças locais são aprofundadas.

Fala-se também na morte do Estado, mas o que se observa é o seu fortalecimento para atender às ameaças dos grandes interesses internacionais, sobretudo financeiros, em detrimento dos cuidados com a vida, cada vez mais difícil, das populações.

O mundo globalizado como perversidade surge, por outro lado, ao observarmos, parafraseando Nelson Rodrigues, "o mundo como ele é" para a maior parte da humanidade. Segundo Santos (2003, p. 20):

> O desemprego torna-se crônico, a pobreza aumenta e as classes médias perdem em qualidade de vida. A fome e o desabrigo se generalizam em todos os continentes. Novas enfermidades, como a Aids, se instalam e velhas doenças, supostamente extirpadas, fazem seu retorno triunfal. A mortalidade infantil permanece, a despeito dos progressos médicos e da informação. A educação de qualidade é cada vez mais inacessível. Alastram-se e aprofundam-se males espirituais e morais, como os egoísmos, os cinismos, a corrupção.

Uma perversidade sistêmica que tem relação direta com a adesão desenfreada aos comportamentos competitivos que atualmente caracterizam as ações hegemônicas.

O mundo como possibilidade parte, por sua vez, de uma pergunta: podemos pensar em uma globalização mais humana? Para o autor, sim. Sobretudo pelo fato de que, para construir a globalização perversa, o capitalismo se apóia em bases materiais que podem, contudo, servir a outros objetivos se postas a serviço de outros fundamentos sociais e políticos. São elas:

A *unicidade da técnica* – simbolizada pelo computador –, em que novas técnicas se fazem sentir instantaneamente em todos os lugares, direta ou indiretamente.

A *convergência dos momentos* ou uma "interdependência e solidariedade do acontecer", visto que nos tornamo capazes de, seja onde for, ter conhecimento do que é o acontecer do outro. Aqui é importante destacar que a informação instantânea e globalizada é intermediada por grandes empresas de comunicação, donas da velocidade e autoras do discurso ideológico. De modo potencial existe para todos, mas efetiva e socialmente é excludente e assegura privilégios de uso.

O *conhecimento do planeta* – as empresas, em busca dos lucros desejados, conhecem e valorizam diferentemente cada lugar do planeta.

Soma-se a isso a crescente mistura de povos, raças, culturas, filosofias e gostos, mesmo que muitas vezes não pacífica. Para Milton Santos (2003), a população aglomerada em áreas cada vez menores possibilita uma verdadeira sociodiversidade, rica em novas possibilidades como, por exemplo, a emergência de uma cultura popular que se serve dos meios antes exclusivos da cultura de massas, exercendo em relação a esta uma espécie de revanche. A população aglomerada constitui uma das bases de reconstrução e sobrevivência das relações locais, abrindo a possibilidade de utilização, a serviço dos homens, do sistema técnico atual, além da perspectiva da produção de um novo discurso, de escrever uma nova história com base no fato de, pela primeira vez, existir uma universalidade empírica presente na experiência ordinária de cada homem.

Talvez você já esteja se perguntando: por que utilizar um geógrafo para entender a publicidade? Primeiro porque consideramos que a divisão proposta por Milton Santos aplica-se também à publicidade, que é hoje, a um só tempo, fábula, perversidade e possibilidade. Efetuamos, entretanto, uma adaptação da proposta, dividindo as reflexões sobre a publicidade e propaganda nos seguintes tópicos: a publicidade como fábula, a publicidade diante da perversidade e a publicidade como possibilidade.

O outro motivo para utilizarmos reflexões tão abrangentes que partem de outro campo do conhecimento é o fato de considerarmos (é essa a premissa básica deste artigo) que a publicidade deve ser percebida como fenômeno sócio-histórico que se constrói; não é dada, e vai além da discussão superficial de pontos positivos ou negativos de algo que aí está. Não está em foco, portanto, defender ou atacar a publicidade, mas sim ampliar a visão dessa atividade fundamental nos dias de hoje tendo como ponto de partida um processo de conscientização de que os hábitos e as percepções que se têm das coisas e das pessoas são construídos social e historicamente, e não são fatos naturais, biológicos, como a lógica do mercado, às vezes, leva a crer. Acreditamos que a publicidade, dialogando com a história e a sociedade, se constrói a cada momento, com grande responsabilidade pelo que ocorre em nossos dias e também com grande potencial transformador.

Agora, antes de iniciarmos a jornada, um resumo do roteiro proposto:

1. Apresentação de conceitos importantes para entender a publicidade e propaganda.
2. A publicidade como fábula – que apresenta a defesa neoliberal da atividade publicitária.
3. A publicidade diante da perversidade – que parte da análise crítica para pensar e sugerir como a propaganda pode ser bem melhor do que é.
4. A publicidade como possibilidade – que é, de certa forma, a parte do leitor. Aqui são amarradas as considerações mostrando como o momento atual é propício para inaugurar um novo jeito de fazer uma publicidade que perceba a falsidade de muitas de suas afirmações e, em vez de se fechar em uma postura do tipo "o mundo é assim mesmo", procure atuar para, como propõe Milton Santos, criar um mundo como pode ser.

Segue aqui uma ressalva importante: pensar sobre publicidade nos obrigou a um verdadeiro passeio por diferentes autores e teorias, selecionados de acordo com os aspectos do fenômeno publicitário que pretendíamos abordar. Corremos, com isso, nesse papel de turistas intelectuais, o risco de simplificar, reduzir ou deformar algumas idéias originalmente previstas pelas diferentes referências bibliográficas. Decidimos, no entanto, arriscar, uma vez que um objeto tão multifacetado e tão coberto de camadas sobrepostas precisa de inúmeras ferramentas e olhares diversos para ser compreendido.

Além disso, consideramos que uma das funções de um texto é indicar outros. Todos os autores aqui citados são a garantia de novos e enriquecedores caminhos a serem seguidos pelo leitor. Se puder e quiser, siga esses caminhos. A sua percepção da publicidade vai ficar muito mais afinada. Em relação aos conhecedores dos autores citados, gostaríamos de estabelecer um diálogo. Como já dissemos, a utilização de várias referências bibliográficas de pensamento e épocas bastante diferentes pode resultar em simplificações, por vezes inadequadas, dos conceitos originalmente propostos.

Colocamos, portanto, o texto como inacabado, passível de novos acréscimos e relações não percebidas com as teorias expostas. Passível também de ressalvas quanto às ligações estabelecidas entre o fenômeno da publicidade e o seu entorno contemporâneo e os fenômenos originalmente abordados pelos autores, integrados a outros momentos históricos.

Conceitos importantes para pensar publicidade e propaganda

As palavras *publicidade* e *propaganda*

Usamos, não raras as vezes, as palavras *publicidade* e *propaganda* de maneira conjunta. Consideramos importante, contudo, fazer uma pequena retomada das origens desses vocábulos, que outras partes deste livro possivelmente já devem ter feito. Mas vale recordar.

Propaganda vem do latim *propagare* e relaciona-se historicamente à difusão de idéias, doutrinas e ideologias, tendo como grandes exemplos a propaganda religiosa, a propaganda comunista e a propaganda nazista, essa última constantemente lembrada e associada à propaganda comercial atual.

A palavra *publicidade* vem do latim, e depois do francês *publicité*, cujo significado é "tornar público", sendo utilizada de maneira mais apropriada para referir-se à divulgação comercial de produtos e serviços.

As duas palavras, entretanto, são utilizadas indistintamente no dia-a-dia do mercado publicitário. Esse uso indistinto, que pode representar por um lado um certo desprezo pelas definições mais acadêmicas, parece, mais do que qualquer coisa, indicar hoje que uma não acontece sem a outra.

Não há divulgação de idéias, conceitos puros, sem que estes sejam associados a serviços, produtos ou ações concretas. As campanhas eleitorais recentes mostram como as propostas de governo e de como conduzir os negócios públicos têm sido formatadas, recebendo nomes e símbolos que as identifiquem. As idéias, no sistema capitalista, tornam-se produtos. Não reside aqui nenhuma crítica, apenas uma constatação. Por outro lado, não há divulgação de produtos e/ou serviços sem que, conjuntamente, sejam veiculadas idéias, valores e visões de mundo. A publicidade/propaganda hoje é sempre produto/serviço + idéia/valor.

Essa fusão, que o mercado sinaliza de maneira prática ao utilizar de modo indistinto os dois conceitos, mostra que a atividade publicitária tem hoje dois aspectos complementares. Aliás, o que agrega valor ao produto, utilizando um jargão do mercado, são justa ou predominantemente, os valores a ele associados, uma vez que os produtos, em vista dos avanços tecnológicos, têm ficado muito parecidos no que diz respeito a sua forma e função. Em outras palavras, uma troca de etiquetas ou de rótulos é normalmente capaz de confundir consumidores fiéis e fanáticos por este ou aquele produto.

Neoliberalismo

Consideramos o neoliberalismo um pressuposto para entender a publicidade, sobretudo pelo fato de ser hoje um discurso quase hegemônico que ao mesmo tempo integra o discurso publicitário e é alimentado por ele.

Basicamente, podemos dizer que o discurso neoliberal é aquele calcado na livre concorrência e na igualdade de oportunidades – dois princípios que podem ser questionados na sociedade brasileira. Artigo jornalístico veiculado no jornal *A Plebe*, nº 1, em 9 de junho de 1917, do qual transcrevemos alguns trechos, faz esse questionamento com contundente clareza. Com o título "O pobre é vadio?", aborda a questão da ascensão social ao questionar a afirmativa "Em São Paulo só não ganha dinheiro quem não trabalha, só é pobre quem é vadio" veiculada no *Correio Paulistano*, outro jornal do começo do século.

O autor põe em xeque a máxima do trabalho como fonte do crescimento, dizendo que "quem trabalha não ganha dinheiro, porque o lucro é todo do patrão, e o pobre não é vadio, é apenas a victima lastimavel de uma pessima e destestavel organisação social" (*sic*). Afirmativa e comentário que, mesmo tendo sido feitos em 1917, parecem aplicar-se aos dias atuais. Em outras palavras, a mensagem liberal, agora neoliberal, é basicamente a seguinte: se você não progride é porque não se esforçou o suficiente. O mito da oportunidade para todos é reforçado pelas histórias, insistentemente repetidas na mídia, de grandes empreendedores como Abílio Diniz, Antonio Ermírio, Sebastião Correa, Samuel Klein, sempre calcadas no mérito pessoal e no obscurecimento das condições sociais, econômicas, e sobretudo políticas, que possibilitaram suas trajetórias bem-sucedidas.

Constitui-se, dessa forma, segundo Gentili (1998, p. 102), um projeto hegemônico, uma alternativa dominante à crise do capitalismo contemporâneo por meio da qual se pretende levar a cabo um profundo processo de reestruturação material e simbólica das nossas sociedades, orientando, ao mesmo tempo e de maneira articulada, um conjunto de reformas radicais no plano político, econômico, jurídico e cultural, que são simultaneamente originais e repetitivas, buscando a manutenção do *status quo* pela reprodução de elementos já existentes e pela recriação desses componentes em novas condições.

Persuasão e informação

A persuasão, que etimologicamente vem de *per + suadere* ("caminho suave" em recriação livre do latim), é a técnica que busca o convencimento, levando o indivíduo a concluir por si só. Embora seja, portanto, sutil por definição, é algo que está explícito na publicidade. Ninguém (reside aqui a confiança na capacidade de discernimento das pessoas, independente de classes sociais e educação formal) vê um anúncio sem ter consciência de que reside ali uma estratégia de convencimento, sem saber "que estão querendo vender alguma coisa". Uma consciência que, em defesa da publicidade, seria um ponto positivo desta em relação a outras formas mais veladas de conhecimento.

No livro *Linguagem e persuasão*, o professor Adilson Citelli (2004, p. 6) aborda com clareza essa questão dizendo que temos, na verdade, a existência de graus de persuasão: alguns mais ou menos visíveis, outros mais ou menos mascarados: "Generalizando um pouco a questão, é possível afirmar que o elemento persuasivo está colado ao discurso como a pele ao corpo".

Destaca ainda que persuadir não é sinônimo imediato de coerção ou mentira, lembrando das campanhas de conscientização que tentam persuadir pela adoção de comportamentos socialmente vantajosos. Além disso, enfatiza que para existir persuasão é necessário, como pré-requisito, a livre circulação de idéias. Em uma ditadura fica estranho falar em persuasão, pois não há idéias em choque.

Não devemos, todavia, ter tanto medo da persuasão nem tanta confiança naquilo que costumamos chamar de informação. Como já observado, a persuasão é intrínseca à maioria dos discursos. Ainda segundo Citelli (2004, p. 6), podemos dizer que "é muito difícil encontrarmos organizações discursivas que escapem à persuasão; talvez a arte, algumas manifestações literárias, jogos verbais, um ou outro texto marcado pelo elemento lúdico", constatação que coloca em xeque a noção de informação pura. O que temos, portanto, no discurso publicitário ou em qualquer outro, é a prevalência do pólo informativo ou persuasivo.

Seguindo com as considerações a respeito da persuasão, parece-nos pertinente reproduzir o comentário de Umberto Eco em entrevista a Haroldo de Campos, citado por Citelli (2004, p. 94) em sua obra: "O discurso persuasivo, em si mesmo, não é um mal; só é quando se torna o único trâmite da cultura [...] quando se torna o único discurso possível, quando não é integrado por discursos abertos e criativos".

Já para Baudrillard (1997, p. 176), o consumidor não "acredita" na publicidade mais do que a criança no Papai Noel, o que não o impede de aderir da mesma forma a uma situação infantil interiorizada e se comportar de acordo com ela. "Daí a eficácia bem real da publicidade, segundo uma lógica que, apesar de não ser a do condicionamento reflexo, não é menos rigorosa: lógica da crença e da regressão" (p. 177).

Torna-se difícil refutar Baudrillard quando nos lembramos do tanto que consumimos "sem querer". Consideramos, contudo, incorreta a eleição da publicidade como grande vilã. Parece-nos pertinente a divisão dessa responsabilidade ao inserirmos a publicidade em um contexto mais amplo de individualismo e narcisismo, do qual fala Calligaris (2001, p. E8):

> O requisito para que a máquina neoliberal funcione é mais refinado do que a venda dos mesmos sabonetes ou filmes para todos. Trata-se de ali-

mentar um sonho infinito de perfectibilidade e, portanto, uma insatisfação radical. Não é pouca coisa: é necessário promover e vender objetos e serviços por eles serem indispensáveis para alcançarmos nossos ideais de *status*, bem-estar e de felicidade, mas, ao mesmo tempo, é preciso que toda satisfação conclusiva permaneça impossível.

Para esse estado de coisas contribuímos todos. Jornalistas, médicos, professores e publicitários, só para citar alguns "culpados". Mas não parece suficiente ficar só na constatação de que os outros também têm culpa. A perspectiva de um outro fazer é o que nos interessa. O respeito e a maneira de retratar o diferente podem ser um bom começo para a publicidade, uma ação que isolada não é capaz de reverter todo um quadro, mas pode usar o poder da mídia para pensar sobre algumas questões, levantar novos valores. Além do mais, isso significa recuperar o impacto desgastado da comunicação publicitária.

Com base nessa percepção de não-existência de informação ou persuasão puras, é também importante abordar a questão da falsa dicotomia estabelecida entre jornalismo/informação × publicidade/persuasão. Essa noção aparece, de maneira escancarada, na carta publicada na principal revista do país,[1] na qual se percebe que, além de receber o conteúdo da revista como informação neutra, o leitor fica aliviado com a "dosagem" de mensagens publicitárias que, em grande quantidade, prejudicariam o teor jornalístico da revista:

> Se eu fosse comentar as reportagens que achei importantes e me ajudaram como pessoa, garanto que não seriam poucas. Quando a revista chega, vou lendo tudo, desde a capa, e realmente está uma beleza! Matérias bem escritas, curiosidades, notícias nacionais e internacionais. As propagandas, além de belas, estão dosadas.

Essa falsa idéia de que é possível uma imparcialidade jornalística, amplamente reforçada pela própria imprensa (e também pela publicidade da imprensa), faz com que o público encontre-se muito mais "desarmado" diante de uma

---

[1] Publicada na Seção Cartas da revista *Veja* na edição n. 1.871, de 15 de setembro de 2004, p. 31.

notícia do que diante de um anúncio. Fato, aliás, já percebido há muito tempo pelas empresas, que enchem as redações de *press releases* diariamente. A forma mais grosseira dessa fusão não admitida entre publicidade e jornalismo são os informes publicitários (publicidade travestida de matéria jornalística) produzidos pelas agências de propaganda.

Outra forma mais sutil e muitas vezes invisível é o tratamento dado pela própria imprensa a determinadas notícias, por motivos mercadológicos, ideológicos ou ambos, nas matérias regulares. Um exemplo ilustra bem esse caso. De tempos em tempos as grandes montadoras de automóveis convocam (obrigadas por lei) seus consumidores para a troca de peças defeituosas (*recall*) com ampla cobertura da mídia. Tal ocorrência é em geral noticiada na grande imprensa como sinônimo de preocupação com a segurança, e nunca como uma falha capaz de provocar acidentes muitas vezes graves. Parece-nos que o fato de as grandes montadoras figurarem como grandes anunciantes não é apenas uma coincidência.

Complementando as reflexões a respeito de informação e persuasão, consideramos importante abordar a ênfase atual na "formação de opinião". Aqui nos valemos de artigo da professora Ecléa Bosi (1992), que trata com clareza essa questão ao estabelecer uma oposição entre *opinião* e *conhecimento*.

A autora começa observando que nosso círculo de experiência é restrito e nosso espaço vivido é pequeno; também que nossa atividade essencial como sujeito é ação e percepção. Conhecemos pedaços de paisagens, algumas pessoas, fragmentos. Por não presenciarmos a maior parte dos fatos sobre os quais conversamos, alimentamos nosso discurso e pensamento baseados na confiança social no que os outros relatam. Além disso, pelo fato de as cenas por nós assistidas sofrerem uma distorção causada pelo ponto de vista, a percepção das coisas, mais que uma recepção, torna-se uma construção.

Essa colheita perceptiva, a relação de trabalho e escolha entre sujeito e objeto, pode sofrer um processo de facilitação e inércia, o processo de estereotipia no qual se colhem aspectos do real já recortados e confeccionados pela cultura, no qual os padrões correntes interceptam as informações no trajeto rumo à consciência.

Bosi parte então para a reflexão sobre a opinião, encarada por ela como um risco, por caminhar mais depressa que o real e ter como proposta concluir demais. A transição da opinião para o conhecimento passa por nossa relação com o objeto. Na prática, contudo, não temos sempre condições de transformar opinião em conhecimento, e a verdade fica sendo a opinião comum.

Para superar essa realidade, propõe a mobilização em busca de um grau de consciência alcançado somente por uma recusa do que foi estabelecido sem o nosso consentimento e experiência. Um trabalho indispensável para aqueles (sejam jornalistas ou publicitários) que desejam "habitar plenamente as coisas do mundo".

Consumo

A publicidade mantém relação direta com o consumo, sendo uma das principais críticas justamente o fato de ela estimular o consumo desenfreado (consumismo), ou ainda o fato de reforçar uma visão de mundo marcada pelo consumo. Para repensar a publicidade precisamos, portanto, refletir sobre o consumo.

Segundo Baudrillard (1997), ele pode ser percebido não apenas como a compra de objetos e serviços, mas sim como uma maneira de nos relacionarmos com as coisas e as pessoas. Consumimos chocolates e cosméticos, porém também consumimos amigos, sessões de cinema, livros, maridos, mulheres, filhos, o tempo. Uma lógica que encontra explicação mais evidente no dicionário ao consultarmos o significado de *consumir*. No *Novo Dicionário Aurélio* (1986), as definições de consumo são gastar ou corroer até a destruição, aniquilar, anular, esgotar e por aí vai. Nada animador. Uma visão negativa que está presente no senso comum e nos questionamentos em relação à publicidade. Um consumo visto como vilão, julgado e condenado, mas que continua inexplicavelmente a fazer parte de nossas vidas.

O consumo, como atividade social, extrapola, portanto, o ato da compra em si e traz consigo a questão perversa do "poder consumir", hoje associada à criação de uma minoria que consome muito e uma maioria que consome pouco.[2]

---

[2] No artigo "Consumindo o futuro", Laymert Garcia dos Santos (2002) recorre à "Face humana da globalização", texto de Nadine Gordimer, escritora sul-africana, para tratar da questão do consumo em meio ao mundo globalizado. A opinião da escritora é de que a globalização só poderia ser plenamente global se o desequilíbrio ocasionado pelo consumo fosse corrigido, de forma a favorecer o desenvolvimento sustentável. Segundo Santos, "o desequilíbrio básico que quase ninguém desconhece" expresso pela escritora é "o fato de 20% da população mundial consumir 80% dos recursos produzidos no planeta [...]. O interesse de seu argumento, porém, consiste em vincular o consumo descontrolado à carência, unindo o destino dos ricos e pobres em torno do excesso e da falta".

Para Baudrillard (1997, p. 206), o consumo é ainda "um modo de atividade sistemática e de resposta global no qual se funda todo nosso sistema cultural". Ou, na concepção do psicanalista Contardo Calligaris (1996, p. 88), "o único agente regulador efetivo das condutas sociais que possa ambicionar a palma da universalidade é o mercado, ou, melhor dizendo, o consumo".

É difícil negar que o consumo passou a ser a medida de classificação dos indivíduos. Da distinção entre os modelos e séries de objetos, estabelecem-se distinções entre as classes sociais. A aparente democratização do consumo pela fabricação em série é quebrada pelas séries e modelos diferenciados, que restabelecem a diferença discriminatória, muito mais simbólica e idealizada do que efetivamente ligada aos objetos.

Santos (2002, p. 6) reforça a percepção de que o consumo classifica os indivíduos dizendo que socialmente o direito de existir passa a coincidir com o direito de consumir. Estabelece ainda um paralelo entre a carência por necessidade dos pobres e a carência no âmbito do desejo, que escraviza a minoria que forma o público consumidor. A aceleração tecnológica e econômica desloca o interesse pelo presente, fixando-o no que virá. Os objetos impõem seu ritmo ao homem. Nas palavras de Baudrillard (1997, p. 167), estamos quase o tempo todo em atraso com nossos objetos. O apartamento comprado na planta, o carro novo comprado antes que o velho seja totalmente pago; estamos permanentemente saindo de uma dívida para entrar em outra.

Com seus mecanismos de auto-sustentação, como compra a crédito, as ações de fidelização, promoção, publicidade etc., o consumo pode ser visto "como uma prática idealista total, sistemática, que ultrapassa de longe a relação com os objetos e a relação interindividual para se estender a todos os registros da história, da comunicação e da cultura" (1997, p. 209; grifos do autor). Nesse sentido, Baudrillard estabelece uma interessante relação etimológica entre *consumir* e *consumar*, indicando que tudo aquilo que é consumido é destruído, consumado, passando a não existir mais. Significados que, como vimos no *Aurélio*, também se aplicam à palavra *consumir*.

O consumo estaria, dessa maneira, não relacionado à satisfação de necessidades, mas à criação de novos vazios no indivíduo, uma vez que aquilo que é consumido não é efetivamente capaz de suprir o desejo. Além disso, depois da compra vivenciada, a mercadoria praticamente deixa de existir, empurrando o consumidor para outra nova compra.

Há ainda um novo fator a ser analisado, realçado sobretudo pela expansão do comércio eletrônico, via Internet: a transformação do próprio consumidor em mercadoria, segundo Santos (2002, p. 6-8). No processo de capitalização virtual, o consumidor soberano, sujeito de uma ação consciente de compra, passa a ser, ele próprio, uma mercadoria virtual. O consumidor, ou cliente[3] fiel, representa o lucro que virá. É em si uma mercadoria com valor de troca potencial, mercadoria que consome mercadorias materiais e imateriais.

Diante de um sistema tão bem estruturado, no qual os objetos/signos são produzidos e consumidos continuamente para preencher o vazio, Baudrillard (e com ele todos os críticos da publicidade) mostra-se cético diante de qualquer tentativa de transformar o ato de consumo. "'Moderar' o consumo ou querer estabelecer uma grade de necessidades apta a normalizá-lo depende, pois, de um moralismo ingênuo ou absurdo" (1997, p. 211).

Uma afirmação embasada que, em vez de acabar com qualquer esperança de consumo consciente e de uma publicidade de contornos benéficos, serve como alerta sobre a dificuldade de trabalhar com essa questão e a necessidade de constante reflexão sobre todas as ações nesse sentido.

Além disso, um contraponto possível é o fato de que o consumidor efetivamente obtém, à sua maneira, entretenimento e sensações prazerosas no momento da compra. A questão é a efemeridade e a maneira voraz com que as pessoas se apropriam dessas sensações. Um ciclo que assusta, mas permite imaginar saídas, baseadas nas apropriações individuais e sociais, que podem escapar à padronização dos desejos humanos proposta pelo mercado.

Em vez de simplesmente deprimir-se com as novas regras da sociedade, chamada por ele de sociedade de controle, e da nova economia (especialmente a Internet), Santos (2002, p. 8) sugere que devemos buscar caminhos para desregulá-las. Nesse sentido, recorre ao livro *Finite and infinite games,* de James Carse:

---

[3] Do ponto de vista mercadológico, a diferença entre *cliente* e *consumidor* baseia-se numa relação de fidelidade; o cliente é mais assíduo, ao passo que o consumidor não realiza necessariamente várias compras no mesmo local.

> Um jogo finito é jogado com o propósito de ganhar, mas joga-se um jogo infinito com o propósito de continuar o jogo [...] um jogador finito é adestrado não só para antecipar cada possibilidade futura, mas para controlar o futuro [...] o jogador infinito espera ser surpreendido pelo futuro, joga em completa abertura [...] Não se trata de expor a sua identidade imutável, o verdadeiro "self",[4] mas sim de expor-se a um crescimento contínuo. [...] O jogador infinito não se limita a comprazer-se com a surpresa, mas espera ser transformado. Estar preparado contra a surpresa significa ser adestrado. Estar preparado para a surpresa significa ser educado.

A constatação de que o jogo não acabou, de que o capitalismo "não dá conta de controlar todo o futuro" (Santos, 2002, p. 8) dá um tom mais esperançoso para essas reflexões sobre a questão do consumo e da publicidade, pressupondo que existem caminhos para retrabalhar as regras do fazer publicitário atual. Por outro lado, uma visão mais crítica parece ser premissa obrigatória para analisar as propostas que pregam "uma revolução do consumo pelo consumo".

Tendo como pressuposto a noção de consumo aqui exposta, que tem sua essência na predominância do valor de troca e na apropriação simbólica dos objetos, é que foi estruturado este artigo, que, mais do que uma defesa ou levantamento de pontos positivos da publicidade atual, é uma visão esperançosa, mas não ingênua, do que a publicidade pode ser. Uma publicidade mais cuidadosa e atenta àquilo que escapa a um olhar mais acomodado, àquilo que as pessoas acham normal e que deveria ser diariamente questionado pelos que fazem e vêem publicidade.

A publicidade como fábula – a defesa neoliberal

O neoliberalismo, como já dissemos, acredita no homem como um indivíduo autodeterminado e responsável por si, que exige a liberdade política como uma

---

[4] *Self*: "Em sua acepção como substantivo, designa, de modo geral, aquilo que define a pessoa na sua individualidade" (Doron e Parot, 1998, p. 692).

precondição para a busca de seus próprios valores e felicidade. Embora crítico a essa visão de mundo neoliberal, este artigo parte do pressuposto de que não há uma visão de mundo "verdadeira" ou única. Dessa maneira, levantaremos agora aspectos que, embora ancorados nessa visão de mundo, podem ser apontados efetivamente como positivos, sobretudo no que diz respeito a seu papel econômico e potencial para gerar melhores práticas de consumo. Tais considerações são elencadas com base no livro *Em defesa da propaganda*, de Jerry Kirkpatrick (1997).

O ponto de partida do livro de Kirkpatrick é que a propaganda está injustamente sentada no banco dos réus. O autor parte para a refutação, baseado em uma visão de mundo marcadamente neoliberal, das críticas mais comuns à publicidade: que seria coercitiva, induzindo ao consumismo, e também ofensiva quanto aos valores morais que veicula.

A propaganda não é coercitiva porque obtém o consentimento voluntário do indivíduo para comprar o produto. Desse modo, qualquer tentativa de regulamentar a divulgação de produtos ou serviços seria coercitiva – uso da força, censura –, impedindo as pessoas de exercer seu direito de escolha. Qualquer tentativa de regulamentar a publicidade seria, portanto, uma forma de censura. Essa afirmação, apesar de conceitualmente verdadeira, traz como correlatar a necessária consciência e responsabilidade do publicitário em relação às implicações diretas e indiretas de sua atividade.

Outro aspecto, para esse autor, é que a publicidade pode ser encarada como um acelerador do progresso humano. Trata-se de uma prática que acelera a aceitação (ou rejeição) de produtos, encorajando o desenvolvimento de novos produtos. O direito de cada indivíduo de buscar a própria felicidade, seguindo os mandamentos da razão, e não da paixão, configuraria uma "justificativa moral da propaganda" que "representa a implementação de uma 'ética do egoísmo', a comunicação de um ser racional com outro ser racional, para o benefício egoísta de ambos" (Kirkpatrick, 1997, p. 50).

O autor alega também que publicidade é a produção de consciência do consumidor (1997, p. 132), algo que parece verificável por meio do aumento da conscientização do consumidor, que tem tornado as propagandas cada vez menos enganosas. Vale ressaltar aqui que a publicidade enganosa não é boa publicidade.

A base da boa publicidade é um bom produto, que em um mercado livre leva os vendedores a um nível cada vez mais alto de honestidade.

A defesa econômica da publicidade está calcada no fato de a informação aos consumidores ser um meio de entrada no mercado que aumenta a elasticidade dos preços da demanda da marca anunciada. A publicidade contribuiria, dessa forma, para uma condição crucial da concorrência perfeita: o conhecimento perfeito. Assim, ao reduzir a ignorância do consumidor, reduziria o poder do monopólio. Economicamente a publicidade seria ainda capaz de baixar os preços ao longo do tempo:

> A publicidade cria um mercado maior do que existiria, alcançando muito mais gente do que as vendas pessoais. Esse mercado maior leva a economias de escala além das fronteiras – em distribuição, em transporte e em fabricação –, e os custos mais baixos são passados adiante sob a forma de preços mais baixos. (Kirkpatrick, 1997, p. 175)

Além disso, a publicidade pesada estimularia o corte de preços em nível de varejo, em que competindo pelos mesmos consumidores os varejistas trocam margens de lucro pelo giro do estoque.

Pode ser vista ainda como ferramenta indispensável do empreendedorismo. Assumindo a existência de um mercado livre, um empresário que pratica um marketing sólido, oferecendo produto melhor que o da concorrência, terá entrada e eventualmente crescerá até desafiar os líderes. Pode buscar canais menos dispendiosos de comunicação e, com produto de qualidade, construir um relacionamento sólido e recorrente com os consumidores. A liberdade de concorrência não seria, portanto, violada pela propaganda maciça das empresas líderes. Se a empresa não consegue capital e/ou parceiros suficientes para entrar em determinado mercado, o problema é dela, está "fracassando ao competir". E é livre para procurar um outro mercado, ou nicho de mercado, em que possa ser competitiva.

O autor, fundamentado pelo prisma neoliberal, enfatiza ainda que a publicidade é um meio pelo qual as pessoas têm a oportunidade de buscar uma boa vida, o acesso às melhoras tecnológicas – recurso educacional que proporciona oportunidades de liberdade de escolha e o sinal que guia os homens em direção aos frutos do progresso econômico contínuo.

Vamos concluir com duas afirmações que nos parecem interessantes e servem de ponte para o próximo tópico deste artigo. A primeira é que a publicidade é o sinal de uma sociedade livre, afirmação que reitera o fato, já comentado, de que a persuasão não faz muito sentido numa sociedade autoritária, na qual o convencimento é obtido sobretudo pela força.

A segunda é a percepção do autor sobre o papel decisivo da publicidade na construção da cultura ocidental. Fundamental tanto para aprofundar as críticas quanto para assumir maiores cuidados e responsabilidades na sua realização.

A publicidade diante da perversidade

Este tópico parte da premissa de que a publicidade pode ser muito melhor ao privilegiar uma postura mais crítica, assumindo as responsabilidades sociais, culturais e educativas da atividade. É a proposta de uma mudança de conduta. Não para defendermos um réu confesso, mas para pensarmos juntos se uma outra forma de fazer publicidade é possível. Uma proposta que é, sobretudo, uma análise crítica, vista aqui como ponto de partida para uma nova conduta.

A reflexão crítica parte do exagero enunciado pelo fotógrafo Oliviero Toscani (1996, p. 46-47):

> A publicidade poderia tornar-se a parte lúdica, fantasista ou provocante da imprensa. Poderia explorar todos os domínios da criatividade e do imaginário, do documentário e da reportagem, da ironia e da provocação. Poderia oferecer informações sobre todos os assuntos, servir grandes causas humanistas, revelar artistas, popularizar grandes descobertas, educar o público, ser útil, estar na vanguarda. Que estopim!

Esse fotógrafo e publicitário (não assumido) é considerado por muitos como um dos grandes inimigos da publicidade. Fato facilmente compreendido pelo título de seu livro mais conhecido, que afirma categoricamente: "a publicidade é um cadáver que nos sorri". Fanfarronices à parte, não há como deixar de reconhecer que a crítica de Toscani, dirigida especialmente a uma publicidade edulcorada, que mostra um mundo inexistente cheio de loiras magras, carros que passeiam em estradas vazias, farfalhar de folhas secas e famílias dinamarquesas felizes, tem grande pertinência.

Essa propaganda, que insiste em fórmulas prontas e desgastadas e reforça apenas valores extremamente competitivos, merece todas as críticas. Não dá para se levar a sério, por exemplo, campanhas como a veiculada para uma importante marca de produtos alimentícios cujo locutor pergunta, de maneira completamente absurda, aos felizes protagonistas: Qual é o seu presunto?!

Toscani (1996, p. 25) adverte que os publicitários não refletem sobre o papel social, público e educativo da empresa que lhes confia um orçamento. Questiona, por exemplo, por que grandes empresas de automóveis nunca lançaram campanhas de conscientização contra a embriaguez ao volante e levaram anos ignorando a poluição e destruição da camada de ozônio.

Lembra ainda que, como todos os produtos se parecem, a diferença entre eles poderia ser mostrada pelo engajamento, por uma visão de mundo, por tomadas de posição e pela criatividade, tendo a publicidade, assim, grande potencialidade.

Um rol de propostas que, para Contardo Caligaris (1996, p. 92), não traz nada de novo em termos de idéias, que são, na verdade, um breviário do iluminismo: universalidade do homem, crítica às religiões como fonte de preconceito, pacifismo racionalista, tolerância, fé na razão, mas que não invalida a proposição central:

> O importante talvez não seja escolher entre os estereótipos do consumo ou os clichês iluministas. O que importa é que se tente, pelo menos, demonstrar a possibilidade de a maior expressão de nossa cultura, a publicidade, comunicar algo diferente das mascaradas de felicidade que parecem constituir hoje a razão do Ocidente.

Partiremos agora para a observação da relevância social, cultural e educativa da publicidade, discutindo, respectivamente, o olhar atento diante de práticas hegemônicas, a publicidade como integrante da cultura e o papel educativo da atividade publicitária.

Responsabilidade social – papel anti-hegemônico da publicidade

Como já citado no início deste artigo, a proposta aqui é de um deslocamento da defesa do papel "malévolo" da publicidade como estimuladora do consumo desenfreado. A publicidade foi durante todo o século passado a grande vilã do pensamento de esquerda. As pessoas compravam coisas desnecessárias, ou eram expostas a ofertas que não podiam acessar, diziam. Consumiam produtos maléficos à saúde (fumo, álcool, mais recentemente comidas impróprias, remédios etc.). De certa forma, tudo isso acabou com a queda do Muro e o fim da União Soviética. Esclarecendo: acabou o pensamento predominantemente crítico da esquerda. A sociedade, por sua vez, tem desenvolvido uma série de controles ao consumo.

O olhar crítico deve, então, a nosso ver, deslocar-se para o papel que a publicidade assume como construtora do mundo, por meio da linguagem, das escolhas e representações de pessoas e coisas. Aqui, além da crítica, a proposta é de uma prática publicitária anti-hegemônica, contra qualquer tentativa de dominação autoritária.

Para ilustrar esse aspecto hegemônico que a publicidade pode assumir, temos a pouco comentada tentativa de controle do Estado sobre a mente dos cidadãos com campanhas pró-civismo, ou claramente pró-grupo dominante, ou seja, uma nova dimensão do uso das técnicas publicitárias para moldar o pensamento – algo que requer um olhar muito mais atento. E não se está falando de técnicas pavlovianas soviéticas ou nazistas, mas do uso dessas técnicas em pleno regime democrático.

Chamam atenção o conjunto de campanhas composto pelo Banco do Brasil, Petrobrás e outras estatais, a parada de Sete de Setembro, as cerimônias de abertura dos jogos da seleção brasileira, o recebimento de atletas olímpicos etc., forma de dominação ainda mais perigosa das adotadas pelos sistemas autoritários. Aqui, autoritária é a maneira de comunicar, usando verbas públicas para moldar o público, o que nos remete a McLuhan e a Wittgenstein.

Segundo McLuhan, os meios de comunicação são "extensões do homem", formando um ambiente criado pelo homem que é sua segunda natureza e forma o próprio homem ao moldar seus padrões de percepção do mundo e de si próprio. Para esse autor, que propõe o deslocamento da análise do conteúdo para a análise dos *media*, o mesmo conteúdo, transmitido por meios diferentes, terá efeitos sociais diversos, sendo que os meios podem ser classificados como quentes ou frios, conforme são percebidas e incorporadas as mensagens que veiculam, levando-se em conta a maior ou menor participação do público no ato de perceber a mensagem.

Para McLuhan, "culturas inteiras poderiam ser programadas para manter o seu clima emocional estável" (apud Cohn, 1978, p. 371). Essa é uma técnica de controle social que pode ser relacionada à situação atual, em especial pelo fato de os efeitos dos meios de comunicação só poderem ser controlados pelos proprietários dos próprios *media*. Embora possa ser questionado pela ênfase no impacto irresistível dos *media* sobre os homens, traz a importante contribuição de enxergar os *media* como objetos históricos que, bem compreendidos, podem ser incorporados para fazer frente a uma forma de dominação social dada.

Já Wittgenstein nos ajuda a perceber a linguagem como constituinte do mundo. Sua filosofia pode ser vista como luta permanente contra o "enfeitiçamento da linguagem".

Esse importante filósofo partiu de uma concepção que se identificava com um sistema de princípios formais e universais, observando que, sob a interferência das profundas diferenças culturais, encontraríamos os mesmos fatos "vestidos com diferentes trajes gramaticais" (Toulmin, 1994, p. 21). Considerava que as estruturas subjacentes de realidade e da linguagem seriam isomórficas: "fazemo-nos imagens dos fatos".

Com uma preocupação filosófica centrada na proposição, e não na elocução, até certo ponto de sua trajetória Wittgenstein acreditava que a função principal da linguagem real era "representar" a realidade – representar um fato ou estado de coisas.

Com o caminhar de seus estudos, o lugar principal do "sentido" desloca-se do interior do mundo da experiência pessoal para o interior de um mundo interpessoal de interações públicas. Ele formula então a concepção dos jogos de linguagem, a idéia de que a produção de sentido não ocorre no âmbito privado, mas no âmbito comunitário da experiência pública. Uma valorização das circunstâncias e do auditório, que sempre balizam o discurso dos homens, que encontra continuidade na análise do discurso de linha francesa (utiliza-se a abreviação AD) proposta por Maingueneau (1997), auxilia na compreensão dessa questão ao enxergar o contexto não apenas como um pano de fundo que tem reflexos na elaboração dos discursos, mais sim como parte integrante deles. A AD formula as instâncias de enunciação em termos de "lugares", enfatizando a preeminência e preexistência de uma topografia social na qual os falantes se inscrevem. Segundo esse princípio, "cada um alcança sua identidade a partir e no interior de um sistema de lugares que o ultrapassa" (Maingueneau, 1997, p. 33).

As considerações teóricas podem ser mais bem explicitadas com um ensaio de análise dessa campanha de cunho hegemônico com base na matéria jornalística publicada na revista *Veja*[5] na Semana da Pátria, intitulada "Alguém segura este país?".

A matéria comenta a campanha nacionalista capitaneada pelo governo, campanha da qual, de maneira não declarada, a revista faz parte. Aqui reiteramos que o canal jornalístico de acesso ao público é muito mais eficiente nessa tentativa de moldar consciências, uma vez que o leitor, ou espectador, tem a respeito da informação uma expectativa de verdade factual, sempre reforçada pela imagem de neutralidade que a imprensa constrói. Situação diferente ocorre na publicidade, na qual o público já está com "o pé atrás", sabendo que estão tentando convencê-lo de algo.

O professor Adilson Citelli (2004, p. 5) retrata bem essa construção de imagem de respeitabilidade/credibilidade junto aos leitores com a análise do *slogan* da revista americana *Newsweek,* que se anunciava em cartazes de ponto-de-venda como aquela que não persuadia, mas informava. Era uma tentativa de convencimento acerca do mito da neutralidade jornalística, distanciando-se da persuasão, associada a engodo, enganação, fraude. Vale destacar que, mesmo que a revista espelhasse da maneira mais fiel uma informação não contaminada por interesses vários, não estaria isenta da persuasão, uma vez que o próprio *slogan* remetia à idéia de algo em que o leitor podia confiar plenamente, tentando, portanto, persuadi-lo de que não persuadia.

---

[5] Matéria publicada na revista *Veja*, edição n. 1.870, de 8 de setembro de 2004.

Voltando à matéria, podemos afirmar que ela integra a grande campanha nacionalista, a começar pelo título configurado como um *slogan* publicitário, resgatado dos tempos da ditadura e pinçado de uma fala do presidente da República: "Com essa frase, o presidente Luiz Inácio Lula da Silva encerrou na semana passada uma reunião com dois de seus principais ministros, no Palácio do Planalto". O fato de utilizar uma fala do governo isenta a revista e a coloca num lugar de pretensa neutralidade. Mas a escolha da frase, a edição desta entre muitas que poderiam ser escolhidas, dá o tom ufanista e otimista que a campanha requer. Isso, é claro, dificilmente será admitido, tanto pela editoria da revista quanto por parte do jornalista que redigiu a matéria, que atribuirão a escolha a critérios jornalísticos. Afirmamos, contudo, com convicção, que a escolha do título demonstra que, mais do que retratar o otimismo do governo, esse veículo adere à campanha com uma roupagem pretensamente imparcial, que torna a mensagem ainda mais eficiente.

A matéria relata que, com uma situação econômica estável, de acordo com os critérios do sistema econômico internacional, e a melhora na taxa de popularidade, o governo está aproveitando a situação para dar visibilidade a um apelo ao patriotismo que não era visto desde os tempos do regime militar.

Um momento alto da campanha nacionalista seria encenado na semana em que o Brasil comemora 182 anos de independência, incluindo a ampliação das arquibancadas do desfile militar, maciça decoração das ruas e enfática recepção dos atletas brasileiros que obtiveram medalha nas Olimpíadas de Atenas. Aqui a matéria adere novamente à campanha, dizendo "que o país conseguiu seu melhor desempenho com dez medalhas, das quais quatro de ouro". "Recorde" que pode ser relativizado sem grande esforço de pesquisa, uma vez que foi obtido com a maior delegação já enviada e coloca o Brasil em situação pouco significativa em relação a outros países com a mesma dimensão.

Aborda ainda o fato de o ministro da Secretaria de Comunicação, um dos ideólogos da valorização dos símbolos da pátria, ter despachado 2 mil cartas a empresas de todo o país pedindo que se empenhassem em popularizar o Sete de Setembro, acrescentando sugestões de como as empresas poderiam marcar a data: distribuição de brindes, como camisetas, adesivos e bandeiras ou, no caso de prestadores de serviço, lançamento de promoções de tarifas na Semana da Pátria.

Na seqüência, a isenção da matéria é reforçada por um tom veladamente crítico, que associa as ações à ditadura ao comentar os elogios feitos à campanha pelo coronel reformado Octávio Costa, coordenador das campanhas patrióticas lançadas no governo Emílio Médici (1969-1974), nas quais se popularizou o *slogan* "Brasil, ame-o ou deixe-o" e a música *Pra frente, Brasil*.

A matéria faz uma reflexão sobre a necessidade de uso moderado desses expedientes de propaganda, afirmando que, a partir de certo ponto, essas campanhas podem soar como manipulação ou intimidação, citando o presidente americano George W. Bush, que "passou dos limites" ao pregar que quem não estivesse a favor da guerra ao terrorismo estaria contra os Estados Unidos, e Hermann Goering, chefe do partido nazista, que sustentava que o povo em qualquer regime poderia ser facilmente submetido à vontade de seus líderes.

Busca-se então respaldo científico ao incorporar as palavras de um cientista político, de renomada universidade brasileira, dizendo que a legítima intenção do atual governo é levantar a auto-estima da população. Aqui novamente quem fala não é a revista, mas uma espécie de porta-voz. Não queremos dizer com isso que o pesquisador não seja isento e não esteja expressando sua opinião, porém que a escolha deste, e não de outro pesquisador mais crítico às propostas do governo, é feita pela revista, que indica, desse modo, sua inclinação favorável à campanha ao selecionar as falas e construir a intenção do discurso. Tal intenção procura se tornar invisível ao incluir discursos que legitimem determinado ponto de vista, defendido, de maneira não assumida, pela revista.

É citada ainda a adesão de empresários à onda de patriotismo do governo, com a veiculação, pela Associação Brasileira de Anunciantes (ABA), desde julho de 2004, da campanha "O melhor do Brasil é o brasileiro" no rádio e na televisão, cujo objetivo é resgatar a auto-estima do brasileiro. É sugerido, com base em suspeitas da oposição (novamente a revista assume um tom crítico que a isenta de participação), que haja uma disfarçada propaganda oficial estimulada pela coincidência de interesses. A campanha desenvolvida baseada em pesquisas que mostravam que o brasileiro é o povo com a mais baixa auto-estima da América Latina teve seus primeiros comerciais veiculados gratuitamente com o bordão "o brasileiro não desiste nunca", contando com o jogador Ronaldo e o cantor Herbert Vianna como estrelas, exemplos de como o brasileiro é capaz de grandes viradas na trajetória trágica de suas vidas. Tem também como personagem um pedagogo que foi menino de rua e fugiu 120 vezes da Febem, uma pessoa comum que, contra todas as adversidades, conseguiu vencer.

Para concluir, podemos observar ainda que a propaganda do governo incorpora a visão de mundo neoliberal, ao centrar no indivíduo, e não no sistema, toda a responsabilidade pelo sucesso.

Responsabilidade criativa – papel cultural da publicidade

No tópico anterior enfocou-se um dos aspectos menos percebidos da responsabilidade social, esta que tem sido assumida de maneira ainda bastante incompleta, sobretudo pelo fato de práticas hegemônicas da publicidade não ficarem circunscritas a campanhas governamentais. A publicidade tem sido também pouco cuidadosa no que diz respeito à diversidade de personagens ou ainda à maneira como esses personagens são retratados. Podemos citar o japonês tintureiro; a doméstica nordestina, o porteiro que fala errado, o negro associado a alimentos à base de chocolate e uma grande lista de formas de tratamento preconceituosas, caricatas e desrespeitosas que a publicidade insiste em utilizar. Isso para ficarmos só no que é mais explícito.

A esse papel social ainda mal praticado, acrescentamos a responsabilidade criativa. Quando o publicitário Washington Olivetto diz que faz cultura pop, ele, além de valorizar o trabalho de sua agência, indica um fato inegável: a publicidade é hoje componente relevante da cultura do cidadão médio. Campanhas publicitárias compõem nosso imaginário coletivo, um universo rico em significados culturais.

O professor Rafael Denis (2000, p. 28) lembra que uma informação histórica, como, por exemplo, o fato de a produção industrial do Brasil ter crescido 50% entre 1929 e 1937, é relevante, mas também uma informação árida para a maioria dos leitores, e que fala pouco sobre como era a sociedade desse período. Já a frase "Nos climas tropicais, o Polvilho Anti-séptico Granado é o grande amigo da pele do bebê!", acompanhada da imagem de uma criança debaixo do chuveiro, rica em referências e conotações, diz muito mais do Brasil urbano então em formação: preocupação extremada com a higiene diante das ameaças percebidas do calor tropical, a valorização da criança e da família como fator de manipulação sentimental e comercial. Uma memória afetiva ligada a pessoas, lugares e coisas que amamos.

Para Moles (1987), na sua acepção mais ampla o termo *cultura* significa o conjunto global de hábitos humanos de vida e convivência que define um certo agrupamento de indivíduos articulados o suficiente para compor uma estrutura social com características próprias. Hoje a publicidade é parte inegável desse entorno cultural, como manifestação artística, ao lado do *design* industrial, da arquitetura e das formas atuais de moda, música e dança, todas igualmente componentes da "concha de objetos e serviços de que o homem se rodeia".

Recorremos ainda a Walter Benjamim, citado por Piratininga (1994, p. 73), para estabelecer a aproximação entre arte e publicidade e, como conseqüência, entre publicidade e cultura. Para ele:

> toda forma de arte acabada encontra-se no cruzamento de três linhas evolutivas. Em primeiro lugar elabora a técnica que lhe convém [...] em segundo lugar, elabora as formas de arte tradicionais, nos diversos níveis de seu desenvolvimento, com o objetivo de aplicá-la aos efeitos que visará, em seguida, a obter, mediante a nova forma de arte. [...] Em terceiro lugar, toda forma de arte prepara, sob uma forma com freqüência invisível, modificações sociais, na medida em que altera os modos de recepção para adaptá-los às novas formas de arte.

Assim também acontece com a publicidade, que elabora ou se apropria das técnicas que mais lhe convêm, entrelaça formas tradicionais de arte com as que lhe são características (em função dos seus próprios *media*) e prepara novas condições de existência dos consumidores que a recebem e que, por ela, têm alteradas sua visão de mundo, suas expectativas e seu comportamento pessoal, interpessoal ou grupal.

Sem entrar na discussão a respeito de que arte sob encomenda não seria arte, o que por sinal desqualificaria toda a pintura do teto da Capela Sistina, encomendada pela igreja a Michelangelo, a aproximação entre arte e publicidade significa, antes de mais nada, tornar a publicidade menos tecnicista e mais humanizada, como acreditamos que ela deva ser.

Para concluir a reflexão sobre o papel cultural da publicidade, lembramos que grandes campanhas publicitárias têm sido marcadas pela sua capacidade de gerar comunicação boca a boca por meio de bordões que são incorporados pela linguagem popular. Dizer que a publicidade hoje "não é assiiim... uma Brastemp", por exemplo, é uma frase perfeitamente compreensível para a maioria dos leitores deste livro (para quem faz parte da minoria, a frase refere-se à comparação entre a marca citada e os concorrentes, que não seriam tão bons quanto ela).

Portanto, em vez de apenas criticar o empobrecimento cultural causado por uma publicidade escassa de idéias e opções, um bom caminho seria assumir essa participação cultural e, efetivamente, oferecer mais opções ao público. Correr o risco da não-aceitação (que faz a maioria das empresas insistir nas fórmulas consagradas) parece aqui valer a pena, em vista dos benefícios obtidos no caso de uma boa acolhida por parte do público.

Proposta endossada pelo publicitário Júlio Ribeiro (1998, p. 47) da seguinte forma: "O medo de ousar, de ser agressivo ou inovar fechou muito mais empresas do que a ousadia". Segundo ele, o medo de errar, que leva as empresas muitas vezes a seguir fórmulas prontas e desgastadas, acaba gerando "anúncios insípidos, inodoros e incolores a cujos apelos o consumidor reage da mesma forma. Ou melhor, não reage" (p. 48). Ainda segundo esse autor, as empresas normalmente conseguem medir os estragos feitos por uma campanha publicitária criativa equivocada, mas é bem difícil mensurar os prejuízos e perigos decorrentes de visões limitadas, pouco audaciosas e, portanto, consideradas mais seguras. Para Ribeiro, em propaganda quase sempre o seguro absoluto é arriscado.

A responsabilidade cultural da publicidade, capaz de torná-la muito mais motivadora para quem faz e interessante para quem vê ou ouve, é, desse modo, uma necessidade cultural e mercadológica. Um trabalho que passa pela criatividade e pelo risco, mas que se justifica pelo aumento do impacto da mensagem e pela ampliação do repertório da população.

Valores veiculados – papel educativo da publicidade

Aqui partimos do conceito de educação não compreendida como redentora ou corretiva em relação ao consumo na sociedade capitalista, assim como do consumo não entendido como corruptor da educação, mas vistos como elementos constituintes e indissociáveis da dinâmica social atual.

Assumir o papel educativo representa, portanto, estar atento aos valores que são veiculados junto às mensagens comerciais, papel confirmado por Calligaris (1996, p. 89) ao colocar os estereótipos imaginários da publicidade como o *a priori* de nossa subjetividade:

> Se o gasto publicitário é maior em nossa cultura do que o gasto com educação pública [...] antes de se indignar, precisa-se reconhecer que a publicidade é hoje mais formadora de nossa subjetividade do que o ensino escolar. Ela é a maior expressão de nossa época, quantitativamente pelos investimentos que mobiliza, e, qualitativamente, por ser seu protótipo cultural, pois o consenso da razão contemporânea parece ser feito de imagens de sonho que nos convidam: sejam como nós, imagens publicitárias.

O trecho anterior fala de um papel formador, abordado por Brandão (1995, p. 7-12), que coloca a educação como fração do modo de vida de uma sociedade ou grupo. A educação assume, assim, uma forma difusa, da família à comunidade, em todos os mundos sociais e nas variadas práticas do aprender.

Reflexões que confirmam esse papel surgiram também em estudos do Núcleo de Estudos em Arte, Mídia e Política da PUC de São Paulo. Por meio da análise da publicidade televisiva dirigida ao público adolescente, Souza (2000) reforça a noção de que, colado ao objetivo explícito de venda, encontra-se o objetivo implícito de transmissão de valores, por intermédio do qual fluiria a ação pedagógica.

Cabe à publicidade o desafio de escolher caminhos criativos capazes de obter impacto comunicacional e ao mesmo tempo serem cuidadosos quanto aos valores que estão sendo veiculados.

Por outro lado, a publicidade, no contexto de uma educação lúdica – defendida entre outros por Read (1986), que propõe uma "educação nas coisas", no ver e fazer coisas –, pode oferecer novos caminhos para a transmissão de valores considerados positivos. Benjamin (1984, p. 75) é outro autor que defende o lúdico. Para ele, o jogo e a brincadeira dão luz ao hábito.

Outra das facetas do trabalho de educação, colocada por Read (1986), seria "introduzir valores e estímulos na vida diária e nas atividades das pessoas comuns", o que permite, por sua vez, entrever uma possível "nova visão" da publicidade, que incluiria, além dos objetivos de mercado, uma outra dimensão: a do entretenimento. Essa dimensão seria responsável por acrescentar à vida das pessoas algo de emocionante, engraçado, que porte, enfim, a capacidade de tirar o público da neutralidade. Essa nova publicidade carrega, contudo, pelo menos dois conflitos que, se resolvidos, poderiam indicar pistas de como conferir novas características ao processo de consumo: ao fazer as pessoas pensarem, elas podem, por exemplo, decidir por outros produtos, diferentes do anunciado, eliminando o interesse do anunciante na realização da comunicação; a ação da propaganda procura gerar somente o entretenimento passivo, que impede o público de mudar de canal, por exemplo, assim como provocar ações calculadas pelo anunciante, e não livres e imprevisíveis.

Embora os conflitos anteriormente abordados continuem sem resposta, as técnicas propostas por Read indicam, de qualquer maneira, caminhos para a análise do que é feito ou poderá ser feito em publicidade, utilizando o aspecto lúdico e a interação sensorial.

A publicidade como possibilidade

O contexto atual parece figurar-se pela valorização do "fazer", colocado sempre em oposição imediata com o "pensar sobre o fazer". Embalados pelo senso comum segundo o qual "criticar é fácil, o difícil é fazer", somos impelidos a fazer sem parar para pensar, implicando a naturalização de nossa realidade e o distanciamento cada vez maior de uma postura crítica.

Esse texto, transcrito do *folder* de um evento voltado para a reflexão acerca do papel do psicólogo, ocorrido no Instituto de Psicologia da USP, aborda perfeitamente a maior intenção deste artigo: incentivar a prática da reflexão. O termo *reflexão* traz na palavra de origem – *reflexione* – a idéia de voltar-se, virar-se e olhar para o que foi feito. Voltar-se para si mesmo e para suas práticas, a fim de examinar o seu próprio conteúdo por meio do entendimento, da compreensão. Não é, contudo, uma parada para contemplação, e sim uma observação permanente, que alia o fazer e o pensar sobre o que se faz.

Esperando ter cumprido essa missão, concluímos o artigo com a proposição que lhe dá título: a publicidade como possibilidade. Não uma, mas várias possibilidades que já foram elencadas nos tópicos anteriores ou que possam ter surgido com base em conceitos e considerações apresentados.

E o fazemos não para cumprir a proposta inicial de levantar aspectos positivos da publicidade, mas por acreditarmos, assim como Milton Santos (2003), que uma outra publicidade é possível, por meio da percepção dos papéis culturais e educacionais da publicidade e do combate a fórmulas publicitárias prontas. Uma prática marcada pela resistência a conceitos naturalizados e pelo questionamento do que é "normal", buscando entender melhor o que acontece para, a partir daí, operar com mais consciência em relação à condição social e histórica que nos cerca.

Dessa maneira, valorizar a publicidade e o publicitário não significa, a nosso ver, defendê-los das críticas. Valorizar a publicidade é assumir o seu papel na sociedade de consumo, encarando a atividade publicitária não como boa ou má, como perniciosa ou benéfica, mas como mais ou menos adequada em função de suas bases, a fim de que possamos operar com mais consciência diante dos seus envolvimentos e suas implicações. Opinando menos e conhecendo mais.

Bibliografia

BAUDRILLARD, J. *O sistema dos objetos*. São Paulo: Perspectiva, 1997.

BENJAMIN, W. *Reflexões: a criança, o brinquedo, a educação*. São Paulo: Summus, 1984.

BOSI, E. Entre a opinião e o estereótipo. São Paulo: *Novos Estudos Cebrap*, n. 32, p. 111-118, mar. 1992.

BRANDÃO, C. R. *O que é educação?* São Paulo: Brasiliense, 1995.

CALLIGARIS, C. *Crônicas do individualismo cotidiano*. São Paulo: Ática, 1996.

CALLIGARIS, C. O segredo da acumulação primitiva neoliberal. *Folha de S.Paulo*, São Paulo, 26 abr. 2001. Ilustrada, p. E8.

CITELLI, A. *Linguagem e persuasão*. São Paulo: Ática, 2004.

COHN, G. O meio é mensagem: análise de McLuhan. In: COHN, G. (org.). *Comunicação e indústria cultural*. São Paulo: Nacional, 1978.

DENIS, R. C. Marcas de uma cultura. In: ACCIOLY, A. et al. *Marcas de valor no mercado brasileiro*. Rio de Janeiro: Senac, 2000. p. 26.

DORON, R.; PAROT, F. *Dicionário de Psicologia*. Trad. de O. S. Leme. São Paulo: Ática, 1998. p. 692.

GENTILI, P. *A falsificação do consenso – simulacro e imposição na reforma educacional do neoliberalismo*. Petrópolis/Rio de Janeiro: Vozes, 1998.

KIRKPATRICK, J. *Em defesa da propaganda – argumentos a partir da razão, do egoísmo ético e do capitalismo* laissez-faire. São Paulo: Geração Editorial, 1997.

MAINGUENEAU, D. *Novas tendências em análise do discurso*. Campinas: Unicamp; São Paulo: Pontes, 1997.

MOLES, A. *O cartaz*. São Paulo: Perspectiva, 1987.

NOVO *Dicionário Aurélio da Língua Portuguesa*. 2. ed. Rio de Janeiro: Nova Fronteira, 1986.

PIRATININGA, L. C. *Publicidade: arte ou artifício?* São Paulo: T. A. Queiroz, 1994.

READ, H. *A redenção do robô*. São Paulo: Summus, 1986.

RIBEIRO, J. *Fazer acontecer*. São Paulo: Cultura Editores Associados, 1998.

SANTOS, L. G. Consumindo o futuro. *Folha de S.Paulo*. Mais!, São Paulo, 27 fev. 2002. p. 6-8.

SANTOS, M. *Por uma outra globalização*. Rio de Janeiro: Record, 2003.

SOUZA, L. C. C. F. Educação e publicidade. *São Paulo em perspectiva*. São Paulo: *Revista da Fundação Seade*, v. 14, n. 2, p. 23-43, abr./jun. 2000.

TOSCANI, O. *A publicidade é um cadáver que nos sorri*. Rio de Janeiro: Ediouro, 1996.

TOULMIN, S. Racionalidade e razoabilidade. In: CARRILHO, M. M. (coord.). *Retórica e comunicação*. Lisboa: Asa, 1994. p. 19-30.

# 7

A publicidade e a cultura contemporânea: uma visão crítica

Cláudio Novaes Pinto Coelho*

A publicidade ocupa um lugar central na cultura contemporânea. Se entendermos por cultura tudo o que é criado pelos seres humanos, podemos perceber que a presença das manifestações publicitárias na cultura do homem contemporâneo é cada vez maior. A publicidade está presente não só nos meios de comunicação propriamente ditos (jornal, revista, cinema, rádio, tevê, Internet, *outdoor*), mas em outros equipamentos e veículos, que se transformam em meios de comunicação para divulgar mensagens publicitárias, como pontos de ônibus, os próprios ônibus, táxis, trens de metrô etc. Essa presença é tão marcante que começam a surgir movimentos sociais contrários à ocupação publicitária dos espaços públicos. Conforme noticia o jornal *Le Monde Diplomatique* (maio de 2004, p. 3), militantes de um movimento intitulado "Stopub" protestaram contra a existência de peças publicitárias nas estações de metrô de Paris; cerca de 300 pessoas foram presas pela polícia.

O lugar ocupado pela publicidade é conseqüência do desenvolvimento do capitalismo. O traço distintivo desse modo de vida social é a tendência pa-

*Professor da Faculdade Cásper Líbero.

ra a transformação de todas as relações sociais em relações mercantis (compra e venda de bens e serviços): o crescimento das manifestações publicitárias acompanha essa tendência. O contexto social contemporâneo, marcado pela hegemonia do neoliberalismo, pode ser considerado como um momento de concretização plena da lógica mercantil capitalista. A privatização (total ou parcial) de serviços públicos, como a saúde, a educação, a comunicação social, o transporte coletivo, a telefonia, a eletricidade, o gás encanado etc., é um componente essencial do neoliberalismo e contribui de maneira decisiva para a expansão das mensagens publicitárias, como se pode perceber, por exemplo, pela proliferação de peças publicitárias de instituições privadas de ensino superior e de serviços de telefonia móvel.

A expansão publicitária é uma conseqüência, portanto, do esvaziamento da dimensão pública da vida social, da transformação do cidadão em consumidor, o que dá origem, por exemplo, à construção de um shopping center no interior de uma estação de metrô, como aconteceu na cidade de São Paulo: para que o shopping fosse construído houve a desativação de um terminal de ônibus que existia no local.

A disseminação social da publicidade, sua presença em espaços como consultórios médicos, salas de museus e corredores de universidades, faz com que seja possível a caracterização da cultura contemporânea como uma cultura publicitária. A lógica da cultura publicitária é uma lógica individualista, conforme aponta, entre outros, o pensador francês Jean Baudrillard (1989), no livro *O sistema dos objetos*. Cada peça publicitária é, na verdade, um elemento do sistema publicitário (o conjunto das mensagens publicitárias). Se uma peça publicitária é sempre uma mensagem voltada para a venda de um produto ou serviço, ela é simultaneamente uma mensagem que divulga, junto com todas as outras peças, a ideologia (visão de mundo) da sociedade capitalista de consumo, que se apresenta como uma sociedade que existe para satisfazer as necessidades *individuais* dos seus membros.

Conforme, ainda, Baudrillard (1989, p. 175-177), a ideologia capitalista presente no sistema publicitário possui um componente "maternal":

> Os que negam o poder de condicionamento da publicidade (dos *mass media* em geral) não apreenderam a lógica particular de sua eficácia. Não

mais se trata de uma lógica do enunciado e da prova, mas sim de uma lógica da fábula e da adesão. [...] Nem o discurso retórico, nem mesmo o discurso informativo sobre as virtudes do produto têm efeito decisivo sobre o comprador. O indivíduo é sensível à temática latente de proteção e de gratificação, ao cuidado que "se" tem de solicitá-lo e persuadi-lo, ao signo, ilegível à consciência, de em alguma parte existir alguma instância (no caso, social, mas que remete diretamente à imagem da mãe) que aceita informá-lo sobre seus próprios desejos, preveni-los e racionalizá-los a seus próprios olhos. Portanto ele não "acredita" na publicidade mais do que a criança no Papai Noel. O que não o impede de aderir da mesma forma a uma situação infantil interiorizada e de se comportar de acordo com ela. Daí a eficácia bem real da publicidade, segundo uma lógica que, apesar de não ser a do condicionamento-reflexo, não é menos rigorosa: lógica da crença e da regressão.

Na cultura publicitária a relação entre a sociedade e o indivíduo é marcada pela *dependência*. O indivíduo regride à condição infantil de um ser que precisa ser cuidado e protegido, incapaz de definir quais são os seus desejos e de buscar por conta própria a sua satisfação. A dependência, traço marcante da cultura contemporânea, é, ao mesmo tempo, material e psicológica. Na sociedade capitalista, os indivíduos são, em sua maioria, desprovidos dos recursos (meios de produção) capazes de garantir a sua subsistência; dependem materialmente dos proprietários dos meios de produção (empresários). Na condição de trabalhadores, dependem da oferta de postos de trabalho por parte dos empresários, e na condição de consumidores, dependem da oferta de bens de consumo.

A dupla dimensão da dependência, material e psicológica, não está presente apenas na relação entre os consumidores e os empresários; manifesta-se, também, na relação trabalhadores/empresários. A sociedade capitalista surgiu como conseqüência de um processo de expropriação dos meios de produção dos trabalhadores. A expulsão dos trabalhadores da zona rural significou a perda da posse da terra, que lhes permitia condições mínimas de sobrevivência e algum grau de controle sobre o processo de produção. Integrados ao processo de produção fabril, os trabalhadores perderam o controle do processo de produção e passaram a depender das instâncias técnicas e administrativas, que agem de acordo com as determinações dos diretores e proprietários das empresas e dizem aos trabalhadores o que eles devem fazer e de que maneira devem se comportar.

Com a perda dos meios de produção, os trabalhadores perderam o reconhecimento do seu saber. O historiador norte-americano Christopher Lasch (1986, p. 19-21), no livro *O mínimo eu*, argumenta que há uma articulação entre a dependência psicológica do consumidor e a dependência psicológica do trabalhador:

> Em vez de pensar no consumo como a antítese do trabalho, como se as duas atividades exigissem qualidades mentais e emocionais completamente diferentes, devemos vê-los como dois aspectos de um mesmo processo. Os arranjos sociais que sustentam um sistema de produção em massa e consumo de massa tendem a desencorajar a iniciativa e a autoconfiança e a incentivar a dependência e o estado de espírito do espectador, tanto no trabalho como no lazer. O consumismo é apenas a outra faceta da degradação do trabalho – a eliminação da diversão e da habilidade artesanal do processo de produção. [...] Sob o lema da gestão científica, os capitalistas expropriaram o conhecimento técnico anteriormente exercido pelos trabalhadores, reformularam-no em ciência e investiram em seu controle uma nova elite gerencial. Os gerentes estenderam o seu poder, não à custa dos proprietários das indústrias, como tantas vezes se afirmou, mas à custa dos trabalhadores. [...] Só se podem apreender os efeitos psicológicos do consumismo quando o consumo é entendido como uma outra fase da rotina do trabalho industrial. O exercício repetido da autovigilância constrangida, da submissão ao julgamento dos especialistas, da descrença em sua própria capacidade de tomar decisões inteligentes, seja como produtores seja como consumidores, falseia as percepções das pessoas tanto em relação a elas mesmas como ao mundo que as rodeia.

A situação de dependência (material e psicológica) que envolve tanto o trabalhador como o consumidor implica esvaziamento da autodeterminação dos indivíduos: o individualismo que marca a cultura contemporânea (publicitária) é uma *falsa* valorização do indivíduo. De acordo com Lasch (1986, p. 21):

> Seja como trabalhador ou como consumidor, o indivíduo não apenas aprende a avaliar-se face aos outros mas a ver a si próprio através dos olhos alheios; aprende que a auto-imagem projetada conta mais que a experiência e as habilidades adquiridas. Uma vez que será julgado (por seus colegas e superiores no trabalho e pelos estranhos que encontra na rua) em virtude de suas posses, suas roupas e sua "personalidade" – e não como ocorria no século XIX, por seu "caráter" – ele adota uma visão teatral de sua *performance*, estando ou não em atividade.

O indivíduo dependente precisa vender a sua força de trabalho e comprar os bens necessários à sua sobrevivência; ele deve vender a imagem de um trabalhador que corresponde às necessidades da empresa, ao mesmo tempo que adquire produtos que correspondem à imagem que ele quer (precisa) transmitir. Nas relações sociais que o indivíduo estabelece como trabalhador, assim como nas que estabelece como consumidor, há a presença das imagens, componente essencial da cultura publicitária:

> As condições do relacionamento social cotidiano, nas sociedades que se baseiam na produção em massa e no consumo de massa, estimulam uma atenção sem precedentes nas imagens e impressões superficiais, a um ponto em que o eu torna-se quase indistinguível de sua superfície. A individualidade e a identidade pessoal tornam-se problemáticas em tais sociedades, como se pode facilmente perceber pela efusão de comentários psiquiátricos e sociológicos sobre esses temas. Quando as pessoas reclamam por se sentirem inautênticas ou se rebelam contra o "desempenho de papéis", dão testemunho da pressão predominante no sentido de que se vejam com os olhos dos outros e moldem o eu como mais uma mercadoria disponível para o consumo no mercado aberto. (Lasch, 1986, p. 21-22)

Na cultura publicitária, até a identidade transformou-se em mercadoria: os indivíduos precisam assimilar a lógica publicitária e enxergar a si próprios como produtos. Se na contemporaneidade o capitalismo atingiu seu grau máximo de desenvolvimento, a publicidade encontra-se em toda parte. Cada um de nós deve administrar a si próprio como se fosse uma marca, como sugere o título da revista da Editora Abril: *Você S.A.*

O individualismo neoliberal da cultura publicitária modifica a identidade do trabalhador. Se há na cultura contemporânea um componente regressivo do ponto de vista psicológico ("infantilização" do indivíduo), este componente possui, também, dimensões sociais e políticas. De acordo com a ideologia neoliberal, o trabalhador não faz parte de um grupo social portador de direitos e deveres definidos coletivamente; ele é apenas um indivíduo. Houve uma regressão da identidade do trabalhador, que deixou de ser definida pelos próprios trabalhadores como grupo (classe social) que se autodefine em contraponto à identidade dos empresários. O trabalhador passa a ser visto, e a se ver, dentro da relação de dependência perante a empresa, como um "parceiro", um "colaborador", um "cliente interno", de cujas necessidades a empresa (representante da sociedade capitalista "maternal") cuida, assim como cuida dos seus "clientes externos".

O neoliberalismo representa uma regressão se comparado à fase anterior da sociedade capitalista marcada (particularmente nos países capitalistas centrais) pela ideologia socialdemocrata. No período socialdemocrata, o Estado fazia uma mediação entre os empresários e os trabalhadores, legitimando e conferindo uma dimensão pública às disputas entre essas classes sociais antagônicas. Fiel ao caráter politicamente reformista da socialdemocracia, o Estado procurava maneiras de conciliar os interesses de empresários e trabalhadores. De todo modo, os trabalhadores eram vistos como portadores de direitos sociais: saúde, educação, previdência, transporte, seguro-desemprego etc. O neoliberalismo investe contra esses direitos, procurando direcionar a ação do Estado apenas para os interesses empresariais. Segundo a perspectiva neoliberal, os trabalhadores deixam de ser possuidores de direitos reconhecidos publicamente; estes se transformam em bens e serviços a serem adquiridos no "mercado" pelo trabalhador-consumidor.

A redução do trabalhador à situação de consumidor está presente, inclusive, na atuação dos sindicatos e centrais sindicais (instituições fundamentais do período socialdemocrata), que abandonam, cada vez mais, o seu caráter de movimento social e se relacionam com os trabalhadores na situação de indivíduos consumidores, assimilando, assim, a lógica publicitária. O principal exemplo da assimilação dos sindicatos pela cultura publicitária é a transformação das comemorações do Primeiro de Maio em shows, com a apresentação de "artistas de sucesso" e o sorteio de prêmios.

Os "shows de Primeiro de Maio" são, conforme matéria da *Folha de S.Paulo*, edição de 28 de abril de 2004, p. B6, patrocinados por grandes empresas nacionais e multinacionais. A dependência material e psicológica dos trabalhadores diante dos empresários transforma-se, desse modo, em dependência *política*. Essa dependência está evidenciada na atual situação política brasileira, na qual o autodenominado Partido dos Trabalhadores governa favorecendo os interesses capitalistas e atacando os direitos dos trabalhadores (previdência social, salário mínimo etc.).

A participação dos trabalhadores nos "shows de Primeiro de Maio" enquadra-se no tipo de participação incentivado pela cultura publicitária: a participação em um espetáculo. Não se trata de uma participação efetiva; os trabalhadores perderam a condição de sujeitos da comemoração do seu "dia" (data emblemática da luta pela conquista de direitos); participam como espectadores, isto é, como indivíduos que consomem as apresentações de "artistas" com os quais se identificam, cuja imagem procuram copiar, almejando a condição social alcançada por eles. O sorteio de prêmios indica claramente que a melhoria das condições de vida deve ser buscada individualmente, conforme o exemplo de vida dos "artistas". O Primeiro de Maio deixou de ser um evento coletivo, passando a ser um evento que conta com a presença de uma multidão; trata-se de mais um exemplo da privatização da dimensão pública produzida pelo neoliberalismo.

A incorporação do sindicalismo à cultura publicitária faz parte do processo de transformação da vida política em espetáculo. Cada vez mais a lógica publicitária faz-se presente nas campanhas eleitorais e nas práticas governamentais. Durante as campanhas, os candidatos (em especial os que concorrem a cargos majoritários) apresentam-se como capazes de satisfazer às necessidades dos eleitores. O eleitor deixa de ser tratado como cidadão (participante ativo dos destinos de uma comunidade) para ser considerado como consumidor (indivíduo incapaz de satisfazer suas próprias necessidades).

A relação governantes/governados tende a assumir as mesmas características: a publicidade passa a ser o elo principal entre candidatos e eleitores e entre governantes e governados. O papel desempenhado pelos "especialistas" em marketing político, contratados a peso de ouro, e o crescimento dos gastos governamentais em publicidade (mesmo em um contexto de recessão econômica e contenção de despesas públicas, conforme o receituário neoliberal) mostram claramente a dimensão política da cultura publicitária.

A incorporação da vida política à cultura publicitária significa que a lógica mercantil passou a determinar também a vida política; as empresas são vistas como modelos a serem seguidos pelos governos: os padrões de administração empresarial são considerados como símbolos máximos da eficiência administrativa, devendo ser copiados pelos governantes. Já faz parte do senso comum o entendimento de que um bom governante deve ter as qualidades de um "bom gerente". Reproduz-se, assim, na vida política a expropriação do saber já existente no interior das empresas.

Desqualificado como trabalhador e consumidor, também como cidadão o indivíduo é visto como alguém desprovido de saber, sendo considerado incapaz de participar decisivamente das decisões governamentais: as próprias lideranças políticas eleitas pela população muitas vezes são encaradas como destituídas de conhecimento "técnico" necessário para "administrar" bem. O papel desempenhado pelos ministros da Fazenda ilustra bem o triunfo da mentalidade "gerencial" e sua subordinação à lógica empresarial. Como intérpretes da "vontade do mercado", tornam-se os verdadeiros dirigentes do país.

Na cultura publicitária, os empresários (por intermédio dos porta-vozes: lideranças das suas associações, consultores econômicos, assessorias de imprensa das empresas, jornalistas econômicos etc.) são os principais produtores de ideologia, exercendo hegemonia sobre a sociedade, ou seja, no período neoliberal, as idéias que predominam socialmente são encaradas como verdades pela maioria da população; são idéias que se originam do universo empresarial.

A dependência material e psicológica da população diante dos empresários é também uma dependência *ideológica*.

Esse tipo de dependência é inseparável da atuação dos meios de comunicação de massa, os principais veículos da cultura publicitária. Em meados do século passado, os pensadores alemães Adorno e Horkheimer (1985) já apontavam a presença da lógica mercantil nas práticas comunicacionais, chamando a atenção para a constituição de conglomerados empresariais atuantes nas diferentes áreas da produção cultural (cinema, rádio, jornais, revistas, mercado editorial etc.). A mesma lógica industrial, da produção de bens em massa voltados para o consumo de massa, passou a manifestar-se também nos veículos de comunicação, que receberam a denominação *indústria cultural*.

A transformação dos bens culturais em mercadorias contribuiu decisivamente para a disseminação da lógica publicitária. Segundo Adorno e Horkheimer (1985, p. 152-153), a publicidade faz parte da linguagem da indústria cultural: a relação entre a publicidade e a indústria cultural não se resume apenas à veiculação de peças publicitárias; ela existe também nos próprios produtos da indústria cultural:

> Na medida em que a pressão do sistema obrigou todo produto a utilizar a técnica da publicidade, esta invadiu o idioma, o "estilo" da indústria cultural. [...] Nas mais importantes revistas norte-americanas, *Life* e *Fortune*, o olhar fugidio mal pode distinguir o texto e a imagem publicitários do texto e imagem da parte redacional. Assim, por exemplo, redacional é a reportagem ilustrada, que descreve entusiástica e gratuitamente os hábitos e os cuidados com o corpo de uma personalidade em evidência e que serve para granjear-lhe novos fãs, enquanto as páginas publicitárias se apóiam em fotos e indicações tão objetivas e realistas que elas representam o ideal da informação que a parte redacional ainda se esforça por atingir. Cada filme é um *trailer* do filme seguinte, que promete reunir mais uma vez sob o mesmo sol exótico o mesmo par de heróis; o retardatário não sabe se está assistindo ao *trailer* ou ao filme mesmo. O caráter de montagem da indústria cultural, a fabricação sintética e dirigida de seus produtos, que é industrial não apenas no estúdio cinematográfico,

mas também (pelo menos virtualmente) na compilação das biografias baratas, romances-reportagem e canções de sucesso, já estão adaptados de antemão à publicidade: na medida em que cada elemento se torna separável, fungível e também tecnicamente alienado à totalidade significativa, ele se presta a finalidades exteriores à obra. O efeito, o truque, cada desempenho isolado e repetível foram sempre cúmplices da exibição de mercadorias para fins publicitários, e atualmente todo *close* de uma atriz de cinema serve de publicidade de seu nome, todo sucesso tornou-se um *plug* (uma recomendação) de sua melodia. Tanto técnica quanto economicamente, a publicidade e a indústria cultural se confundem.

A impossibilidade de distinguir a indústria cultural e a publicidade é o que permite a caracterização da cultura contemporânea como cultura publicitária. Na cultura publicitária o triunfo da lógica mercantil é total, como conseqüência do poderio econômico dos grandes conglomerados empresariais, que possuem dimensão mundial e são capazes de determinar as principais características da vida social. A realidade atual é marcada por um grau ainda maior de monopolização da economia do que o existente na década de 1940, quando Adorno e Horkheimer (1985, p. 151-152) escreveram sobre a relação entre a publicidade e a indústria cultural. Esses autores já argumentavam que a publicidade havia se transformado em componente essencial do próprio processo de monopolização da economia, de concentração do poder econômico:

> Na sociedade concorrencial a publicidade tinha por função orientar o comprador pelo mercado, ela facilitava a escolha e possibilitava ao fornecedor desconhecido e mais produtivo colocar sua mercadoria. Não apenas não custava tempo de trabalho, mas também economizava-o. Hoje, quando o mercado livre vai acabando, os donos do sistema se entrincheiram nela. Ela consolida os grilhões que encadeiam os consumidores às grandes corporações. Só quem pode pagar continuamente as taxas exorbitantes cobradas pelas agências de publicidade, pelo rádio sobretudo, isto é, quem já faz parte do sistema ou é cooptado com base nas decisões do capital bancário e industrial, pode entrar como vendedor no pseudo-

mercado. Os custos de publicidade, que acabam por retornar aos bolsos das corporações, poupam as dificuldades de eliminar pela concorrência os intrusos indesejáveis. Esses custos garantem que os detentores do poder de decisão ficarão entre si; aliás, como ocorre nas resoluções dos conselhos econômicos que controlam, no Estado totalitário, a criação e a gestão das empresas. A publicidade é hoje em dia um princípio negativo, um dispositivo de bloqueio: tudo aquilo que não traga seu sinete é economicamente suspeito.

No contexto contemporâneo da cultura publicitária, a ausência da publicidade também é *politicamente* suspeita. A lógica publicitária está cada vez mais presente na vida política: as campanhas eleitorais, cada vez mais caras, tornam os partidos dependentes dos grandes grupos econômicos, eliminando-se assim as "idéias intrusas" (anticapitalistas), sem a necessidade do uso da violência, já que os defensores destas enfrentam grandes dificuldades para se "comunicar" com os consumidores (eleitores), pois fogem ao padrão (quer na forma, quer no conteúdo). A concentração do poder econômico, que está vinculada diretamente à disseminação da lógica publicitária, é acompanhada pela concentração do poder político. A publicidade transforma-se, assim, no principal elemento da política capitalista. Se, economicamente, a publicidade (conforme apontam Adorno e Horkheimer, 1985) "consolida os grilhões que encadeiam os consumidores às grandes corporações", politicamente ela consolida os grilhões que prendem os eleitores-consumidores aos partidos que defendem os interesses empresariais.

A cultura publicitária é o resultado do processo histórico de desenvolvimento da sociedade capitalista: não se trata de uma realidade natural que corresponderia às principais características da "natureza humana". A existência da cultura publicitária é inseparável do triunfo do neoliberalismo. Esse triunfo corresponde ao exercício da hegemonia (dominação ideológica) dos empresários sobre o conjunto da sociedade e é fruto da luta da classe empresarial (burguesia) contra os trabalhadores.

O desenvolvimento de uma visão crítica sobre a cultura publicitária, para o qual este artigo pretende colaborar, é uma necessidade para o questionamento da hegemonia neoliberal e da situação de dependência (econômica, política, ideológica e psicológica) que ela promove, particularmente entre os trabalhadores. Mas o questionamento efetivo da hegemonia neoliberal só pode ocorrer com a construção de uma outra força social hegemônica (a classe trabalhadora). Do processo de construção dessa hegemonia alternativa faz parte uma ruptura com a transformação da política em espetáculo promovida pelo neoliberalismo.

Na cultura publicitária, a lógica mercantil invade todas as dimensões da vida social. Guy Debord (1991), um dos principais analistas da fase contemporânea da sociedade capitalista, chama a atenção para o papel desempenhado pelas imagens nesta sociedade. Segundo esse importante pensador e militante político francês, há um vínculo entre o acúmulo de mercadorias e o acúmulo de imagens; a produção de mercadorias é inseparável da produção de espetáculos:

> O espetáculo é o momento em que a mercadoria chega *à ocupação total* da vida social. Não só a relação com a mercadoria é visível, como nada mais se vê senão ela: o mundo que se vê é o seu mundo. (p. 31)

> Toda a vida das sociedades nas quais reinam as condições modernas de produção se anuncia como uma imensa acumulação de *espetáculos*. Tudo o que era diretamente vivido se afastou numa representação. (p. 9)

> O espetáculo não é um conjunto de imagens, mas uma relação social entre pessoas, mediatizada por imagens. O espetáculo não pode ser compreendido como o abuso de um mundo da visão, o produto das técnicas de difusão massiva de imagens [...]. O espetáculo, compreendido na sua totalidade, é ao mesmo tempo o resultado e o projeto do modo de produção existente. Ele não é um suplemento ao mundo real, a sua decoração readicionada.

> É o coração da irrealidade da sociedade real. Sob todas as suas formas particulares, informação ou propaganda, publicidade ou consumo direto de divertimentos, o espetáculo constitui o *modelo* presente da vida socialmente dominante. Ele é a afirmação onipresente da escolha *já fei-*

ta na produção, e o seu corolário, o consumo. Forma e conteúdo do espetáculo são identicamente a justificação total das condições e dos fins do sistema existente. O espetáculo é também a *presença permanente* dessa justificação, enquanto ocupação da parte principal do tempo vivido fora da produção moderna. (p. 10-11)

De acordo com Debord (1991, p. 32-33), o espetáculo não é o resultado exclusivo da ação dos diferentes veículos de comunicação; ele está enraizado na vida cotidiana, manifestando-se em todas as relações sociais, a começar pelas relações econômicas. A dimensão estrutural do espetáculo na sociedade contemporânea, sua atuação como componente organizador da vida social capitalista, é uma conseqüência do fato de ele ser a forma atual da alienação:

> A alienação do espectador em proveito do objeto contemplado (que é o resultado da sua própria atividade inconsciente) exprime-se assim: quanto mais ele contempla, menos vive; quanto mais aceita reconhecer-se nas imagens dominantes da necessidade, menos ele compreende a sua própria existência e o seu próprio desejo. A exterioridade do espetáculo em relação ao homem que age aparece nisto, os seus próprios gestos já não são seus, mas de um outro que lhos apresenta. Eis por que o espectador não se sente em casa em nenhum lado, porque o espetáculo está em toda parte. O trabalhador não se produz a si próprio, ele produz um poder independente. O *sucesso* desta produção, a sua abundância, regressa ao produtor como *abundância da despossessão*. Todo o tempo e o espaço do seu mundo se lhe tornam *estranhos* com a acumulação dos seus produtos alienados. O espetáculo é o novo mapa deste novo mundo, mapa que recobre exatamente o seu território. As próprias forças que nos escaparam *mostram-se nos* em todo o seu poderio. O espetáculo na sociedade corresponde a um fabrico concreto de alienação. A expansão econômica é principalmente a expansão desta produção industrial precisa. O que cresce com a economia, movendo-se para si própria, não pode ser senão a alienação que estava justamente no seu núcleo original.

A origem da alienação reside nas relações sociais de produção capitalistas, na separação entre o trabalhador e os meios de produção (instrumentos de produção/matérias-primas). Devido à existência da propriedade privada dos meios de produção, os trabalhadores perderam a capacidade de controlar o processo de produção e os produtos que resultam desse processo: processo e produtos que aparecem para os trabalhadores como uma realidade separada (alienada), embora só existam devido à ação dos trabalhadores.

Embora a origem da alienação seja econômica, ela se manifesta em outras dimensões da vida social, acompanhando o processo de mercantilização e de transformação das práticas sociais em espetáculo. Na sociedade do espetáculo, a alienação está presente também na prática política, que aparece como realidade separada e distante da atuação efetiva dos que não são políticos profissionais. O cidadão, membro de um Estado-Nação, teoricamente dotado (conforme a ideologia burguesa) da capacidade de influenciar decisivamente os rumos do país, na prática exerce a "cidadania" apenas quando vota, sendo que a condição de eleitor difere cada vez menos da condição de consumidor. Assim como o consumidor, o eleitor é "livre" para escolher entre vários produtos (candidatos) que, no fundo, não diferem muito entre si. O critério para a escolha dos candidatos baseia-se a cada dia mais na "imagem" produzida pelos especialistas em marketing político. Conforme aponta o historiador norte-americano Christopher Lasch (1986, p. 29), a liberdade de escolha do consumidor não é uma liberdade real, pois não envolve a possibilidade de mudanças efetivas na vida de quem faz as escolhas:

> Uma sociedade de consumidores define a escolha não como a liberdade de escolher uma linha de ação em vez de outra mas como a liberdade de escolher todas as coisas simultaneamente. "Liberdade de escolha" significa "deixar suas opções em aberto". A idéia de que "você pode ter tudo o que quiser", embora preserve alguma coisa da antiga idéia da carreira aberta aos talentos, passou a significar a possibilidade de as identidades serem adotadas ou descartadas como se troca de roupa. Do ponto de vista ideal, as escolhas de amigos, amantes e carreiras deviam todas estar sujeitas ao cancelamento: tal é a concepção experimental e ilimitada da boa vida que

sustenta a propaganda de mercadorias, ao cercar o consumidor com imagens de possibilidade ilimitada: mas se a escolha não mais implica compromissos e conseqüências – tal como fazer amor acarretava importantes "conseqüências", por exemplo, especialmente para as mulheres – a liberdade de escolha resulta, na prática, numa abstenção da escolha. A menos que a idéia de escolha traga com ela a possibilidade de fazer diferença, de mudar o curso dos acontecimentos, de desencadear uma cadeia de eventos que pode provar-se irreversível, ela nega a liberdade que pretende sustentar. A liberdade passa a ser liberdade de escolher entre a marca "x" ou a marca "y", entre amantes intercambiáveis, entre trabalhos intercambiáveis, entre vizinhos intercambiáveis.

A aproximação da condição de eleitor da condição de consumidor pode ser percebida pela inexistência de divergências ideológicas reais entre partidos e candidatos integrados ao sistema político vigente, quer nos Estados Unidos, quer no Brasil. Ainda de acordo com Lasch (1986, p. 40-41):

> A política do século XX passou a consistir cada vez mais no estudo e no controle da opinião pública. O estudo do "eleitor americano" incorpora técnicas anteriormente aperfeiçoadas na pesquisa de mercado, onde serviam para identificar as fantasias do "consumidor soberano". Tanto no governo como na indústria, recursos originalmente destinados apenas ao registro de opiniões – pesquisas, amostras e a própria votação – servem agora também para manipular a opinião. Definem uma norma estatística, cujos desvios passam a ser automaticamente suspeitos. Tornam possível excluir as opiniões impopulares do debate político (tal como os artigos impopulares são excluídos dos supermercados), sem nenhuma referência a seus méritos, com base apenas em sua comprovada falta de apelo. Ao confrontar o eleitorado com a estreita gama de opções existentes, ratificam essas opções como as únicas capazes de atrair apoio. Assim como as entrevistas em Hawthorne trivializaram as reivindicações dos trabalhadores, as *enquetes* e pesquisas trivializaram a política ao reduzir as opções políticas a alternativas indistintas. [...] Na política, a exclusão

do público da participação política está inseparavelmente ligada ao declínio de uma instituição democrática, o partido político, e à sua substituição por instituições menos receptivas ao controle popular. A função política do partido foi apropriada pela burocracia administrativa; a sua função educativa pelos meios de comunicação de massa. Os partidos políticos especializam-se hoje em comercializar os políticos para o consumo público e mesmo aqui a disciplina partidária desmoronou-se em notável extensão.

O pensador alemão W. F. Haug (1996, p. 53-54), no livro *Crítica da estética da mercadoria*, argumenta que o desenvolvimento do processo de industrialização gerou uma valorização crescente da dimensão estética como elemento decisivo da compra na sociedade capitalista. Se na sociedade capitalista o valor de troca dos objetos é a sua dimensão mais importante, ao valor de troca está associado um valor-signo, a imagem vinculada à mercadoria (as marcas, por exemplo); valoriza-se a forma em detrimento do conteúdo (valor de uso):

> Com o aumento da produtividade, o problema da realização assume uma nova forma para os oligopólios. As forças produtivas organizadas do capital privado não mais se defrontam com os muitos vendedores concorrentes como um limite, mas diretamente com a barreira das relações de produção que definem a necessidade social desde que a demanda seja solvente. Numa sociedade como a americana, uma grande parte da demanda total – como observaram Baran e Sweezy – "baseia-se na necessidade de substituir uma parte dos pertences por bens de consumo duráveis, tão logo eles se deteriorem". Uma vez que o caminho para a diminuição do trabalho em toda a sociedade levaria à abolição do capitalismo, o capital depara agora com a grande durabilidade de seus produtos. Uma técnica que responde a essa questão – sobretudo na área dos artigos de consumo duráveis, como automóveis, eletrodomésticos, lâmpadas e produtos têxteis – consiste em piorar a qualidade dos produtos. Essa técnica modificou radicalmente o padrão do valor de uso em várias áreas do consumo privado, levando à resistência e durabilidade menores.

Essa técnica de diminuição do tempo de uso foi discutida sob o conceito de "obsoletismo artificial", traduzido pela expressão "deterioração do produto". As mercadorias são fabricadas com uma espécie de detonador, que dá início a sua autodestruição interna depois de um tempo devidamente calculado. Uma outra técnica consiste em diminuir a quantidade mantendo o tamanho da embalagem. [...]

A diminuição qualitativa e quantitativa do valor de uso é compensada geralmente pelo embelezamento. Mas, mesmo assim, os objetos de uso continuam durando demais para as necessidades de valorização do capital. A técnica mais radical não atua somente no valor de uso objetivo de um produto, a fim de diminuir o seu tempo de uso na esfera do consumo e antecipar a demanda. Essa técnica inicia-se com a estética da mercadoria. Mediante a mudança periódica da aparência de uma mercadoria, ela diminuiu a duração dos exemplares do respectivo tipo de mercadoria ainda atuante na esfera do consumo. Essa técnica será denominada, a seguir, inovação estética. A sua completa evolução e a sua aplicação sistemática em toda a abrangência, sobretudo na parte do mundo das mercadorias destinado ao consumo privado, pressupõem a subordinação dos valores de uso às marcas, ou seja, à vitória da mercadoria monopolista – assim como toda marca tenciona estabelecer um monopólio estético.

A desvalorização do conteúdo está cada vez mais presente nas campanhas políticas. Todos os candidatos com chance de vitória prometem resolver os mesmos problemas (saúde, educação, transporte, segurança, emprego) dentro dos marcos da sociedade capitalista: a credibilidade do candidato perante o eleitor, a identificação ou não com a imagem transmitida pela campanha eleitoral (com a marca do candidato), passa a ser o critério decisivo para o voto.

A assimilação pela política da lógica do espetáculo está presente no próprio ato de votar: o eleitor digita o número do candidato e olha para a imagem que aparece em uma tela para confirmar o voto. Normalmente a imagem do candidato é a que esteve presente nos materiais publicitários como cartazes, folhetos, *outdoors* etc. A valorização, nas campanhas políticas, da imagem, da forma, em detrimento do conteúdo, pode ser percebida, também, pela ocupação do espaço público, do espaço urbano, pelos candidatos: durante o período eleitoral as ruas dos grandes centros urbanos são invadidas por materiais publicitários dos candidatos que, além do nome, do número e da sigla partidária, muitas vezes estampam a sua imagem. Raras são as referências a alguma proposta que os candidatos defendem. Há também a presença de "cabos eleitorais" profissionais que ocupam as principais vias das cidades, vestidos com cores, número e nome dos candidatos e agitando bandeiras como se fossem torcedores de algum time de futebol ou divulgadores de algum empreendimento imobiliário.

A transformação da política em espetáculo não acontece apenas nos veículos de comunicação, com o uso da linguagem publicitária pelos profissionais do marketing político; dá-se também na vida cotidiana, com a transformação dos espaços públicos em palco para o "show dos políticos". O cidadão, reduzido à condição de eleitor-consumidor, deixa de exercer a cidadania no espaço que normalmente é associado a ela, o espaço urbano. A atividade política passa a ser monopolizada pelos partidos políticos, que contam quase exclusivamente com militantes profissionais. Os comícios, quando os candidatos apresentariam suas idéias e propostas diretamente para os cidadãos reunidos em espaços públicos, foram substituídos pelos "showmícios", nos quais "artistas" de grande apelo popular apresentam-se publicamente divulgando candidatos que se manifestam com rapidez a fim de não atrapalhar o espetáculo. A existência dos "showmícios" é mais uma evidência da presença da lógica publicitária na prática política, desempenhando o mesmo papel que os shows, como os realizados no Parque Ibirapuera em São Paulo, de divulgação de marcas de grandes empresas. Na cultura publicitária não há diferença entre as estratégias mercadológicas e as estratégias políticas.

A jornalista e militante política canadense Naomi Klein (2003) analisa a apropriação dos espaços urbanos e das manifestações culturais pelas grandes corporações, mostrando o seu vínculo com o neoliberalismo:

> A busca de novos espaços para expressar o significado da marca coincidiu exatamente com o abandono da esfera pública por nossos governantes sob seu Mac-modelo de governo tamanho único, que tem combatido,

> desacreditado e ridicularizado constantemente a esfera pública como ineficiente, como algo inferior à moderna esfera privada. Assim, os espaços públicos ficaram disponíveis, digamos, como cenários para as marcas; escolas, bibliotecas, festivais de arte que costumavam ser vistos como parte de nossa comunidade, parte de nossa esfera pública, estão agora propensos a se tornar uma colcha de retalhos de significados de marca. (p. 177)

> Em última instância acredito que a marca tem importância porque fala da questão mais importante e generalizada de nossa época, que é a perda do espaço público, o roubo da comunidade. (p. 184)

As campanhas políticas apresentam as mesmas características da apropriação dos espaços públicos e da cultura pelas grandes corporações, expropriando dos indivíduos a condição de cidadãos.

O antropólogo brasileiro Everardo Rocha (1995), no livro *Magia e capitalismo*, argumenta que a publicidade é um "grande batistério" (expressão criada por George Péninou), nomeando, isto é, atribuindo identidade aos produtos industrializados, feitos em série, e que serão consumidos como se fossem produtos diferenciados:

> O domínio da produção se caracteriza claramente como um espaço de onde o homem se encontra alienado. O produto final não é o atestado de compromisso entre o trabalhador e sua criação. É, na perversa inversão, uma criação comprometida com a ausência da marca humana.
> Mas, produtos seriados, impessoais e anônimos deverão ser consumidos por seres humanos particulares. Deverão ser introduzidos em segmentos sociais descontínuos. Incorporados em singularidades várias. Deverão ter face, nome e identidade para que tenham lugar no fluxo de vidas específicas. (p. 66)
> Não é por acaso que a questão do nome torna-se fundamental no trabalho em publicidade. A publicidade é neste sentido um "grande batistério" (Péninou, 1974, p. 95). Nela, o projeto mais importante é a fixação

de um nome. A sua imposição no mundo do consumo. [...] A imagem de um produto, o lugar de que dispõe entre os outros é o resultado de um jogo de diferenças e contrastes. A publicidade cria uma imagem do produto procurando diferenciá-lo dos outros de um mesmo tipo. (Rocha, 1995, p. 71)

Na publicidade política, o ato de nomear os candidatos possui a mesma função que na publicidade de bens industrializados: produtos indiferenciados, candidatos defensores das mesmas idéias e propostas, são apresentados como se fossem diferentes. Os profissionais do marketing político encarregam-se de criar uma "personalidade" para os candidatos, que busca uma identificação com as necessidades dos eleitores-consumidores. Os candidatos transformam-se em marca, e os eleitores votam de acordo com a marca de sua predileção. Em uma campanha política, por exemplo, o governador do estado de São Paulo, Geraldo Alckmin, transforma-se no *GERALDO*; a prefeita de São Paulo, Marta Suplicy, é a *MARTA*, e assim por diante.

As campanhas políticas deixaram de contribuir para a educação política dos cidadãos, isto é, para a compreensão das diferentes posturas ideológicas que circulam socialmente e que correspondem à existência de interesses sociais contraditórios. Tendo em vista que se completou o processo de rendição ideológica e prática do PT ao neoliberalismo, não há mais vozes discordantes entre os partidos incorporados ao sistema político. Florestan Fernandes (1995, p. 244), na primeira metade da década de 1990, já chamava a atenção para a existência de um processo de mudanças no PT:

> Parece-me penoso que o partido valorize tanto uma revisão de sua imagem procurando unir-se a partidos com vínculos fortes com a classe média mais convencional e ociosa, aliada certa ou potencial das classes dominantes e do capital, interno, ou imperialista. Está em processo um deslocamento político e ideológico do PT para o centro, como parte do trauma da derrota de Lula nos segmentos mais conservadores e reacionários da pequena burguesia e dos estratos mais altos das classes médias.

Se a cultura publicitária, como um todo, é o resultado do processo histórico de desenvolvimento da sociedade capitalista, o mesmo se dá com um de seus elementos, a transformação da política em espetáculo. A ditadura militar (1964-1984) promoveu, particularmente nos anos iniciais da década de 1970, um processo acelerado de desenvolvimento econômico capitalista, ainda que dentro dos marcos de uma relação de dependência diante dos países capitalistas centrais (Estados Unidos, Japão, Europa Ocidental) e com a intensificação da desigualdade social. Data deste período o início da consolidação da indústria cultural no Brasil, requisito fundamental para a espetacularização da política. De acordo com o pesquisador brasileiro Renato Ortiz (1996):

> Certamente os militares não inventam o capitalismo, mas 64 é um momento de reorganização da economia brasileira que cada vez mais se insere no processo de internacionalização do capital; o Estado autoritário permite consolidar no Brasil o "capitalismo tardio". Em termos culturais essa reorientação econômica traz conseqüências imediatas, pois, paralelamente ao crescimento do parque industrial e do mercado interno de bens materiais, fortalecem-se o parque industrial de produção de cultura e o mercado de bens culturais. (p. 114)

> O que caracteriza a situação cultural dos anos 60 e 70 é o volume e a dimensão do mercado de bens culturais. [...] Durante o período que estamos considerando, ocorre uma formidável expansão, em nível de produção, de distribuição e do consumo de cultura; é nessa fase que se consolidam os grandes conglomerados que controlam os meios de comunicação e da cultura popular e de massa. Os dados, quaisquer que sejam eles, confirmam o crescimento dessa tendência. (p. 121)

A campanha presidencial de 1989, que marcou o retorno das eleições diretas após 28 anos, foi um momento fundamental do processo de espetacularização da política. Como se sabe, o principal veículo da indústria cultural, a Rede Globo de Televisão, desempenhou um papel decisivo para a eleição de Fernando Collor de Mello: a tevê Globo não só noticiou de maneira distorcida, no *Jor-*

nal Nacional, telejornal de maior audiência no país, o debate promovido por ela entre os candidatos Lula e Collor, como divulgou em seus programas, nos meses anteriores à eleição, a imagem de Collor como um político jovem, moderno e defensor da moralidade no uso do dinheiro público. A marca registrada de Fernando Collor, "o caçador de marajás", foi uma criação publicitária da tevê Globo e das Organizações Globo, de modo geral.

Além do papel desempenhado por essa rede, a própria campanha de Collor utilizou técnicas de marketing político valorizando a imagem de juventude do candidato e sua alegada condição de político não comprometido com os "vícios" da política (alguém diferente dos políticos tradicionais) e bem preparado para o exercício da presidência da República. A divulgação das "virtudes" de Collor era acompanhada pela propaganda negativa do outro candidato (no segundo turno eleitoral): Lula era mostrado como despreparado, radical e imoral (teria proposto um aborto para uma ex-namorada quando esta engravidou). A vitória eleitoral de Collor serviu como demonstração prática dos poderes do marketing político, contribuindo decisivamente para a sua consolidação.

Contudo, a campanha de Collor não foi a única a incorporar elementos da lógica publicitária; na campanha de Lula, ainda que em grau menor, ocorreu também a presença dessa lógica e dos elementos da sociedade do espetáculo. Da propaganda eleitoral de Lula fazia parte uma paródia dos programas da tevê Globo, além da intensa utilização de uma canção (um *jingle* publicitário), que se tornou um dos principais símbolos da sua candidatura, particularmente a frase "sem medo de ser feliz": um dos aspectos de maior destaque da campanha era o apoio de "artistas" da indústria cultural, particularmente atores e atrizes das novelas da Globo. No entanto, havia a divulgação de propostas como a ruptura com o Fundo Monetário Internacional, a defesa da reforma agrária etc.

A candidatura de Lula apresentava-se claramente como de esquerda; sua imagem estava nitidamente associada à luta dos trabalhadores e o PT era visto como um partido vinculado aos movimentos sociais reivindicativos das classes populares. A imagem de Lula correspondia à expressão cunhada pelo ex-governador Leonel Brizola: um "sapo barbudo" de difícil digestão pelos setores dominantes da sociedade brasileira.

Na campanha presidencial de 1994, a presença de um discurso propriamente político, voltado para a conscientização sobre os problemas do país, ainda se deu de modo significativo, em especial com as críticas ao Plano Real, em fase inicial de implantação. Porém, na campanha de 1998, a relação discurso político/marketing político começou a se inverter, favorecendo o marketing, com a tentativa de mudança da imagem de Lula no sentido de aproximá-la das características de um "estadista", e não mais de um líder dos trabalhadores. Foi uma constante a aparição de Lula de terno e gravata sentado à frente de uma estante cheia de livros, com o objetivo de se contrapor às afirmações de que ele não possuía preparo suficiente para ocupar a presidência da República.

O triunfo do marketing político nas campanhas presidenciais do PT consolidou-se em 2002, com a contratação de um profissional não vinculado ao partido e que havia participado de campanhas de políticos de direita: a lógica publicitária deu o tom da campanha, com peças de forte apelo emocional (mostrando, por exemplo, a trajetória de vida de Lula, marcada pela miséria e pelo sofrimento) e conteúdo político totalmente esvaziado. A ênfase da campanha era a mudança da imagem de Lula, que aparecia quase sempre sorrindo, com uma expressão facial descontraída, e que foi simbolizada pelo *slogan* "Lulinha Paz e Amor". Embora permanecesse a promessa de mudança na política econômica, como as peças publicitárias que anunciavam a criação de 10 milhões de empregos, o tom da campanha era que agora Lula era o candidato da união nacional, com o que evidenciaria a presença, fortemente divulgada pela campanha, de empresários favoráveis à sua candidatura.

A trajetória da relação discurso político/marketing político nas campanhas do PT mostra que tal relação é contraditória: o marketing político não pode ser visto como uma técnica neutra, capaz de servir para a divulgação de diferentes conteúdos (de direita e de esquerda). O marketing político é um elemento fundamental da ideologia da classe dominante; faz parte do exercício da hegemonia pela burguesia. Ele corresponde a uma visão burguesa sobre a política, transformando-a em atividade marcada pela lógica publicitária, que é a lógica da própria sociedade capitalista.

Jorge Almeida, professor universitário e dirigente político do PT, argumenta que as técnicas do marketing político podem ser utilizadas tanto para o exercício da hegemonia burguesa quanto para o exercício da contra-hegemonia pela classe trabalhadora. Para ele, é possível que o marketing político se subordine à transmissão de conteúdos políticos transformadores da realidade social, desde que o uso das técnicas de marketing seja controlado pelas instâncias partidárias. A postura de Jorge Almeida parece estar fundamentada na crença de que é possível separar forma e conteúdo; ou seja, uma forma burguesa (o marketing) serviria para a divulgação de conteúdos revolucionários. Nas palavras do autor:

> Estas questões, portanto, permitem, em primeiro lugar, a reafirmação de que não é possível pensar em marketing político sem política. Em segundo lugar, nos dão alguns importantes pressupostos para afirmar a importância do marketing e do uso de suas técnicas, não somente numa perspectiva de adaptação do político, candidato, partido ou coligação a um cenário hegemônico e apenas para facilitar o atendimento de desejos já consolidados, mas também de modo a contribuir para uma intervenção política de sentido contra-hegemônico. Ou, em outras palavras, que possa influir na alteração de cenários a médio e longo prazos, assim como também potencializar, no período propriamente eleitoral, desejos, necessidades, críticas e opiniões que estejam em estado latente ou fora da agenda da mídia e do Bloco de Poder como um todo. Afinal, a frase "a onda do mercado são várias" também vale para a opinião política. Não existe uma única onda ou corrente de opinião em circulação. E se "a onda da opinião são várias", sempre será possível identificar aquelas que possam melhor contribuir para uma ação política e de marketing político de sentido contra-hegemônico. (2002, p. 89)

Ao contrário do que afirma Jorge Almeida, a presença do marketing político em campanhas que procuram divulgar conteúdos ideológicos de esquerda é uma conseqüência da hegemonia exercida pela burguesia. Ou seja, a capacidade de influência da visão de mundo dominante é tão grande que mesmo discursos políticos voltados para a construção da hegemonia da classe trabalhadora precisam empregar elementos da ideologia dominante. A própria lógica argumentativa presente no texto de Jorge Almeida está marcada pela hegemonia burguesa; o autor refere-se à "pluralidade" do mercado para justificar seu argumento sobre a existência da pluralidade de idéias e não à oposição entre interesses contraditórios que resultaria das relações sociais de produção. Além disso, há o emprego, também, de termos que fazem parte da cultura publicitária, como o "atendimento de desejos e necessidades". Ao legitimar a utilização do marketing político, Jorge Almeida só pode incorporar a postura que encara o eleitor como consumidor.

Se levarmos a sério o conceito de luta ideológica (disputa pela hegemonia), devemos perceber que o uso do marketing político pela esquerda significa que a disputa pela hegemonia encontra-se em um momento no qual a correlação de forças favorece de modo significativo a classe dominante. Tendo em vista o caráter contraditório da relação marketing político/discurso político de esquerda, em algum momento essa contradição precisa ser resolvida, quer seja com o desenvolvimento de um conteúdo político que corresponda à forma das técnicas do marketing, quer seja com a criação de uma maneira de campanha política que corresponda a um discurso de esquerda.

O avanço do processo de construção da hegemonia da classe trabalhadora está relacionado a um abandono progressivo do uso do marketing político. Como foi visto, a estratégia do PT seguiu o caminho oposto. Não foi por acaso que o uso cada vez maior do marketing político foi acompanhado pela adesão mais e mais acentuada à ideologia neoliberal e ao sistema político vigente e que ficou explícita após o início do governo Lula. O entendimento de que o marketing político pode servir de base para o exercício de uma contra-hegemonia, como postula Jorge Almeida, acaba por reforçar a própria hegemonia burguesa, por mais que a intenção não seja essa.

A postura de Antonio Gramsci, intelectual e dirigente político italiano do início do século XX, que é referência fundamental para a abordagem da questão da hegemonia, estava voltada para a afirmação da necessidade da construção de uma outra visão de mundo, oposta à visão burguesa. Para Gramsci, a filosofia da práxis (ideologia da classe trabalhadora) não é diferente da ideologia burguesa apenas pelo seu conteúdo, mas também pela forma como deve ser construída, com a participação ativa da própria classe trabalhadora. O processo de construção da filosofia da práxis deve se caracterizar pela ruptura progressiva com a situação de alienação e dependência que envolve o trabalhador. Segundo Gramsci (1999, p. 93-94), todo ser humano é (potencialmente) um filósofo, ou seja, alguém capaz de participar ativamente da elaboração da sua concepção de mundo e da concepção da classe social à qual ele pertence:

> É preciso destruir o preconceito, muito difundido, de que a filosofia é algo muito difícil pelo fato de ser a atividade intelectual própria de uma determinada categoria de cientistas especializados ou de filósofos profissionais e sistemáticos. É preciso, portanto, demonstrar preliminarmente que todos os homens são "filósofos", definindo os limites e as características desta "filosofia espontânea", peculiar a "todo o mundo", isto é, da filosofia que está contida: 1) na própria linguagem, que é um conjunto de noções e de conceitos determinados e não, simplesmente, de palavras gramaticalmente vazias de conteúdo; 2) no senso comum e no bom senso; 3) na religião popular e, conseqüentemente, em todo o sistema de crenças, superstições, opiniões, modos de ver e de agir que se manifestam naquilo que geralmente se conhece por "folclore".

> Após demonstrar que todos são filósofos, ainda que a seu modo, inconscientemente – já que até mesmo na mais simples manifestação de uma atividade intelectual qualquer, na "linguagem", está contida uma determinada concepção do mundo –, passa-se ao segundo momento, ao momento da crítica e da consciência, ou seja, ao seguinte problema: é preferível "pensar" sem disto ter consciência crítica, de uma maneira desagregada e ocasional, isto é, "participar" de uma concepção de mundo "imposta" mecanicamente pelo ambiente exterior, ou seja, por um dos muitos grupos sociais nos quais todos estão automaticamente envolvidos desde sua entrada no mundo consciente [...], ou é preferível elaborar a própria concepção do mundo de uma maneira consciente e crítica e, portanto, em ligação com este trabalho do próprio cérebro, escolher a própria esfera de atividade, participar ativamente na produção da história do mundo, ser o guia de si mesmo e não mais aceitar do exterior, passiva e servilmente, a marca da própria personalidade?

A participação ativa na elaboração de uma concepção de mundo depende do desenvolvimento de uma consciência crítica e deve resultar em uma concepção de mundo unitária e coerente:

> Quando a concepção do mundo não é crítica e coerente, mas ocasional e desagregada, pertencemos simultaneamente a uma multiplicidade de homens-massa, nossa própria personalidade é compósita, de uma maneira bizarra: nela se encontram elementos dos homens das cavernas e princípios da ciência mais moderna e progressista, preconceitos de todas as fases históricas passadas estreitamente localistas e intuições de uma futura filosofia que será própria do gênero humano mundialmente unificado. Criticar a própria concepção do mundo, portanto, significa torná-la unitária e coerente e elevá-la até o ponto atingido pelo pensamento mundial mais evoluído. (Gramsci, 1999, p. 94)

A construção da filosofia da práxis, a busca pela hegemonia da visão de mundo da classe trabalhadora, depende da crítica da ideologia dominante, e não da assimilação de elementos dessa ideologia. A crítica da cultura publicitária é fundamental para uma ruptura com a ideologia neoliberal e para a criação de uma nova cultura. Mas essa criação não pode ser feita de maneira autoritária, de cima para baixo. Gramsci (1999, p. 103) rejeita a postura da Igreja Católica de manutenção da diferença entre os intelectuais e os "simples" (classes populares):

> A posição da filosofia da práxis é antitética a esta posição católica: a filosofia da práxis não busca manter os "simples" na sua filosofia primitiva do senso comum, mas busca, ao contrário, conduzi-los a uma concepção de vida superior. Se ela afirma a exigência do contato entre os intelectuais e os simples não é para limitar a atividade científica e para manter uma unidade no nível inferior das massas, mas justamente para forjar um bloco intelectual-moral que torne politicamente possível um progresso intelectual da massa e não apenas de pequenos grupos de intelectuais.

A crítica intelectual, como a realizada neste artigo, da cultura publicitária pode contribuir para o início da ruptura com essa cultura, mas esta ruptura só pode ser realizada mediante ações sociais concretas. A existência de movimentos sociais contrários à ocupação publicitária dos espaços públicos representa um passo importante no processo de luta contra a cultura publicitária; no entanto, essa luta depende de um questionamento da ideologia neoliberal e dos poderes econômico e político da burguesia.

Bibliografia

ADORNO, T. W.; HORKHEIMER, M. *Dialética do esclarecimento*. Rio de Janeiro: Jorge Zahar, 1985.

ALMEIDA, J. *Marketing político: hegemonia e contra-hegemonia*. São Paulo: Xamã, 2002.

ARRUDA, M. A. do N. *A embalagem do sistema: a publicidade no capitalismo brasileiro*. São Paulo: Duas Cidades, 1985.

BARTHES, R. *Mitologias*. 4. ed. São Paulo: Difel, 1980.

BAUDRILLARD, J. *O sistema dos objetos*. 2. ed. São Paulo: Perspectiva, 1989.

_____ . *A sociedade de consumo*. Lisboa: Edições 70, 1991.

_____ . *Simulacros e simulação*. Lisboa: Relógio D'Água, 1991.

CAMARGO, M.; FIGUEIREDO, A. C. *"Liberdade é uma calça velha, azul e desbotada": publicidade, cultura de consumo e comportamento político no Brasil (1954-1964)*. São Paulo: Hucitec, 1997.

COELHO, C. N. P. Comunicação publicitária e cultura de consumo na Tropicália. *Líbero*, ano III, v. 3, n. 5, p. 56-61, 2000.

_____ . *Publicidade: é possível escapar?* São Paulo: Paulus, 2003.

DEBORD, G. *A sociedade do espetáculo*. Lisboa: Mobilis in Mobile, 1991.

_____ . *A sociedade do espetáculo – Comentários sobre a sociedade do espetáculo*. Rio de Janeiro: Contraponto, 1997.

FERNANDES, F. *Em busca do socialismo*. São Paulo: Xamã, 1995.

FONTENELLE , I. A. *O nome da marca*. São Paulo: Boitempo, 2002.

GRAMSCI, A. *Cadernos do Cárcere*.Vol. 1. Rio de Janeiro: Civilização Brasileira, 1999.

_____ . *Cadernos do Cárcere*. Vol. 3. Rio de Janeiro: Civilização Brasileira, 2000.

HARVEY, D. *Condição pós-moderna*. São Paulo: Loyola, 1992.

HAUG, W. F. *Crítica da estética da mercadoria.* São Paulo: Unesp, 1996.

IANNI, O. *Enigmas da modernidade-mundo.* Rio de Janeiro: Civilização Brasileira, 2000.

JAMESON, F. *Pós-modernismo.* São Paulo: Ática, 1996.

_____. *A cultura do dinheiro.* Petrópolis: Vozes, 2001.

KLEIN, N. *Sem logo: a tirania das marcas num planeta vendido.* Rio de Janeiro: Record, 2002.

_____. Marcas globais e poder corporativo. In: MORAES, D. (org.). *Por uma outra comunicação.* Rio de Janeiro: Record, 2003. p. 173-186.

LASCH, C. *Cultura do narcisismo.* Rio de Janeiro: Imago, 1983.

_____. *O mínimo eu.* São Paulo: Brasiliense, 1986.

MARCUSE, H. *A ideologia da sociedade industrial.* 4. ed. Rio de Janeiro: Zahar, 1973.

_____. *Eros e civilização.* 6. ed. Rio de Janeiro: Zahar Editores, 1975.

MARX, K. *O capital.* Livro I, Vol. 1. Rio de Janeiro: Civilização Brasileira, 1975.

ORTIZ, R. *Mundialização e cultura.* São Paulo : Brasiliense, 1996.

ROCHA, E. P. G. *Magia e capitalismo.* 3. ed. São Paulo: Brasiliense, 1995.

SAISI, K. *A estética na política: análise da campanha eleitoral à presidência da República do Brasil em 2002 – Estudo exploratório sobre as relações entre mídia e política.* São Paulo, 2003. Dissertação (Mestrado) – Faculdade Cásper Líbero.

SEVERIANO, M. de F. V. *Narcisismo e publicidade: uma análise psicossocial dos ideais do consumo na contemporaneidade.* São Paulo: Annablume, 2001.

THEODORO, M. *A Era do Eu S/A – Em busca da imagem profissional de sucesso.* São Paulo: Saraiva, 2004.

ZIZEK, S. (org.). *Um mapa da ideologia.* Rio de Janeiro: Contraponto, 1996.

8

O desejo e o simbólico na publicidade: contribuições da psicanálise

Arlete dos Santos Petry*
Luís Carlos Petry**

O homem, contudo, só fala porque o símbolo o tornou homem.
Jacques Lacan

Cada nova estação é recebida com renovados modelos da moda do vestuário. Coleções são apresentadas a um público seleto de consumidores e críticos. Todos os anos as empresas automobilísticas lançam, nos salões nacionais e mundiais de automóveis, novas versões de seus modelos consagrados ou novos modelos que prometem revolucionar a história do automóvel. No próprio mundo digital, observamos a cada ano novas versões de máquinas e softwares mais poderosos que nos motivam a continuar trabalhando mais e com maior desempenho. Vivemos numa época de superabundância de ofertas e, ao mesmo tempo, de exagerados índices de diferença social. Para muitos, um oceano de possibilidades a serem desbravadas; para outros, o reflexo do caos humano. Sinteticamente, o panorama desenhado pode parecer pretender a um prêmio

---

*Formação em Psicologia, Psicanálise e em Psicopedagogia. Mestre em Educação pela Universidade do Vale do Rio dos Sinos (Unisinos) – RS, doutoranda em Comunicação e Semiótica pela PUC-SP. Bolsita da Fapesp.
**Psicanalista. Doutor em Comunicação e Semiótica pela PUC-SP. Professor da PUC-SP no curso de Tecnologias e Mídias Digitais no mestrado em Tecnologias da Inteligência e Design Digital e da Faap na Faculdade de Comunicação.

de ingenuidade sociológica. Entretanto, se pensarmos um pouco mais, veremos que esse é o ponto de vista do homem comum, reiterado a cada virada de ano, quando ele realiza suas promessas e busca no íntimo de suas festas e celebrações a revivescência de seus desejos mais íntimos e secretos para o ano vindouro.

Essas são algumas das constatações que nos permite a perspectiva de pensamento da psicanálise sobre o homem atual. Com base nela, a vida humana como um todo se revela como uma estrutura de intensa complexidade. Complexidade esta que nos leva a indagar acerca das relações possíveis entre a publicidade, tão presente na vida humana hoje, e o que nos diz a psicanálise sobre o homem. Tal é o propósito do presente capítulo: indicar alguns elementos que permitam estabelecer certas idéias relacionais entre essas duas disciplinas.

Ora, a psicanálise assumiu, nos planos intelectual e comunicacional humanos, uma importância significativa cada vez maior ao longo do século XX. Tal importância deriva do fato de que algumas de suas idéias e afirmações fundamentais vieram ocupar um lugar de destaque nas concepções modernas do que seja o homem, a sociedade e a cultura. Desde a clínica até a reflexão sobre a sociedade, passando pela educação e pelas artes (especialmente o cinema e a literatura), ela deixou as marcas de sua influência, tanto que muitos dos ditados hoje considerados populares possuem seu nascimento no contexto da pesquisa psicanalítica. Algumas dessas idéias são importantes para pensarmos um pouco as suas relações com a publicidade.

Foi a psicanálise de Sigmund Freud (1856-1939) que potencializou a idéia da subjetividade humana. Essa idéia apresenta o homem como um ser complexo, dotado de uma singularidade que se forma e se transforma ao longo da vida, na qual as experiências possuem um papel fundamental. A idéia que embasa a noção de subjetividade humana é um pouco mais complexa. Trata-se da descoberta de que o homem não é dotado apenas de uma consciência livre e soberana, mas sim, e sobremaneira, guiado por um inconsciente que lhe escapa ao entendimento e que, de modo não esclarecido para o sujeito, domina sua vida de muitas maneiras, ditando-lhe caminhos, produzindo percalços e, igualmente, sendo a fonte e força de sua criatividade, fornecendo-lhe energia para superar obstáculos pensados pela consciência como intransponíveis, enfim, lugar originário de todas as surpresas.

Aliado a isso, ela nos diz que no centro de um sujeito complexo, e às vezes confuso, e no interior de um inconsciente rebelde subsiste uma força motora gigantesca que é designada pelo nome de desejo, em face da qual giraria toda a existência humana. Um desejo não capaz de ser conscientizado, um desejo que seria um desejo de desejo, ou melhor, uma contínua atividade desejante que arrastaria o homem por toda sua vida, povoando sua imaginação com possibilidades nunca antes alcançadas. Se não bastasse isso, a psicanálise nos diz que todos esses elementos descritos são nascidos e organizados dentro de uma estrutura simbólica singular, que, ao mesmo tempo que nos diferencia como um *algo único*, do mesmo modo nos liga dentro de uma mesma comunidade capaz de realizar trocas, simultaneamente conscientes e, sobretudo, inconscientes.

Na *Interpretação dos sonhos* (1900), Freud nos mostra que o desejo (*Wunsch*) se constitui numa das molas mestras da cultura humana. Conceito central na psicanálise freudiana, o desejo é concebido como algo que se busca realizar e que, ao mesmo tempo, na busca por tal realização, deparamos com uma série de obstáculos e anteparos, tanto internos como externos ao sujeito. Assim, o desejo é pensado como o balizador da vida humana, conferindo sentido ou não-senso a ela. Como tal, ele se converte numa espécie de equação enigmática e imprevisível que terá como resultado um sujeito desejante inserido numa cultura – mais recentemente, com os estudos de Jacques Lacan (1901-1981), pensada como uma cultura de linguagem. Dentro dessa cultura de linguagem é que podemos relacionar as operações da publicidade e da propaganda como participantes no interior da esfera da cultura humana.

Se por um lado a idéia do desejo já se constituía em um conceito abordado pela filosofia,[1] Freud trouxe uma revitalização à idéia de desejo quando o correlacionou à cadeia dos processos psíquicos do sujeito. A partir de tal relação, o desejo se encontra inserido como um motor da vida prática humana, ou seja, participando de todas as atividades corriqueiras, conscientes ou não. Para o velho psicanalista, o desejo é entendido como atos psíquicos que podem ser localizados em qualquer uma das instâncias psíquicas. Portanto, podemos

---

[1] Como, por exemplo, em Schopenhauer (2005).

falar de desejos conscientes, como, por exemplo, o desejo de comprar um carro do ano; desejos pré-conscientes, como o desejo de comprar um vestido vermelho; e desejos inconscientes, como, por exemplo, os desejos edípicos para com nossos pais. De todos os três tipos de desejos – consciente, pré-consciente e inconsciente –, será sobre o último, o desejo inconsciente, que irá incidir a censura. Vale o exemplo freudiano: Édipo jamais poderá cumprir seu destino se não lhe forem velados determinados fatos ou detalhes. Detalhes que, por sua vez, desviam sua visão crítica da realidade, levando-o a realizar o Oráculo de seu nascimento.

Dessa forma, ainda que possamos falar de desejos conscientes e pré-conscientes, a psicanálise se interessará, sobremaneira, pelo âmbito dos desejos inconscientes. Segundo ela, os desejos inconscientes são a força motriz para a geração de outros desejos substitutivos e, dessa maneira, capazes de contornar os impedimentos da censura. O processo é complexo e demanda uma organização que reúne características de determinado tempo, época e, fundamentalmente, características cultural-lingüísticas.

Via de regra, como desejo inconsciente, incapaz de ser liberado pela censura, ele busca sua realização e a alcança por meio do expediente da combinação ou substituição de si mesmo por um outro desejo considerado inofensivo pela censura. Tal expediente será levado a cabo por dois mecanismos descritos pela psicanálise de Freud como *deslocamento* e *condensação* da energia psíquica do desejo e, mais tarde, ressignificados por Jacques Lacan, pelos termos da lingüística de Jakobson, como *metonímia* e *metáfora*, respectivamente.

Freud compreendeu o deslocamento e a condensação como fenômenos básicos[2] da vida psíquica, responsáveis pela economia do desejo humano. O deslocamento significa a transferência da energia psíquica de uma representação inconsciente ou desejo passíveis de censura para outra representação inconsciente ou desejo que não estejam momentaneamente submetidos à censura. Trata-se de um tipo especial de transferência de energia ao modo

---

[2] Freud considerou *deslocamento* e *condensação* originalmente como mecanismos psíquicos da economia psíquica do inconsciente. As metáforas que utiliza são econômicas e de fundo mecanicista. Procuramos compreender seu achado com base nas idéias de fenômeno (hermenêutica) e de processo (semiótica), as quais permitem tornar mais claras nossas idéias sobre o tema.

de uma economia psíquica, tal como se dá no funcionamento de uma economia bancária, na qual transferimos valores (energia) de determinada conta bancária (representação ou desejo) para outra, na forma de um investimento qualquer.

Trata-se aqui do fenômeno do *investimento psíquico* ou, de maneira mais freudianamente refinada, de um *investimento da libido*, entendido como a energia psíquica do desejo que pode ser *investida* em desejos e objetos em geral (bem ao modo de um procedimento econômico do tipo bolsa de aplicações). O pensamento freudiano explica muitas coisas: por exemplo, como podem migrar nossos interesses e desejos ao longo do tempo. Mas trata-se, na verdade, de "meia explicação", de apenas uma face da moeda. O processo de deslocamento, para ser mais bem compreendido, deverá ser complementado pela outra metade da moeda, o fenômeno ou processo da condensação.

A condensação se constitui num processo ou fenômeno mais complexo. Sua existência e seu funcionamento estarão na dependência de sucessivos deslocamentos anteriores para poder realizar sua tarefa. Com esse processo, Freud pretendeu mostrar que a energia libidinal (da economia da energia psíquica do desejo) de várias representações ou desejos inconscientes (não aceitos pela censura) poderia ser investida em uma representação ou desejo inconsciente liberado pela censura. Trata-se aqui de um procedimento multivetorial, no qual a força psíquica de muitos é redirecionada para um, fortalecendo-o a ponto de permitir sua manifestação e realização. Tal caminho se organizaria de modo substitutivo, no qual um ou vários elementos da representação ou desejo final teriam, ao menos, algum elemento em comum com seus ancestrais. Como se diz na semiótica peirceana, *sob certo aspecto ou capacidade*.

Dessa forma, por meio da combinação de dois processos conjugados, deslocamento e condensação, o desejo tende a alcançar seus fins: a realização. O vestido vermelho utilizado anteriormente como exemplo de um desejo pré-consciente poderia ser compreendido como a resultante de um processo multifacetado de uma sucessão de deslocamentos e condensações. Não há como, de maneira alguma, termos esclarecidas as fontes primeiras que deram origem à escolha do objeto exterior do desejo: o *vestido vermelho*. Elas estão definitivamente submetidas ao recalcamento.

Uma investigação analítica, semelhante em muitos aspectos a uma pesquisa semiótica,[3] poderia revelar inúmeros dos contextos simbólico-culturais que estão associados à escolha do objeto, mas não todos. Quanto mais nos aproximarmos dos motivadores primeiros inconscientes, mais tendemos a realizar novos processos de deslocamentos e condensações. Trata-se aqui da colocação em ação na pesquisa do mesmo mecanismo que produziu o objeto final pré-consciente, o *vestido vermelho,* porém, em seu sentido reverso, do consciente em direção às representações inconscientes. Isso significa que muitos elementos presentes no inconsciente – melhor dito, muitas representações inconscientes – podem aceder, mediante um trabalho de investigação, ao consciente e serem compreendidos. Compreendidos tanto no que se refere ao sujeito particular do desejo, como em alguns aspectos gerais que podem dizer respeito aos usos realizados momentaneamente em uma dada comunidade ou cultura consideradas temporalmente.

Ora, se acrescermos ao exemplo os desenvolvimentos lacanianos acerca do funcionamento do processo psíquico do desejo relacionado com um objeto de consumo, o *vestido vermelho* se tornará não só mais claro, mas igualmente operativo. Lacan substitui os conceitos de deslocamento e condensação pelos conceitos da lingüística de Roman Jakobson (1896-1982),[4] metonímia e metáfora, respectivamente, como já citado antes, submetendo-os a uma racionalidade lógico-semiótica.

---

[3] Concordamos com Lucia Santaella em *O que é semiótica* (1983), e, mais tarde, em *Culturas e artes do pós-humano* (2003), quando defende uma intrínseca relação entre a semiótica de Charles-Sanders Peirce e a psicanálise de Freud e Lacan. Ao que sabemos, Freud morreu em 1939, sem jamais conhecer o pensamento de Peirce dos anos que vão de 1860 a 1880. Por outro lado, Lacan, em seus seminários *O sintoma* (1975-1976) e *L'insu que sait de l'une-bevue s'aile à mourre* (1976-1977), não somente reconhece a anterioridade do pensamento semiótico, como argumenta em favor de uma determinação conceitual da psicanálise a partir da semiótica de Peirce. Nesse sentido, na conferência de 16 de março de 1976, intitulada "Pedaços do real", o psicanalista afirma que suas categorias Real, Simbólico e Imaginário corresponderiam às categorias peirceanas de Primeiridade, Segundidade e Terceiridade: "é completamente a mesma via que eu sigo, salvo pelo fato de que chamo as coisas por outro nome: simbólico, imaginário e real". A nosso juízo, uma teoria da comunicação que também levasse em conta as possíveis relações entre semiótica peirceana e psicanálise teria muito a contribuir para o esclarecimento dos processos simbólicos presentes na publicidade e propaganda. Eis aí uma tarefa ainda não realizada extensivamente, uma tarefa por ser elaborada.
[4] Jakobson (1965). Lacan gozava do círculo privado de Jakobson, tendo realizado com este inúmeras discussões, algumas delas tendo Jakobson como convidado em seu próprio seminário.

Deslocamento passa a ser compreendido como metonímia, ao passo que condensação passa a ser designada como metáfora. O benefício direto dessa abordagem consiste no fato de que realiza a aproximação e a transposição de dois conceitos freudianos, oriundos de um paradigma mecanicista e economicista, para um paradigma mais próximo das realizações da cultura e sociedade humana, o paradigma estruturalista. Lacan pensa a teoria e a prática psicanalíticas com base em uma teoria semiótica.[5] Uma teoria semiótica sempre possui uma relação direta com os fenômenos de uma dada cultura. Então, nesse caso, metonímia e metáfora poderiam muito bem funcionar como elementos operadores, suficientemente poderosos para explicar o funcionamento dos signos na cultura a partir da hipótese do inconsciente psicanalítico que supõe um desejo inconsciente e sua busca de realização.

Os sucessivos deslocamentos da energia psíquica do desejo (libido) descritos por Freud seriam então compreendidos como processos metonímicos da linguagem humana.[6] Tais processos metonímicos formam a base para os processos metafóricos, que cristalizam momentos de deslizamentos do desejo do sujeito. Nesse sentido, o *vestido vermelho* pode ser pensado como a resultante significante de um longo e detalhado processo que envolveu metonímias e metáforas, chegando até uma representação que alcança um alto grau de universalidade. Num simples dizer, o *vestido vermelho* representa uma possibilidade substitutiva e gratificante aos desejos impossíveis de serem realizados. Para Lacan, o desejo humano se constitui *num desejo de desejo,* capaz de transmutação, permeabilidade e permutação por outros, mais imediatos e acessíveis, situação que ele designa pelo termo de *combinatória do significante.*

Essa condição humana de ser um *ser desejante,* um ser dentro de uma cultura que é pura possibilidade, é colocada como suporte possível e incompleto da situação ética do homem de se constituir em um ser que jamais poderá cum-

---

[5] Dizemos semiótica devido ao fato de sua teoria do significante ser capaz de ser englobada numa semiótica psicanalítica, como muito bem sugere Umberto Eco, em seu livro *Tratado geral de semiótica* (1980), no qual propõe que a psicanálise, dentro de uma teoria geral da semiótica baseada em Peirce, constituiria uma ciência das pulsões a designar.

[6] Linguagem aqui deve ser compreendida em seu sentido mais universal, tal como a define a filosofia hermenêutica da linguagem, englobando todas as manifestações do mundo humano. Ver: Gadamer (1999), especialmente a terceira parte: "A virada ontológica da hermenêutica no fio condutor da linguagem".

prir seus desejos originais, ou seja, que deve contentar-se com substitutivos ao seu desejo primordial.

Sendo assim, o homem procura uma satisfação substitutiva, análoga àquela que o realizaria, digamos, completamente. Sabemos que encontrar a satisfação que nos realizaria completamente é, do ponto de vista real, impossível, ou melhor, irrealizável. Segundo o ponto de vista psicanalítico, o desejo insatisfeito é vivido como e por meio de uma tensão interna. A satisfação ou realização consiste na supressão dessa tensão interna, alcançando o objeto capaz de acalmá-la. Portanto, quando se fala em desejo, a questão do objeto (causa do desejo e de sua satisfação/realização) entra em cena.

Na *Interpretação dos sonhos*,[7] Freud descreve o processo pelo qual se forma o desejo, ou seja, como se constitui esse modelo ao qual irão se conformar as experiências posteriores do sujeito para poderem ter o sentido de "realização de desejo". Como todos os conceitos em psicanálise, esse também irá nos remeter aos fundamentais momentos da infância. A criança, dirá Freud, experiencia uma vivência de satisfação, que suprirá a excitação interna, ainda indefinida.[8]

Sendo assim, nos diz Freud, todo desejar se completa num estado primordial de alucinação, sendo essas as primeiras atividades psíquicas. Buscamos a repetição daquela percepção que está vinculada à satisfação da necessidade. Portanto, o desejo é um movimento psíquico que não visa a um objeto exterior (este será visado pela necessidade), mas sim à imagem mnêmica da percepção que acompanhou a satisfação da necessidade. É por isso que muito do que compramos, ou desejamos comprar, não necessitamos. Um exemplo fictício poderia ser: deu-nos muita satisfação, quando bebês, aconchegarmo-nos ao colo de nossa mãe, que, por sua vez, adorava vestir-se de vermelho. Temos um impulso de preferir objetos nessa cor e muitas vezes os compramos quando não nos são

---

[7] Mais precisamente no capítulo VII: "Psicologia dos processos oníricos", da *Interpretação dos sonhos* (1900).
[8] "Uma parte essencial dessa vivência é o surgimento de uma certa percepção (a comida, por exemplo), cuja imagem mnêmica fica daqui por diante associada com o traço mnêmico da excitação da necessidade. Ao surgir numa próxima vez essa necessidade, ocorrerá, graças à ligação estabelecida, um movimento psíquico que quer reinvestir a imagem mnêmica daquela percepção e provocar a própria percepção, isto é, reproduzir a situação da primeira satisfação. Um tal movimento é o que denominamos desejo; a reaparição da percepção é a realização de desejo, e o reinvestimento total da percepção a partir da excitação da necessidade, o caminho mais curto para a realização de desejo." (Mezan, 1990, p. 356).

necessários. O que o desejo visa é reinvestir a imagem mnêmica daquela percepção e provocar a própria percepção. Nesse caso em particular: o que desejamos é vivenciar a satisfação de estarmos no colo de nossa mãe.

É evidente que a percepção percebeu algo que ocorreu fora do sujeito, mas ela foi acompanhada por uma sensação interna que deixa um traço. A imagem mnêmica dessa percepção e da sensação concomitante está na memória do sujeito, pois a passagem da excitação deixa um traço que vai ser associado com a imagem mnêmica da percepção satisfatória.

> O desejo depende, portanto, de uma associação que precede e condiciona sua existência, que lhe mostra um caminho e que é uma associação entre traços e imagens, entre representações psíquicas. Ele visa por isso reproduzir um estado de satisfação que é sempre anterior, e aquilo que surge na cena da realidade só cumpre essa condição (de objeto de desejo) se corresponder de algum modo à imagem mnêmica cuja reprodução é procurada. O objeto externo tem então de se conformar com essa imagem para poder ser investido, para ganhar significação psíquica; mas isso implica que nenhum objeto externo satisfará jamais plenamente a condição mencionada, posto que aquela percepção, causa da imagem mnêmica que polariza o desejo, não pode ser repetida; é única e pertence ao passado. (Mezan, 1990, p. 357)

Sendo assim, a segunda vivência de satisfação já deverá ser qualificada como substitutiva. O fato de ser substitutiva, portanto, condenada à tentativa de reproduzir uma experiência que jamais se repetirá, dado que cada experiência na vida é única – ou, como já disse o filósofo pré-socrático Heráclito, a água que passa pela margem de um mesmo rio nunca é a mesma –, faz do homem um ser de desejo. Com maior precisão, diríamos, produz um estado de tensão tal (uma pulsão) que nos encaminha para uma eterna busca de retorno a um estado primitivo, vivenciado nas nossas primeiras sensações de *infans* (bebê ainda sem fala). Sensações essas de plenitude e completude, às quais é impossível retornar. Embora impossível, é da nossa condição humana a tentativa insistente de retorno a esse estado primitivo.

Será a busca desse impossível que nos fez e faz produzir cultura, ou seja, que criou e recria o homem, ser de desejo. De alguma maneira, somos eternos caminhantes em busca de um lugar que não podemos encontrar. Entretanto, ao procurá-lo, encontramos e produzimos novos caminhos e novos lugares. Ora, são esses novos caminhos e lugares que a publicidade pode nos ofertar. Serão bem aceitos caso gerarem em nós a significação psíquica relativa à experiência para sempre perdida (do desejo inconsciente). Sem poder mais vivenciar a experiência primeira, perdida no passado, podemos, no entanto, buscar vivenciar as sensações que elas produziram em nós por meio de outras substitutivas. Essa regra da economia psíquica é seguida pelo sujeito humano que transita entre objetos na busca de sua realização.

Nossa contemporaneidade, chamada por muitos pensadores de pós-moderna, tem como um de seus valores a busca pelos prazeres da vida, ponto muito bem levantado por analistas do segmento do consumo do luxo. É essa uma de suas justificativas para o aumento no consumo desse segmento na Europa, na Ásia, nos Estados Unidos e, como podemos atestar, também no Brasil.[9]

O que se compram, na verdade, não são objetos, mas símbolos construídos arbitrariamente e que são mutáveis. Deixa-se o universo material para adentrar-se no universo do mental. Todo ato de compra, para além de suas necessidades materiais inerentes, obedece a uma regra inconsciente fundamental: proporcionar prazer (gozo). A revelação de tal regra nos mostra que o ser humano se apresenta no mundo como um ser em desenvolvimento permanente. Antes de um ser completo, pleno, trata-se da revelação de um ser incompleto, que se descobre a todo instante como insatisfeito. Esse homem insatisfeito persegue a meta inalcançável que seus desejos lhe apresentam. Toda vez que ele aproxima-se de alcançá-la, ela se transforma, progride e transmuta-se em outra diferente. Assim, toda forma de consumo atualmente, por mais simples que seja, se coloca ao mesmo tempo como uma forma de auto-superação humana: um meio para obter mais ou tornar-se melhor. Desse modo, com toda a variedade de produtos no mercado, com sua alta competitividade, fica muito difícil falar meramente de consumo em função de necessidades. A partir desse ponto

---

[9] O mercado de luxo no Brasil está em plena expansão. Cresceu 35% nos últimos cinco anos e, desde 2004, na Faap (Fundação Armando Álvares Penteado), São Paulo, ocorre um MBA em gestão de luxo.

de vista, entende-se que não há produto hoje que, para ser comprado, não deixe de se conectar ao domínio de nossos desejos. Se a satisfação de nossas necessidades é responsável pela manutenção de nossa vida fisiológica, será o desejo, por outro lado, o que nutre nossa psique e se conecta com a sociedade de consumo e com a cultura que nos engloba.

Será com base na idéia de o desejo participar da sociedade de consumo, na qual conceitos e objetos se ligam psiquicamente a desejos do sujeito, que podemos igualmente argumentar em favor da idéia da circulação de objetos de consumo em uma sociedade altamente industrializada. Tais objetos estão vinculados a elementos culturais e de linguagem que servem de suporte aos desejos humanos, organizando-os em uma miríade de possibilidades e desdobramentos. Será nesse contexto que uma outra contribuição da psicanálise pode ser trazida. Trata-se de uma tese do psicanalista francês Jacques Lacan (1982a), notabilizada pela famosa frase: "O desejo do homem é o desejo do Outro".

O conceito de Outro, ou melhor, *grande Outro,* será um conceito fundamental na psicanálise lacaniana. Conceito de base, ele é responsável pela relação entre a teoria psicanalítica derivada da clínica com a cultura social e simbólica na qual vivemos. O conceito de grande Outro é elaborado por Lacan a partir da *Fenomenologia do espírito* do filósofo Hegel. Entretanto, ele subverte o sentido dado por Hegel à consciência, trazendo a faceta do Outro como inconsciência constituída como tal. O Outro lacaniano é um Outro do inconsciente humano, separado do sujeito da consciência. Muito antes de privilegiar os atributos da consciência humana, a teoria psicanalista do Outro presta atenção aos seus elementos não conscientizados, daí que a própria noção de Outro e alteridade ser referidas antes ao inconsciente humano do que aos caprichos da consciência. É por essa perspectiva que a idéia do Outro interessa ao meu desejo, como dissemos anteriormente, ou seja, porque falta ao sujeito o que ele não sabe, ou mesmo não pode saber, em virtude da censura ou recalque. Como o que visamos é encontrar o que nos falta como objeto de nosso desejo, o Outro nos interessa, particularmente numa discussão que relaciona o sujeito psicanalítico e o mundo da publicidade.

A psicanálise lacaniana parte do pressuposto de que o ser humano somente pode ser pensado a partir da existência do homem dentro de um mundo simbólico. Tal mundo simbólico fornece o sentido à realidade humana e material, sem o qual viveríamos no mais absoluto caos. Sendo assim, vale dizer que, de acordo com esse ponto de vista, os símbolos são tomados como mais reais do que as coisas que representam. Isso porque eles fornecem o sentido, a amarração das coisas que nos cercam com o sentido e propósito de nossas existências. Fora dessa dimensão do sentido proporcionada pela dimensão simbólica, a questão humana somente poderia ser concebida como uma simples questão de necessidades naturais. Será nesse ponto que desejo e simbólico se enlaçam na concepção lacaniana do grande Outro.

Não há acesso nem sustentação possível, dirá Lacan (1982b), de meu desejo que seja pura referência a um objeto, qualquer que seja, atrelando-o, enlaçando-o com o que se exprime pelo *Sujeito* ao seu objeto, chamado na psicanálise de *objeto a*, que deve ser compreendido como a dependência necessária daquele sujeito em relação ao Outro como tal, ao Outro como lugar do significante, não o outro como meu semelhante. Dessa maneira, o desejo de desejo, no sentido lacaniano ou analítico, é o desejo do Outro.

"Limitai a natureza às necessidades naturais e o homem torna-se um animal", disse Shakespeare. A introdução do desejo humano como condição do sujeito rompe com a naturalização que a perspectiva das necessidades tendia a impor. O desejo se coloca como uma perspectiva simbólica de organização do homem na sociedade. Adquirir um objeto, hoje, é encontrar sensorialmente resposta para a pergunta: qual o diferencial simbólico, afetivo e emocional para que se compre esse, e não aquele, produto? O produto (como objeto material) nada mais é do que um meio de acesso ao que ele representa, portanto ao que ele, semioticamente, transmite aos nossos sentidos.

Com a introdução do conceito de grande Outro – "*grand Autre*" –, Lacan procura contextualizar a participação da linguagem na experiência psicanalítica. Desde o surgimento desse conceito, o psicanalista vincula-o com a dimensão simbólica do humano. Ou seja, compreende o Outro como a linguagem em ação, viva entre os falantes, como a dimensão da linguagem em sua essência, totalidade do código de uma dada língua ou cultura.

Portanto, se o que desejamos guarda uma relação direta com nossas sensações primitivas de satisfação, não podemos esquecer que estas estão atravessadas por uma constante atualização por nossas novas experiências da vida e pelo contexto cultural no qual estamos inseridos.

Sendo assim, se a tentativa de satisfação de nosso desejo de unidade à figura materna nos leva à busca por objetos na cor vermelha, também encontramos elementos culturais favoráveis à nossa escolha e que nos situam no mundo em que vivemos. Esses elementos culturais, por sua vez, não podem ser dissociados de elementos singulares e subjetivos, pois, se nos identificamos com algum elemento posto na cultura, é porque esse traço foi por nós capturado como elemento significante na construção da nossa subjetividade.

O processo de escolha de um artigo de consumo é concebido, portanto, como um processo de formação inconsciente. O desejo não determinado do sujeito, o desejo inconsciente incapaz de realização, sofre, por meio da metonímia do desejo, alterações fundamentais que lhe permitem condensar-se com outros substitutivos, em uma fantasia qualquer (a *Outra Cena* da psicanálise). Tais fantasias tendem a buscar um caminho de realização, ou seja, encontrar objetos externos que permitam sua manifestação aliada a um gozo. Quando isso acontece, a circulação propiciada pelos caminhos metonímicos e metafóricos tende a se cristalizar em formas aliadas a símbolos que possuem similaridades, em algum aspecto ou capacidade potencial. O mecanismo da associação de um desejo a um determinado objeto externo segue aqui um caminho semelhante ao do apaixonar-se, no qual o sujeito é captado ou capturado pelo objeto que lhe acessa uma correspondência com seus contextos subjetivos. É nesse ponto que fantasias inconscientes e motivações conscientes e objetivas se encontram cooperativamente, levando o sujeito a se vincular a um objeto externo.

Dessa maneira, desejos e fantasias ligadas ao narcisismo podem levar alguém a se interessar por sua aparência pessoal, a cuidar de sua pele e a gostar de sua própria imagem pessoal. Objetivamente, alguns produtos nasceram para entrar no âmbito dos objetos de interesse do sujeito, a fim de corresponder ao seu desejo. Sob a égide da beleza, da saúde e dos cuidados com a pele, produtos do tipo cosméticos naturais e terapêuticos encontram um espaço fértil para o sujeito. Quanto mais suas estratégias de comunicação e propaganda despertarem no sujeito as idéias de beleza, saúde, rejuvenescimento e prazer pessoal e físico, mais eles tendem a se acoplar adequadamente à estrutura subjetiva da fantasia e desejo humanos. Quanto mais eles se afastarem desse núcleo subjetivo, apelando às suas capacidades científicas e potencialidades biológicas, mais tendem a não estimular o vínculo entre o objeto de consumo e a fantasia intra-subjetiva do consumidor.

Concluímos, então, que com a psicanálise, em sua busca por compreender a subjetividade humana, encontramos nos conceitos que aqui trabalhamos sinteticamente elementos que nos ajudam a pensar a complexidade que envolve a publicidade em nossa contemporaneidade.

Bibliografia

CASTARÈDE, J. *O luxo: os segredos dos produtos mais desejados do mundo*. São Paulo: Barcarolla, 2005.

ECO, U. *Tratado geral de semiótica*. São Paulo: Perspectiva, 1980.

FREUD, S. La interpretación de los sueños (1900). In: *Obras completas de Sigmund Freud*. t. 1. Madri: Biblioteca Nueva, 1973.

GADAMER, H.-G. *Verdade e método* (1960). Rio de Janeiro: Vozes, 1999.

JAKOBSON, R. *Essais de linguistique générale*. Paris: Minuit, 1965.

LACAN, J. O Seminário 01. *Os escritos técnicos de Freud*. Rio de Janeiro: Jorge Zahar, 1982a.

_____ . O Seminário 10. *A angústia*. Rio de Janeiro: Jorge Zahar, 1982b.

_____ . O Seminário 23. *O sintoma*. Inédito. Banco de dados digital de Luís Carlos Petry.

_____ . O Seminário 24. *L'insu que sait de l'une-bevue s'aile à mourre*. Inédito. Banco de dados digital de Luís Carlos Petry.

MEZAN, R. O estranho caso de José Matias. In: NOVAES, A. (org.). *O desejo*. Rio de Janeiro: Funarte, 1990.

PEREZ, C. *Signos da marca: expressividade e sensorialidade*. São Paulo: Thomson, 2004.

SANTAELLA, L. *O que é semiótica*. São Paulo: Brasiliense, 1983.

_____ . *Cultura e artes do pós-humano: da cultura das mídias à cibercultura*. São Paulo: Paulus, 2003.

SCHOPENHAUER, A. *O mundo como vontade e representação*. São Paulo: Unesp, 2005.

Parte 2
As Interfaces da Publicidade

9

Marketing, de olho no retrovisor

Mitsuru Yanaze*
José Antônio Rosa**

A missão do marketing é otimizar a relação entre uma empresa e seus clientes, permitindo a satisfação máxima das necessidades destes e a realização efetiva dos objetivos da organização. Visto dessa maneira, ele não pode ficar circunscrito a um suposto departamento de marketing e, muito menos, a algumas funções mais específicas como propaganda, vendas etc. A organização inteira, nesse sentido mais amplo, é um sistema de marketing no qual tudo deve levar à criação de valores para os clientes (Keegan e Green, 1999).

Sendo assim, os modelos de marketing mais conhecidos apresentam uma lacuna por não dar a devida ênfase ou, às vezes, até mesmo por negligenciar completamente todas as atividades que antecedem a produção de um bem ou serviço, capaz de atender às expectativas da clientela. É imprescindível que, além das funções tradicionais (pesquisa, desenvolvimento do produto, comunicação), a visão e a ação do marketing direcionem-se também a outras atividades que são estratégicas para a plena realização da missão de otimizar a relação

---

*Livre-docente e doutor em Ciências da Comunicação pela ECA-USP. Professor da Escola de Comunicações e Artes da USP, consultor de empresas.
**Doutorando em Ciências da Comunicação pela USP, Mestre em Administração de Empresas pela PUC-SP, consultor, editor, professor de pós-graduação.

com os clientes. Entre outros pontos relevantes, é fundamental que o marketing olhe "para trás" e oriente a obtenção dos insumos necessários à criação e à distribuição de bens e serviços de valor.

A finalidade do presente texto é mostrar como o conceito de marketing pode e deve ser aplicado a atividades de *input* (entrada) e *throughput* (processamento) no sistema empresarial, especificamente em compras, por meio do chamado *marketing reverso*, e na orientação dos empregados, por meio do *marketing interno* ou *relações públicas internas*. Para isso recorreremos a referências da literatura sobre os conceitos fundamentais de marketing e sobre os aspectos específicos relacionados aos esforços de marketing "para trás". Usando de observações decorrentes da experiência dos autores, acumulada em décadas de atividades executivas e de consultoria em marketing, pretende-se oferecer, ao pesquisador, um quadro referencial para maiores estudos do assunto e, para o praticante, um esquema por meio do qual possa direcionar "para trás" eficientemente alguns instrumentos do marketing, obtendo ganhos de eficiência para a organização.

Na primeira parte do texto trataremos do conceito geral de marketing e da importância de sua aplicação em atividades de *input* e *throughput* organizacionais. Após isso, apresentaremos o conceito de *marketing reverso* e sugeriremos uma estrutura de aplicação. Por fim, trataremos do *marketing nas relações internas* e, de modo semelhante, apresentaremos uma sugestão de estrutura de aplicação.

O conceito de marketing, por que e como voltá-lo também "para trás"

As primeiras idéias de marketing surgiram nas primeiras décadas do século XX, e o conceito adquiriu consistência e ganhou importância significativa a partir dos anos 1960. Partindo da correta percepção de que não adianta produzir aquilo que o mercado não deseja, os primeiros estudiosos do assunto enfatizaram a necessidade de a empresa ter uma orientação para o mercado. Isso passou a constituir o cerne da "filosofia" do marketing que, entre outros pontos, apregoava que a razão-de-ser da empresa é identificar e atender necessidades de um grupo de consumidores e obter lucro com isso. As orientações para o produto, para a produção ou para vendas foram paulatinamente sendo rejeitadas em benefício da orientação para o consumidor, ao mesmo tempo que o conceito de marketing foi ganhando contornos definidos para englobar toda a riqueza das atividades organizacionais voltadas para a satisfação da clientela.

Podemos dizer que o conceito de marketing engloba hoje os seguintes ingredientes (Kotler e Armstrong, 1991; Churchill e Peter, 2000):

- *"Filosofia" e visão de organização* – isto é: uma forma de pensar a razão-de-ser da empresa – Satisfazer necessidades do mercado, suas tarefas, o porquê de suas atividades e processos.
- *Percepção do ambiente* – A organização é vista como integrada em um ambiente que inclui clientes a serem satisfeitos, concorrentes, distribuidores, fornecedores e outros agentes que, direta ou indiretamente, influenciam a ação organizacional.
- *Conjunto de atividades* – As atividades que levam à realização da função maior do marketing, ou seja: pesquisa, desenvolvimento e administração do produto, além de comunicação, vendas e pós-vendas.
- *Estrutura funcional* – Isto é, um aparato de cargos e funções formalmente estabelecidos que visa a realizar as atividades fundamentais de planejamento e um departamento de gestão de produtos e serviços, inserido na estrutura organizacional, com suas funções e processos formais.
- *Conjunto de técnicas* – Isto é, um conjunto de instrumentos que permitem, facilitam e tornam mais eficientes a análise de questões e a formulação de decisões com a finalidade de maximizar os ganhos da relação organização–mercado.

O "voltar-se para o mercado", adequadamente proposto e concretizado pelo marketing, levou as organizações a colocarem forte ênfase na ponta final de suas atividades e processos – a satisfação do cliente. Porém, à medida que a competitividade entre as empresas foi crescendo e que o nível geral de eficiência foi-se ampliando, a partir do início dos anos 1980, foi-se percebendo que para chegar na reta final com possibilidade de satisfação máxima do cliente, de modo competitivo, seria necessário obter ganhos de produtividade em toda a cadeia de valores. Além disso, a batalha mercadológica de diferenciação competitiva não mais se restringia aos quatro elementos do mix de marketing de Jerome MacCarthy – produto, preço, distribuição, promoção. Nesse contexto, é útil e desejável rever as definições fundamentais de marketing e sua aplicação; e a Figura 9.1, proposta por Yanaze (2007), pode servir de ponto de referência orientadora não só de pesquisas mas também da atuação dos profissionais.

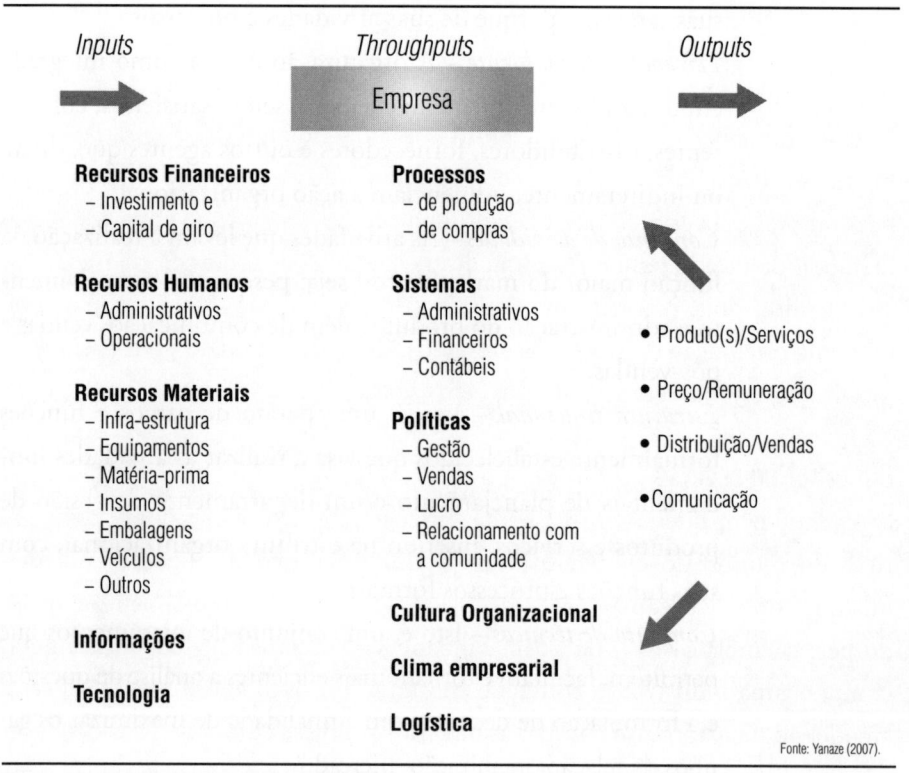

Inputs	Throughputs Empresa	Outputs
Recursos Financeiros – Investimento e – Capital de giro	**Processos** – de produção – de compras	
Recursos Humanos – Administrativos – Operacionais	**Sistemas** – Administrativos – Financeiros – Contábeis	• Produto(s)/Serviços • Preço/Remuneração
Recursos Materiais – Infra-estrutura – Equipamentos – Matéria-prima – Insumos – Embalagens – Veículos – Outros	**Políticas** – Gestão – Vendas – Lucro – Relacionamento com a comunidade	• Distribuição/Vendas • Comunicação
Informações **Tecnologia**	**Cultura Organizacional** **Clima empresarial** **Logística**	

Fonte: Yanaze (2007).

Figura 9.1 Visão integrada do marketing.

Inputs e *throughputs* estratégicos

Nem tudo aquilo que entra no sistema organizacional ou é por ele processado tem peso estratégico. Alguns *inputs* e *throughputs* têm conexão maior com os resultados finais e o afetam de modo mais intenso e significativo. Tal é o caso, por exemplo, do suprimento de produtos para um estabelecimento comercial; ele afeta diretamente o sortimento colocado à disposição da clientela, os preços dos produtos ofertados, a qualidade, a variedade etc. Comprar os itens certos e nas condições certas é absolutamente estratégico para a empresa de comércio. Já a compra de material de escritório certamente não terá a mesma relevância em um estabelecimento bancário.

De modo geral, porém, há duas áreas de *inputs* e *throughputs* que têm relevância estratégica, se não para todas, pelo menos para a maioria das empresas. A primeira é a função compras e suprimentos, que busca garantir os insumos estrategicamente mais adequados à realização da missão da organização. Igualmente estratégicos em número percentualmente maior de empresas são os recursos humanos – o clima e a cultura organizacional. Quase sempre é recomendável um significativo esforço de implantação do conceito de marketing nas compras e na criação de uma cultura de competência, que pode contribuir de modo destacado para o atendimento excelente dos anseios da clientela.

Vamos, pois, discutir a implantação do conceito de marketing nas compras e na orientação dos recursos humanos. O mesmo modelo poderá ensejar a focalização do marketing "para trás" em outras áreas estratégicas.

O marketing reverso

"Só vende bem quem compra bem." Eis a frase que é orientadora dos executivos do mundo do comércio e que traduz uma verdade incontestável para qualquer tipo de organização. Uma loja só pode oferecer o sortimento requerido pela clientela caso tenha a sensibilidade para escolhê-lo adequadamente na compra; uma indústria só consegue chegar ao produto efetivamente capaz de atender ao mercado caso compre as matérias-primas e componentes adequados para a sua produção; uma escola tem bons cursos a oferecer à sociedade se atrair bons professores; até mesmo uma ONG só será capaz de prestar bons serviços se for capaz de atrair bons profissionais e bons patrocinadores.

É fundamental perceber também que os *inputs* fundamentais não se restringem aos itens de compra propriamente ditos. Há necessidade de que a empresa "importe" do ambiente recursos financeiros, humanos, materiais, informações e tecnologia capazes de viabilizar uma operação eficiente sob a perspectiva de atender ao mercado.

É nesse contexto que se aplica o conceito de *marketing reverso*. Ele trata da gestão estratégica na busca dos insumos fundamentais para a operação eficiente da empresa, isto é, é o marketing direcionado ao mercado fornecedor, visto este, aqui, no seu sentido mais amplo. Tem o propósito de estabelecer relações ótimas com fornecedores de matérias-primas ou de componentes, assim como visa ao estabelecimento de parcerias saudáveis para a garantia de suprimento da tecnologia requerida pela organização, dos insumos de informação, do suporte institucional etc. Aplica-se tanto à empresa como um todo, no seu processo de buscar no ambiente os *inputs* fundamentais à realização da sua missão, como também pode ser aplicado no âmbito setorial, no qual cada departamento se imbui da filosofia e passa a direcionar esforços de melhoria das relações com outros órgãos que na cadeia produtiva apresentam-se como fornecedores. Nessa visão ampla, o conceito do marketing reverso tem muito a ajudar a empresa.

Visão de marketing na função *procurement*

A aplicação do conceito de marketing a compras – que, de algum modo não explícito, já se fazia presente nas organizações comerciais que adquirem produtos finais para ofertar à clientela – começou a ser vista como uma necessidade na indústria a partir do final da década de 1980. Esse enfoque ganhou o termo *marketing reverso*, introduzido por Michiel R. Leenders e David L. Blenkhorn (1991) em 1988, ao observarem práticas de compras agressivas adotadas por empresas japonesas (a visão mercadológica nas compras é um pioneirismo de organizações orientais). Outros termos foram cunhados para a prática, como *proactive procurement* (compras proativas) e *market-driven procurement* (compras direcionadas pelo mercado).

Quais são as vantagens que o marketing reverso pode trazer a uma empresa? A questão só pode ser adequadamente respondida se considerada a importância dos suprimentos para a organização; mas, de modo geral, alguns benefícios podem ser antecipados:

> ▪ *Orientação estratégica de compras* – Em vez de comprar considerando as necessidades internas, compra-se com "os olhos do mercado", e isso pode trazer diferenciais competitivos para produtos e serviços

oferecidos pela organização. Os fatores críticos de decisão em compra – preço, qualidade, serviços – tenderão a ser vistos com base em outro ângulo, o que tende a eliminar, por exemplo, o erro decorrente de "economias" feitas à custa da qualidade final do produto.

- *Uso dos recursos dos fornecedores* – A mudança no ângulo de visão de compras pode levar a um melhor uso de recursos de fornecedores, por sua identificação como ingredientes estratégicos do marketing. Um novo modo de ver o fornecedor e seus recursos abre possibilidades à avaliação de alternativas de uso mais apropriadas.
- *Integração dos fornecedores* – Se freqüentemente, para a orientação tradicional de compras, o fornecedor é visto como opositor, agora ele passa a ser visto como o parceiro que efetivamente deve ser. Com isso, formam-se alianças em que a cooperação acarretará ganhos sinérgicos.

Quadro 9.1

Conceito de marketing	Aplicação em compras	
	Vantagem	Como fazer
Uma "filosofia" e uma visão de organização – Isto é: uma forma de pensar a razão-de-ser da empresa – satisfazer necessidades do mercado, suas tarefas, o porquê de suas atividades e processos.	A introdução do conceito de marketing reverso ou compras orientadas pelo mercado por si só deve produzir uma mudança de foco nas atividades de suprimentos. Conforme Biemans e Brand (2004), a introdução desse novo modo de ver torna a ação de compras mais proativa, multidirecional, cooperativa em relação a fornecedores, voltada para longo prazo, sensível às necessidades do mercado.	– Transmissão dos conceitos fundamentais de marketing ao pessoal de compras. – Orientação do pessoal de compras sobre a estratégia de marketing da organização. – Informação ao pessoal de compras sobre as necessidades de marketing da organização. – Orientação do pessoal de compras para se relacionar com o mercado fornecedor na perspectiva de "cliente".

(continua)

Quadro 9.1 (*continuação*)

Conceito de marketing	Aplicação em compras	
	Vantagem	Como fazer
Uma percepção do ambiente – A organização é vista como integrada em um ambiente que inclui clientes a serem satisfeitos, concorrentes, distribuidores, fornecedores e outros agentes que direta ou indiretamente influenciam a ação organizacional.	O paradigma tradicional de compras é atender à produção – as necessidades produtivas (internas, portanto) tornam-se a orientação privilegiada. Incluir o cliente final nas considerações de compras abre espaço para a criatividade e para a geração de um quadro diferente de soluções e alternativas.	– Implantação do planejamento estratégico em compras, levando em consideração as necessidades e expectativas do mercado fornecedor. – Disseminação de análises ambientais. – Envolvimento de compras nos estudos estratégicos.
Um conjunto de atividades – As atividades que levam à realização da função maior do marketing, ou seja, pesquisa, desenvolvimento e administração do produto, comunicação, vendas e pós-vendas.	Quando se integra compras às atividades do marketing, registram-se ganhos de criatividade e produtividade. Por exemplo, se a pesquisa de mercado conta com o concurso de compras, esse é um referencial a mais para a criação de alternativas. Por outro lado, pode-se orientar a busca de insumos com uma visão integrada das motivações da clientela ou de outras questões estratégicas levantadas pela pesquisa. Igualmente em relação ao desenvolvimento de produtos: ele pode começar com a configuração de suprimentos planejados e nestes podem-se buscar ingredientes estrategicamente diferenciadores. Por outro lado, uma informação crítica de compras ou a obtenção de um insumo diferenciado não poderiam ser munições temáticas para propaganda?	– Participação de compras em comitês, como o de desenvolvimento de novos produtos, comitê de qualidade etc. – *Job rotation* (rotação de profissionais) entre compras e vendas.

(*continua*)

Quadro 9.1 (*continuação*)		
Conceito de marketing	**Aplicação em compras**	
	Vantagem	Como fazer
Uma estrutura funcional – Isto é, um aparato de cargos e funções formalmente estabelecido que visa a realizar as atividades fundamentais do marketing, um departamento de gestão de produtos e serviços, inserido na estrutura organizacional, com suas funções e processos formais.	A definição de funções formais de marketing pode ser um enriquecimento de funções (*job enrichment*) na área de compras, o que por si só traz ganhos motivacionais. Acresçam-se aí ganhos de criatividade, sensibilidade para as necessidades do mercado, relacionamento com fornecedores, relacionamento interno etc. Eventualmente pode ser dispensada a criação de cargos específicos, mas podem-se estabelecer processos e sistemas de relacionamento que integrem parte do esforço de compras ao marketing.	– Definição de processos em que o setor de compras participará nas atividades departamentais de marketing e vice-versa.
Um conjunto de técnicas – Isto é, um conjunto de instrumentos que permitem, facilitam e tornam mais eficientes a análise de questões e a formulação de decisões com a finalidade de maximizar os ganhos da relação organização-mercado.	Conceitos oriundos do marketing como posicionamento, segmentação, atratividade de mercado e ciclo de vida – só para citar alguns – podem ser de grande utilidade na orientação de compras, para dar uma tônica essencialmente estratégica à atividade.	– Estimulação do desenvolvimento integrado do pessoal, por meio de cursos mais abrangentes e de vivências dinâmicas que demandem um entrosamento sistêmico e estratégico.

- *Aumento da eficiência do marketing* – O marketing é uma função de toda a organização, e a devida integração de compras o tornará mais eficiente.
- *Ganhos de produtividade* – Redução de prazos e de custos pode ser obtida com um melhor direcionamento dos esforços de

compras e melhor motivação da equipe para a razão-de-ser da organização.

- *Ganhos de qualidade* – Certamente a orientação estratégica na obtenção dos insumos permitirá que os produtos e serviços tenham ganhos significativos de qualidade.

Recorrendo ao desmembramento do conceito de marketing feito anteriormente, podemos discutir como ele pode ser aplicado a compras.

A organização interessada em implantar o marketing reverso deve considerar, entre outros, os seguintes comportamentos:

- *Disseminação do paradigma de marketing em toda a estrutura de suprimentos* – Conscientização sobre a filosofia do marketing, suas atividades e práticas, suas necessidades, seus conceitos-chave é condição preparatória imprescindível para enfoque de compras pelo ângulo do mercado.
- *Estabelecimento de uma estrutura operacional* – Devem ser criados processos, sistemas e, eventualmente, funções necessários sob a perspectiva do enfoque mercadológico de compras. Por exemplo, pode-se incluir uma análise de mercado no planejamento de compras. Além disso, as funções tradicionais do departamento devem ser revistas para a inclusão da tônica de marketing.
- *Estabelecimento de um processo de planejamento e gerenciamento de compras com tônica de marketing.* Isso deve incluir:
  • *Identificação de suprimentos estratégicos* – Que itens de compra ou investimento são efetivamente relevantes para a maximização da satisfação do mercado? Eis aqui a pergunta norteadora dessa busca. Cada empresa tem sua particularidade, e aquilo que é relevante para uma pode não ser para outra. Itens estratégicos são usualmente os que se relacionam com o produto final ou com serviços essenciais aos clientes e que afetam decisivamente a qualidade; um com-

ponente crítico, a embalagem, uma matéria-prima especialmente importante inclui-se entre as possibilidades.
- *Identificação de serviços estratégicos* – É fundamental considerar que a empresa não compra apenas insumos físicos, mas também serviços, e estes freqüentemente são mais relevantes para o sucesso de marketing que os primeiros. Por exemplo, a empresa adquire consultoria gerencial ou técnica, serviços de pesquisa, treinamento – que têm efeito significativo sobre a eficiência do marketing.
- *Revisão do quadro de fornecedores* – Ao jogar a luz de marketing sobre as atividades de suprimento, diferentes ênfases podem aflorar na avaliação de fornecedores. Assim, uma revisão geral do quadro deve ser conveniente.

Lançada a semente do marketing na estrutura e nos processos de compra, pode-se esperar uma evolução a partir daí. Os caminhos criativos abrem-se à medida que se explicitam os objetivos e as ênfases fundamentais da empresa, e os bons resultados não tardarão a aparecer.

Implantando os conceitos de marketing nas relações pessoais e setoriais dentro da organização

A partir do início da década de 1980, com o aumento da competitividade e o incremento da velocidade e intensidade das mudanças no mundo empresarial, as empresas começaram a se dar conta de que suas estratégias não seriam eficazes sem o envolvimento do pessoal e sem o adequado relacionamento interpessoal e funcional. Começaram a surgir as idéias de voltar o arsenal de marketing para dentro da organização. No Brasil, o consultor Saul Bekin (1995) criou o termo *endomarketing* para traduzir esses esforços, mas a expressão *marketing interno* também é bastante usada, sendo a única utilizada no ambiente empresarial internacional.

Em decorrência da importância do conceito e da sua natural popularização, muitos passaram a discorrer sobre ele, produzindo em pouco tempo uma confusão de conceitos, como observa Yanaze (2007), sendo as atividades de marketing interno separadas e diferenciadas com as de comunicação interna ou relações públicas. No entanto, apesar de distintas, todas as atividades trabalham em mútua colaboração e influência (ibidem).

Papéis do público-alvo e enfoque do marketing nas relações internas

Parte-se do pressuposto de que o esforço de marketing de uma organização nunca será plenamente eficaz se não houver um envolvimento do quadro funcional. O colaborador da empresa é, necessariamente:

> a) funcionário, isto é, realiza funções e, sendo a empresa um sistema de marketing, estas têm relação importante (ainda que às vezes indireta) com os serviços ao cliente ou com a qualidade dos produtos;
> b) parceiro ou "sócio", isto é, aquele que, tendo objetivos diferentes mas interesses comuns, age em combinação com a empresa para a conquista e preservação do mercado, o que beneficia a todos;
> c) agente de opinião privilegiado, isto é, como membro de um público influente, que tem posição privilegiada (interna) para observação da empresa, pode exercer liderança de opiniões, afetando de modo significativo, positiva ou negativamente, a imagem da empresa;
> d) cliente, eventualmente, dos produtos que ela fabrica ou dos serviços que presta.

Em cada uma dessas condições, o colaborador precisa ser adequadamente envolvido pelo esforço de marketing da organização, de diferentes modos, como vemos a seguir:

Quadro 9.2 O colaborador como foco do marketing

Condições do colaborador	Interesse para o marketing nas realções internas
Funcionário	• Envolvimento com a causa de produzir excelência para o cliente. • Integrante do sistema de marketing e colaborador em todas as suas funções – pesquisa, desenvolvimento de produto, comunicação com o mercado, vendas, pós-vendas.
Parceiro ou sócio	• Cooperação com os objetivos estratégicos e mercadológicos da organização. • Alinhamento emocional para sustentação estratégica. • Busca de oportunidades para a organização, defesa de seus interesses.
Agente de opinião privilegiado	• Divulgação de opiniões adequadas sobre as questões da empresa. • Esforço de contraposição a boatos ou opinião pública desinformada e contrária. • "Venda" da imagem, produtos e serviços da empresa.
Cliente	• Compra dos produtos e proselitismo de usuário. • Atuação como cliente participante, para melhoria de produtos e serviços. • *Feedback* sobre produtos e serviços, na perspectiva de cliente.

Comunicação como instrumento estratégico de marketing no ambiente interno

A confusão conceitual entre comunicação interna e marketing interno provavelmente tem uma origem simples: é que a comunicação é o instrumento privilegiado da formação cultural; logo, como o marketing se faz dentro e por meio de uma cultura, tomou-se o instrumento pelo processo.

Como instrumento de marketing, a comunicação interna pode realizar quatro objetivos principais:

- *Informação* – Informar sobre produtos, serviços, planos e atividades de marketing, conquistas externas, demandas de mercado, enfim, todos os assuntos atrelados ao marketing cujo conhecimento possa trazer benefício aos seus objetivos.
- *Formação* – Mais que informar, formar o colaborador para uma compreensão maior do conceito de marketing, do ambiente empresarial em que a empresa atua, dos produtos e serviços que ela oferece. Essa formação traz benefícios na melhoria da eficiência na execução de funções ligadas ao esforço de marketing, em cada uma das condições em que o colaborador atua (cliente, parceiro etc.).
- *Sensibilização* – Eventualmente, é necessário não só mais que trabalhar no âmbito cognitivo, mas produzir emoções, atitudes e sentimentos adequados. É a sensibilização, que pode infundir, por exemplo, entusiasmo na defesa das causas da empresa.
- *Integração* – Por fim, a boa comunicação interna pode contribuir para integrar as diferentes áreas ao esforço de marketing. A ausência de integração faz com que se registrem internamente atitudes do tipo "nós" *versus* "eles", resultando em competição que conspira contra os objetivos de servir com excelência o mercado.

Mídia do marketing nas relações internas

Como o instrumento privilegiado do marketing interno é a comunicação, é fundamental definir a mídia por meio da qual as mensagens devem ser veiculadas. Ora, os esforços de marketing em princípio não devem criar canais especiais e conflitantes com aqueles de que a empresa já dispõe para a comunicação interna. Evidentemente, se se pretende obter a excelência nas comunicações internas e a empresa encontra-se mal-aparelhada no que diz respeito ao mix de mídia interna, mudanças estratégicas podem ser processadas. Os canais internos devem satisfazer condições de eficiência gerais, isto é, manter adequadas as qualidades de atualidade, periodicidade, universalidade e difusão, e incluem não só os veículos como jornais e revistas, mas também (Torquato, 2004) as reuniões e os encontros, ou mesmo as entrevistas individuais.

Algumas considerações são relevantes para a escolha e direcionamento da mídia interna:

- Há veículos mais adequados para cada uma das grandes funções da comunicação antes mencionadas (informar, formar, sensibilizar e integrar). Em função dos objetivos a serem atingidos, a escolha deve recair sobre um ou outro para divulgação das mensagens principais.
- Dificilmente se registra a máxima eficiência na comunicação com o uso de veículo único. É necessário criar um mix de mídia.
- Há natural superposição e repetição de mensagens quando se opera com um mix de mídia, mas isso por vezes é natural e desejável.

À guisa de sugestão, apresentamos a seguir uma lista de veículos usuais na comunicação interna, com indicações de seu uso. Com base nela, a empresa pode fazer uma escolha que mais se amolde a seus interesses e verbas disponíveis, sempre lembrando que não é necessário dispor de todos os veículos para obter sucesso na comunicação. Tal mix presta-se à operação da comunicação interna em sentido genérico e também especificamente à operação das comunicações do marketing no ambiente interno.

Etapas de um plano de marketing nas relações internas

A implantação do marketing no ambiente interno de uma organização deve ser feita de modo sistemático, bem planejado e gerenciado. Sugerem-se as seguintes etapas, que devem moldar-se à maioria das realidades empresariais:

- Estabelecimento das possíveis áreas de contribuição do marketing.

Compreendido o marketing no ambiente interno com a devida clareza, investiga-se a contribuição que ele pode dar aos objetivos mercadológicos da organização. A seguinte pergunta pode ser de valia:

- Em que o marketing pode contribuir para a organização, considerando-se *o colaborador* na condição de...
  - Funcionário?
  - Parceiro ou sócio?
  - Agente de opinião?
  - Cliente?
- Após esse levantamento, traçam-se os objetivos do programa de marketing.
- Em seguida, formula-se uma estratégia de implantação e sustentação do marketing, contemplando:
- *Estrutura organizacional* a ser implantada ou modificada para a sua operação. Possivelmente não se criarão cargos, setores ou órgãos, mas irá se recorrer a um rearranjo do que já existe. Por exemplo, se já há um órgão de comunicação interna, ele poderá ser processador das mensagens de marketing interno.
- Um *mix de veículos*. Se a empresa já dispõe de um mix satisfatório, não há em que mexer. Se não, algum veículo poderá ser implantado (e passará a ser usado também para as comunicações internas não atreladas ao marketing interno).
- Definição de uma *pauta de divulgação*. Trata-se de estabelecer um cardápio completo dos temas a serem veiculados no esforço de marketing interno. (O quadro a seguir traz uma sugestão de temário.)
- *Estratégia de forma*. Como as informações serão veiculadas para se obter a máxima eficiência? Responder a essa pergunta é estabelecer a estratégia da forma de divulgação.
- *Programa de ação*. Todos os elementos da estratégia de implantação são aglutinados em um programa que define *quem* vai fazer *o quê* e *quando*.

Quadro 9.3 Formação do mix de mídia interna	
Veículos	**Uso**
Jornal interno	Um dos mais tradicionais veículos da comunicação interna, mantém-se vivo na maioria das organizações. Útil particularmente para informação e formação, tem credibilidade e caráter "oficial" na visão dos usuários.
Revista	Adotada por empresas com mais recursos; usualmente tem periodicidade menor que a do jornal, dá tratamento mais extensivo às matérias e tem visual mais elaborado. A desvantagem maior é o custo mais elevado.
Quadro de avisos (com ou sem jornal mural)	Barato, versátil, flexível, é um veículo excelente para informação. Pode ser atualizado diariamente e, além da informação, pode ter algum conteúdo formativo.
TV e rádio	Veículos não muito presentes nas empresas ou não usados com freqüência. São excelentes para sensibilização e integração. As restrições são decorrentes de dificuldades de produção de material, de transmissão e de custos.
Encontros e reuniões	Trata-se de encontros e reuniões específicos para as funções de comunicação, e não para questões gerenciais. Excelentes para sensibilização e integração, tendem a ser cada vez mais usados.
Intranet	É o futuro da comunicação empresarial, por óbvias razões de eficiência e versatilidade. A intranet tende a converter-se em mídia de acesso diário, arquivo e banco de dados. Muito barata em relação ao imenso benefício, sua tecnologia tem evoluído rapidamente e em breve deverá ser o veículo líder na comunicação interna (Rosa, 2001).
Folhetos	Em suas várias modalidades, podem ser suporte excelente de formação, informação e sensibilização. Versáteis, podem focalizar temas restritos com a devida ênfase, atingindo objetivos específicos.

- *Implantação e gerenciamento*. Por fim, vem a implantação do marketing interno propriamente dita, com o gerenciamento para resolução de problemas, reformulação de objetivos e estratégias, correção de rumos etc.

Temário do marketing nas relações internas

A agenda de divulgação é fundamental em qualquer programa de comunicação, e isso não é diferente no programa de marketing no ambiente interno. Ao escolher os temas a serem veiculados, de certa maneira já se estabelecem os alvos de atenção, as questões relevantes, os elementos de percepção do público-alvo. De modo geral constata-se que as empresas pouco difundem, entre seus colaboradores, questões relativas a produtos, mercados, concorrência, realidade externa etc. Parte desse comportamento se deve à idéia de não expor o colaborador a informações que possam gerar polêmicas ou questionamentos – postura evidentemente injustificável sob o prisma da comunicação.

Como sugestão, são apresentados, no quadro a seguir, alguns temas que poderiam ser veiculados pelas empresas no esforço de marketing no ambiente interno.

Focos do marketing no ambiente interno

O foco do marketing interno não precisa necessariamente restringir-se ao da relação entre a empresa e o conjunto de seus colaboradores. Há vantagens em disseminar internamente uma doutrina de marketing que focaliza tanto o marketing pessoal quanto o departamental. De certa maneira, cada departamento tem seus "clientes" a serem atendidos do melhor modo. Se há uma genuína preocupação, no âmbito departamental, com o atendimento de sua clientela (outros setores que dependem de seu serviço), o resultado é a melhoria geral nos *throughputs*, nos processos organizacionais. Igualmente, cada funcionário é um prestador de serviços a alguém dentro da organização. Caso haja um efetivo interesse em que tais serviços atinjam a excelência no atendimento às necessidades dos clientes, os processos tendem a ser mais eficientes.

Tanto no âmbito departamental quanto no pessoal, os quatro Ps são um bom parâmetro de análise e orientação estratégica. Exemplificando: o departamento X tem um produto/serviço a oferecer a outros departamentos da empresa, a um custo compatível, e o distribui em prazos e situações adequados, comunicando-se com canais e mensagens que propiciam o mútuo entendimento e entrosamento. O produto é adequado? Atende às necessidades? É competitivo em termos de preço? Caso não o seja, qual é o sentido de sua existência?

Quadro 9.4 Sugestão de temas para o marketing no ambiente interno e sua finalidade

Temas	Alguns objetivos da divulgação
Situação da empresa no mercado	• Captar espírito de cooperação e parceria. • Alertar para as dificuldades, mostrando a necessidade do esforço conjunto. • Fomentar o orgulho com as conquistas da organização, com efeitos motivacionais.
Cursos sobre conceitos-chave do marketing	• Permitir uma compreensão maior do porquê de cada função e da razão-de-ser do trabalho, possibilitando maior direcionamento dos esforços e maior motivação. • Estimular a criatividade para o esforço de marketing.
Cursos sobre o mercado específico em si	• Sanar a ignorância do empregado sobre o mercado em que a empresa atua, sua dinâmica, seu futuro, seus agentes, tornando-o melhor disseminador de opinião favorável à empresa. • Voltar as percepções para o mercado, dando um outro dimensionamento às questões internas.
Divulgação de propósitos, problemas e condições da empresa	• Obter alinhamento quanto a objetivos, estratégias e ênfases, obter comportamentos produtivos almejados.
Divulgação e capacitação em situações de eventos especiais (fusões e aquisições, mudanças radicais, nova diretoria)	• Provocar as mudanças internas necessárias à sustentação das novas propostas.

Os departamentos "compradores potenciais" recebem comunicações adequadas sobre existência, disponibilidade e qualificativo do produto? Os pontos de distribuição são eficientes? Muitas organizações estabelecem, acertadamente, relações de cliente–fornecedor entre suas diferentes unidades estratégicas de negócios (UEN). Se tais relações forem competitivas e eficientes, a organização, como um todo, só tem a ganhar.

No que tange ao colaborador, os serviços que oferece são produtos que têm um preço, que suscita percepções diferentes tanto por parte do contratado quanto do contratante. Normalmente, as empresas acham que seus colaboradores trabalham menos do que poderiam recebendo bons salários, mas eles geralmente consideram o contrário. As questões, portanto, a serem respondidas são: a relação custo-benefício acha-se realmente vantajosa para ambos, diante de outras alternativas? Há uma adequada comunicação de duas vias que esclareça, minimize potenciais situações de conflito e propicie uma compreensão mútua? Existe uma concordância recíproca em relação à adequação das condições em que os trabalhos são realizados, em termos de horários, locais e facilidades? Tanto a empresa como seu colaborador devem assumir que os conceitos de marketing são fundamentais em suas relações, pois estas se constituem em situações de "produto-mercado". Quais as necessidades que o "mercado colaborador" deseja suprir junto ao "produto empresa"? Quais expectativas do "mercado empresa" deverão ser atendidas pelo "produto colaborador"? São questões que, devidamente respondidas, poderão contribuir para a melhoria efetiva das relações.

Ao fazer com que os conceitos de marketing interno cheguem ao nível do departamento e do colaborador, a empresa prepara-se para atingir níveis de eficiência mais sustentáveis e elevados.

Preparação necessária

Voltar o arsenal de marketing "para trás" pode efetivamente trazer inúmeros benefícios para uma organização, seja em suprimentos, seja na gestão de seus recursos humanos, seja em outros aspectos de relevância. Mas há alguns requisitos para que esse movimento de retrovisor efetivamente surta efeito. O primeiro deles é que a empresa já esteja efetivamente orientada para o mercado; vale dizer, que ela já pratique o bom marketing tradicional. Pode-se, antes de mais nada, fazer um diagnóstico sobre a situação da empresa quanto a esse quesito. Uma alternativa é submeter a empresa a uma bateria de perguntas cujas respostas indicarão se ela já é ou não uma empresa que opera com o verdadeiro conceito de marketing ou se apenas pensa que o faz (Rosa, 2001). Será que a empresa efetivamente já adotou uma "filosofia" de marketing? Será que ela faz pesquisa de mercado adequadamente? Será que aplica o conceito de marketing no desenvolvimento de produtos, na comunicação, em vendas, no pós-vendas?

Se a empresa já chegou efetivamente à Era do Marketing, direcioná-lo também "para dentro" trará excelentes ganhos. Se ela ainda não faz marketing como se deve, pode desde já buscar a introdução desse conceito, aproveitando a oportunidade para começar de modo mais completo, incluindo o marketing "para trás".

Bibliografia

BEKIN, S. F. *Conversando sobre endomarketing*. São Paulo: Makron Books, 1995.

BIEMANS, W. G.; BRAND, M. J. *Reverse marketing: synergy of purchasing and relationship marketing*. Disponível em: <http://www.arraydev.com/commerce/jim/9802-02.htm>. Acesso em: 10 out. 2004.

CHURCHILL JR., G. A.; PETER, J. P. *Marketing: criando valor para os clientes*. São Paulo: Saraiva, 2000.

INKOTE, A. L. *Endomarketing: elementos para a construção de um marco teórico*. Florianópolis, 2000. Dissertação (Mestrado) – Universidade Federal de Santa Catarina. Disponível em: <http://teses.eps.ufsc.br/defesa/pdf/3009.pdf>. Acesso em: 20 ago. 2005.

KEEGAN, W. J.; GREEN, M. C. *Princípios de marketing global*. São Paulo: Saraiva, 1999.

KOTLER, P.; ARMSTRONG, G. *Principles of marketing*. Englewood Cliffs/NJ: Prentice-Hall, 1991.

LEENDERS, M.; BLENKHORN, D. *Marketing reverso*. São Paulo: Makron Books, 1991.

ROSA, J. A. *Roteiro prático para análise e diagnóstico da empresa*. São Paulo: STS, 2001.

_____. *Manual da intranet*. São Paulo: STS, 2001.

TORQUATO, G. *Tratado de comunicação organizacional e política*. São Paulo: Pioneira Thomson Learning, 2004.

YANAZE, M. H. *Gestão de marketing e comunicação: avanços e aplicações*. São Paulo: Saraiva, 2007.

10

Serviços de marketing

Júlio César Tavares Moreira*

Introdução

Este capítulo irá tratar do conceito de serviços aos clientes como valor agregado ao produto que está sendo comercializado, seja ele tangível ou não.

Como definição de produto, podemos dizer que este deve ser entendido como "manifestação física de determinada tecnologia para o atendimento das necessidades e desejos de um grupo específico de consumidores ou de clientes".

Para que possamos entender melhor o significado de produto estaremos dividindo-o em duas grandes categorias, tomando como base os mercados individuais – *business to consumer* – e o mercado industrial – *business to business*, o que nos permite então descrever o que é um produto de consumo e um produto industrial.

Os *produtos de consumo*, portanto voltados para os mercados individuais, são todos os que estão focados no indivíduo e buscam atender às suas necessidades e desejos.

---

*Doutor em Ciências Sociais e mestre em Administração pela PUC-SP. Psicólogo. Professor da PUC-SP.

Dessa maneira podemos dividir ainda os produtos de consumo em produtos de conveniência, compra comparada e especiais.

Os *produtos de conveniência* são todos aqueles cuja compra se dá visando à economia de tempo, facilidade de processo, maior praticidade, o que vem a facilitar o nosso dia-a-dia.

A título de exemplo, podemos citar produtos como sorvete, creme de leite, pasta de dente, preservativo, sabonete, cerveja, refrigerante, cigarro, entre tantos outros produtos existentes. Cabe incluir também nessa categoria todos os produtos cuja compra for feita por impulso ou sem planejamento anterior.

Os *produtos de compra comparada* são os que levam o consumidor, no momento da compra, a estabelecer comparação entre diferentes marcas e modelos, de acordo com os padrões estabelecidos e diante de sua necessidade ou desejo. Nesse sentido são analisadas as diferenças de qualidade, preço, garantia, imagem de marca, entre outros. Nessa categoria podemos citar a compra de televisores, geladeiras, carro, eletrodomésticos, roupas, sapatos etc.

A terceira e última categoria dos produtos de consumo é denominada *produtos especiais*, que são caracterizados por atributos diferenciados e por vezes subjetivos, na medida em que dependem da percepção do consumidor. Assim sendo, o consumidor, para atender a seu desejo, é capaz de esperar para ter o produto, de pagar mais caro por ele. Normalmente são produtos que lidam com questões de *status* e reconhecimento social como, por exemplo, uma roupa da alta-costura, um modelo de veículo especial ou fora de linha, uma jóia etc.

Ainda dentro do contexto de atender às necessidades e desejos individuais podemos incluir também os *serviços*, prestados aos consumidores em geral, os quais, pela sua característica de intangibilidade, devem ser analisados à parte.

Como característica do serviço podemos destacar o fato de que ele não pode ser armazenado e/ou estocado e, portanto, no momento em que está sendo produzido, está sendo utilizado. Nessa categoria podemos incluir os serviços do cabeleireiro, dentista, hospedagem, restaurantes, companhias aéreas, educação.

A segunda grande categoria de produtos, como vimos anteriormente, é a chamada *produtos industriais*, que pertencem ao mercado *business to business* ou industrial.

Os produtos industriais podem ainda ser subdivididos em bens de capital, matéria-prima, componentes, suprimentos, equipamentos e prestação de serviço.

Os produtos caracterizados como *bens de capital* são todos os de grande durabilidade, tais como elevadores, máquinas gráficas, silos metálicos, equipamentos fixos da linha de produção, entre outros. Em grande parte esses produtos não são considerados de estoque ou de pronta entrega; dependem de projetos específicos ou são fabricados sob encomenda.

Podemos dizer também que são produtos que envolvem altos investimentos de capital; as decisões de compra são demoradas, permeando vários níveis hierárquicos e diferentes setores da organização, e apresentam inúmeras exigências de fornecimento. São comprados invariavelmente direto dos fabricantes, não havendo, portanto, a figura do intermediário de marketing ou do distribuidor. Se tomarmos como exemplo a compra de um conjunto de elevadores, que serão instalados em um edifício, ele custará alguns milhões de reais, vai necessitar de um projeto específico que leva em consideração o número de andares, a quantidade de carga ou de passageiros, as dimensões do poço, o acabamento, entre outros aspectos.

Após a aprovação do projeto e a encomenda dos mesmos, o prazo de entrega poderá levar até um ano, o que significa que, enquanto o prédio está sendo construído, o pedido do elevador já está sendo processado.

A próxima categoria dos produtos industriais são os *equipamentos*, que apresentam como característica uma vida útil relativamente curta, além de não fazerem parte do produto acabado. Nessa categoria estão as ferramentas industriais, os equipamentos utilizados na produção, os equipamentos de escritório.

As *matérias-primas* são todos os elementos que entram no processo produtivo como insumo para os produtos como, por exemplo, a celulose, o algodão, o aço, os produtos químicos como o polipropileno, entre tantos outros.

Por se tratar de produtos cuja demanda é constante, uma das maiores preocupações é a garantia de fornecimento. Cabe lembrar que, se o fornecimento da cana-de-açúcar for interrompido, a produção de açúcar e álcool pára; o mesmo vale para a chapa de aço na indústria automobilística ou o leite na fabricação do sorvete.

Por vezes esses produtos são categorizados como *commodity* pela sua complexa diferenciação, porém itens como padronização do produto e qualidade são levados em consideração na hora da compra.

Na categoria *componentes* podemos incluir todos os produtos que entram no processo de produção e são partes acabadas ou semi-acabadas do produto final a ser entregue ao mercado. Como exemplos, podemos citar os pneus de um veículo, o motor de uma máquina, a placa-mãe de um computador, a embalagem de um produto de beleza.

Nos *suprimentos* podemos enquadrar todos os produtos que estão prontos para sua utilização e são consumidos durante o processo de fabricação de um outro produto ou de um serviço. Como exemplos, podemos citar os adesivos na indústria de móveis, o óleo do motor, tinta para a máquina gráfica.

A última categoria a ser analisada é a de *serviços industriais* ou de *business to business*, que incluem os serviços ligados à manutenção e conservação e os consultivos.

Os serviços consultivos envolvem a prestação de serviço das agências de comunicação, empresas de recursos humanos, institutos de pesquisa, contadores, auditores independentes e assim por diante.

Em suma, se analisarmos a definição de produto veremos que, independentemente da categoria, ela se aplica tanto para os bens tangíveis duráveis, ou de consumo rápido, como também para as empresas prestadoras de serviço, que necessitam, para assegurar ou ampliar a percepção do cliente e a sua confiança no que está sendo adquirido, tangibilizá-lo. Dentro desse conceito podemos dizer que todo produto tem como finalidade *gerar os benefícios* necessários para atender a uma ou mais *necessidades ou desejos* das pessoas e/ou das organizações.

Assim sendo, quando adquirimos um produto (tangível ou não) temos uma expectativa com relação à sua qualidade, durabilidade, praticidade e esperemos, acima de tudo, que ele realize aquilo a que se propôs.

Conceituação do serviço ao cliente

Para que possamos padronizar a linguagem, vamos entender que serviço ao cliente são todas as atividades ou ações desenvolvidas que têm como finalidade agregar maior valor àquilo que o cliente ou consumidor adquiriu (bem tangível ou serviço). Portanto a finalidade de um serviço é de agregar maior valor.

Mas com qual objetivo? Qual motivo levaria uma empresa a investir no desenvolvimento de um serviço? A resposta é simples: busca de diferenciação no mercado, retenção e manutenção da satisfação do cliente.

Inicialmente, os serviços ao cliente tinham como objetivo prolongar a vida útil de um produto e assegurar ao cliente que o produto continuaria a gerar os benefícios esperados. Quando o cliente comprava o produto – por exemplo, um liquidificador –, seu objetivo era poder processar uma vitamina ou um *milk-shake* para atender a uma necessidade ou um desejo. Nesse sentido podemos dizer que o produto era igual ao bem físico (P = B). Quando, independentemente do motivo ou do tempo de aquisição, o liquidificador parava de funcionar, ou tinha o copo quebrado, sua finalidade acabava. Apesar de se continuar a possuir o produto (bem físico), ele não gerava mais o benefício esperado. A conseqüência disso era que o cliente nessa hora ficava insatisfeito, pois sua expectativa deixou de ser atendida.

Com o intuito de prolongar a vida desse produto (bem físico), o fabricante passou a disponibilizar peças de reposição, assistência técnica, a fim de reparar o problema e fazer com que o produto voltasse a gerar o benefício. Assim foi desenvolvida uma série de serviços que passou a incorporar o produto, e sua equação passou a ser

$$P = B + S$$

Como nem todas as empresas ofereciam o mesmo tipo de serviço, a satisfação ou insatisfação do cliente com relação ao produto passou a ser relacionada diretamente aos serviços que eram agregados a ele. Tal fato levou as empresas a desenvolverem novos serviços, que não só deveriam atender às expectativas dos clientes mas que também pudessem servir de diferencial diante da concorrência, que comercializava produtos similares. Portanto, o conceito de serviço passou a ser visto como fator diferencial de um produto tangível ou não e da busca da preferência do cliente.

Os diferentes estágios do produto e os serviços agregados

Dentro do conceito anteriormente exposto, podemos dizer que, quanto mais serviço eu agregar ao meu produto, maior valor ele terá e maior será o seu diferencial competitivo dentro do mercado.

Pela ótica do cliente, a decisão pela compra de um produto ou outro está diretamente ligada ao valor do produto mediante os benefícios que este irá gerar. Na medida em que eu não consiga apresentar um diferencial percebido pelo cliente, mesmo que o produto não o tenha, a decisão de compra passa pelo preço, pois os produtos, aparentemente ou sob a percepção do cliente, são iguais. Assim, apesar de o diferencial não estar exclusivamente no serviço a ser agregado, ele pode ter um peso significativo.

O produto apresenta diferentes estágios (genérico, esperado, ampliado e potencial), e em cada um deles é possível desenvolver uma série de serviços aos clientes.

Produto genérico

O produto genérico é o que apresenta as características fundamentais, ou necessárias, para gerar o benefício mínimo, motivo pelo qual ele foi desenvolvido.

Portanto, ao comprar um carro dos mais simples possíveis, sei que ele terá motor, caixa de câmbio, bancos, direção, freios etc., o que me possibilita locomover-me de um lado para o outro, motivo básico para se adquirir um veículo ou, como alguns chamam, uma viatura. Da mesma maneira, ao comprar um fogão, ele deve ter as grelhas, entrada para o gás, uma chapa de proteção, de modo que eu possa cozinhar alimentos, motivo básico para tê-lo adquirido.

Nesse sentido, o serviço a ser agregado será o que permitirá ou me dará a certeza de que por um tempo mínimo – por exemplo, a garantia de um ano – o produto gerará o benefício proposto.

Os exemplos anteriores trataram de bens tangíveis, mas o mesmo vale para os serviços. Assim sendo, ao entrar numa locadora de filmes, não vou perguntar se há filmes para alugar; eu simplesmente entro e verifico quais fitas estão disponíveis para locação. Em termos de serviço agregado, o mínimo que se quer é que alguém possa orientá-lo sobre os lançamentos, melhores filmes etc.

Portanto, esse é o mínimo que se deseja do produto ou serviço que está sendo adquirido, assim como é o mínimo que se quer em termos de serviço para que o benefício esperado possa ser atendido.

Por ser o mínimo, e levando-se em consideração a necessidade das empresas de conquistar novos clientes e mantê-los, somado ao incremento de nossa expectativa, que é fruto das experiências vividas e do aumento do grau de exigência, os produtos tendem a incorporar outros valores, o que leva ao conceito de produto esperado.

Produto esperado

Nesse momento o produto passa a incorporar novos elementos, que são agregados pelos fabricantes na busca de uma diferenciação, sendo então considerado o produto esperado pelo cliente ou consumidor.

No caso da compra do carro, apesar de não serem necessários para que eu possa me locomover, espero que ele tenha estepe, *air bag* etc. No caso da locadora, que ela tenha fitas de diferentes gêneros, que estejam dispostas em lugares identificados para facilitar a minha escolha. No posto de gasolina, que, além da gasolina, eu tenha a possibilidade de verificar o óleo ou efetuar a troca dele.

Da mesma maneira, devemos agregar os serviços que passam a ser esperados – como, por exemplo, que as concessionárias de veículos tenham uma oficina em que o serviço de manutenção dentro da garantia possa ser realizado. No caso da locadora, que ela tenha o boxe de devolução do lado externo da loja, ou, no caso do posto de gasolina, que haja um frentista para limpar o vidro do carro ou ao menos a disponibilização dos equipamentos necessários para que eu possa fazê-lo. Na verdade, já há muito tempo o posto de gasolina é conhecido como um posto de serviço, e às vezes utilizamos todos os outros serviços sem abastecer o veículo.

Se, no caso de adquirirmos um produto genérico, ele não gerar os benefícios a que se propõe, fatalmente o devolveremos ou não iremos pagar por ele, enquanto se o benefício do produto esperado não ocorrer, podemos adquiri-lo, por uma questão e necessidade momentâneas, mas dificilmente seria feita uma nova compra ou indicação dele a alguém; ao contrário, ficaríamos descontentes e decepcionados, pois a expectativa que tínhamos não foi atendida.

Nesse caso, podemos dizer que, apesar de a empresa ter criado o cliente, dentro do conceito de que o papel do marketing é criar e manter clientes, ela não conseguiu mantê-lo. Sendo assim, podemos dizer que o mínimo a ser feito para se manter o cliente é atender a sua expectativa em relação ao que é esperado do produto, lembrando que, quanto maior a competitividade no mercado, maior a possibilidade de que algum concorrente esteja oferecendo algo a mais para conquistá-lo. Nesse momento, o diferencial passa a estar na possibilidade de encantar o cliente, superando as suas expectativas; para tanto, é necessário ampliar ainda mais o seu produto.

Produto ampliado

No produto ampliado a tarefa é estar a todo momento agregando novos valores ao produto. Nesse momento, cada vez mais os serviços aos clientes passam a fazer a diferença. Não é tarefa fácil estar a todo momento agregando valor ao produto para que ele se torne cada vez mais competitivo no mercado, ao mesmo tempo que supera a expectativa do cliente.

A única forma de mantermos esse padrão de excelência é sistematizando o levantamento de informações com relação à percepção que o cliente tem do nosso produto e aferindo o seu grau de satisfação. Saber ampliar o benefício gerado pelo produto significa, de fato, estar em sintonia com o mercado, seja pela ótica do cliente, seja pela análise da concorrência.

Ao superarmos a expectativa do cliente, podemos dizer que ele estará fidelizado, que não só voltará a adquirir o produto ou o serviço como também irá divulgar e comentar com as pessoas com quem mantém relação, atuando nesse momento como relações-públicas da empresa por meio de seu próprio testemunho, que, segundo especialistas da área de comunicação, é um dos fatores de maior multiplicação de clientes.

Quantas vezes de fato fomos surpreendidos por um fabricante ou intermediário de marketing com uma atitude ou serviço que superou a nossa expectativa? Quantas vezes saímos de uma loja ou de uma assistência técnica satisfeitos com o serviço prestado, a ponto de indicarmos aquele local a um amigo? Normalmente o que ocorre é exatamente o contrário; saímos insatisfeitos e maldizendo o produto, a empresa, a loja e tudo o mais que faz parte do contexto em que estamos inseridos. Ampliar o produto é, portanto, agregar um valor ao bem ou ao serviço oferecido e que fuja daquilo que era esperado pelo cliente.

No caso de um aparelho telefônico, por exemplo, é você receber um kit para sua limpeza e conservação ou, no momento da assistência técnica, ter um outro aparelho emprestado até o seu ser reparado; no posto de serviço, é você receber uma lavagem grátis, um café enquanto espera o carro ser abastecido, uma fotografia sua tirada ao lado de um carro de Fórmula 1 que foi colocado no posto para as pessoas apreciarem.

Se analisarmos as empresas de seguro de automóveis, podemos destacar que as com a maior participação de mercado são aquelas que, além de prestar o melhor serviço de seguro, agregaram e continuam agregando serviços aos clientes, os quais superam a sua expectativa como, por exemplo, o lanche que é oferecido quando o carro precisa ser guinchado ou o serviço residencial de emergência para pequenos reparos.

O importante é lembrar que, no produto ampliado, o benefício a ser gerado tem de superar a expectativa do cliente e, por isso, deve ser oferecido levando em consideração o que é melhor para o cliente, sem deixar de analisar o que é melhor para a empresa.

No caso do carro que foi adquirido, uma concessionária de automóveis tem por obrigação fazer a revisão do veículo no período de garantia; este é um serviço esperado. Qualquer um que compre um carro sabe que o seu veículo tem garantia (cujo período pode variar de fabricante para fabricante) e que existe ao menos uma revisão gratuita, portanto esses elementos são esperados no momento da compra.

No momento da revisão, a concessionária lhe dá duas opções para facilitar o seu dia-a-dia, sendo a primeira a possibilidade de você ter um veículo emprestado durante o período da revisão e a segunda, que alguém retire o seu carro onde você solicitar e que depois o leve de volta para você. Tanto uma opção quanto a outra estão fora daquilo que é esperado, e a existência de duas opções leva em consideração o que é melhor para o cliente, visto que para a empresa o custo é muito parecido.

Cabe lembrar, porém, que toda vez que um diferencial é agregado, transformando o produto esperado em ampliado, no momento seguinte o cliente incorpora esse diferencial e ele passa a ser esperado. A não-continuidade do diferencial por vezes pode decepcionar o cliente, frustrando a sua expectativa, levando-o à busca de novos fornecedores ou alternativas no mercado. Um dos exemplos mais fortes sobre a importância do valor do serviço ao cliente pode ser analisado na propaganda desenvolvida por uma concessionária de motocicletas, em que o *slogan* era "Aqui você compra a melhor moto da marca X".

Se as motocicletas da marca "X" são fabricadas pela mesma empresa, como pode uma concessionária ter a melhor moto? A resposta é que essa concessionária, voltada principalmente para atender ao motobói, passou a oferecer uma série de serviços adicionais, como box para reparos rápidos, como troca de lanterna, ajuste de correia, regulagem de motor; ampliação da garantia – além daquela dada pelo fabricante; serviço de manutenção fora da loja quando o usuário estivesse em trânsito e moto-reserva para clientes especiais.

Um problema que as empresas encontram nesses casos é que cada novo serviço agregado eleva o custo do produto ou diminui sua margem de contribuição. Desse modo, é importante analisar até onde eu posso ampliar o meu produto, até que momento os custos advindos dessas ações são suportáveis dentro da margem de contribuição do produto, até que ponto, ao agregar valor, consigo de fato diferenciar o meu produto do da concorrência, mantendo a competitividade necessária. São esses fatores que irão determinar o nível máximo do produto que é considerado o produto potencial.

Produto potencial

A permanência de um produto no mercado está ligada a diversos fatores que envolvem não só as necessidades e desejos dos clientes a serem atendidos, como também a tecnologia utilizada para gerar os benefícios esperados.

Nesse sentido, os serviços aos clientes, apesar de continuarem sendo importantes para a manutenção do produto no mercado, não são o suficiente quando uma nova tecnologia empregada atende melhor ou supera a expectativa do cliente. Nesse ponto considera-se que o produto alcançou o seu potencial e, então, ele será descontinuado ou modificado de maneira significativa.

Apesar de o desejo das pessoas de ouvir música, independentemente do lugar em que estejam e do horário, ser o mesmo há tempos, a maneira de atender ao desejo vem sendo alterada ao longo dos anos. No início do século passado, a RCA Victor desenvolveu a "victrola", aparelho que possibilitava às pessoas ouvirem as músicas preferidas, mesmo sem uma orquestra ou a presença de um cantor. Hoje esse produto não é fabricado mais, porém sua comercialização se dá para pessoas que são colecionadoras ou gostam de antigüidades. Por maior valor que se possa agregar ao produto, a não ser pelo motivo citado anteriormente, as pessoas não vão comprá-lo, mesmo que haja serviços prestados aos clientes. Hoje, o que se quer é um som de alta-fidelidade, compacto, leve, prático etc. e que, além disso, tenha garantia, peças de reposição, toque MP4, permita gravação.

Por mais que você consiga oferecer garantias adicionais, serviço de atendimento, bônus e prêmios e outros elementos diferenciais, dificilmente alguém se encantaria em ter um PC XT ou um PC 286. O bem em si, apesar de gerar ainda alguns benefícios, não é mais compatível com a expectativa do mercado e provavelmente o custo do valor agregado passe a ser maior do que o do próprio produto.

Sendo assim, podemos dizer que o produto potencial são as transformações que ele deverá sofrer no futuro, alterando substancialmente suas características atuais ou a forma como é oferecido ao mercado.

Quando apresentamos os vários níveis de um produto, do genérico ao potencial, enfocamos igualmente a necessidade de agregar valor, e parte desse valor citado anteriormente se deu por meio da prestação de um serviço ao cliente, talvez por ser esta a fórmula mais fácil, barata e de maior percepção para o cliente. No entanto, é importante ressaltar que agregar maior valor ao produto não se faz somente pela prestação de serviço. *Serviço ao cliente* deve ser visto como uma atitude da empresa no sentido de ampliar os benefícios a serem oferecidos aos clientes, buscando assim a sua fidelização ao produto, à marca e à empresa.

Segundo Webster (1991), os serviços oferecem um suplemento ao produto físico básico, criando um *valor total do relacionamento* para o consumidor. Levitt (1985) analisa o produto destacando o seu núcleo (fator gerador do benefício); o produto tangível (considerando atributos, como marca, embalagem, qualidade, estilo) e, finalmente, o produto ampliado (ao qual são agregados principalmente os serviços ao cliente, como garantia, instalação, manutenção).

Os dois primeiros níveis do produto (núcleo e tangível), portanto, estão relacionados diretamente ao bem em si, enquanto o último (ampliado) contém os elementos voltados para os serviços a serem prestados aos clientes.

Considerando o conceito de Levitt, e o processo de globalização e da flexibilização da produção, a cada dia e com maior rapidez os produtos e/ou serviços se tornam muito parecidos em todos os seus atributos e em todas as partes do mundo.

A presença de produtos denominados mundiais ou globais, padronizados pelas normas de fabricação e com oferta de matéria-prima, também padronizada pela identificação das normas ISO, facilita essa equalização dos produtos, fazendo com que cada vez mais a saída seja a implementação de serviços aos clientes como diferencial do produto.

A loja Sears, de origem americana, que existiu no Brasil durante várias décadas e foi vendida para outro grupo, permanecendo nos Estados Unidos, tinha uma filosofia de trabalho que levava ao cliente a seguinte mensagem: "Satisfação garantida ou seu dinheiro de volta". A manutenção dessa filosofia se dava principalmente pelo atendimento ao cliente e pelos serviços prestados pela loja, que iam desde instalação, manutenção, garantia aos produtos comercializados até cursos, local para as crianças ficarem enquanto os pais faziam as compras etc.

Serviços aos clientes e as fases da venda

Outra maneira de implementar os serviços aos clientes, além do foco do produto, é considerar os serviços a serem agregados pela empresa nas diferentes fases da comercialização dos seus produtos ou serviços.

A venda, independentemente do produto ou do serviço comercializado, pode ser dividida em três fases interdependentes: a pré-venda, o durante-a-venda e o pós-venda. Como analisamos antes, na medida em que existem diferenças entre os produtos (consumo, industrial, serviço), e portanto diferentes formas e tempos de comercialização, cada uma das fases da venda pode ter maior ou menor duração, além de requisitar maior ou menor quantidade de serviços aos clientes na busca de criarmos e mantermos os clientes satisfeitos.

Desse modo, devemos estabelecer uma série de serviços que será oferecida nas diferentes fases da venda, a fim de aumentar a satisfação do cliente e a sua fidelização.

A pré-venda e os serviços agregados

A primeira fase da venda (pré-venda) é o momento de conquistar o cliente, de entender as suas necessidades e de apresentar os produtos ou serviços que gerem os benefícios, da melhor forma possível, diante da expectativa desse cliente.

Sua principal característica é a prospecção de mercado, a qual se dará de diferentes formas, como, por exemplo, a indicação dos atuais clientes, visita porta a porta, feiras e exposições, visita ao showroom ou ao canal de distribuição. Podemos dizer que o início da pré-venda é o primeiro contato com o cliente, de maneira pessoal ou por meio de telefone, e o término dessa fase se caracteriza pelo fechamento da venda ou a emissão do pedido de compra.

Os serviços que podem ser oferecidos aos clientes nessa fase, de modo a diferenciar seu produto ou a sua empresa em relação ao seu concorrente, nesta fase consistem basicamente nos elementos ligados à facilitação do atendimento ao cliente: o serviço de estacionamento com manobrista ou vagas em abundância; área especial para que as crianças possam ficar brincando enquanto os pais estão conversando com o vendedor; treinamento ou vídeo que demonstrem o uso do produto ao futuro cliente, com o objetivo de promover maior segurança na utilização do produto ou serviço a ser adquirido.

Em uma revenda de materiais para festas, localizada no centro de Recife, todos os dias são oferecidos, gratuitamente, diferentes cursos de culinária, para todas as pessoas que os queiram fazer, tenham elas comprado ou não algo na loja. A conseqüência dessa ação é que, ao término de cada curso, grande parte dos participantes, ao sair da sala de treinamento, compra os produtos que foram utilizados pela instrutora. A loja está sempre cheia, e às vezes as pessoas ficam esperando para poder fazer o curso.

Uma empresa, fabricante de equipamento para medição de peças, tem em seu showroom equipamentos e técnicos disponíveis para que os clientes potenciais possam efetuar a medição de pequenas peças e participar de treinamento que foque a importância da utilização de equipamentos de medição para garantia da qualidade do produto.

Desse modo, para cada empresa e produto devemos desenvolver uma série de serviços que venham a facilitar a venda ou a despertar o interesse ou desejo do cliente.

O durante-a-venda e os serviços agregados

Lembrando que a venda não termina quando o pedido é tirado, entramos assim na segunda fase da venda, que é chamada *durante-a-venda*. Essa fase tem como característica marcante o fato de que, apesar de o pedido ter sido emitido, o cliente ainda não pode usufruir do produto ou serviço adquirido, visto que ele não foi entregue. Seu término se dá quando o cliente recebe o que comprou.

De fato, nessa hora podemos ressaltar duas questões: a primeira é que o tempo de duração dessa fase sofre variação de acordo com o tipo de produto. Se ele for de estoque ou encomenda, se é *standard* ou especial e se é necessário ou não algum preparo especial antes de sua entrega, como, por exemplo, montagem de base de concreto para receber um silo metálico, o prédio estar com o poço do elevador preparado, e assim por diante.

Um produto de estoque é o que encontramos normalmente em supermercados, lojas de departamento, distribuidores, entre outros. Nesses casos o período do durante-a-venda é muito curto, e o serviço a ser prestado, além dos citados no pré-venda, está ligado a uma orientação ao cliente com relação aos cuidados no uso do produto, à entrega de um manual ou vídeo de orientação, à garantia da própria loja no período determinado pelo Código de Defesa do Consumidor ou à extensão da garantia dada pela loja. É o caso de alimentos em geral, ferramentas manuais ou elétricas de pequeno porte, pequenos eletrodomésticos, roupas e acessórios, entre outros.

Quando o produto é encomendado ou especial, o tempo do durante-a-venda é o decorrido entre a emissão do pedido e a entrega da mercadoria; isso varia de produto para produto. Quando compramos uma geladeira, fogão ou máquina de lavar, existe um serviço de entrega que pode ou não ser pago. Mesmo que o produto esteja no estoque, dificilmente um cliente irá levá-lo na hora para casa; nesse caso, os cuidados são de manter um serviço de informação que avise ao cliente quando o produto será entregue, checar a instalação do produto para ver se ele está em perfeitas condições de uso, dar uma orientação com relação à sua conservação e manutenção.

No caso de o produto ser fabricado especialmente para o cliente – como, por exemplo, uma roupa feita por um alfaiate, um equipamento industrial especial, elevadores –, o processo do durante-a-venda se torna mais longo ainda, podendo durar meses ou até anos, entre o pedido e a entrega do produto. Cabe lembrar que, nessa ocasião, o cliente passa a ficar ansioso, querendo saber como está o encaminhamento do seu pedido, o quanto já foi feito, se está de acordo com as especificações etc. Nesse momento, o serviço mais importante é o de acompanhamento do pedido, que pode ocorrer de períodos em períodos, com visita à fábrica, prova da roupa no alfaiate, entrega de desenhos e, com as facilidades da TI, até mesmo acompanhamento on-line via Web.

No caso da compra de equipamentos, é usual aproveitar a ocasião para desenvolver os programas de treinamento dos futuros usuários do produto. Outro cuidado a se ter é que, na ocorrência de algum contratempo, que comprometa a data acordada para entrega, é importante que o cliente seja informado, que se busque alguma alternativa para não prejudicá-lo.

Mesmo quando o produto é de estoque, como na compra de um carro, apesar de o veículo estar no pátio, é necessário fazer uma última revisão, uma lavagem e polimento antes de entregá-lo ao cliente. No momento da entrega, alguém deverá explicar ao cliente como é o funcionamento do veículo, quais cuidados devem ser tomados no dia-a-dia, se há ou não segredo, fornecendo o manual do usuário e reforçando os serviços do pós-venda.

Nessa fase, como pudemos verificar, pode-se agregar uma série de outros serviços ao cliente, porém ele ainda não recebeu os benefícios que serão gerados com a utilização do produto ou serviço.

O pós-venda e os serviços agregados

Finalmente entra a fase do pós-venda, caracterizada pelo momento em que o cliente irá de fato utilizar o produto adquirido; sua expectativa é a de que tudo aquilo que foi prometido no momento da venda agora ocorra. Vamos recordar que o cliente espera que o produto gere os benefícios para atender às suas necessidades ou desejos. Nesse sentido, os serviços de pós-venda estão se tornando cada vez mais importantes, pois poderão garantir não só o benefício inicial, mas também a sua manutenção.

Em termos de serviços típicos do pós-venda, podemos citar:

1. acompanhamento da instalação e/ou utilização do serviço;
2. atendimento ao cliente e/ou consumidor pessoalmente ou por intermédio de *toll-free* ou outro meio eletrônico;
3. assistência técnica;

4. peças de reposição;
5. treinamento;
6. manual de instruções;
7. garantia;
8. troca rápida;
9. manutenção.

A possibilidade de oferta de serviços é interminável, pois as necessidades de cada cliente são, em princípio, diferentes, podendo assim ser individualizadas. O serviço a ser prestado ao cliente não é vinculado somente ao produto, mas sim à empresa como um todo. A gestão do relacionamento com o cliente e a sua manutenção como cliente dependem da postura organizacional. Motivo pelo qual ferramentas, como Costumer Relationship Management (CRM), foram desenvolvidas.

Não podemos esquecer que o cliente pode estar satisfeito com o produto que adquiriu, embora esteja insatisfeito com a empresa em função do atendimento recebido e, principalmente, pela postura das pessoas. Devemos considerar, portanto, que não é somente a área de marketing e vendas que gera e presta serviço ao cliente. Se, por um lado, a assistência técnica pode atuar fazendo inspeções preventivas e atendendo a chamados de urgência no menor tempo possível, o setor de despacho e transporte deve cuidar para que o produto chegue sem danos e no prazo especificado ou combinado com o cliente; o setor de crédito e cobrança pode proporcionar novas opções de linhas de crédito e, assim, vai-se ampliando o leque de escolha do setor financeiro do cliente, fazendo com que, de maneira direta ou indireta, toda a empresa esteja envolvida no processo e na manutenção do cliente.

Essa multiplicidade de relações e sua complexidade tornam possível cada vez mais a aproximação entre o cliente e o fabricante.

O serviço que agrega valor

Partindo da classificação de produto sugerida por Kotler e Armstrong (1993), podemos diferenciar os diversos serviços a serem oferecidos a cada tipo de produto, sem importar em que fase esteja a venda.

Quando o objeto são matéria-prima e peças, podemos considerar que um dos principais problemas é a qualidade. Sendo assim, podemos oferecer serviço da garantia assegurado não só pelo fabricante mas pela cadeia produtiva, que vai do plantio ou extração ao beneficiamento do produto. Além disso, podemos disponibilizar na linha de produção do cliente um técnico residente que fará todo o acompanhamento necessário, resolvendo os possíveis problemas ou dando orientação, na medida em que eles estejam ocorrendo.

Outra alternativa de serviço é a disponibilização de um estoque permanente de componentes em consignação, administrado por nós, que será faturado conforme os componentes sejam utilizados pelo cliente, agilizando assim o processo e minimizando a possibilidade de paralisação da linha por falta de matéria-prima.

No caso de bens de capital, o serviço pode atenuar as incertezas e os riscos envolvidos da ótica do cliente, na medida em que podemos oferecer serviços de assessoria para especificação e dimensionamento do produto, cursos técnicos para seleção e dimensionamento, serviços de instalação, manutenção, reparo, assim como garantia estendida e disponibilização de peças de reposição. As outras áreas da empresa podem estar empenhadas na orientação para concessão de créditos ou de linhas de financiamento existentes, auxiliando inclusive na elaboração dos estudos de viabilidade.

Para os equipamentos acessórios, veículos e ferramentas, as atividades de assistência técnica, incluindo serviços de instalação, entrega técnica, treinamento de operação, oficina de reparos, além de atividades ligadas à disponibilização de peças de reposição, são os principais elementos a serem considerados e que agregam valor ao produto.

No caso dos produtos de consumo ou suprimentos em geral, o foco passa pela disponibilização imediata do produto pelo estoque ou por processos de *just-in-time*, ou serviço de entrega rápida, lembrando sempre que este deve estar adequado à necessidade do cliente. Caso contrário, o que se tem é perda dos recursos, que atualmente são cada vez mais escassos.

Para as empresas prestadoras de serviço, como é o caso da área médico-hospitalar, consultorias, serviços de manutenção e conservação, entre outros, é importante agregar serviços aos clientes que lhe dêem uma noção clara do que vem sendo realizado. Isso é possível por meio de relatórios a serem enviados, dos serviços de acompanhamento on-line, do atendimento 24 horas. No caso dos laboratórios de análise clínica, os clientes podem receber os resultados de diferentes maneiras: pessoalmente, via fax, e-mail ou por meio de envio direto ao médico.

Devemos sempre ter em mente que, quanto menor o valor do produto, maior a dificuldade de agregar serviços ao cliente, lembrando, é claro, que o mínimo que se pode ter é o serviço de atendimento via 0800 ou 0300, site na Internet ou outra forma que permita ao cliente acessar o fabricante para tirar dúvidas, fazer sugestões ou registrar uma reclamação. Em vários sites na Internet, podemos deparar com uma área de dúvidas mais freqüentes ou até mesmo uma área de perguntas e respostas, em que a resposta é automática. Como em todo processo, é de suma importância a existência do *feedback*, o que irá alimentar o Sistema de Informações Mercadológicas (SIM), que permite avaliar a eficiência do serviço que está sendo prestado.

Para as organizações em geral, criar um leque de alternativas de serviço ao cliente só requer um pouco de criatividade e conhecimento do mercado e das necessidades dos clientes; por outro lado, detectar de que maneira eles estão percebendo os serviços é tarefa contínua, cercada de muitas dificuldades. Como forma de nos aproximarmos daquilo que é a expectativa do mercado ou dos clientes em termos de serviços, foi elaborada uma lista de questões que deveriam ser respondidas pelo gestor da área de serviço e/ou de marketing.

1. O cliente conhece os serviços que são oferecidos?
2. O cliente valoriza os serviços?
3. Os serviços estão sendo prestados de maneira adequada?
4. Qual a qualidade dos serviços prestados?
5. O cliente tem um canal de comunicação direta com a empresa?
6. Esse canal funciona efetivamente ou está sempre ocupado?
7. Como a informação do cliente é tratada dentro da empresa?
8. De que maneira é dado o *feedback* ao cliente?
9. Como é verificado se os problemas apontados foram ou não solucionados?
10. Como é feita a gestão da reclamação?

11. Quem está monitorando os serviços prestados pela concorrência?
12. Como os nossos clientes percebem os serviços prestados pelos concorrentes?

Nesse momento, estamos enfocando uma questão considerada tão fundamental quanto a de prestar um serviço ao cliente, visto que o serviço prestado tem de ter qualidade, e esta também deve ser percebida pelo cliente.

A utilização de um ferramental adequado de verificação da satisfação do cliente com os serviços prestados é fator fundamental para o reposicionamento do serviço, seja para sua eliminação, melhora ou implementação de um novo serviço.

Finalizando

Uma das dúvidas com relação aos serviços é a identificação de quais devem ser prestados aos clientes. Nesse sentido é importante ressaltar o conceito de que "os serviços se baseiam principalmente na cultura do ambiente em que o produto vai ser utilizado". Isso significa que, no momento em que estiver preparando ou elaborando os serviços a serem prestados pela minha empresa, tenho de ter em mente qual é o meu cliente, como é a sua organização e quais as suas necessidades.

Os serviços não podem, de maneira alguma, ser elaborados pela ótica do fabricante; o objetivo é diferenciar o produto e a organização, em relação à concorrência, sempre pela ótica do cliente. Se para o cliente não há diferença entre você prestar ou não determinado serviço, visto que este não agrega valor, ele não vai de modo algum pagar a mais por isso.

A título de exemplo, se levarmos em consideração um fabricante de ônibus urbanos, podemos supor que um dos serviços que ele poderia prestar a seus clientes seria o de manutenção da frota. Podemos dizer, a princípio, que esse serviço seria de interesse para qualquer empresa que tenha uma frota de ônibus urbanos, independentemente do porte ou de sua localização.

Em função disso, o fabricante de ônibus passa a incluir no custo do seu veículo o serviço de manutenção permanente, o que, segundo ele, apesar de aumentar o preço final ao frotista, seria um diferencial diante da concorrência e, para o consumidor, na relação custo/benefício, seria vantajoso.

Ao analisarmos o mesmo serviço, pela ótica de um frotista em especial, podemos deparar hipoteticamente com a seguinte situação: apesar de considerar importante, interessante e até mesmo tentador o serviço oferecido pelo fabricante, ele tem, na sua garagem principal, uma oficina de manutenção montada, que, além de atender a sua demanda, ainda presta serviços de manutenção às empresas de transporte de carga que se localizam nas proximidades.

Além disso, o seu filho mais novo, junto com o seu sobrinho, que é filho do seu irmão, também sócio na empresa, cuidam da parte de manutenção dos veículos, fazendo com que não haja interesse no serviço prestado pelo fabricante; de fato, seria um transtorno muito grande modificar ou fechar a oficina.

É claro que essa é uma situação hipotética; porém, nesse caso, o serviço apresentado pelo fabricante, apesar de interessante de maneira geral, para aquela empresa em especial não faz sentido, e portanto ela não irá pagar a mais por um serviço que foi incorporado no custo do produto e que não será utilizado. O mesmo valeria para uma empresa do setor alimentício que desenvolve no seu site uma área com receitas, embora uma parte significativa de seus clientes não tenha acesso à Internet ou mesmo computador.

Portanto, antes de implantar uma estrutura de serviço ou de formatar quais serviços devem ser prestados a seus clientes, não se esqueça de iniciar o processo com uma pesquisa junto à clientela para que fique clara, em relação à cada empresa, a importância do novo serviço, validando sua diferenciação; e, ao final do processo, tenha a flexibilidade de deixar para o cliente a opção de querer ou não que o serviço sugerido seja incorporado no preço final do produto. Dar a opção ao cliente é ponto fundamental nas atuais estratégias de marketing.

Bibliografia

CHURCHILL, G. A.; PETER, J. P. *Marketing: criando valor para os clientes.* São Paulo: Saraiva, 2000.

GRONROOS, C. *Marketing, gerenciamento e serviços.* Rio de Janeiro: Elsevier, 2004.

HOOLEY, G. J.; SAUNDERS, J. *Posicionamento competitivo*. São Paulo: Makron Books, 1996.

KOTLER, P.; ARMSTRONG, G. *Princípios de marketing*. Rio de Janeiro: Prentice Hall, 1993.

LAMBIN, J.-J. *Marketing estratégico*. Madri: McGraw Hill, 1996.

LEVITT, T. *A imaginação em marketing*. São Paulo: Atlas, 1985.

MATTAR, F. N.; SANTOS, D. G. *Gerência de produto*. São Paulo: Atlas, 1998.

MOREIRA, J. C. T. (coord.). *Marketing business to business, é fazer ou morrer*. São Paulo: Makron Books, 1998.

_____. (coord.). *Administração de vendas*. São Paulo: Saraiva, 2000.

_____. (coord.). *Gerência de produto*. São Paulo: Saraiva, 2004.

WEBSTER JR., F. E. *Industrial marketing strategy*. Nova York: John Wiley & Sons, 1991.

11

Marketing e o desenvolvimento de novos produtos

Marluci Torquato*

Introdução

O lançamento de novos produtos ou serviços envolve não apenas conceitos e estratégias técnicas, absolutamente essenciais ao processo de criação e desenvolvimento, mas também considera elementos de diferenciação e posicionamento do produto no mercado, bem como o pacote de valores embutidos no conceito desses novos produtos ou serviços.

O sistema político das organizações influencia nas diretrizes e nos rumos da inovação. As imposições e a tendência estratégica da alta administração da empresa podem interferir nas decisões sobre pesquisa e desenvolvimento dos novos produtos para o mercado. O próprio processo de geração de idéias é incentivado ou desmotivado pelo sistema político, acompanhado de perto pela disponibilidade de recursos financeiros e de estrutura para que se possa investir no lançamento ou ampliação de linhas de produtos.

Porém, a concorrência nos dias atuais é absolutamente implacável com a lentidão e com os erros estratégicos de abordagem e tratamento de consumidores. Recai sobre as empresas forte pressão para o lançamento de produtos inova-

*Mestre em Administração de Marketing pela PUC-SP. Professora no Centro Universitário São Camilo.

dores, diferenciados e eficazes em um prazo cada vez menor de tempo. O ciclo de vida dos produtos passou por um processo de aceleração nas últimas décadas, o que impulsiona as empresas a um esforço pleno de superação de seu próprio portfólio de produtos e também em relação ao da concorrência.

O cenário comporta elementos científicos de pesquisa e engenharia e aspectos comportamentais que envolvem as variáveis psicológicas do mercado consumidor e suas necessidades práticas, além, é claro, de variáveis econômicas e financeiras que constituem importante fator de determinação do comportamento de compra do consumidor, influindo também na capacidade de investimento das empresas em pesquisa e desenvolvimento.

As estratégias utilizadas no lançamento de novos produtos devem considerar esse cenário e também aspectos técnicos como critérios de diferenciação do produto, levando em conta elementos de estilo e *design*, o posicionamento na mente do consumidor e o composto comunicacional que irá reforçar os valores embutidos no conceito do próprio produto.

O sucesso no lançamento de novos produtos depende do arranjo eficaz desses elementos estratégicos e de um eficiente levantamento e tratamento de informações sobre os consumidores, parceiros, concorrentes; enfim, sobre o mercado de forma geral.

Além dos aspectos mencionados, serão discutidos ainda neste capítulo a atuação e importância do sistema informacional de marketing para o lançamento de novos produtos; a necessidade de um projeto de produto muito bem definido e desenhado, com critérios de tecnologia, inovação, organização e planejamento; o comportamento dos concorrentes no mercado doméstico e internacional; a dificuldade de captação e tratamento de idéias realmente inovadoras nas empresas para criação de produtos ou serviços; os cuidados para estimar os custos envolvidos no lançamento e, por fim, a atuação em mercados multilaterais facilitando a absorção de novos conceitos de produtos.

Estes e outros elementos relevantes ao processo de inovação para o lançamento de novos produtos serão discutidos aqui ao se considerar o conceito de produto como "algo que pode ser oferecido a um mercado para satisfazer a um desejo ou necessidade" (Kotler, 1998, p. 383), englobando não apenas o produto físico em si, mas também os serviços, pessoas, locais, idéias e até organizações. Nos dias atuais consideramos como "conceito de produto", na verdade, tudo que possa representar uma oferta ou solução, podendo receber um tratamento de marketing que envolva pesquisa, planejamento tático e estratégico, desenvolvimento de projetos, testes de mercado, avaliação e acompanhamento de resultados, ou seja, estratégias que visam à atração e retenção de consumidores, adeptos, filiados ou público, tornando-os o mais fiéis possível a uma empresa, marca, produto, local, pessoa, serviço ou ainda idéia.

O valor agregado de um novo produto

Ao procurar um novo produto ou serviço que atenda a uma necessidade específica, o consumidor considera algumas etapas hierárquicas de percepção de valor ligadas àquele produto ou aos benefícios que o produto pode proporcionar. O processo de análise dessa percepção chega a ser quase inconsciente, pois é absolutamente automático e comum à maioria das pessoas.

Albrecht (1993) destaca quatro níveis hierárquicos de percepção de valores associados aos produtos. A primeira etapa dessa hierarquia de valor seriam os atributos *básicos* do produto. Eles representam os primeiros benefícios percebidos pelo consumidor, são essenciais e fundamentais, carregam o mínimo necessário para que o cliente obtenha o benefício núcleo do produto. Kotler (1998), utilizando o clássico exemplo de um hotel, coloca que o benefício núcleo oferecido por um estabelecimento é repouso e tranqüilidade, e os atributos básicos para se atingir o benefício núcleo seriam cama, banheiro, toalhas, armário, ou seja, itens fundamentais para obter repouso e tranqüilidade.

A segunda etapa hierárquica de valor percebido, segundo Albrecht, são os atributos *esperados*, que são benefícios pertencentes à parte da prática geral de negócios em cada área e, pela experiência, o consumidor acostumou-se a obtê-los. Seguindo o exemplo do hotel, os atributos esperados são: que a cama esteja limpa e arrumada, assim como as toalhas, o banheiro; que a iluminação esteja adequada; que se tenha o mínimo de silêncio etc. Resumindo, que tudo esteja funcionando e em perfeito estado de uso/consumo a fim de permitir o melhor desfrute possível do benefício núcleo.

Em continuidade, a terceira etapa na cadeia de valores percebidos pelo consumidor é representada pelos atributos *desejados*. Estes o cliente não espera necessariamente; também não precisa deles para obter o benefício núcleo, porém reconhece e aprecia quando existem, valorizando o produto que oferta tais atributos. No caso do hotel, podem-se oferecer, por exemplo, televisão a cabo, frigobar, serviço de quarto etc. São atributos que superam os atributos simplesmente esperados e causam satisfação em relação aos benefícios que proporcionam.

A quarta etapa dos valores são os atributos *inesperados*. Estes surpreendem o consumidor, pois não eram esperados, nem tampouco desejados, pelo fato de o consumidor não conhecer o benefício desses atributos. Representam o efeito-surpresa, que adiciona valor além das expectativas do cliente. No hotel poderiam ser diferenciais do tipo *check-in* privativo no quarto, serviço de quarto 24 horas, computador com acesso à Internet, enfim, elementos de diferenciação da concorrência que representam puramente vantagem competitiva.

A tendência de tais atributos é alterar suas posições a cada determinado período de tempo devido à acirrada competição da concorrência. Dessa maneira, os benefícios proporcionados por um atributo *inesperado* hoje passa a ser, com o tempo, *desejado*; depois, *esperado* pelos consumidores. Embora nem sempre esses atributos estejam ligados ao benefício núcleo, o fato de a empresa não oferecê-los pode descartá-la do cenário competitivo, além de o produto entregue ao cliente dever carregar um conjunto de valores representativo em relação aos benefícios que proporciona, e não apenas o mínimo suficiente. Portanto, faz-se necessária uma constante inovação e atualização do próprio conceito dos produtos oferecidos, procurando sempre estar em linha ou à frente das alterações das necessidades e comportamentos dos consumidores. Entregar um produto é muito pouco; nos dias atuais as empresas devem se preocupar em entregar pacotes de soluções o mais completos possível para uma necessidade ou um desejo do mercado.

O pacote de soluções carrega na essência de sua concepção um real conjunto de valores para o consumidor, coisas que ele percebe, aprecia e valoriza em um produto, em uma marca ou até mesmo em uma empresa. Quanto mais completo o pacote de valores, maiores as chances de sucesso do produto no mercado.

Heskett, Sasser e Hart (1994) defendem que, para constituir um verdadeiro pacote de valores, a empresa deve reconhecer o valor de um cliente fiel ao longo do tempo e dedicar um esforço fora do comum para conhecer suas necessidades e comportamentos. Para tanto, é preciso pesquisar os dados psicográficos dos clientes (maneiras de pensar, sentir e agir) e identificar os riscos percebidos por eles em relação ao produto ou serviço que está sendo adquirido, podendo ser um risco de natureza econômica (possibilidade de prejuízo financeiro), social (relacionado à imagem pessoal), legal (ação ou omissão de ações dentro da lei) ou médica (ligado à ameaça à saúde).

Além de obter informações sobre o modo de ser do cliente e de como ele percebe o produto, os autores afirmam que é preciso ir além, observando atentamente a migração dos padrões do comportamento de compra (alterações nos níveis de exigência em relação a preço, qualidade e praticidade) e os processos de avaliação do cliente em relação aos benefícios proporcionados pelo produto (os clientes estabelecem comparações entre a expectativa gerada antes da compra e após o uso do produto, avaliando os resultados).

Ao elaborar um projeto para lançamento de um novo produto, todos os aspectos abordados neste tópico devem ser considerados e devem fazer parte do conceito do produto, refletindo-se em todas as suas etapas de pesquisa e desenvolvimento. Por isso o lançamento de novos produtos no mercado se torna uma tarefa arriscada, embora de relevante importância estratégica para uma empresa. O risco se deve à morte ou desaparecimento de uma imensa gama de novos produtos lançados no mercado mundial em período curtíssimo de tempo.

Alguns estudos realizados na Inglaterra (Freeman apud Baxter, 2000, p. 24), Estados Unidos (Booz-Allen & Hamilton apud Baxter, 2000, p. 24) e Canadá (Cooper apud Baxter, 2000, p. 24) apontam que diversos fatores determinam as diferenças entre sucesso e fracasso dos novos produtos; porém, quando a empresa e, em especial, o projeto do novo produto são amplamente orientados para o mercado, considerando em primeiro plano os benefícios e valores para os consumidores, esse novo produto tem cinco vezes mais chances de sucesso do que um projeto voltado para outros critérios de diferenciação. Os projetos orientados mais por critérios de planejamento apresentaram três vezes mais chances de sucesso, e os projetos voltados para fatores internos à empresa apresentaram duas vezes e meia mais chances de sucesso no mercado se comparados a outros critérios de orientação. Esses dados podem ser mais bem visualizados na Figura 11.1.

Chances de sucesso dos novos produtos			
	5 X	**3 X**	**2,5 X**
	Forte Orientação para o Mercado – Benefícios para os consumidores – Valores superiores para os consumidores	Planejamento – Definido com precisão – Especificado com detalhes	Fatores Internos da Empresa – Excelência técnica e marketing – Cooperação entre as áreas

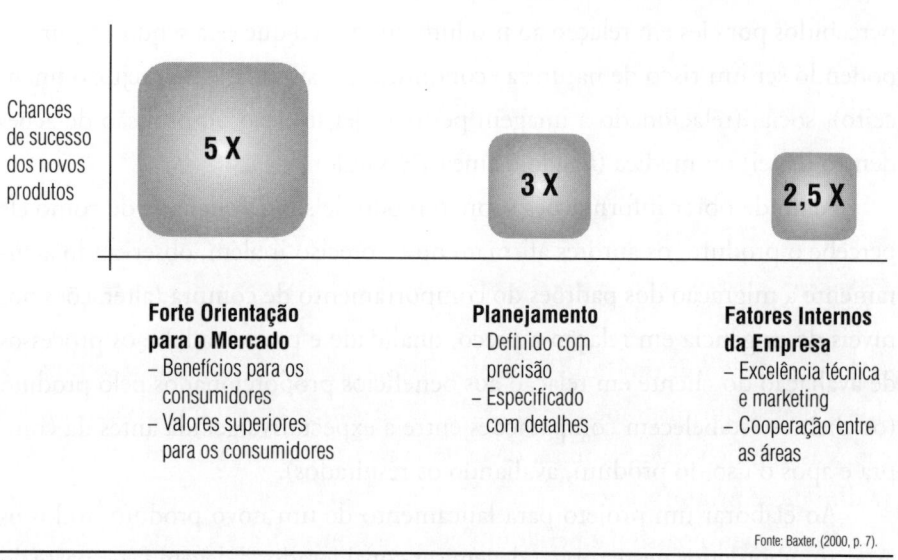

Fonte: Baxter, (2000, p. 7).

Figura 11.1 Fatores de sucesso no desenvolvimento de novos produtos.

O pacote de valores para o cliente pode incluir ainda uma infinidade de fatores que podem aguçar sua percepção de qualidade em relação ao produto e contribuir para o processo de fidelização do consumidor, determinando o sucesso de um novo produto no mercado. Para Albrecht (1993), o pacote de valor pode incluir os seguintes componentes:

- Ambiental – o cenário físico em que o cliente experimenta o produto (acessibilidade, segurança, praticidade do ambiente).
- Estético – experiência sensorial (cenas, sons, sabores, sensações, sentimentos e o ambiente psicológico da empresa).
- Interpessoal – interações com funcionários ou outros clientes.
- Processual – procedimentos para concretizar o negócio.
- Informativo – obtenção das informações necessárias.

- Entregável – tudo que o cliente recebe durante a transação (a mercadoria adquirida, um cardápio, uma fita de vídeo, talões de cheque, documentos etc.).
- Financeiro – quanto e como o cliente paga pelo produto.

A experiência do cliente com o produto certamente passará pela avaliação desses componentes. Quanto mais positiva for a avaliação de cada um deles, maior tendência à fidelização o consumidor poderá apresentar.

Estratégias de diferenciação, posicionamento e testes do novo produto para o mercado

A decisão de lançar um novo produto no mercado exige um processo detalhado de análise que disponibilize um volume de informações úteis e precisas sobre todas as condições de pesquisa, desenvolvimento e o lançamento propriamente dito desse produto.

O primeiro passo para criar um novo produto é a geração de idéias inovadoras. A empresa deve estimulá-las no ambiente interno, proporcionando um clima favorável à criatividade e democrático no sentido de permitir que absolutamente todo o quadro de funcionários e colaboradores se sinta à vontade para sugerir idéias e, o principal, que elas sejam analisadas e respeitadas, mesmo quando se conclui que não há chances para seu aproveitamento. É óbvio que o ambiente externo influi na decisão do lançamento de um novo produto na medida em que determina padrões de consumo e qualidade dos produtos, fornece os recursos necessários à produção (tecnologia e pessoas), estabelece regras de operação empresarial e exige cuidados de relacionamentos.

É no ambiente externo que a empresa colhe informações referentes a demanda e desejos dos consumidores, pesquisando as necessidades do mercado; coleta também informações sobre a atuação dos concorrentes e os produtos existentes no mercado; sobre as oportunidades tecnológicas para o projeto e fabricação de um novo produto e, de modo geral, colhe informações sobre o ambiente de negócios, o que pode se tornar uma ameaça ou pode ser uma oportunidade de negócio para a empresa.

De posse das informações coletadas pela pesquisa de marketing e tratadas de maneira sistemática e científica, torna-se possível a triagem das idéias sobre novos produtos: analisar a idéia do produto, projetar e testar seu conceito, para só então decidir sobre a viabilidade e adequação do novo projeto às estratégias e recursos da empresa.

Kotler (1998) define a *idéia* do produto como o possível produto que a empresa pode oferecer ao mercado, com suas características e funcionalidades gerais. O *conceito* do produto é a versão elaborada da idéia, em que são especificados detalhes que determinam o posicionamento do produto no mercado, como a quem se destina (público-alvo), quais os benefícios que o produto proporciona, em quais situações será usado, de que forma será utilizado, entre demais aspectos relevantes sobre tudo que o produto poderá oferecer. E, por fim, o autor define a *imagem* do produto como um quadro específico que os consumidores traçam na mente em relação a esse produto.

Os três elementos (conceito, idéia e imagem) proporcionam o posicionamento do produto ou da marca na mente do consumidor, o qual representa como os clientes percebem e fixam as marcas ou produtos na memória. O posicionamento pode ocorrer por diversos critérios. Destacam-se a seguir os principais e mais empregados:

- Atributo – aspectos do produto em si, como tamanho, forma, característica marcante. Exemplos: o mais antigo, o maior, o mais seguro etc.
- Benefício – necessidades e desejos atendidos com base na relação Preço × Qualidade. Ex.: *status*, economia, modernidade, opção inteligente etc.
- Uso e aplicação – modo como será utilizado. Exemplos: roupas para prática de esportes, roupas para festa, carro de passeio, carro de corrida etc.
- Usuário – de acordo com o público-alvo, definem-se diferentes linhas de produtos. Exemplos: produtos para surfistas, para executivos, para bebês etc.
- Concorrente – esse posicionamento compara a oferta de uma empresa com as demais do mercado. Exemplos: "Somos a se-

gunda maior empresa do país neste segmento"; "Oferecemos a maior variedade do mercado em roupas e calçados" etc.
- Preço/qualidade – nesse critério o produto pode se posicionar pelo valor que oferta. Exemplos: maior valor pelo dinheiro empregado; maior valor pelo preço mais elevado ou maior valor pelo menor preço.

As empresas podem selecionar os critérios de posicionamento e optar por qual palavra-chave ou palavras-chave o novo produto vai se tornar conhecido e lembrado pelos consumidores efetivos e potenciais. A estratégia de posicionamento proporciona o registro e a gravação, na mente dos clientes, dos principais benefícios que o produto oferece; logo, quando a empresa escolhe vários critérios que carregam diferentes benefícios e realiza uma campanha de divulgação na tentativa de fixar na mente do consumidor que um único produto pode ser lembrado por vários critérios diferentes, ela pode cometer um erro estratégico de posicionamento, pois o consumidor pode não associar de modo marcante nenhum dos critérios ao produto, gerando um posicionamento confuso (muitos apelos de propaganda) ou duvidoso (critérios muito variados e difíceis de serem cumpridos).

Portanto, uma eficiente estratégia de posicionamento considera o conceito do novo produto, exaustivamente testado e confirmado, e promove uma plataforma para o posicionamento com seus critérios mais marcantes. Quanto menor o número de critérios (ou benefícios divulgados), melhor será a fixação pelo consumidor. Por exemplo: "Pilão, o café forte do Brasil" – o apelo na divulgação (*slogan*) do produto revela um posicionamento por um atributo ("forte"), destacando a característica mais marcante e pela qual o produto se torna diferenciado pelo consumidor.

Existem diversas variáveis de diferenciação que influenciam no posicionamento do produto no mercado e elas podem se relacionar ao produto, aos serviços acoplados, ao pessoal de atendimento, ao canal de marketing ou à própria imagem formada. Segundo Kotler (1998), a diferenciação representa como, exatamente, o novo produto pode ter destaque no mercado, se diferenciando dos que já são ofertados pela concorrência. A Figura 11.2 relaciona quais os elementos de diferenciação podem ser utilizados para cada um dos itens mencionados.

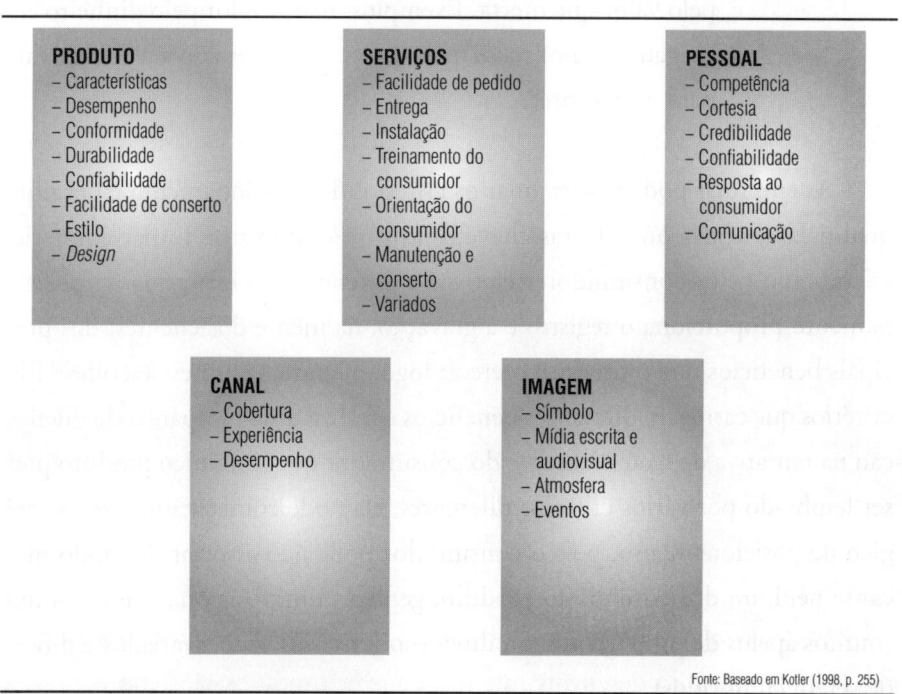

PRODUTO
- Características
- Desempenho
- Conformidade
- Durabilidade
- Confiabilidade
- Facilidade de conserto
- Estilo
- *Design*

SERVIÇOS
- Facilidade de pedido
- Entrega
- Instalação
- Treinamento do consumidor
- Orientação do consumidor
- Manutenção e conserto
- Variados

PESSOAL
- Competência
- Cortesia
- Credibilidade
- Confiabilidade
- Resposta ao consumidor
- Comunicação

CANAL
- Cobertura
- Experiência
- Desempenho

IMAGEM
- Símbolo
- Mídia escrita e audiovisual
- Atmosfera
- Eventos

Fonte: Baseado em Kotler (1998, p. 255)

Figura 11.2 Variáveis de diferenciação.

O teste de conceito auxilia bastante na definição das variáveis de diferenciação e no posicionamento do produto. Segundo Martens (2004), o percurso entre o teste do conceito e os testes do produto passa pela fase dos protótipos e é necessário buscar opiniões que envolvam toda a empresa, os parceiros da área de *design*, o pessoal de pesquisa e, principalmente, os clientes e potenciais compradores. É necessário desenvolver métodos eficientes e sempre atualizados de teste, para tanto a autora sugere alguns passos para testar o conceito de novos produtos antes de seu lançamento:

- Avaliar o melhor momento de testar a idéia – testes realizados cedo ou tarde demais em relação ao ciclo do desenvolvimento do produto podem conduzir a resultados equivocados.

- Desenvolver protótipos do produto e executar testes repetidamente. Nesse caso, o quanto antes melhor.
- Utilizar fontes seguras de testes – procurar parcerias e ajuda de organizações especializadas ou grupos especiais de consumidores que possam dar informações aplicáveis e até indispensáveis para o produto.
- *Feedbacks* – aceitar as respostas dos testes (inclusive as negativas) e não hesitar em alterar o rumo do desenvolvimento do novo produto, mudando o conceito e o posicionamento se for necessário.
- Testar o contexto – avaliar como o novo produto se encaixa no mercado atual em relação a paradigmas predominantes que possam ser insuperáveis.
- Testar com usuários leigos – os consumidores que nunca usaram o produto revelam-se capazes de descobrir inusitadas maneiras de utilizá-lo, livres dos vícios e do hábito de consumo.

O desenvolvimento de protótipos e a realização de testes repetitivamente em cada etapa do desenvolvimento de novos produtos são ferramentas essenciais para o sucesso nos lançamentos e sucesso de mercado, aumentando as chances de prolongar, inclusive, o ciclo de vida dos produtos.

O processo de desenvolvimento de novos produtos passa, então, pela geração de idéias inovadoras, triagem e seleção das idéias viáveis, desenvolvimento e teste do conceito do produto, desenvolvimento das estratégias de posicionamento e diferenciação, desenvolvimento do produto em si (testes de engenharia), testes de mercado e, por fim, caso o novo produto obtenha aprovação em todos os itens, lançamento e comercialização. Cada fase representa um desafio para o projeto do novo produto, pois deve ser elaborada com riqueza de critérios de desenvolvimento e testes, para que não se prossiga para a fase seguinte enquanto houver problemas ou dúvidas quanto à viabilidade do novo produto – tudo isso num prazo cada vez mais curto, como exigência do mercado.

Estratégia para o desenvolvimento e lançamento de novos produtos

O lançamento de novos produtos exige a elaboração apropriada de estratégias que incluem uma criteriosa segmentação de mercado; escolha acertada de grupos de consumidores-alvo, com suas necessidades e desejos muito bem identificados e em ordem de prioridade na cadeia de valor atribuída pelo cliente; determinação do posicionamento de mercado almejado pela empresa e integração entre as áreas internas que estão direta ou indiretamente envolvidas no processo de desenvolvimento de novos produtos, como a própria área de marketing e as áreas de pesquisa e desenvolvimento, engenharia, produção e vendas.

Uma estrutura bem definida, com processos bem desenhados e profissionais estrategicamente alocados para acompanhar cada etapa do projeto do novo produto, sempre orientando os processos internos para os resultados das pesquisas de mercado e das informações dos consumidores, pode determinar o sucesso de toda a estratégia do processo de inovação em produtos.

As estratégias elaboradas determinam todo o arranjo administrativo requerido para o desenvolvimento do projeto de um novo produto; elas envolvem o ambiente estratégico diretamente em suas definições de atuação de mercado, público-alvo, tecnologia, estruturas, alinhamento com a missão da empresa, com os valores culturais e objetivos corporativos, e também um plano tático-operacional que engloba aspectos mais técnicos de elaboração, desenvolvimento e produção, cujos arranjos recebem ainda um tratamento estrategicamente elaborado.

Alguns desses fatores ligados a tais arranjos técnicos e estratégicos que merecem especial atenção na discussão sobre elaboração de novos produtos serão destacados a seguir.

Definição das categorias de novos produtos

A estratégia de desenvolvimento de novos produtos deve iniciar por um exame detalhado da linha atual de produtos e da fase do ciclo de vida em que cada um deles se encontra. Comparando os resultados de uma detalhada análise do portfólio de produtos com pesquisas externas realizadas com consumidores, pode-se estabelecer uma ligação direta entre o que o mercado deseja, quais as expectativas do consumidor quanto a determinado produto (ou linhas de produtos) e como o portfólio de produtos da empresa se comporta em relação a tais necessidades.

A defasagem de produtos oferecidos diante dos anseios do mercado consumidor pode condenar a empresa a um baixo nível de competitividade. A atualização constante dos produtos (ou linhas de produtos) acaba colocando a empresa em contato constante com novas tecnologias, matérias-primas, processos e até mesmo "pessoas". Tudo isso possibilita novas formas de trabalho que, de um lado, exigem investimentos em aquisições inovadoras e pesquisas; de outro, podem acabar reduzindo custos de produção e agregar um maior valor à marca ou produto, propiciando maior margem de lucratividade, conquistando novos mercados e fidelizando os consumidores, fatos que colocarão a empresa em posições superiores no *ranking* de competitividade no mercado em que atua.

O lançamento de novos produtos não implica necessariamente lançar um produto absolutamente inédito no mercado. O processo de pesquisa e desenvolvimento com estratégias de marketing deve ser aplicado a todas as categorias de lançamentos que podem ser considerados uma inovação. Segundo Kotler (1998), as categorias podem ser assim classificadas:

- Produtos novos para o mundo – essa categoria refere-se a produtos inéditos, ainda não conhecidos pelo mercado.
- Novas linhas de produtos – lançamento de uma linha ou família de produtos que até então não eram comercializados pela empresa, possibilitando que ela participe de um mercado já existente pela primeira vez.
- Ampliação da linha existente – inclusão de novos produtos ligados a uma linha que já fazia parte do portfólio de produtos da empresa (tamanhos, formas, cores, sabores diferentes).
- Melhorias de produtos existentes – aperfeiçoamento das características e desempenho de produtos já comercializados, porém mantendo o mesmo posicionamento de mercado.
- Reposicionamento – produtos existentes que são colocados em novos mercados ou em novos segmentos.

▫ Reduções de custo – novos produtos que apresentam desempenho semelhante a um produto já conhecido pelo mercado, porém a custos mais baixos.

O autor afirma ainda que apenas 10% dos novos produtos são verdadeiramente inovadores e novos para o mundo e que eles envolvem custos e riscos maiores porque são novos para a empresa e para o mercado. Adicionalmente, afirma que a maior parte da atividade de novos produtos é destinada à melhoria dos produtos existentes.

Planejamento estratégico e envolvimento da alta administração

O planejamento tático e operacional das empresas deve estar sempre alinhado com o planejamento corporativo. O planejamento corporativo define as estratégias de atuação da empresa como um todo e os principais objetivos por meio da elaboração da declaração de *missão da empresa*, da definição das *estruturas de negócios*, do estabelecimento dos *recursos* necessários para que as estruturas funcionem com eficiência e do planejamento de *novos negócios* para a empresa. O planejamento tático e operacional define estratégias e *técnicas* de atuação e de como atingir os objetivos maiores da empresa definidos pelo planejamento corporativo ou, ainda, são as táticas ou maneiras de seguir as estratégias.

O planejamento corporativo é, em geral, elaborado pela alta administração da empresa, com uma visão geral e ampla dos negócios e do mercado de atuação. Já o planejamento tático e operacional é, via de regra, formulado pelas próprias unidades de negócios, que estão bastante próximas da plataforma de produção e dos processos de execução dos projetos.

Em muitas situações o desenvolvimento de novos produtos esbarra em casos de desajustes entre os objetivos maiores da empresa (corporativo ou estratégico) definidos pela alta administração e as intenções das unidades de negócios (tático ou operacional) ao projetar as inovações para o mercado. Quanto mais a empresa é segmentada e suas funções rigidamente divididas, menor a integração entre áreas e funções; logo, maior o risco de ocorrerem desentendimentos entre os planos estratégico e operacional.

A alta administração das empresas inovadoras deve estar sempre disposta a estimular a participação de todos no processo de elaboração e desenvolvimento de um novo produto e a considerar e respeitar todas as idéias e contribuições dos funcionários, promovendo a integração entre pessoas, funções e objetivos estratégicos. A imposição de idéias e tendências, ou até mesmo de preferências pessoais motivadas por critérios de hierarquia ou privilégios de poder nas organizações, pode contribuir para o fracasso de projetos de novos produtos que, em vez de seguir a orientação do mercado consumidor, seguem um plano de vaidades e disputas pelo poder.

Os planos estratégico e operacional interferem no nível de participação das pessoas nas decisões da empresa e conduzem a um modelo de administração aberto ou centralizador, o que pode influenciar no perfil inovador da empresa. Quanto mais a administração incentivar a geração de idéias e a criatividade dos funcionários, maior a chance de se tornar inovadora em processos, formas de trabalho e lançamentos de novos produtos.

A utilização de equipes interfuncionais e a abertura para participação e atuação de profissionais criativos e capacitados são essenciais para o sucesso de um novo produto lançado no mercado. Seguir sempre projetos orientados para as necessidades e desejos do consumidor, adequados aos recursos, à capacidade técnica e de produção da empresa também constitui outro fator crítico de sucesso para o novo produto.

O envolvimento, a participação e o apoio da alta administração com sua visão ampla de negócio e seu poder de tomada de decisão ampliam as possibilidades de sucesso, porém o caminho das imposições é o que deve ser evitado a pleno esforço, sendo que a sistematização (com projetos cientificamente elaborados) e a democratização do processo de criação e desenvolvimento do produto são ideais e necessários à inovação.

A importância do estilo e *design* em novos produtos

A decisão de desenvolver e lançar um novo produto deve ser toda orientada para o consumidor. Os profissionais de *design* de um produto devem se preocupar com todos os seus parâmetros de diferenciação e o modo como o público-alvo percebe o produto, importando-se com questões ligadas a aparência, funcionalidades e desempenho, o que garantirá que ele seja agradável de ser visto, fácil de ser manuseado, fácil de abrir, instalar, utilizar, consertar e até descartar. Baxter (2000, p. 21) reforça o conceito de *designer* por meio da seguinte afirmação:

> O designer de produtos bem-sucedido é aquele que consegue pensar com a mente do consumidor: ele consegue interpretar as necessidades, sonhos, desejos, valores e expectativas do consumidor.

Os novos produtos representam uma mudança de hábito para o consumidor, e ele precisa de muitas boas razões e segurança para mudar. Por isso, os critérios de *design* de um novo produto devem ser precisos em relação a seu alvo e representar uma proposta consistente e tentadora de mudança.

Já o *estilo* é a descrição de como o comprador vê e sente o produto. O estilo provoca distintividade, mas não garante o desempenho. Ele é o responsável pela atratividade do produto, passando primeiro pela percepção visual do consumidor, chamando sua atenção por parecer agradável e interessante. Num segundo momento o visual do produto deve torná-lo desejável e, finalmente, num terceiro instante, o visual impulsiona o consumidor ao ato da compra.

As influências sociais e culturais podem mudar as preferências de *design* e estilo dos produtos por parte dos consumidores, por isso elas devem ser levadas em conta no momento de elaboração.

O dimensionamento dos custos envolvidos

O desenvolvimento de novos produtos envolve uma série de custos que são, em muitos casos, difíceis de estimar. O processo se inicia com a geração de idéias sobre um novo produto; no entanto, para chegar à triagem dessas idéias provavelmente a empresa já investiu em pesquisas de mercado para saber das necessidades e desejos do consumidor para que a triagem esteja alinhada com os anseios do mercado.

O próprio processo de incentivo à criação e triagem de idéias já requer investimentos em recursos tecnológicos (para comunicação, tratamento e armazenamento das informações/idéias), recursos humanos para a organização e execução de todo o processo e, por fim, tempo dedicado. Este último pode implicar até mesmo custos de oportunidade para a empresa, pois o desperdício de tempo em processos não aproveitáveis pode representar perda de chances irrecuperáveis em negócios e processos mais produtivos, que gerem aumentos de lucro e produtividade ou diminuição de custos e despesas. Portanto, os processos devem ser sistematizados e otimizados o máximo possível e sempre bem planejados para não incorrer em custos indesejáveis.

Outro fator importante para o dimensionamento de custos do projeto de um novo produto é estimar corretamente o tamanho do mercado ao qual se destina o produto e investir de modo proporcional a esse tamanho. Erros freqüentes nesse sentido ocorrem quando o projeto do novo produto superestima o tamanho da fatia de mercado que poderá atingir, direcionando investimentos muito maiores do que a possibilidade de retorno. Ou, ainda, o inverso também pode ocorrer, subestimando o potencial de mercado para o novo produto e deixando espaços que serão rapidamente dominados pela concorrência.

Para amenizar a possibilidade de erro no dimensionamento dos custos, o controle de projeto deve considerar as seguintes estimativas:

- Custos de desenvolvimento – pesquisa, engenharia e produção.
- Custos de marketing – pesquisa de marketing, propaganda, divulgação, vendas e administração de marketing.
- Custos indiretos – salários de administradores, água, luz etc.
- Custos por produtos vendidos – custo médio da mão-de-obra, matéria-prima utilizada, embalagem, maquinário, energia etc.

Num primeiro momento, o projeto considera a estimativa dos custos para dimensionar os custos a incorrer; durante o andamento do projeto, o pessoal de controle deve garantir, na medida do possível, que os custos efetivamente incorridos não ultrapassem as margens suportáveis previstas. Caso contrário, a própria lucratividade do novo produto estará comprometida.

Reação da concorrência e estratégia de comercialização

Muitas organizações dedicam a maior parte do tempo e dos esforços destinados ao projeto de um novo produto à fase de desenvolvimento de engenharia e pesquisas com os consumidores, subestimando o efeito da reação da concorrência ao lançamento.

Após o lançamento de um produto novo no mercado, é necessário estar muito atento à reação dos concorrentes para tentar neutralizar o efeito de suas ações ou, ainda, evitar que a concorrência ganhe muito espaço ao contra-atacar ou copiar um produto pioneiro. Assim, o projeto de um novo produto continua após seu lançamento, entrando na fase de controle e monitoramento da reação da concorrência. Uma forma de prevenção, inclusive, é a elaboração antecipada de planos de ação baseados na previsão de determinados comportamentos do concorrente.

Kotler (1998, p. 216) identifica alguns padrões de reação dos concorrentes, classificando-os em algumas categorias como, por exemplo:

- Concorrente cauteloso – aquele que não reage rápida ou agressivamente. Os motivos podem ser diversos: julgar que seus clientes continuarão fiéis por bastante tempo; lentidão para perceber o movimento do mercado; falta de recursos financeiros ou decidir estrategicamente extrair o máximo rendimento do negócio até o último instante, ou outro motivo específico, porém o importante é destacar a necessidade de tentar identificar o motivo da reação lenta ou da não-reação.
- Concorrente seletivo – reage apenas a certos tipos de ataques e não a outros. Por exemplo: reagir a cortes de preços e não a promoções. Faz-se necessário estudar o histórico de reações da concorrência e traçar uma linha de conduta para cada um dos seletivos, identificando em cada caso as possibilidades de contra-ataques mais viáveis e freqüentes.
- Concorrente arrojado – reage rápida e agressivamente a qualquer ação de seus rivais.
- Concorrente imprevisível – é aquele que não demonstra um padrão de reação; suas ações dependem do momento, de sua situação financeira, dos projetos em que está envolvido, enfim, reage circunstancialmente, inviabilizando qualquer previsão de suas ações.

A classificação citada auxilia as organizações a identificar o comportamento de seus concorrentes e, com base em um conhecimento prévio de ações anteriores, formular planos de ação que antecedam tais reações.

Em relação a novos produtos, especificamente, algumas estratégias de comercialização dos lançamentos podem ser adotadas, levando em consideração o conhecimento do comportamento do mercado, tanto no que se refere aos consumidores como aos concorrentes. Como exemplos, podemos citar decisões sobre quando entrar no mercado com o novo produto, onde lançá-lo, para quem distribuí-lo, como realizar o lançamento.

A questão do *timing* de lançamento, ou o *quando* entrar no mercado, envolve a vantagem competitiva das organizações e suas estratégias em relação ao tempo de lançamento de um novo produto, abrangendo três opções:

- Entrar primeiro no mercado – conquistar antes os distribuidores e os clientes-chave; fixar uma imagem de empresa inovadora e de liderança de mercado (ao menos por um certo período), porém assumindo o custo da preparação do mercado. O cuidado aqui remete ao lançamento precipitado de um produto não devidamente testado e finalizado, revertendo a vantagem em imagem negativa.
- Entrar paralelamente no mercado – programar o lançamento em conjunto com o concorrente, tomando cuidado para não se apressar, caso o concorrente tente adiantar seu lançamento.
- Entrar posteriormente no mercado – retardar o lançamento do produto, deixando que o concorrente arque com os custos de preparação do mercado e dimensione seu tamanho. A empresa que lança depois aproveita todas as informações da experiência do concorrente pioneiro em relação ao mercado e também tem a chance de aperfeiçoar o desempenho de seu produto.

A estratégia de *onde* lançar seu produto está ligada à decisão sobre em quais mercados atuar no início do ciclo de vida do produto e envolve questões como: Lançar em todo o território regional, nacional ou internacional? Realizar o lançamento de forma ampla (cobrindo várias regiões ao mesmo tempo) ou pulverizada (regiões específicas e selecionadas)?

Para *quem* lançar refere-se à opção estratégica de efetuar a distribuição e promoções diferenciadas na chegada do produto no mercado, destinadas a grupos especiais de consumidores potenciais, como os grandes usuários ou líderes de opinião.

E, finalmente, a estratégia de *como* lançar o produto remete-se a questões de organização e coordenação das muitas atividades envolvidas no lançamento, como a distribuição e entrega dos produtos nos pontos-de-venda, divulgação e comunicação do novo produto para os mercados que participarão do lançamento, patrocínios de eventos, treinamento de pessoal, entre milhares de outras atividades. Sugere-se aqui a elaboração de um cronograma muito detalhado e organizado, com vários momentos de checagem de atividades durante o período de lançamento. A Figura 11.3 apresenta resumidamente a estratégia do *timing* de lançamento de novos produtos como uma estratégia de comercialização.

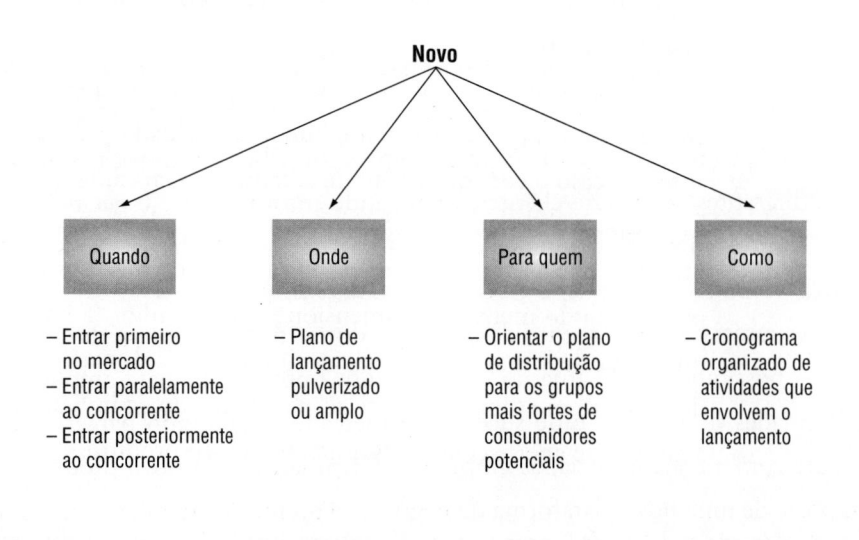

Novo

Quando	Onde	Para quem	Como
– Entrar primeiro no mercado – Entrar paralelamente ao concorrente – Entrar posteriormente ao concorrente	– Plano de lançamento pulverizado ou amplo	– Orientar o plano de distribuição para os grupos mais fortes de consumidores potenciais	– Cronograma organizado de atividades que envolvem o lançamento

Fonte: Baseado em Kotler (1998, p. 255)

Figura 11.3 Estratégias de comercialização do novo produto.

Atuação em mercados multilaterais

A forma como a empresa trata seu portfólio de produtos pode representar um diferencial ou vantagem competitiva no mercado em que atua. Os produtos podem ser encarados como meros itens de prateleira (aqueles dos quais de tempos em tempos se tira o pó) ou podem ganhar *status* de "plataforma de negócios".

Gary (2004) destaca a idéia de mercado multilateral como uma ampliação das oportunidades de negócios. Nesse conceito a empresa encara seus produtos não como fins em si mesmos, mas como plataformas que podem agregar múltiplos grupos de clientes que interagem, gerando receitas para o dono da plataforma.

A autora utiliza como exemplo de atuação em mercados multilaterais o da Palm Computing, que abriu os contratos de venda de seu sistema operacional não apenas para desenvolvedores de aplicativos e usuários finais, mas multilateralmente também para licenciados, que passaram a desenvolver outros programas para quaisquer tipos de computadores que utilizam como plataforma o sistema operacional da Palm. O que poderia ser encarado como concorrência passou a ser tratado como parceria e ampliou de modo significativo a base de clientes, como um efeito multiplicador, gerando receitas para o dono da plataforma.

O conceito de mercado multilateral sempre existiu, embora a abordagem tradicional do estilo de administração ainda resista a esse modelo de atuação. O avanço da tecnologia e das telecomunicações contribui muito para a interação de diferentes grupos de clientes, divulgando informações e especificações de negócios, encurtando caminhos e facilitando acessos, ampliando as estratégias B2B (*business to business*) e B2C (*business to consumer*).

A estratégia de lançamento de novos produtos, nos dias atuais, deve considerar a possibilidade de atuação em mercados multilaterais para ampliar as possibilidades de negócio e de sucesso no mercado. Realizando parcerias, às vezes até com a concorrência, as empresas podem lançar um novo produto já com porte de uma nova plataforma de negócios. Porém, vale ressaltar que, para atuar multilateralmente, é necessário testar exaustivamente o modelo de mercado que se pretende estabelecer, efetuando análises de ponto de equilíbrio, avaliações de riscos e modelagens de cenários diversos. Somente após assegurar a aprovação em todos os testes é que se recomenda a atuação neste modelo.

Criar valor utilizando a estratégia da informação

O cenário de negócios atual exerce forte pressão sobre as empresas para colocar novos produtos e serviços no mercado em volumes significativos e com mais velocidade. A qualidade e a eficiência dos novos produtos, muitas vezes, são comprometidas pela própria velocidade do processo de criação, desenvolvimento e testes, culminando no desaparecimento e morte desses produtos, apresentando ciclos-relâmpago de vida.

Mecanismos de padronização de processos como cronogramas, revisões sistemáticas, metodologias para tomada de decisão, equipes interdisciplinares – enfim, várias ferramentas foram elaboradas e são utilizadas pelas empresas na tentativa de diminuir os riscos de erro de lançamento de produtos. Porém, o que vemos hoje em aplicação são ferramentas absolutamente rígidas e processos engessados e pouco flexíveis.

Um estudo elaborado por Holman, Kaas e Keeling (2004), consultores da McKinsey & Co. dos Estados Unidos, revela que algumas empresas melhoraram a qualidade, os prazos, a síntese de informações e o processo durante o ciclo de desenvolvimento por meio de uma flexibilização dos processos, permitindo o ingresso e tratamento de informações novas durante todas as suas etapas – na verdade, durante o tempo todo do processo de desenvolvimento – realizando ajustes em tempo de produção, até mesmo alterando as diretrizes dos projetos de novos produtos e interferindo no ciclo de vida deles após o lançamento. Em vez de uma seqüência rígida de processos, tem-se um fluxo contínuo de informações que conta com metodologias de execução totalmente flexíveis para receber e tratar os dados recebidos continuamente.

Portanto, o processo, em muitas ocasiões, pode perder o caráter disciplinar e seqüencial, pois novas decisões são tomadas a qualquer instante. Então, o desafio passa a ser o treinamento de lideranças para esse tipo de abordagem e comportamento ágil, novas capacitações organizacionais que suportem bastante flexibilidade, gerenciamento de recursos tornando-os altamente adaptáveis e muito trabalho para melhorar cada vez mais a capacidade da empresa de gerar informações corretas e utilizá-las de forma eficiente.

Segundo esse estudo, as equipes baseadas em informações contínuas solucionam problemas e combinam suas descobertas com freqüência, trabalhando para aumentar a base de dados de informações e sua circulação pela empresa, para que outras equipes possam utilizá-las. Isso contribui para que se reduzam substancialmente as lacunas de informações e as decisões prematuras ou mal direcionadas.

A empresa precisa certificar-se de que está coletando as melhores informações e que está gastando a quantidade de tempo e dinheiro adequada nesse processo. Medir a qualidade do processamento de informações e o direcionamento de recursos é fundamental para um controle eficaz dos resultados e para a colocação de produtos no mercado com rapidez e eficiência.

Conclusão

O fator crítico de sucesso no lançamento de novos produtos é a qualidade das informações colhidas sobre o mercado e o arranjo eficaz de elementos estratégicos organizacionais. Procurar desenvolver um produto que agregue valor ao cliente significa ofertar soluções, praticidade, satisfação e entregar a ele não apenas um bem de consumo, mas uma promessa de um desejo plenamente satisfeito e a possibilidade de construção de um relacionamento duradouro e, por que não a fidelidade ao produto, à marca ou até à empresa.

A fim de desenvolver um processo de criação de produtos inovadores, a empresa deve estabelecer um clima e condições internas propícias à criatividade e participação dos funcionários e colaboradores por intermédio da aceitação e do tratamento das idéias geradas de modo democrático, aliados à captação de informações sobre os desejos e as necessidades dos consumidores no ambiente externo. Compartilhar com os colaboradores as informações colhidas no ambiente externo pode fortalecer uma cultura de criatividade e participação, com idéias úteis e absolutamente aplicáveis aos projetos de novos produtos, possibilitando maior precisão na definição do conceito dos produtos voltados para a satisfação das necessidades do consumidor.

Outros arranjos estratégicos são fundamentais para o sucesso do novo produto no mercado, como um posicionamento corretamente definido, proporcionando um registro positivo e definitivo na mente do consumidor, com variáveis de diferenciação que destaquem o produto no mercado, diferenciando-o da concorrência. Nesse aspecto, os testes de conceito do produto ajudam a direcionar os critérios de diferenciação e posicionamento, além de garantir o desenvolvimento de um produto acertado para os parâmetros do mercado ao qual se destina.

Os fatores estratégicos de maior peso na tomada de decisão quanto a pesquisa, desenvolvimento e lançamento de novos produtos estão relacionados a emprego de tecnologia, disponibilidade de recursos, estrutura de funcionamento e forma de atuação da empresa, considerando sua missão, cultura, objetivos corporativos e planos tático-operacionais; por fim, a definição do segmento de atuação da empresa ou até mesmo do público-alvo do produto.

Nota-se que a informação é cada vez mais peça-chave na determinação dos arranjos estratégicos organizacionais. Dessa maneira, a forma como ela é coletada, organizada, tratada e compartilhada pela organização determina a eficiência das ações estratégicas e dos resultados obtidos.

Bibliografia

ALBRECHT, K. *A única coisa que importa: trazendo o poder do cliente para dentro da sua empresa.* São Paulo: Thomson Pioneira, 1993.

BAXTER, M. *Projeto de produto: guia prático para o design de novos produtos.* 2. ed. São Paulo: Blucher, 2000.

DEARLOVE, D.; CRAINER, S. *O livro definitivo das marcas: histórias e revelações das 50 maiores marcas do mundo.* São Paulo: Makron Books, 2000.

GARY, L. Procura-se um mercado multilateral. *HSM Management Update*, n. 13, p. 4-5, jul./ago. 2004.

HESKETT, J. L.; SASSER, W. E.; HART, C. W. L. *Serviços revolucionários: mudando as regras do jogo competitivo na prestação de serviços.* São Paulo: Thomson Pioneira, 1994.

HOLMAN, R.; KAAS, H. W.; KEELING, D. "O futuro do desenvolvimento de produtos. *HSM Management*, n. 44, p. 137-142, maio/jun. 2004.

KOTLER, P. *Administração de marketing: análise, planejamento, implementação e controle.* 5. ed. São Paulo: Atlas, 1998.

KOTLER, P. *Marketing para o século XXI: como criar, conquistar e dominar mercados*. 2. ed. São Paulo: Futura, 1999.

LAS CASAS, A. (org.). *Novos rumos do marketing*. São Paulo: Atlas, 2001.

MARTENS, C. A distância entre as idéias e os produtos. *HSM Management Update*, n. 12, p.10-11, maio/jun. 2004.

PEREZ, C.; BAIRON, S. *Comunicação & marketing: teorias da comunicação e novas mídias*. São Paulo: Futura, 2002.

RIES, A.; TROUT, J. *As 22 consagradas leis do marketing*. São Paulo: Pearson Education, 1993.

WATSON, G. H. *Benchmarking estratégico: como transformar as técnicas de benchmarking em fator de competitividade e acréscimo de produtividade*. São Paulo: Makron Books, 1994.

12

Marketing de relacionamento
As relações da empresa com seu mercado

Helgo Max Seitz*

A administração do processo de troca entre a empresa e seu mercado e os instrumentos essenciais que o compõem, podem contribuir significativamente na criação de valor, quando estruturados a partir do seu público-alvo, e nesse caso, teríamos uma *empresa dirigida "pelo" mercado*; ou ainda, no sentido inverso e talvez revolucionário, a *empresa que "dirige" o mercado*, nas situações em que a inovação da oferta antecedeu os desejos e as necessidades dos compradores.

Kotler (2004), em seu livro *Marketing para o século XXI*, aborda, em três dos quatro capítulos que compõem a parte dedicada ao marketing estratégico, a construção e o fornecimento de valor para o cliente, configurando assim a relevância que destinou ao tema.

Enquanto a atribuição de valor à oferta constitui um elemento essencial na conquista pela preferência do mercado, sua manutenção no tempo ocorre fundamentalmente pela qualidade das relações que forem estabelecidas com o respectivo público-alvo (Nickels & Wood, 1999).

Este capítulo irá tratar dessas duas importantes questões para as relações da empresa com seu mercado: a *oferta de valor* e o *relacionamento* com os clientes.

---

* Mestre em Administração de Empresas pela PUC. Administrador pela FEA-USP. Professor de Marketing da PUC-SP.

Oferta de valor

Conceitos de marketing

O marketing pode ser entendido como uma função na empresa, encarregado de definir programas e objetivos para a conquista e manutenção dos clientes e a melhor maneira de satisfazer suas necessidades e desejos, de forma competitiva e lucrativa.

Por outro lado, também pode ser tratado como uma filosofia empresarial, na qual a empresa como um todo e de forma integrada entende que seu papel na administração do negócio é o de alocar os melhores recursos e competências na construção de relacionamentos de troca entre todos os integrantes de sua *cadeia de entrega de valor*, atribuindo valor e otimizando a satisfação entre os elos que a compõe, estabelecendo inicialmente o conceito de trocas internas (clientes e fornecedores internos, entendendo que nos processos operacionais e administrativos todos os funcionários acabam por desempenhar estes papéis na elaboração das ofertas da empresa ao mercado, interagindo uns com os outros fornecendo e recebendo informações e atribuições que, somadas, representam o conjunto das tarefas que são realizadas rotineiramente nas organizações) para a mobilização e incentivo à cooperação entre seus colaboradores e funcionários, aprofundando seus laços de interesses e sua cultura organizacional; selecionando e formando parcerias estratégicas com seus fornecedores, intermediários e obviamente o seu mercado-alvo.

Contemporaneamente, consumidores e compradores empresariais têm à sua disposição uma grande quantidade de fornecedores procurando satisfazer suas necessidades. Neste sentido, a sorte das empresas acaba vinculada à sua capacidade de renovação e de surpreender seus clientes de forma competitiva e contínua, o que implica no uso intensivo e aprofundado do conjunto de ações e instrumentos de marketing disponíveis.

Os desafios enfrentados por empreendedores (aqueles que transformam sonhos em realizações), empresários (os que transformam realizações em negócios) e administradores (responsáveis pela otimização dos negócios) são comuns entre si: conhecer e satisfazer clientes-alvo com ofertas de valor e competitivamente superiores, observando que no ambiente global, a variável mais constante é representada pela velocidade das mudanças e das inovações tecnológicas.

Nas dinâmicas de sala de aula, os alunos quando colocados diante da questão de quem teria surgido primeiro, a empresa ou o mercado, respondem afirmativamente pelo mercado.

A resposta é intuitiva e decorre do fato de os seres humanos terem necessidades, desejos e aspirações que geram um estado de desconforto (dissonância cognitiva), somente aliviado quando satisfazem essas necessidades de forma direta pela aquisição de bens e serviços ou, de modo alternativo, utilizando mecanismos compensatórios (Giglio, 2005; Karsaklian, 2004).

Uma vez que há muitas alternativas de ofertas que podem satisfazer uma dada necessidade, sua seleção e escolha serão guiadas pelos conceitos de valor, custo e satisfação.

A satisfação das necessidades pode ocorrer por produção própria, coerção, mendigação e troca. Nas sociedades modernas e de livre mercado, prevalece o princípio da troca, ou seja, indivíduos ou grupos organizados de pessoas se especializam em produzir produtos e serviços específicos, que são trocados por uma retribuição definida, o que envolve tanto transações como a construção de relacionamentos que as facilitem (Kotler e Keller, 2006).

O mercado, então, pode ser caracterizado como o conjunto das necessidades humanas que, quando agrupadas por similaridade, representa cada um dos mercados existentes ou potenciais (ainda não explorados).

Nessa direção, o marketing abrange as atividades que representam o trabalho com os mercados e a viabilização de trocas potenciais, enquanto a administração de marketing é o esforço consciente para alcançar resultados desejados de troca com mercados-alvo (Kotler e Keller, 2006).

À primeira vista, esses conceitos poderiam sugerir que o foco do marketing estaria voltado para as trocas que envolvessem apenas os bens de consumo e as empresas com fins lucrativos, o que não se confirma, dada sua importância para a solução dos problemas enfrentados pelas organizações que não visam ao lucro, uma vez que ambas dependem das relações de troca para conseguir os recursos necessários ao processamento e distribuição de suas ofertas junto aos seus respectivos mercados. O marketing propõe uma abordagem sistemática e técnica às atividades de troca; logo, se preocupa com o desenvolvimento e a manutenção das relações que envolvem produtos, organizações, pessoas, lugares, causas ou qualquer outra situação na qual o benefício da troca possa ser otimizado para as partes envolvidas no processo (Campomar e Ikeda, 2006).

A administração de marketing possibilita dois benefícios mais imediatos para as organizações. Considerando que a orientação de marketing propõe como principal tarefa da empresa determinar as necessidades, os desejos e as preferências de um grupo-alvo de clientes e fornecer as satisfações desejadas, a primeira conseqüência será o aumento da satisfação e do valor percebido por este. A segunda conseqüência é o aprimoramento das atividades de troca, conferindo maior eficácia ao processo (Campomar e Ikeda, 2006).

As funções centrais da administração, quando aplicadas ao marketing, envolvem a análise, o planejamento, a implementação e o controle de programas destinados a levar a efeito as trocas desejadas, tendo por objetivo o ganho pessoal ou mútuo.

Seus quatro princípios fundamentais são: o mercado-alvo, as necessidades dos clientes, o marketing integrado (oferta) e a lucratividade. Mais do que persuadir clientes a comprar um produto que pode vir a não satisfazê-los, a ênfase está na determinação dos tipos de mercados a serem satisfeitos e na criação de um produto ou serviço capaz de promover essa satisfação (Kotler e Keller, 2006).

Um dos fatores preponderantes à retenção do cliente e à evolução da rentabilidade do negócio ocorre quando todas as áreas ou departamentos de uma empresa estão focados no cliente.

A construção do valor na oferta por parte da empresa, passa pela adoção do conceito de marketing integrado, que corresponde à adequada combinação e coordenação dos quatro "Os" (*product, price, placement, promotion*, segundo Eugene McCarthy), conceito que foi traduzido e é apresentado na literatura técnica difundida no Brasil como produto, preço, praça ou ponto de venda e promoção. Verificamos, entretanto, que essa tradução embora mantenha a vantagem do princípio original dos quatro "Ps", não reproduz fielmente o seu significado de origem, não tanto quanto às decisões de produto e preço, mas quanto ao "ponto de venda e a promoção". Manteríamos e aprofundaríamos os seus significados originais se considerássemos em seu lugar decisões de logística e distribuição em vez de praça, quanto à primeira, e comunicação integrada de marketing no lugar de promoção, para a segunda.

Os quatro Ps formam o *composto de marketing* ou, ainda, *marketing mix*, que agrupam o que se convencionou chamar de *variáveis controláveis* de marketing.

Essas *variáveis controláveis*, internas das organizações, somadas às forças externas, compõem o *ambiente de marketing*, conceito que empregamos para situar o conjunto de influências que interferem de forma contributiva ou não nas relações de troca estabelecidas entre os ofertantes e seus respectivos mercados-alvo. Os fatores externos são representados nos seus aspectos quantitativos e qualitativos pelas variáveis econômicas, demográficas, culturais, políticas, legais, tecnológicas, o meio ambiente e os concorrentes diretos, substitutivos ou alternativos. Essas *variáveis*, que qualificamos como *incontroláveis*, desafiam a gestão das trocas, exigindo uma constante e permanente atualização nos procedimentos e nas relações estabelecidas pelas empresas com todos os integrantes de sua cadeia de entrega de valor quanto às suas variações, de forma a potencializar, de um lado, o aproveitamento das oportunidades aí verificadas, e, de outro, minimizar ou evitar as ameaças que possam interferir no seu bom desempenho.

Esse processo analítico das variáveis ambientais suportado pela metodologia do *planejamento estratégico de marketing* combina as análises internas e externas da situação da empresa diante de suas diretrizes estratégicas, a saber: sua *visão* de futuro definindo seus propósitos de longo prazo, os *valores* que balizam e qualificam seus procedimentos, e a sua *missão*, conferindo foco à sua atuação, permitindo uma construção mais assertiva dos *objetivos estratégicos de marketing* das organizações e sugerindo uma atenção constante e permanente atualização destes, dadas as suas características de volatilidade e rápida mutação, conforme já mencionado em parágrafo anterior.

A atribuição de valor a uma oferta implica ainda nos cuidados que deverão ser tomados quanto às definições das *estratégias de marketing* que permitirão atingir os objetivos então definidos.

A percepção de valor por parte do mercado está diretamente relacionada ao público-alvo, selecionado segundo a elasticidade da resposta desejada aos nossos esforços mercadológicos (decisões de *segmentação e targeting*), ao *posicionamento competitivo* e respectivo *market share* verificado ou desejado, à *diferenciação* da oferta necessária à obtenção do posicionamento referido e, finalmente, às decisões de precificação que complementam e dão forma ao conjunto dessas estratégias adequadamente compostas.

As estratégias mercadológicas definidas permitem implementar as decisões que compõe a *oferta* (os quatro Ps) que será levada ao mercado, elaborada de forma a ajustar o preço à qualidade do produto; especificar canais de distribuição compatíveis com a qualidade, preço e acessibilidade desejadas pelo público-alvo; e, por último, promover sua divulgação em harmonia com as decisões anteriores. Esse conjunto de decisões assim estabelecido preenche os requisitos concebidos como *marketing integrado* (Campomar e Ikeda, 2006).

O processo de gestão de marketing composto pelos instrumentos e ações essenciais à obtenção de satisfação e valor recíprocos aos integrantes de uma cadeia de entrega de valor pressupõe ainda a plena utilização de um competente Sistema de Informações de Marketing (SIM) monitorando de forma contínua dentre as variáveis internas e externas da empresa, aquelas que são críticas para o sucesso do seu negócio, coletando e disseminando as informações obtidas para análise, planejamento, implementação de ações, controle e avaliação dos resultados obtidos por parte dos executivos de marketing.

Para exemplificar, poderíamos definir os quatro "Os" como variáveis necessárias à adaptação da oferta (quatro Ps) às necessidades do mercado, como críticas para o sucesso do negócio. Assim seriam monitorados: o *objeto* desejado pelo mercado; com que *objetivo* é desejado; como o mercado-alvo está *organizado* para avaliar sua aquisição quanto ao processo de tomada de decisão de compras; e, finalmente, como se dá a *operação* de compra (Campomar e Ikeda, 2006)

A estrutura básica de um SIM é composta por um conjunto de sistemas de coleta de dados que inclui o *database marketing* (Hughes, 1998), que acumula e consolida, por cliente, os dados obtidos com as interações e os relacionamentos ocorridos com todos os setores da empresa, um *sistema de pesquisa de marketing* que monitora os clientes passados (por que perdeu?), presentes (como manter?) e futuros ou "não-clientes" (o que fazer para conquistá-los?); um *sistema de inteligência de marketing* para a observação e o acompanhamento das ações dos concorrentes e, em alguns casos, um *sistema científico* objetivando projetar tendências futuras.

Todo esse processo de administração deve estar apoiado por uma *estrutura de marketing*, composta por indivíduos que somam competências e habilidades bem desenvolvidas individualmente, para dar conta de cada uma das etapas e especificações a serem cumpridas, ao mesmo tempo que se constituem como uma equipe integrada e capaz de operar de forma competitiva e harmônica no seu conjunto. A comparação com as equipes esportivas pode ser verificada pelo fato de diariamente disputarem com outras organizações a conquista e manutenção de um campeonato de mercado, a ser vencido pelo conjunto que somar sua maior fatia no tempo, uma árdua batalha disputada cotidianamente.

O planejamento estratégico de marketing é um processo que inicia com a especificação das diretrizes estratégicas (visão, valor e missão), confrontadas com as análises das situações internas e externas da organização, buscando identificar as *ameaças e oportunidades* a que estará submetida nas suas relações com o mercado, e se completa com a definição dos *objetivos estratégicos de marketing*, enunciando um conjunto de propostas no âmbito qualitativo e quantitativo, exatamente para neutralizar as ameaças e aproveitar as oportunidades anteriormente analisadas.

O *plano de marketing* será então o procedimento que orientará, com o auxílio dos demais instrumentos aqui apresentados, a implementação dos objetivos assim definidos.

O valor para o mercado será a resultante da somatória desses esforços, quando sua construção for bem-sucedida na interpretação e aplicação desse conjunto de conceitos e instrumentos.

As empresas vêm implementando mudanças importantes em seus procedimentos, que acabam por gerar impactos em suas relações de troca com o mercado, nem sempre satisfatórias. A terceirização de bens e serviços na qual observamos as limitações na solução dos problemas dos clientes que recorrem aos SACs operados desta forma; abertura de canais de *e-commerce*, que proporcionam acessibilidade ilimitada no tempo e geográfica nas ofertas disponibilizadas; melhorias em seus processos operacionais com a aplicação do *benchmarking*; maior ajuste no foco no mercado contra o tradicional foco no produto (ênfase no *client share* que mede a penetração e o consumo das ofertas de uma mesma empresa em cada um de seus clientes); marketing global com ênfase local respeitando a diversidade cultural existente nos mercados; e a descentralização dos processos, abrindo espaços para estimular o pensamento e o marketing inovadores. Algumas dessas mudanças podem contribuir para a geração de valor, quando consideramos os fatores enunciados por Kotler (2004), citando os consultores Treacy e Wiersema, que apresentaram três perspectivas para a criação de valor por parte das empresas (*disciplinas de valor*):

- líder em produto;
- excelência operacional;
- íntima do cliente (relacionamento).

A idealização desses conceitos parte do pressuposto da existência de três tipos de clientes no mercado: os que preferem empresas que estejam à frente em tecnologia (*liderança em produto*), remetendo ao campo da inovação; aqueles que não necessitam de produtos mais avançados, mas desejam obter produtos com desempenho confiável (*excelência operacional*), que pode ser impulsionado com as técnicas de *benchmarking*; e, por último, consumidores que privilegiem o atendimento imediato e flexível de suas necessidades individuais (*intimidade com o cliente*), que pode ser facilitado com a adoção do *e-commerce*.

O valor entregue ao cliente pode ser medido pela sua percepção quanto à diferença obtida entre este e o custo total de determinada oferta. Valor total para o cliente é o conjunto de benefícios esperado de um determinado produto ou serviço. O custo total corresponde ao desembolso que os consumidores terão que incorrer para avaliar, obter, utilizar e descartar um produto ou serviço. Os clientes normalmente escolherão a oferta que maximiza o valor entregue.

Existem três maneiras de uma empresa fornecer mais valor que suas concorrentes (Kotler, 2004):

- cobrando preço menor;
- ajudando o cliente a reduzir seus custos;
- acrescentando benefícios que tornem o produto mais atraente.

A satisfação do cliente consiste na sensação de prazer ou de decepção resultante da comparação do desempenho (ou resultado) percebido de um produto em relação às suas expectativas. Os clientes estarão satisfeitos quando suas expectativas forem atendidas e ficarão encantados quando estas forem superadas. Clientes satisfeitos permanecem fiéis por mais tempo, compram mais, são menos sensíveis a preços e promovem a propaganda boca a boca positiva sobre a empresa (Kotler e Keller, 2006).

O objetivo da empresa não é apenas conquistar novos clientes, mas também, o que é talvez mais complexo, reter os clientes conquistados. Para tanto, deve estar preparada para calcular o custo dos clientes perdidos *versus* o de atrair novos. Cálculos elaborados pelo Technical Assistance Research Program (Tarp), apontam que a conquista de um novo cliente supera em até cinco vezes o custo da retenção (Kotler (2004), citando John Goodman).

O marketing de relacionamento é considerado como um auxílio essencial na retenção de clientes, que envolve o fornecimento de benefícios financeiros e sociais, bem como recursos estruturais que auxiliem os clientes. As empresas têm que decidir quanto devem investir em marketing de relacionamento nos diferentes segmentos de mercado e clientes individuais, partindo do marketing básico, reativo, responsável, proativo, até o marketing de parceria. Para decidir, a empresa deve estimar o valor obtido durante a vida útil do cliente contra o fluxo de custo requerido para atrair e reter esses clientes. Um cliente lucrativo é uma pessoa, família ou empresa que, ao longo do tempo, rende um fluxo de receita que excede por margem aceitável o fluxo de custos para sua atração e atendimento. Uma empresa não precisa tentar persuadir e satisfazer todos os clientes (Kotler e Keller, 2006).

A gestão da qualidade total é vista hoje como uma das principais abordagens na busca da satisfação do cliente e da lucratividade. As empresas devem entender como seus clientes percebem a qualidade e em que nível esperam obtê-la. Sob o aspecto competitivo, as empresas devem se esforçar para proporcionar uma qualidade relativamente maior que aquela oferecida por seus concorrentes. Isso envolve o gerenciamento total e o comprometimento dos funcionários, bem como sistemas de mensuração e recompensa de desempenho.

O ambiente digital amplia consideravelmente as possibilidades de busca e avaliação das ofertas. Neste sentido, as organizações vão encontrar as maiores oportunidades e ameaças ao seu negócio. Facilidade de acesso, navegabilidade, tempo necessário para "abrir" o site serão determinantes para que a oferta venha a ser considerada no confronto com seus competidores.

O composto de marketing (marketing mix) da Internet deve levar em conta o espectro ampliado de informações disponíveis prestadas por consumidores e concorrentes; a conscientização sobre o negócio da empresa como resultado de sua exposição virtual; a abrangência da ajuda (assistência) proporcionada ao consumidor e as vantagens adicionais aos atributos e benefícios da oferta.

O relacionamento com os clientes é facilitado pela Internet proporcionando experiências de interatividade, entretanto é preciso estar preparado para prestar um atendimento em tempo real ou por correio eletrônico, evitando-se assim as possíveis frustrações.

Na Internet ainda encontramos dois tipos de consumidores, os caçadores, que sabem exatamente o que querem, e portanto pesquisam itens específicos, e os navegadores, constituídos pelos compradores de ocasião (compras por impulso), geralmente atraídos por *banners* entre outras formas de publicidade e promoções digitais.

A Unique Selling Proposition (USP) é uma técnica que consiste em formular uma frase curta que chame a atenção do possível comprador e o convença a realizar a compra por impulso. Essa frase pode sugerir uma promoção exclusiva em determinado horário ou dia da semana ou apresentar um benefício exclusivo, entre outras abordagens. O meio por ser de comunicação bidirecional, permite à empresa medir o retorno de cada ação de marketing empreendida.

O alcance e a freqüência são conceitos importantes para determinar a eficiência da estratégia. O alcance informa o número de pessoas diferentes que estão sendo expostas pelo menos uma vez ao anúncio. A freqüência é o número de vezes a que essas pessoas foram expostas.

O *e-commerce* está crescendo exponencialmente devido a sua conveniência, economia, variedade, personalização e disponibilidade de informações. Entretanto, descobrir exatamente como alcançar os *ciberclientes* certos pode ser desafiador até mesmo para as maiores empresas.

Nas sociedades em que o uso da tecnologia da informação (TI) encontra-se mais disseminado, o consumidor passa a valorizar as informações que ampliam sua experiência de compra nas diversas categorias de produto e serviços, tanto nos aspectos técnicos como nos benefícios pessoais e sociais daí resultantes (Feather, 1997).

Marketing e relacionamento

O marketing pode desenvolver relacionamentos ganha-ganha de longo prazo entre empresas e os elos da sua cadeia de entrega de valor (funcionários e colaboradores internos, fornecedores, clientes, distribuidores). O resultado final do marketing de relacionamento é um patrimônio corporativo singular denominado *rede de marketing de relacionamentos profissionais mutuamente compensadores* (Kotler e Keller, 2006).

Os termos *marketing* e *relacionamento* estão combinados no título que apresenta os conceitos do marketing de relacionamento definidos por Ian Gordon, como

> o processo contínuo de identificação e criação de novos valores com clientes individuais e compartilhamento de seus benefícios durante uma vida toda de parceria. Isso envolve a compreensão, a concentração e a administração de uma contínua colaboração entre fornecedores e clientes selecionados para a criação e o compartilhamento de valores mútuos por meio de interdependência e alinhamento organizacional. (2000, p. 31)

Segundo Gordon (2000), a implementação do marketing de relacionamento nas organizações é favorecida com o uso intensivo da tecnologia de informação (TI), facilitado pelos custos decrescentes de memória, processamento, amplitude e armazenamento; o que vem proporcionar aos profissionais de marketing, novas oportunidades para criarem valor para suas empresas por meio das seguintes ações:

- responder em tempo real às dúvidas e reclamações dos clientes, antes que venham a ficar insatisfeitos;
- aumentar a variedade de produtos e serviços disponíveis para o cliente, expandindo o escopo da empresa, por meio de vendas cruzadas (*cross selling*), ou da distribuição de serviços e produtos de terceiros;
- reabilitar o processo de vendas, repassando aos vendedores dados relacionadas à clientela, produto, estoque histórico de vendas,

entre outras, em tempo real, no momento exato de influenciar o cliente;
- concentrar as promoções nos clientes com maior perspectiva de serem influenciados por ofertas específicas, motivando a decisão de compra;
- adaptar todos os aspectos da comunicação às necessidades de informação e aos canais preferidos de mídia dos clientes, utilizando comunicação personalizada e seleção de mídia.

Este mesmo autor redimensiona o conceito do marketing de relacionamento apresentado por Vavra (1993) e McKenna (1997), que eram então direcionados para o pós-venda (*aftermarketing*) e para o estabelecimento de vínculos mais estreitos com os clientes finais e respectivas necessidades. Trata também da *cadeia de relacionamentos* estabelecida entre a empresa e os integrantes do ambiente tarefa, na nomenclatura utilizada por Kotler e Keller (2006), ou cadeia de entrega de valor (*supply chain*), na linguagem técnica da logística e distribuição, envolvendo o conjunto de fornecedores, intermediários e o mercado de determinada empresa.

O autor defende a extensão dos princípios dos conceitos de relacionamento, desejados entre a empresa e seus clientes, a todos os integrantes do seu sistema de entrega de valor, envolvendo:

- benefícios mútuos;
- empenho e aperfeiçoamentos contínuos;
- horizontes de longo prazo;
- resolução de questões em equipe e em tempo real;
- conhecimento compartilhado;
- integração de sistemas;
- comunicação aberta;
- mecanismos de resolução de conflitos,
- identificação das condições sob as quais os relacionamentos se transformarão ou se dissolverão e os processos pelos quais a mudança será administrada.

Neste sentido, verificamos a possibilidade de se abrir algumas controvérsias, na medida em que se poderão questionar os limites da atuação mercadológica, ou ainda o conceito de marketing de relacionamento ser tratado como uma área de estudo à parte do marketing transacional ou "tradicional". Como contribuição a esse debate, pode-se retomar o marketing como a administração do negócio, o que envolveria então a administração dos relacionamentos de troca entre os integrantes de uma dada cadeia de entrega de valor, que incluiria, desta forma, a aplicação dos instrumentos pertinentes ao marketing de relacionamento neste processo.

Dentro desse critério, verificamos ser possível a *inclusão dos concorrentes* neste conceito, nas hipóteses em que a formação de parcerias estratégicas com eles possa proporcionar vantagens competitivas junto aos fornecedores comuns, assegurando melhores preços e demais condições para o fornecimento de insumos ou componentes de seus produtos ou serviços finais, diante do aumento do poder de compra e negociação daí resultante.

Essa associação de interesses entre concorrentes também poderá ocorrer na negociação com os intermediários, quando possibilitar ganhos de escala na produção e volume para atender a quantidades mais significativas de demanda em uma determinada categoria de oferta.

O desafio é o de identificar os valores críticos desejados pelos compradores organizacionais ou consumidores finais, e a contribuição que cada elo dessa cadeia de relacionamentos, ou categoria de participantes, terá para fornecer, segundo determinadas especificações (Gordon, 2000).

O propósito de satisfazer o cliente é recorrente nas definições e atribuições do marketing. Barnes (2002, p. 60), citando a obra de Richard Oliver, *Satisfaction*, define: "A satisfação do cliente é a resposta da realização do consumidor. É o julgamento de que a propriedade de um produto ou serviço, ou o próprio produto ou serviço, proporcionou (ou está proporcionando) um nível agradável de realização ao consumidor, inclusive níveis de carência ou excesso de satisfação".

O propósito central no marketing de relacionamento é a retenção dos clientes, o que implica na conquista de sua preferência e fidelidade. Todos esperam fidelidade de um bom amigo(a), esposo(a) ou colega; também é associado às pessoas que entendem nossos problemas e que sempre estarão disponíveis para nos ouvir e amparar. A fidelidade pode ser atribuída a pessoas, empreendimentos e produtos e é normalmente caracterizada pela igualdade e cooperação mútua.

Segundo Brown (2001), quando se trata da fidelidade do cliente, as definições tradicionais não são apropriadas, e as teorias que tratam do tema são relativamente novas no estudo da administração internacional. Na obra de Richard Oliver, *Satisfaction*, também citada por Brown, o conceito de fidelidade é apresentado como: "Um compromisso forte em recomprar ou repatrocinar um produto ou serviço preferido consistentemente no futuro, apesar das influências circunstanciais e tentativas de marketing, que podem acarretar um comportamento de troca" (idem, p. 55).

Na discussão do tema, este autor acredita que essa definição possa ser muito limitadora, e propõe: "A fidelidade do cliente é o resultado real de uma organização criando benefícios para um cliente, para que ele mantenha ou aumente suas compras junto à organização. A fidelidade do cliente é criada, quando ele se torna um defensor da organização, sem incentivo para tal" (idem).

Como resultado desses conceitos, pode-se verificar que a *satisfação* do cliente apresenta-se como um pré-requisito do marketing de relacionamento, que estimulando a repetição de experiências de compra bem-sucedidas, recompensarão a empresa com a *fidelidade* deste.

Regis McKenna (1997, p. 45) define que no "Marketing de Relacionamento tudo começa com o consumidor" [...] "Ouvir os consumidores têm que ser do interesse de todos" [...] "Os consumidores definem uma hierarquia de valores, desejos e necessidades com base em dados empíricos, opiniões, referências obtidas através de propaganda de boca e experiências anteriores com produtos e serviços. Usam essas informações para tomar decisões de compra".

McKenna abordando o posicionamento das empresas no mercado propõe o desenvolvimento de relações baseadas em credibilidade:

> O desenvolvimento da credibilidade é um processo lento e difícil, mas pode ser realizado e é vital para o sucesso no mercado. A estratégia pode ser dividida em quatro elementos básicos:
> Uso de propaganda de boca
> Desenvolvimento da infra-estrutura
> Formação de relações estratégicas
> Venda para os clientes certos. (McKenna, 1997, p. 87)

A propaganda boca a boca pode ser estimulada pela formação de grupos de usuários formadores de opinião, que poderiam também atuar como conselheiros locais de um projeto "beta" para experimentação de serviços, obter apoio da infra-estrutura existente em seu desenvolvimento, formar relações estratégicas com parceiros que possam gerar benefícios e valor recíprocos, e finalmente, definir com assertividade o público-alvo.

Vavra apresenta o marketing de relacionamento como um conceito que se segue à ação de marketing (*after marketing*). Define pós-marketing como:

> o processo de proporcionar satisfação contínua e reforço aos indivíduos ou organizações que são clientes atuais ou que já foram clientes. Os clientes devem ser identificados, reconhecidos, comunicados, auditados em relação à satisfação e respondidos. O objetivo do pós-marketing é construir relacionamento duradouro com todos clientes. (Vavra, 1993, p. 40)

Certamente a base de qualquer relacionamento duradouro é a continuada satisfação por ele proporcionada. Os relacionamentos podem ser interrompidos repentinamente para a surpresa de um de seus vértices quando este pressupunha haver uma satisfação não compartilhada pelos demais.

As empresas podem incorrer neste engano quando pressupõem que seus clientes atuais estão satisfeitos com seus produtos ou serviços. Elas falham em não se apressar ou mostrar interesse em realmente responder à pergunta: "Como estamos fazendo as coisas?". Imaginar que os clientes estejam satisfeitos, que descobriram qualidade e valor perenes nos seus produtos é uma forma de miopia em relação a eles. "Os clientes atuais (ativos) são o sangue da organização e devem ser respeitados por sua importância" (Vavra, 1993, p. 309).

O valor agregado a uma oferta, elemento básico no processo de retenção dos clientes, não pode ser desassociado da qualidade percebida pelos seus usuários ou compradores. Qualidade pode ser definida "como atender ou exceder às expectativas dos clientes em relação a um produto ou serviço" (Vavra, 1993, p. 309).

Considerando o conjunto dos conceitos discutidos neste capítulo, pode-se admitir a hipótese da aplicação do marketing de relacionamento como uma estratégia de ação que aprimora o processo da gestão do marketing, na medida em que enfatiza o aprofundamento dos atributos do composto mercadológico e o foco no atendimento das especificidades de cada cliente, agregando valor e visando sua retenção (fidelidade) ao longo do seu ciclo de vida de consumo.

BIBLIOGRAFIA

BARNES, J. G. *Segredos da gestão pelo relacionamento com os clientes – CRM.* Rio de Janeiro: Qualitymark, 2002.

BROWN, S. A. CRM – *Customer relationship management.* São Paulo: Makron Books, 2001.

CAMPOMAR, M. C.; IKEDA, A. A. *O planejamento de marketing e a confecção de planos.* São Paulo: Saraiva, 2006.

FEATHER, F. *The future consumer.* Toronto; Los Angeles: Warwick Publishing 1997.

GLIGLIO, E. *O comportamento do consumidor e a gerência de marketing.* São Paulo: Pioneira, 2005.

GORDON, I. *Marketing de relacionamento: estratégias, técnicas e tecnologias para conquistar clientes e mantê-los para sempre.* São Paulo: Futura, 2000.

HUGHES, A. M. *Database marketing estratégico.* São Paulo: Makron Books, 1998.

KARSAKLIAN, E. *Comportamento do consumidor.* São Paulo: Atlas, 2004.

KOTLER, P. *Marketing para o século XXI: como criar, conquistar e dominar mercados.* 14. ed. São Paulo: Futura, 2004.

KOTLER, P.; KELLER, K. L. *Administração de marketing.* 12. ed. São Paulo: Prentice Hall, 2006.

McCARTHY, E. J. *Basic marketing: a managerial approach.* Homewood, IL: Richard Irwin, Inc., 1960.

McKENNA, R. *Marketing de relacionamento: estratégias bem-sucedidas para a era do cliente.* 23. ed. Rio de Janeiro: Campus, 1997.

NICKELS, W. G.; WOOD, M. B. *Marketing, relacionamentos, qualidade, valor.* Rio de Janeiro: LTC, 1999.

VAVRA, T. G. *Marketing de relacionamento: como manter a fidelidade de clientes através do marketing de relacionamento.* São Paulo: Atlas, 1993.

13

E quando o assunto é política, como é que fica?

Ivan Santo Barbosa*
Katia Saisi**

Quando o assunto em pauta vai para a política, não há resposta indiferente. Falar em propaganda eleitoral ou em marketing político gera dois tipos de reação: amor ou ódio. Não há alternativas. Por isso, ao abordar um tema tão carregado de emoções, mas tão presente na vida de cada um de nós como cidadãos de uma sociedade que se pretende democrática, buscamos tornar mais ameno tema tão "desagradável" para alguns e, ao mesmo tempo, evitar cair no mero discurso panfletário, tão comum a outros.

Para começar, vale lembrar que só há democracia representativa nos regimes políticos em que existe abertura para que as pessoas escolham por meio do voto seus representantes para os cargos dos poderes soberanos, como o Executivo e o Legislativo. No Brasil, essa experiência é bastante recente. Após 20 anos de regime militar – em que havia eleições apenas para alguns cargos do Legislativo –, o exercício do voto direto para escolha do presidente só voltou a acontecer em 1989.

Durante os anos do governo militar (de 1964 a 1985), o setor da propaganda especializada em eleições permaneceu adormecido. Vivia-se uma ditadu-

---

* Professor titular da Escola de Comunicações e Artes da USP.
** Docente no curso de graduação em Publicidade e Propaganda da Universidade Anhembi Morumbi (SP) e no curso de especialização em Marketing Político e Propaganda Eleitoral da Escola de Comunicações e Artes da USP.

ra, com apenas dois partidos políticos legalizados, sendo um – a Arena (Aliança Renovadora Nacional) – explicitamente favorável e defensor do regime vigente, e outro – o MDB (Movimento Democrático Brasileiro) – aceito mais para legitimar do que para exercer efetiva oposição ao sistema.

A partir de 1979, iniciou-se o processo de abertura democrática, com a reinstalação do sistema pluripartidário. O mercado da propaganda eleitoral começou, assim, a expandir-se: já em 1982, disputaram a primeira eleição para cargos majoritários (exceto presidente da República) mais de 30 partidos políticos; o número de candidatos saltou de dezenas para milhares em cada estado brasileiro. A televisão, na época, já atingia todo o território nacional, as emissoras de rádio proliferaram ainda mais por todos os cantões, assim como a capacidade gráfica ampliou-se em quantidade e sofisticação. Os suportes massivos da comunicação estavam técnica e tecnologicamente aptos a exercer competentemente suas ações.

O profissionalismo, desde então, se fez crescer nessa área, e a comunicação de massa assumiu seu papel fundamental: as técnicas de comunicação utilizadas durante o regime militar cederam espaço às técnicas de persuasão e sedução da linguagem publicitária, então aplicadas ao processo eleitoral.

Hoje, o mercado de trabalho demanda milhares de profissionais de comunicação capacitados para atuar também em campanhas eleitorais. Nesse contexto, procuraremos aqui oferecer aos futuros profissionais de comunicação uma iniciação nessa especialidade, que abarca publicitários, jornalistas, radialistas e relações-públicas, entre outros peritos. Para tanto, temos de recorrer a alguns conceitos fundamentais de política, ou melhor, de legislação eleitoral. Sugerimos que os leitores que já conhecem as regras básicas do jogo pulem os dois próximos itens e continuem a leitura a partir do seguinte. Quem ainda tem alguma dúvida, convém se deter um pouco mais antes de se aprofundar nas considerações acerca da comunicação política e eleitoral.

Regras eleitorais no Brasil

Não dá para fazer campanha sem conhecer o mínimo sobre as regras desse mercado. Segundo nossa Carta Magna – Constituição promulgada em 1988 –, o Brasil é um Estado democrático (com equilíbrio entre os três Poderes: Legislativo, Executivo, Judiciário) e de direito (em que prevalecem as leis), constituído por 26 estados e um Distrito Federal. O Poder Executivo é o que administra o país e está instituído nos níveis federal, estadual e municipal. O Legislativo faz as leis e também é distribuído nos mesmos níveis.

No nível federal, o Congresso Nacional é bicameral, ou seja, é composto por duas casas: a Câmara dos Deputados e o Senado. Para as duas casas são eleitos representantes por estado. A diferença é que os deputados representam a população do estado, sendo, portanto, em número proporcional a esta. Já os senadores representam suas Unidades da Federação, ou seja, seu número é igual em todos os estados brasileiros: três, independentemente de seu tamanho.

O Poder Judiciário é o que julga o cumprimento das leis, e seus cargos não são preenchidos por meio de voto direto. A Justiça Eleitoral é, dentro do Poder Judiciário, o órgão responsável pelo encaminhamento, coordenação e fiscalização das eleições e do processo de formação e registro dos partidos políticos. É constituída pelo Tribunal Superior Eleitoral (TSE), pelos Tribunais Regionais Eleitorais (TREs), pelos juízes eleitorais e pelas juntas eleitorais. As regras eleitorais são determinadas pelo TSE.

Os cargos eleitos por meio do voto direto, segundo o poder e o nível, são os seguintes:

Poder/Nível	Municipal	Estadual	Federal
Executivo	Prefeito	Governador	Presidente
Legislativo	Vereador	Deputado estadual	Deputado federal Senador

Existem no Brasil dois sistemas eleitorais: o majoritário e o proporcional. A escolha dos ocupantes de cargos executivos é feita pelo sistema majoritário, ou seja, é considerado eleito quem obtiver maior votação. No caso do presidente da República, de governadores de estado e prefeitos de municípios com mais de 200 mil habitantes, é necessária a obtenção de maioria absoluta, ou seja, mais da metade dos votos válidos. Não são considerados válidos os votos brancos e nulos. Se nenhum candidato alcançar esse resultado na primeira votação, haverá votação em segundo turno, no qual concorrem os dois mais votados. Os prefeitos de cidades com menos de 200 mil habitantes são eleitos por maioria simples: é eleito o que conseguir o maior número de votos.

Senadores também são eleitos pelo sistema majoritário. Cada estado elege três senadores com mandato de oito anos. A renovação do Senado se dá a cada quatro anos, alternadamente, com um terço ou dois terços dos senadores. Em 1998, o Senado foi renovado em um terço. Em 2002, em dois terços.

O sistema que elege os deputados – tanto federais quanto estaduais – e os vereadores é o proporcional. O primeiro passo na eleição proporcional é definir os votos válidos do estado ou município (conforme o pleito), subtraindo os brancos e nulos do total. O número de votos válidos é dividido a seguir pelo número de vagas em disputa, e o resultado é o quociente eleitoral. Depois, os votos de cada partido são divididos pelo quociente eleitoral, e o resultado é o quociente partidário. Desprezadas as frações, esse resultado é igual ao número de cadeiras que cada partido vai ter. Supondo que uma legenda tenha direito a cinco cadeiras, são considerados eleitos seus cinco candidatos mais votados.[1]

Só entram na distribuição dos lugares os partidos e as coligações que alcançarem quociente partidário igual ou maior que um: caso contrário, mesmo tendo um candidato com grande votação isolada, o partido não elege deputados. Os deputados federais são eleitos para um mandato de quatro anos em número proporcional à população de cada estado. A Constituição limita essa proporcionalidade ao determinar que cada estado pode ter o máximo de 70 e o mínimo de oito representantes.[2] Os deputados estaduais e vereadores também são eleitos para um mandato de quatro anos.

---

[1] O sistema proporcional viabilizou, por exemplo, a eleição como deputado federal, em 2002, de nomes inexpressivos como Vanderley Assis (275 votos), Ilden Araujo (382 votos), Elimar (484 votos) e outros, beneficiados pela elevada votação do candidato Enéas, do Prona, que, com mais de 1,5 milhão de votos, elevou o quociente partidário. Políticos tradicionais que receberam mais de 100 mil votos acabaram não se elegendo, como Jorge Tadeu, com 127.977 votos, Paulo Kobayashi (109.442 votos), Walter Barelli (105.995 votos) e Silvio Torres (101.509 votos), entre outros.

[2] Isso causa distorções na representação, já que o peso dos votos dos estados com menor população é maior do que o dos estados com mais habitantes. Para que isso não ocorresse, São Paulo, por exemplo, com 22% da população total, precisaria ter 22% dos 513 deputados, ou 113 parlamentares, no lugar dos 70 que tem atualmente. Roraima, por sua vez, com 0,16% do total, teria apenas um deputado e não os oito atuais. Nas eleições de 2002, o estado de São Paulo precisava de mais de 280 mil votos válidos para eleger um deputado federal, enquanto em Roraima foram necessários apenas 21 mil. Ou ainda: todos os votos válidos do Amapá (213 mil votantes), que tem oito representantes na Câmara, seriam insuficientes para eleger um único parlamentar em Minas Gerais, Rio de Janeiro, Rio Grande do Sul, Paraná e São Paulo. Não há, de fato, uma representação efetiva da população de cada estado no Congresso.

A legislação eleitoral, entretanto, não é só contemplada apenas na Constituição. Inúmeras outras leis, decretos-lei e leis complementares regulamentam a matéria. Para conhecer o assunto, basta consultar a legislação disponível no site do Tribunal Superior Eleitoral (www.tse.gov.br).

Questão partidária

A criação, em 1979, do pluripartidarismo no Brasil levou à multiplicação desenfreada de siglas a partir dos anos 1980. Em 2002, o Brasil apresentava ainda um quadro partidário bastante complexo, com 30 partidos registrados no TSE, muitos deles conhecidos como "legendas de aluguel", partidos nanicos que são criados para obter vantagens que a legislação prevê, como acesso a verbas públicas e tempo em rede nacional de televisão e rádio (toda legenda registrada no TSE tem direito a uma participação mínima do Fundo Partidário e pelo menos dois minutos por semestre de propaganda gratuita).[3] Muitos desses partidos se colocam a serviço de outros partidos maiores e utilizam seu espaço na mídia para atacar o adversário de um candidato principal.

A legislação em vigor tenta fortalecer as formações partidárias. A própria adoção do sistema proporcional para a escolha de deputados e vereadores segue esse princípio, ainda que na prática tenha resultados espúrios, como visto. Outras medidas, como a fidelidade partidária, a cláusula da barreira e a proibição de coligações em eleições proporcionais, são temas que sempre voltam a ser discutidos em época de eleição.

A cláusula de barreira exige que, além de eleger seus candidatos, os partidos tenham um número mínimo de votos distribuídos pelo país para obter assento no Parlamento. Se, de um lado, a medida limita o acesso de partidos de aluguel, por outro também coloca em risco os pequenos partidos ideológicos.

---

[3] Para criação de uma legenda, é necessária a assinatura de pelo menos 101 cidadãos brasileiros que apóiem seu programa político e estatuto. Assim, ela consegue registro provisório e tem o prazo de um ano para cumprir exigências necessárias ao registro definitivo, como realizar convenções e eleições de diretórios municipais em pelo menos um quinto dos municípios de nove estados. Depois, devem ser eleitos também os diretórios estaduais e o nacional, para que o partido solicite a oficialização do registro.

A fidelidade partidária foi um princípio que vigorou no Brasil a partir do regime militar. Na época, a intenção era impedir que políticos ligados ao governo votassem contra sua orientação ou passassem para a oposição. Agora, a motivação é evitar o troca-troca de partidos, tão comum no Brasil, que torna difícil ao eleitor identificar o perfil político-ideológico do partido. A proposta é que o detentor do cargo efetivo que abandonar o partido perca o mandato ou fique impedido de disputar eleições por um período determinado.

Outra proposta em discussão, mas que ainda não vingou, foi o estabelecimento do voto distrital e do distrital misto, para dar maior representatividade aos candidatos regionais. O Brasil e a Finlândia são os únicos países que adotam o sistema proporcional com a chamada linha aberta de candidatos. Todos os outros países da Europa e América Latina adotam a lista fechada, pela qual o partido escolhe os candidatos que quer eleger, e o eleitor vota no partido. O número de votos recebidos pela legenda é que definirá a proporção de vagas a que o partido terá direito, a serem preenchidas pelos nomes previamente escolhidos. A vantagem da lista fechada é que ela fortalece os partidos que têm programa e ideologia, mesmo que pequenos, e, ao mesmo tempo, faz com que acabem por desaparecer os partidos de aluguel que não têm programa. Só sobreviveriam os partidos mais fortes. O que se tem, portanto, no Brasil é que o brasileiro acaba considerando mais importante o candidato do que o partido na hora de votar.

O cenário político no Brasil no final de 2002 era, em termos partidários, bastante confuso e frágil. Só para se ter uma idéia, em 1996 apenas 3% da população brasileira era filiada a algum partido e, para 62%, eles não representavam seus interesses. Do total de 30 partidos registrados em 2002, restaram 27 em 2003. Deixaram de existir o PST (Partido Social Trabalhista), o PGT (Partido Geral dos Trabalhadores) e o PSD (Partido Social Democrático). O PPB (Partido Progressista Brasileiro) passou a chamar-se PP (Partido Progressista), e o PRN (Partido da Reconstrução Nacional) virou PTC (Partido Trabalhista Cristão). E há outras mudanças em curso. Nessa "dança" de siglas e cadeiras, é de fato difícil para o eleitor identificar-se com o partido.

Outra questão que atrapalha a identificação partidária tem um caráter mais amplo e não se restringe apenas ao Brasil. Trata-se de um movimento verificado em nível mundial, reflexo da ascensão da sociedade de massas e da ampliação do sufrágio universal, a que o cientista político Norberto Bobbio denominou por primazia dos partidos eleitorais de massa, ou "partidos pega-tudo", em contraposição aos tradicionais partidos de organização de massa, que representavam uma ideologia, com a mobilização de associados.

> Os partidos eleitorais de massa não são dirigidos de um modo geral a uma classe ou a uma categoria particular, não propõem uma gestão diferente da sociedade e do poder, mas procuram conquistar a confiança dos estratos mais diversos da população, propondo plataformas amplas e flexíveis, além de suficientemente vagas, a satisfação do maior número de pedidos e a solução dos mais diversos problemas sociais. (Bobbio; Matteucci e Pasquino, 2000, p. 901);

Assistimos, portanto, a um processo de homogeneização dos partidos. E isso tudo vai se refletir na propaganda política, como veremos a seguir.

Propaganda ou publicidade?

Não dá para pensar em comunicação política hoje sem tentar entender as técnicas utilizadas por produtos, serviços e marcas comerciais. Há muita coisa em comum entre o marketing político e o comercial. Logo de início, coloca-se a questão da denominação do campo de estudo: trata-se de propaganda ou publicidade? Eis uma questão cuja distinção nem mesmo todos os estudantes dos cursos de Publicidade e Propaganda conseguem compreender.

Em vários idiomas, há uma distinção lingüística bem clara entre os tipos de comunicação persuasiva. De acordo com Nelly de Carvalho (2000), alguns autores consideram *propaganda* mais abrangente que *publicidade*. "O primeiro estaria relacionado à mensagem política, religiosa, institucional e comercial, enquanto o segundo seria relativo apenas a mensagens comerciais." Em francês, há *propagande* e *publicité*; em inglês, *propaganda* e *advertising* (publicidade); os espanhóis também distinguem *propaganda* da *publicidad*. Segundo a autora, "a propaganda política (institucional, religiosa, ideológica) está voltada para a esfera dos valores éticos e sociais, enquanto a publicidade comercial explora o universo dos desejos, um universo particular" (Carvalho, p. 10), ou seja, diferenciam-se quanto ao universo que exploram.

Entretanto, particularmente no campo eleitoral, a distinção entre os dois termos é inócua: ao mesmo tempo que se trabalha para difusão de valores ideológicos, busca-se "vender" um candidato como o melhor "produto" para o consumidor/eleitor.

Para Nélson Jahr Garcia (apud Domenach, 1963), *propaganda* refere-se à transmissão de idéias, sejam políticas ou religiosas, enquanto *publicidade* se refere à difusão de produtos, serviços ou candidatos políticos. Maria José Favarão (1999, p. 41) referenda-o: "As técnicas de marketing utilizadas em campanhas eleitorais estabelecem que o candidato é um produto, passível dos mesmos métodos e princípios norteadores de uma campanha comercial".

Embora reconheçamos a distinção entre ambos os termos, consideramos que o termo *propaganda eleitoral* aproxima-se da "publicidade", pois se vale dos mesmos métodos e recursos, ainda que o "produto/candidato" também recubra um campo ideológico. Há, portanto, um hibridismo discursivo das modalidades *propaganda* e *publicidade* nas manifestações textuais de campanhas políticas em situações de disputas eleitorais.

O que vemos nas sociedades atuais é que os processos sociais se dão sob a lógica da massificação: consumo de massa, comunicação de massa, mídia de massa, cultura de massa, produção de bens e serviços para as massas. Com o processo eleitoral não é diferente: acaba sendo o grande momento de massificação da política.

Relações entre o marketing político e o comercial

Se lhe perguntassem o que é o marketing da Brahma ou da Antarctica, você pensaria apenas nos anúncios de tevê, rádio, revista e *outdoor*? Evidentemente não. Por marketing, entende-se um conceito mais amplo em que a comunicação é apenas uma das ferramentas. Da mesma maneira, a propaganda de um candidato é apenas uma das ferramentas do marketing político.

Assim como o planejamento da publicidade comercial se dá dentro de um contexto mais amplo de comunicação integrada de marketing, também a propaganda eleitoral, para ser eficiente, tem de estar apoiada numa visão de marketing político. Sozinha, não elege ninguém.

Tanto em um como no outro caso, trata-se de organizações (partidos ou empresas) que competem para atrair atenção dos tomadores de decisão de compra ou voto: os consumidores e eleitores. Os canais de comunicação à disposição de partidos e candidatos são os mesmos que os usados pelas empresas. Por isso, é comum vermos a associação entre o composto de marketing de produtos – conjunto de ferramentas que a empresa usa para atingir seus objetivos no mercado-alvo – e o político, na qual para cada um dos quatro *Ps* há um correspondente *C*:

Os 4 Ps do marketing de produtos	Os 4 Cs do marketing político
Produto	Candidato
Preço	Custo (o voto)
Praça (distribuição)	Conveniência
Promoção	Comunicação

Marketing político é, portanto, "entender o que os eleitores querem em um determinado momento e posicionar o candidato de acordo com os anseios, expectativas e frustrações da população" (Figueiredo, 1994).

Aqui devemos abrir parênteses para diferenciar o marketing político e o marketing eleitoral. O marketing político é voltado para a construção de uma imagem de longo prazo. Utiliza as mesmas técnicas do marketing eleitoral, só que com uma visão mais ampla. Já o objetivo do marketing eleitoral é angariar o maior número de votos para ganhar uma eleição, com data marcada. A diferença fundamental é, portanto, uma questão de tempo.

Em ambos os casos, trata-se de definição estratégica, em que é preciso estar de olho nos adversários, acompanhar o posicionamento dos concorrentes, definir se vale ou não a pena atacá-los e, finalmente, dirigir o discurso para o público-alvo, de modo a, num primeiro momento, tornar o candidato conhecido do maior número de eleitores possível e, em seguida, diferenciá-lo dos demais – obviamente, mostrá-lo como alguém melhor do que os outros.

A administração de marketing é, segundo a American Marketing Association (Kotler, 1998, p. 32):

> o processo de planejamento e execução da concepção, preço, promoção e distribuição de idéias, bens e serviços para criar trocas que satisfaçam metas individuais e organizacionais.

Portanto, é essencialmente uma atividade de administração da demanda. Sua tarefa é influenciar o nível, o tempo e a composição dessa demanda. O planejamento é, assim, fundamental.

Público-alvo *versus* posicionamento

No Brasil, cerca de 120 milhões de eleitores são chamados, a cada dois anos, para escolher seus representantes e governantes. As técnicas de campanha devem levar em conta as características de cada eleição: em 2002, a eleição foi para os cargos executivos e legislativos em nível federal e estadual. Em 2004, foi a vez dos cargos municipais. O que diferencia essas duas eleições é justamente o tamanho do colégio eleitoral. E isso muda radicalmente o cenário. Para os grandes eleitorados, as ferramentas de marketing (propaganda, pesquisas, relações públicas, eventos etc.) são muitas vezes a única forma de contato dos eleitores com os candidatos. Quanto menor o colégio eleitoral, maior é a força dos partidos e das relações políticas.

O marketing se baseia no estabelecimento de estratégias, em que duas escolhas são determinantes: o público-alvo e o posicionamento. O público-alvo é integrado por todos aqueles para os quais a campanha está sendo feita, ou seja, homens, mulheres, acima de 16 anos, com título de eleitor em dia, de determinada área geográfica ou segmento social ou profissional. No início da campanha essa é uma das primeiras escolhas, pois ela determina todas as outras.

A segunda decisão diz respeito ao posicionamento, ou seja, qual conceito sobre o candidato espera-se que o público-alvo construa em sua mente. O posicionamento estratégico é a forma pela qual as pessoas vão reconhecer o candidato. Ele é fundamentado na diferenciação e leva em conta alguns enfoques básicos, como a identidade do candidato e do partido, ou seja, o "produto" a ser apresentado: suas características pessoais, temperamento, formação, história de vida e comportamento. No caso do partido, é preciso também ter claros seus princípios, programas, tipo de organização etc. Também deve considerar o vínculo do candidato com a comunidade ou determinado segmento, como ser representante de uma categoria profissional ou de uma região específica.

O posicionamento não pode ser arbitrário e devem-se evitar mudanças radicais de posição – como defender a pena de morte e depois os direitos humanos dos presos, ou defender o direito das mulheres ao aborto e depois condená-lo. Mas como saber quais são os desejos, sonhos e as expectativas do eleitor? As pesquisas de opinião são um bom termômetro.

Pesquisa política e eleitoral

O primeiro passo em toda campanha eleitoral é conhecer tudo sobre o público-alvo: o que pensa, sente e necessita. As pesquisas podem ajudar a identificar o que o eleitor pensa do candidato como pessoa e político, o que acha de seus prováveis adversários, quais são suas preocupações, desejos e expectativas em relação ao futuro.

As pesquisas são usadas para estudar o nível de conhecimento que a população tem do candidato e seus concorrentes, seu potencial de voto e índice de rejeição, bem como para avaliar as políticas públicas (do governo vigente), planejar o programa do futuro governo, monitorar impacto de ações da campanha, verificar a imagem dos candidatos e o índice de intenção de votos. Para isso, existem dois tipos de pesquisa complementares: as quantitativas e as qualitativas.

As pesquisas quantitativas – também denominadas "quanti" – são as conhecidas do público em geral. Reúnem informações objetivas sobre os eleitores e seus resultados são representados por números: que percentual da população vai votar em um candidato, quantas pessoas aprovam ou reprovam o trabalho da prefeitura ou do governo estadual/federal, quantas estão a favor ou contra determinada medida do governo etc. É um método que investiga o perfil sociodemográfico da população, seus hábitos, costumes, intenções de voto e proporciona projeções estatísticas para o conjunto do universo pesquisado por meio de entrevistas com uma parcela (amostra) desse público.

As qualitativas – ou "quali" – buscam aprofundar o conhecimento sobre os sentimentos dos eleitores: suas preocupações, desejos, medos, anseios, expectativas, perfil do candidato ideal etc. São realizadas por meio de entrevistas individuais ou em pequenos grupos e servem para diagnosticar tendências. Diferentemente das quantitativas, os resultados das qualitativas não podem ser generalizados para todo o universo, pois estes não são fornecidos diretamente pelas respostas dos entrevistados, mas sim pela sua análise.

Antes de contratar pesquisas exclusivas, é preciso definir se seus resultados serão apenas para uso interno da campanha ou se se pretende divulgá-los na mídia, se é preciso registrar no TRE (Tribunal Regional Eleitoral), qual será a melhor metodologia (quali ou quanti) de acordo com os objetivos e o momento da campanha. O quadro[4] a seguir aponta um calendário ideal.

Fase 1	Fase 2	Fase 3	Fase 4
De outubro do ano anterior ao pleito até maio do ano da eleição	De maio a julho do ano da eleição	Do início do período oficial de propaganda eleitoral até o início da campanha eletrônica	Início da veiculação da propaganda eletrônica de rádio e tevê
Definição da estratégia eleitoral: - Diagnóstico do governo atual (quali e quanti) - Demandas para os próximos governos (quali e quanti) - Estudo de imagem dos pré-candidatos - Monitoramento quanto ao nível de conhecimento, intenção e potencial de voto e rejeição (quanti)	- Pré-teste de material de campanha (quali) - Monitoramento quanto ao nível de conhecimento, intenção e potencial de voto e rejeição (quanti)	- Pré-teste de campanha (quali) - Monitoramento quanto ao nível de conhecimento, intenção e potencial de voto e rejeição (quanti)	- Avaliação da campanha (quali e quanti) - Acompanhamento da imagem dos candidatos (quali e quanti) - Monitoramento quanto ao nível de conhecimento, intenção e potencial de voto e rejeição (quanti)

---

[4] Baseado em orientações eleitorais do PT e PPS para seus partidários.

Muitas vezes, é preferível fazer pesquisas para consumo interno, para o planejamento estratégico e acompanhamento da campanha, do que para divulgá-las. As pesquisas só devem ser divulgadas após se ter uma seqüência de bons resultados que confirmem o favoritismo do candidato. Então, deve-se contratar um instituto de pesquisa de renome e registrar na Justiça Eleitoral com pelo menos cinco dias de antecedência da publicação.

Proposta de governo e ação parlamentar

Todo candidato precisa ter, pelo menos em linhas gerais, um programa de governo ou plataforma de ação parlamentar, pois este será o principal fator de formação da imagem do candidato, contribuindo para a sua fixação junto ao eleitorado. É o programa que vai caracterizar e dar personalidade à campanha, distinguindo-a das demais, além de representar o compromisso do candidato com os eleitores.

A base para a sua elaboração é o conhecimento que se tem dos principais problemas e aspirações dos eleitores para, com base neles, elaborar uma proposta factível. E não adianta apenas dizer o que vai ser feito: é preciso mostrar como, incluindo as fontes de recursos financeiros. Também não adianta um candidato a cargo proporcional fazer promessas de obras, pois elas não são de sua alçada. Nesse momento de definição estratégica, é preciso se mostrar sintonizado com o eleitor.

Segundo Ronald Kuntz, os temas que compõem uma plataforma são classificados em três tipos:

1. Temas fundamentais ou racionais: aqueles que se referem à administração pública ou à legislação. Constituem a base da plataforma e, praticamente, o programa de atuação na vida pública do candidato. São concretos e mensuráveis pelo eleitor durante o mandato do candidato. Por exemplo: questões econômicas, tributárias, segurança, obras, saneamento, educação etc.
2. Temas oportunos ou emocionais: referem-se a fatos, acontecimentos ou tendências que se encontram em evidência num determinado momento. Dão colorido, e poderíamos defini-los como sendo o espírito de uma campanha. Ao contrário dos temas ra-

cionais, são acrescidos ou suprimidos da plataforma sem alterar-lhe o conteúdo básico. Essencialmente, são temas que aproximam a pessoa humana do candidato de seu eleitorado, suavizando sua imagem de político profissional. Por exemplo: enchente ou seca, aniversário da cidade, data comemorativa, fatos históricos, modismos em evidência, fato que tenha chocado a opinião pública etc.
3. Temas segregacionistas: ao abordá-los, o candidato é obrigado a definir uma posição que vai, inevitavelmente, dividir o eleitorado. Esses temas dão personalidade a uma campanha e, ao incluí-los em sua plataforma, o candidato tem de analisar prós e contras, a fim de saber que posição assumir, ou seja, como perder o mínimo de votos possível. Por exemplo: temas polêmicos ligados ao credo, à classe social ou econômica, às questões raciais, às rivalidades cotidianas (regionais, esportivas etc.), à ideologia, ao sexo, à idade etc. (Kuntz, 1986, p. 63)

Kuntz recomenda que os temas segregacionistas sejam evitados particularmente pelos candidatos a cargos majoritários, ao contrário de candidatos a cargos proporcionais, que poderão ter sua imagem favorecida junto a uma parcela específica do público.

A proposta do candidato deve – além de contemplar sugestões que venham ao encontro do que a população espera – ser apresentada de maneira original, fácil de ser entendida, sem termos burocráticos ou técnicos ou, ainda, que já tenha sido usada por outros candidatos. O ideal é concentrar o programa em poucas e boas propostas. Só então se parte para a criação.

Mas, antes de passarmos a essa etapa, convém lembrar que o marketing político e a propaganda eleitoral não fazem milagre, apesar do que muita gente afirma. O eleitor quer argumentos, razões e motivos que o façam merecer seu voto. Mais importante do que dizem o candidato e sua propaganda é o que os eleitores entendem e sentem sobre a mensagem. Por mais complexa que seja a proposta, ela precisa ser traduzida para o eleitor. Outra questão fundamental é que não só as palavras comunicam. O gesto, o olhar, o sorriso, o tom de voz, tudo isso provoca sensações boas ou ruins, que vão determinar a simpatia ou antipatia do eleitor pela mensagem, ou melhor, pela imagem que o candidato passa. A propaganda, sozinha, não elege ninguém. O eleitor vai confrontar os argumentos dos diversos candidatos para decidir quem é o que merece seu voto. A propaganda, as matérias nos jornais, os eventos etc. vão servir para divulgar as propostas do candidato e, acima de tudo, fornecer argumentos para reforçar a decisão do voto, de modo a não abalar sua autoconfiança nos casos de críticas e ataques de adversários.

Por sinal, as pesquisas de opinião têm demonstrado que o brasileiro é avesso a ataques.[5] O ideal é diferenciar-se dos demais candidatos de forma positiva. Evidentemente, isso não significa deixar de responder ou de fazer críticas ou denúncias. Tudo dependerá do tom usado.

Como já dissemos, as pesquisas ajudam a identificar tanto as necessidades e anseios dos eleitores como também a imagem que o candidato goza junto ao eleitorado. Esse diagnóstico será fundamental para se saber o que o eleitor pen-

---

[5] Ainda que o Código Brasileiro de Auto-regulamentação Publicitária (Conar) – cujo objetivo é "a regulamentação das normas éticas aplicáveis à publicidade comercial, assim entendida como toda atividade destinada a estimular o consumo de bens e serviços, bem como promover instituições, conceitos e idéias" (art. 8) – não se aplique à propaganda política (conforme o art. 11), pode-se tomá-lo como referência do que é considerado "aceitável e ético" em termos da linguagem publicitária de modo geral. Assim, com relação à respeitabilidade, o Conar apregoa: "Nenhum anúncio deve favorecer ou estimular qualquer espécie de ofensa ou discriminação racial, social, política, religiosa ou de nacionalidade" (art. 20). Com relação à propaganda comparativa, ela só é aceita, segundo o art. 32, contanto que respeite os seguintes princípios e limites:
  a. seu objetivo maior seja o esclarecimento, se não mesmo a defesa do consumidor;
  b. tenha por princípio básico a objetividade na comparação, posto que dados subjetivos, de fundo psicológico ou emocional, não constituem uma base válida de comparação perante o consumidor;
  c. a comparação alegada ou realizada seja passível de comprovação;
  d. tratando-se de bens de consumo, a comparação seja feita com modelos fabricados no mesmo ano, sendo condenável o confronto entre produtos de épocas diferentes, a menos que se trate de referência para demonstrar evolução, o que, nesse caso, deve ser caracterizado;
  e. não se estabeleça confusão entre produtos e marcas concorrentes;
  f. não se caracterize concorrência desleal, denegrimento à imagem do produto ou à marca de outra empresa;
  g. não se utilize injustificadamente a imagem corporativa ou o prestígio de terceiros;
  h. quando se fizer uma comparação entre produtos cujo preço não é de igual nível, tal circunstância deve ser claramente indicada pelo anúncio.
Ainda que a propaganda eleitoral seja política e não se enquadre *legalmente* às regras do Conar, como seu gênero é o da publicidade, da perspectiva do espectador ela deveria se enquadrar pelo menos *moralmente* a essas normas. Ou seja, o ataque a adversários não é eticamente justificável do ponto de vista do destinatário da mensagem.

sa do candidato, se sua imagem é positiva ou negativa, suas fraquezas e forças, vantagens e desvantagens em relação aos concorrentes. Se o candidato não tem recursos para fazer pesquisas, deve procurar outras formas de conseguir essas informações, ouvindo o maior número possível de pessoas. Só chega "lá" quem parte sabendo de onde saiu.

De posse dessas informações – o que o eleitor quer e o que acha do candidato –, parte-se para uma etapa bastante trabalhosa, que é a definição do plano estratégico da campanha. O PT, em 2004, lançou uma cartilha destinada a pré-candidatos, em que definia o que o plano estratégico de seus candidatos deveria contemplar:

☐ Definir conceito, metas e ações da campanha e atualizá-las sempre que necessário, fazendo as correções de rumo de acordo com resultados de pesquisas, do desenvolvimento da campanha e da conjuntura política.
☐ Definir temas prioritários a serem levados em consideração na elaboração do Programa de Governo.
☐ Eleger, a partir do resultado de pesquisas, os temas e conceitos prioritários a serem tratados pela comunicação de campanha.
☐ Identificar pontos fortes e fracos das candidaturas e definir os argumentos corretos para tratar cada caso.
☐ Planejar ações junto a possíveis aliados e apoiadores.
☐ Elaborar agenda de ações e encontros junto a líderes comunitários, religiosos, sindicatos e associações empresariais.
☐ Planejar agenda de entrevistas junto à mídia local e estadual.
☐ Agendar encontros reservados com principais jornalistas locais e estaduais.
☐ Planejar agenda de visitas a bairros e eventos.
☐ Planejar agenda de visitas e encontros com líderes nacionais do partido e do governo federal.

Feitas essas considerações, podemos então passar para a criação da campanha.

Estratégia de comunicação

Definida a estratégia político-eleitoral, todos os esforços devem se concentrar na difusão do candidato e seu programa. Ao lado do papel informativo e esclarecedor, a propaganda busca persuadir/seduzir não apenas por meio de suas mensagens objetivas (plataformas ou programas políticos), mas sobretudo pela "imagem" que deseja que o eleitor construa sobre os diversos concorrentes. E isso se dá por meio do somatório de diferentes linguagens: verbal, gestual, sonora e imagética. Mariângela Haswani (1995, p. 124) explica melhor:

> Imagem é o revestimento que se dá à identidade com o objetivo de atingir um determinado conceito. É a "roupa" com que se veste a identidade do candidato para apresentá-la ao eleitorado. É no trabalho de criação e execução da imagem que se concentram os esforços da propaganda eleitoral.

A imagem é composta por vários elementos, como o tom da voz, o discurso, as cores da campanha, o espírito do *jingle*, os símbolos, o tratamento dado aos temas do programa etc. A autora sugere que, na hora de definir a imagem, se levem em consideração três aspectos: a conjuntura, o perfil psicológico e os fatores culturais do universo em que ocorre a eleição:

> A conjuntura diz em que cenário ocorrem as ações eleitorais; o perfil psicológico aponta o tom que a platéia deseja ouvir; os fatores culturais são a alma de toda a propaganda eleitoral e poderosos aliados na decisão do voto. (Ibidem, p. 124)

Definida a estratégia da comunicação, é hora de estipular quando informar, divulgar ou promover a imagem, ou seja, é hora de transformar a imagem em atos de comunicação. O primeiro passo é definir a marca da campanha, que irá atuar no imaginário de modo integrado: símbolos, palavras e ritmos a serem adotados.

Simbologia da marca

Dá para imaginar um produto sem marca? Impossível. Ela funciona como um nome próprio, identificando-o e diferenciando-o dos demais. "Sem marca, um produto é uma coisa", explica Clotilde Perez (2004, p. 11). O mesmo vale para um candidato. A marca é uma expressão, de diversas formas, que objetiva potencializar os efeitos de sentido produzidos nos destinatários das mensagens.

Desde o tradicional "santinho" (filipeta com foto, nome e *slogan* do candidato) até a mais sofisticada revista, *outdoor* ou programa de rádio e televisão devem estar dentro do conceito e da proposta de imagem do candidato e da sua marca. Assim como o rótulo em uma embalagem que serve para identificar o produto que ela contém, também toda a papelaria deve corresponder ao conceito almejado. Do contrário, entra ruído no processo de comunicação e o resultado poderá prejudicar o candidato.

> Cada cor, animal, expressão, dito, ladainha, piada etc. tem o seu significado regional e a sua importância cultural, e devem estar presentes aqui e ali, conforme a necessidade, durante o curto espaço de tempo em que acontece uma campanha, e quando for interessante. Perder qualquer oportunidade pode significar perder a eleição. (Haswani, 1995, p. 138)

Todo e qualquer material deve vir a reforçar a imagem pretendida. Um candidato sisudo não vai convencer ninguém com um riso forçado, nem o candidato popular, que nunca usa paletó e gravata, vai gerar credibilidade se se apresentar assim na foto oficial da campanha. As fotos devem refletir integralmente o clima e, acima de tudo, têm de convencer.

O mesmo cuidado se deve ter com o logotipo utilizado. O tipo de letra, a cor, a forma e o *design* e o símbolo (estrela, tucano, foice e martelo, árvore etc.) que integram o logotipo transmitem conceitos em níveis subconscientes, como agilidade, tradicionalismo ou modernidade, sofisticação ou simplicidade, popular ou para a elite, suavidade ou agressividade. Portanto, a definição do logotipo exige trabalho profissional, em que o aspecto gráfico reflita a imagem da campanha, representando forte apelo ao público. O logotipo ideal deve funcionar como o do McDonald's ou o da Coca-Cola: qualquer criança, mesmo não alfabetizada, consegue reconhecer.

O mesmo vale para o *slogan* (frase concisa que aproxima consumidores das marcas e, no caso da política, eleitores dos candidatos) e para o *jingle* (sons e música que contribuem para criar identidade de uma marca). Ambos trabalham com os aspectos sensoriais e produzem efeitos de sentido que devem ser considerados na hora da criação.

Mídia impressa

O kit de materiais impressos envolve desde filipetas, *banners*, placas, faixas, estandartes, adesivos para carros, jornais, revistas, malas diretas, *bottons*, braçadeiras, bandeiras e bandeirolas e um sem-número de brindes que procuram diferenciar o candidato dos demais concorrentes: camisetas, bonés, viseiras, canetas, chaveiros, blocos de papel, brinquedos, calendários, cinzeiros etc.

O grande problema dessa variedade é o excesso de estímulos, que conduz à poluição visual. Por mais criativas que sejam as peças desenvolvidas, o efeito é muitas vezes prejudicado pela quantidade de materiais de outros candidatos. O ideal, portanto, é usar produtos que, por serem pouco utilizados em campanhas eleitorais, conquistem espaços originais na mente dos eleitores. O desafio do comunicador será, portanto, pensar em alternativas e novas formas de comunicação.

Outro desafio é a qualidade dos produtos. O nome, a marca e a foto do candidato só devem aparecer em peças que o valorizem. O candidato não é modelo profissional, mas seu material deve ser muito bem confeccionado, impondo o respeito e mostrando seus atributos.

A propaganda eleitoral começa três meses antes das eleições e termina na véspera. Nesse período, é permitido distribuir e afixar material em postes de iluminação pública, viadutos, passarelas e pontes. São proibidas as pichações e inscrições a tinta. Em bens particulares, basta a autorização do proprietário. A propaganda por meio de *outdoors* só é permitida após a realização do sorteio pela Justiça Eleitoral, para determinar a distribuição de locais entre os partidos e coligações.

Nos jornais e revistas, é permitida a divulgação de propaganda paga, no espaço máximo, por edição, de um oitavo de página de jornal padrão e um quarto de página de revista ou tablóide. Como a cada eleição essas regras podem mudar, o comunicador deve estar atento à legislação em vigor.

Horário gratuito da propaganda eleitoral

O ponto alto de qualquer campanha no Brasil é o início do horário gratuito de propaganda eleitoral, que geralmente ocorre um mês e meio antes do pleito e se estende até três dias antes das eleições. É quando de fato a campanha acontece.

O horário eleitoral foi criado em 1962, para permitir o acesso gratuito de partidos políticos aos meios de comunicação de massa, especialmente ao rádio e televisão. Até então, o rádio tinha importância eleitoral, mas só tinham acesso aos veículos os candidatos ricos ou financiados por quem tivesse dinheiro.

A primeira lei criada para regulamentar a propaganda eleitoral data de 1950, quando o horário não era gratuito, mas havia rigorosos critérios de rotatividade para atender aos partidos políticos, com preços fixos e iguais para todos. A partir de então, as leis eleitorais passaram a estipular um horário para veiculação da propaganda eleitoral, que varia a cada ano e pleito.

Com a instituição do Código Eleitoral de 1965, uma novidade foi implementada: a concessão, fora dos anos eleitorais, de espaço de uma hora por mês, para os partidos políticos apresentarem seus programas. Mas, logo no ano seguinte, a novidade foi revogada.

O direito à propaganda gratuita ainda coexistiu com a propaganda paga no rádio e na televisão até 1974. Em virtude da posse do presidente Geisel, o país passou a viver num clima de maior abertura, com a realização de debates políticos. O resultado foi que, no pleito daquele ano, o partido da situação, a Arena, sofreu derrota eleitoral. Assim, foi criada a Lei Etelvino Lins, que limitava a propaganda paga nos jornais e revistas à divulgação do currículo do candidato, o número de seu registro e o partido a que pertencia. As mesmas limitações se estenderam ao uso do rádio e da televisão com a Lei Falcão, de 1976, que perdurou até 1982.

Foi somente com a Constituição de 1988 que se garantiu o acesso gratuito dos partidos políticos ao rádio e à televisão. Mas não houve proibição para a veiculação de propaganda paga. Essa restrição só foi introduzida por leis eleitorais posteriores, como a que regulamentou o pleito de 1994 e proibia, por exemplo, o uso de imagens externas, montagens e trucagens, como uso de vinhetas eletrônicas, efeitos especiais e desenhos animados. A lei causou muita polêmica. Os que defendiam as restrições argumentavam que tais medidas tinham o intuito de impedir que o eleitor fosse enganado. Os que se contrapunham argumentavam que as limitações reduziam o potencial informativo dos programas.

A grande novidade dessa lei foi a inclusão de punições severas para emissoras que trabalhassem em prol de seus candidatos. Esse dispositivo legal, entretanto, não impediu que elas o fizessem. Exemplo disso foram as matérias sobre o sucesso do Plano Real, que funcionaram como propaganda pró-Fernando Henrique Cardoso, conforme atesta Vladimyr Lombardo Jorge (1997).

Nas eleições de 1996, foram permitidos o uso de gravações externas, montagens e trucagens, a presença de platéia, convidados, atores e personalidades, recomendando votos neste ou naquele candidato. A novidade daquele pleito foi a inclusão de inserções de 30 segundos ao longo da programação veiculada das 8 horas às 24 horas, todos os dias. Essas medidas valeram para as eleições seguintes.

Ainda que os proprietários de emissoras de rádio e televisão se manifestem descontentes com a obrigatoriedade, pois alegam prejuízo financeiro,[6] a existência do horário gratuito de rádio e televisão é uma garantia de que partidos políticos sem ou com poucos recursos tenham acesso ao rádio e à televisão,[7] mesmo que se corra o risco do uso impróprio por legendas de aluguel que, como já discutido, poderá ser limitado por legislação que impeça a sua criação.

---

[6] Segundo Vladimyr Lombardo Jorge (1997), não há prejuízo algum, pois as emissoras recebem 100% do preço da tabela, ao passo que os anunciantes privados geralmente recebem um desconto.
[7] A quantidade de tempo a que cada candidato ou coligação tem direito depende do número de deputados federais de seu partido, eleitos no pleito anterior ao da eleição.

Opinião pública e horário gratuito de propaganda eleitoral

O horário gratuito de propaganda eleitoral tem a função primeira de mobilizar o eleitor para a disputa. Conforme explica Luciana Veiga (s.d., b, p. 1),[8] é por meio dele que as pessoas despertam para a "hora da política".

> Trata-se de um momento de incertezas e angústias na medida em que a percepção da necessidade da escolha do candidato vem associada à crença de que qualquer político que venha a ser escolhido dificilmente corresponderá à sua expectativa [...] A dúvida está em identificar entre os candidatos aquele que maiores benefícios proverá uma vez eleito. É precisamente esta incerteza que motiva a busca pela informação.

Dessa maneira, a segunda função do horário eleitoral é, portanto, prover o eleitor de informações seguras para que possa decidir o voto, ainda que perceba que o horário eleitoral é isento de imparcialidade, que deve ser visto sempre com "um pé atrás". Entretanto, é ali que ele vai buscar informações.

A autora recorre à teoria dos usos e gratificações de Katz,[9] para quem a mídia só se torna eficaz quando o próprio receptor lhe atribui tal eficácia, baseando-se na satisfação das necessidades.

> De acordo com os teóricos dos usos e gratificações, a mídia desempenha funções psicológicas e sociológicas ao ser capaz de satisfazer uma série de necessidades dos indivíduos, a saber: cognitivas, afetivas e estéticas, de integração no plano individual (segurança, estabilidade emocional, in-

---

[8] Luciana Veiga é autora da tese *Em busca de razões para o voto: o uso que o eleitor faz do horário eleitoral*. Ela discute, nos artigos: a) "Marketing político e decisão do voto: como agem os eleitores diante das propagandas eleitorais" e b) "O eleitor diante do horário eleitoral", as funções que o horário gratuito de propaganda eleitoral tem para o eleitor levando-se em conta pesquisas qualitativas realizadas com eleitores durante a campanha presidencial de 1998. Os dois artigos estão disponíveis em www.iuperj.br (ambos sem data de publicação).
[9] Referência ao texto de E. Katz, Uses of mass communication by the individual. In: Davison, F. *Mass communication research*. Nova York: Preger Publishers, 1974.

cremento da credibilidade e da posição social), de integração no nível coletivo, e necessidade de evasão. (Veiga, s.d., a, p. 1)

Sua pesquisa, portanto, buscou comprovar até que ponto os programas do horário eleitoral supriam ou não tais demandas dos eleitores. O que verificou foi que os eleitores buscam conhecer melhor os candidatos a fim de diminuir a incerteza que caracteriza a decisão eleitoral. Procuram informações que dêem garantia de que, de fato, as propostas serão realizadas.

O horário eleitoral pode satisfazer uma demanda cognitiva que está intimamente relacionada à necessidade de integração interna. Outra demanda que se vê atendida pelos espectadores/ouvintes do horário eleitoral diz respeito à necessidade de segurança e estabilidade emocional, pelo incremento da credibilidade em relação aos candidatos, obtida com o conhecimento adquirido e maior compreensão do cenário. A confiança e a segurança despertadas pelos candidatos estão vinculadas à garantia percebida com relação às realizações futuras. Ganham, assim, relevância as características pessoais dos candidatos.

A teoria dos usos e gratificações propõe ainda uma terceira demanda da audiência em relação ao meio: a demanda de reforços da experiência estética e emotiva. Ainda que os eleitores não esperem encontrar beleza e emoção nos programas, esses itens, quando presentes na propaganda, têm efeito persuasivo, uma vez que ativam e retêm a atenção de seu público, deixando-o mais receptivo e menos crítico às mensagens.

A pesquisa não confirma que a decisão de voto se dá apenas por impulso, mas sim pela validação que essas impressões pessoais terão em conversas com o grupo social, pois "a aceitação da percepção individual no grupo social é importante para a cristalização da persuasão" (ibidem).

Segundo a teoria de usos e gratificações, a audiência demanda ainda que a mídia ofereça assuntos e argumentos para a conversa do dia-a-dia, de modo a reforçar as impressões pessoais. É nesse momento que ocorre a segunda etapa do processamento da mensagem, pois, caso a atitude resultante do processamento individual do horário eleitoral não esteja de acordo com a do grupo, surge novamente a angústia:

> Embora a pressão do grupo ainda exerça influência para a decisão do voto individual, o seu poder de constrangimento é cada vez menor, na medida em que a tolerância com a diversidade de opiniões dentro dos grupos é cada vez maior. Os grupos buscam o alinhamento das atitudes apresentando argumentos que convençam os comportamentos desviantes. Estes argumentos, de modo geral, se originam na propaganda política dos candidatos e são aplicados à realidade dos grupos de modo que adquirem maior poder persuasivo que o argumento inicial. (Veiga, s.d., a, p. 14-15)

Tudo isso vem confirmar o papel da propaganda política como principal referência para o eleitor decidir o seu voto.

Importância da tevê

A televisão é ainda hoje o veículo de comunicação mais popular do Brasil, pois atinge todas as camadas sociais, como explica Duda Mendonça (2001, p. 159), publicitário e marqueteiro da campanha vitoriosa de Lula em 2002: "Está presente no palácio e na favela, na fábrica e na fazenda, no convento e no bordel, na delegacia e no boteco, na metrópole e num povoado perdido no interior do país". A propaganda eleitoral televisiva, portanto, pode ser considerada a forma mais eficiente de os candidatos e partidos levarem suas mensagens aos "públicos" em geral.

Por seu caráter sincrético, a televisão é o meio por excelência para a publicidade ou propaganda eleitoral, ao hibridizar várias linguagens, além da verbal (oral ou não). Dessa maneira, a imagem do candidato não será construída apenas pelo aspecto lingüístico de suas mensagens, mas também pelas demais linguagens envolvidas. Daí a importância de conhecer sua linguagem, como recomenda Duda Mendonça (ibidem, p. 139):

> Conhecer a sua linguagem significa, portanto, ter o domínio da mídia principal. Quando você estiver assistindo a um programa de TV, pare um pouco e pense: quantos milhões de pessoas estão vendo e sentindo a mesma coisa que você, chorando até, se for o último capítulo da novela, ou sorrindo, se for um gol da seleção brasileira de futebol...

Daí a importância de saber lidar com as virtudes, as possibilidades, os recursos, truques e macetes da TV. Saber o que funciona e o que não funciona naquela tela. Achar o ângulo certo, o movimento da câmera, o tom de voz, a forma e a cor do cenário, as expressões faciais, a roupa, os gestos. Ter uma noção precisa do ritmo e do tempo. Da luz e dos cortes. Com isso, você não tem que deixar inteiramente em mãos de terceiros a finalização daquilo que pensou e criou. Ao contrário, está em condições não só de criar, como de acompanhar e executar a sua criação até o último minuto e o mínimo detalhe.

A imagem captada pela câmara e que aparece na telinha pode ser apenas um registro frio, uma reprodução visual. O que lhe dá vida é a possibilidade de representação simbólica daquilo que se idealiza, ou seja, da transmissão da *imagem* do candidato e da campanha. Portanto, o que se pretende transmitir pela tevê deve estar de acordo com toda a estratégia geral da campanha, envolvendo impressos, rádio, comícios etc.

Pelas próprias características técnicas, o fundamental na realização de programas eleitorais é o profissionalismo da equipe, de modo a dar conta tanto dos aspectos técnicos – como escolha de equipamentos – quanto estéticos – como linguagem utilizada, cenografia, acústica, iluminação, figurino etc.

O domínio sobre a linguagem e recursos televisivos é a condição primeira para a eficácia da mensagem política por essa mídia.

Vantagens do rádio

Se por um lado candidatos acabam dando grande importância para a tevê, por outro acabam se esquecendo de um poderoso veículo de comunicação em campanhas eleitorais: o rádio. Não foram poucas as ocasiões em que, no horário da propaganda de rádio, alguns candidatos apenas reproduziam o áudio do seu programa de tevê. Por isso o ouvinte acabava tendo de escutar os seguintes absurdos: "como se pode ver no quadro..." ou "de acordo com o mapa...". Mas que quadro e que mapa, se não havia imagem?

Rádio é um poderoso meio de comunicação, embora tenha linguagem própria. A campanha deve, portanto, atentar para isso.

O rádio apresenta inúmeras vantagens:

- É som e só: trabalha com o imaginário das pessoas, por meio da música, das palavras e dos efeitos sonoros.
- Tem grande audiência e abrangência: o ouvinte pode escutar rádio em qualquer lugar, enquanto dirige ou trabalha.
- Chega aonde a tevê não vai: o rádio é muitas vezes o único meio de comunicação em regiões onde não há energia elétrica.
- Produção de alto nível custa 95% menos que na tevê: um programa de rádio pode fazer uma superprodução usando apenas efeitos sonoros, o que só seria possível na tevê com uma produção milionária.
- Rapidez na produção do programa.

Apesar disso, nem sempre o rádio tem merecido a atenção devida. Assim como a tevê, é fundamental contar com profissionais qualificados para aproveitar todo o potencial que essa mídia proporciona.

Propaganda *versus* assessoria de imprensa

A formação da opinião pública não se dá apenas por meio da propaganda veiculada pela mídia de comunicação de massa, como jornais, revistas, rádio e televisão ou por ações de promoção e merchandising. A imprensa exerce papel fundamental nesse processo, assim como a ciência, as artes, a literatura e a própria política. Os meios de informação são determinantes da constituição dos valores, moral e moda vigentes.

Assim, ao lado da propaganda propriamente dita, cabe aos candidatos conseguir divulgar suas idéias e propostas também no espaço jornalístico dos meios de comunicação, na forma de matérias, entrevistas, artigos e notas em colunas.

A propaganda, apesar de sua eficiência em termos eleitorais, tem seu uso restringido pela legislação eleitoral, como visto. Além disso, há alguns diferenciais entre esses dois tipos de discursos sociais. Se, por um lado, o emissor tem um controle absoluto sobre as mensagens veiculadas pela propaganda, o que lhe permite usar da criatividade para reforçar sua mensagem, com apelo à representação simbólica, por outro lado uma matéria veiculada na parte editorial de uma publicação ou de um programa jornalístico não representa custo direto. Além disso, conta com credibilidade maior, uma vez que o que é publicado é decisão do jornalista ou do veículo, cuja missão é ser imparcial. Assim, o jornalismo conta com um fator decisivo e superior à propaganda em termos de formação da opinião pública: tem maiores índices de aceitação e assimilação.

O serviço de administração das informações jornalísticas e do seu fluxo das fontes para os veículos de comunicação, e vice-versa, é o que se define por assessoria de imprensa. De acordo com Kopplin e Ferraretto (2000, p. 13), são de sua competência:

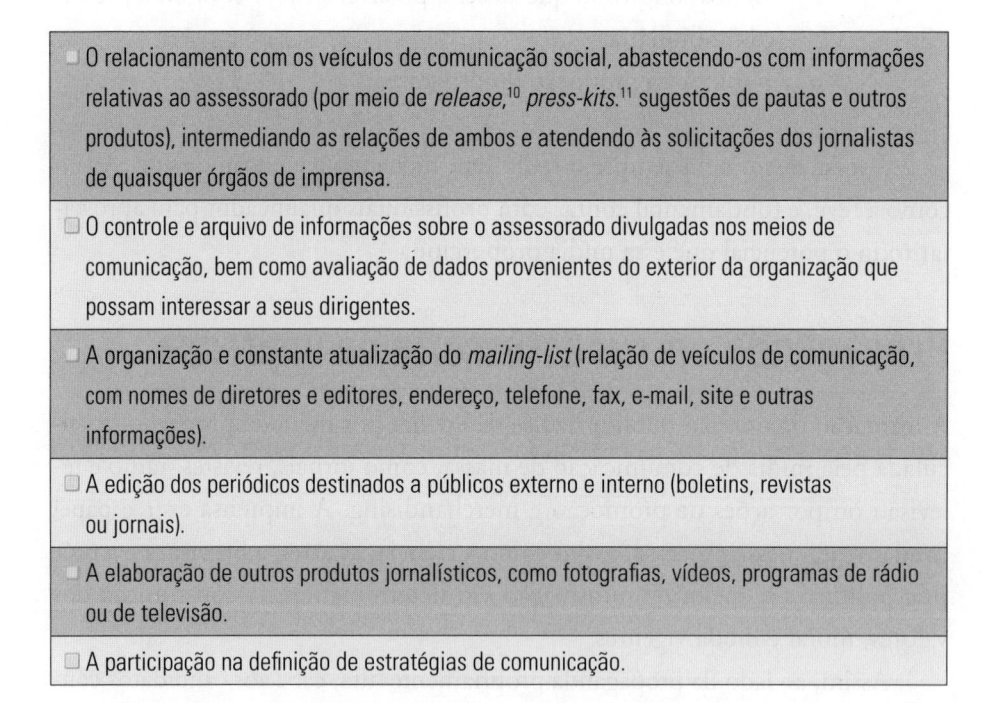

- O relacionamento com os veículos de comunicação social, abastecendo-os com informações relativas ao assessorado (por meio de *release*,[10] *press-kits*.[11] sugestões de pautas e outros produtos), intermediando as relações de ambos e atendendo às solicitações dos jornalistas de quaisquer órgãos de imprensa.
- O controle e arquivo de informações sobre o assessorado divulgadas nos meios de comunicação, bem como avaliação de dados provenientes do exterior da organização que possam interessar a seus dirigentes.
- A organização e constante atualização do *mailing-list* (relação de veículos de comunicação, com nomes de diretores e editores, endereço, telefone, fax, e-mail, site e outras informações).
- A edição dos periódicos destinados a públicos externo e interno (boletins, revistas ou jornais).
- A elaboração de outros produtos jornalísticos, como fotografias, vídeos, programas de rádio ou de televisão.
- A participação na definição de estratégias de comunicação.

---

[10] O termo *release*, ou *press-release*, vem do inglês e significa "liberado para a imprensa". É o material de divulgação produzido pela assessoria, escrito na forma jornalística, embora não tenha finalidade de ser utilizado como texto pronto pela imprensa. O objetivo é sugerir o assunto, estimular a investigação; para ser valorizado e, por conseqüência, aproveitado deve conter uma notícia de real interesse (Koppler e Ferraretto, 2000, p. 146).

[11] *Press-kit* é o conjunto de textos, fotos, cópias de documentos e outros materiais para a divulgação de determinadas atividades do cliente. A assessoria de imprensa elabora o *press-kit* como forma de auxiliar e complementar o trabalho de repórteres, pauteiros, chefes de reportagem ou editores, principalmente quando da organização de entrevistas coletivas e eventos (ibidem, p. 146).

A assessoria de imprensa desempenha papel fundamental numa campanha, ao funcionar como intermediária entre o candidato e os jornalistas. Para evitar "escorregões" numa entrevista, ou ser mal interpretado, o ideal é que o candidato conte com apoio profissional qualificado, de modo a ser preparado para se relacionar adequadamente com cada veículo, aproveitando esse precioso espaço para divulgação de sua proposta e de sua marca.

Eventos

Apesar de cada vez mais os comícios terem menor importância nos grandes centros urbanos, dada a dificuldade de mobilizar grandes massas, eles ainda são o ponto alto de qualquer campanha eleitoral na maioria dos municípios do interior do país. É o momento do espetáculo, para contagiar e impressionar. Assim como as demais mídias, organizar um comício requer planejamento minucioso a fim de que o resultado seja uma demonstração de força do candidato, e não o contrário.

Algumas dicas nesse sentido são:

- O comício deve ser feito num lugar menor do que o público esperado, para dar impressão de sucesso.
- Os grandes comícios devem ficar para o final da campanha.
- O comício deve ser abrangente, com a presença de representantes de diferentes setores da sociedade, sindicatos, associações, clubes, lideranças, enfim todos os que puderem aglutinar pessoas.
- Outras atrações, como a presença de músicos, artistas e cantores, ajudam a levar o público.
- A divulgação do comício deve começar pelo menos 15 dias antes de sua realização.
- Sua montagem envolve desde a obtenção de autorização pelos órgãos públicos até preparação de palco, decoração, instalação de som e iluminação, bem como infra-estrutura de segurança, plantão médico e transporte para garantir o acesso do público convidado.

- A data de sua realização não pode concorrer com outros eventos importantes, como feriado local, shows ou final de campeonato de futebol.
- A linguagem usada em comícios não é a mesma da tevê ou do rádio. Deve ser muito mais eloqüente, emotiva e forte, de modo a mobilizar as emoções.

O fundamental, no caso de comícios, é o discurso do candidato. Enquanto a plataforma representa *o que dizer*, o discurso determina *o como dizer*. Além de claro e objetivo, deve se mostrar acessível e interessante ao público-alvo.

A entonação da voz (inflamada, calma, irônica ou elogiosa, aguda ou grave) irá determinar como será percebido e sentido pelos ouvintes. A forma de dizer (mais humilde ou agressiva) também vai influir na recepção das mensagens. Tudo isso pode ser percebido pela receptividade imediata da platéia e ser imediatamente redimensionado pelo orador.

Como apregoava Aristóteles, em sua *Arte retórica* (1959), há quatro seqüências básicas que determinam os passos precisos para produzir a persuasão (o que significa o domínio dos processos e da forma de argumentar). Adilson Citelli (2001, p. 11-12) resgata esses princípios com propriedade:

> 1. *Exórdio*: É o começo do discurso. Pode ser uma indicação do assunto, um conselho, um elogio, uma censura, conforme o gênero do discurso em causa. É a introdução. Essa fase é importante porque visa assegurar a fidelidade dos ouvintes.
> 2. *Narração*: É propriamente o assunto, onde os fatos são arrolados, os eventos indicados. Segundo Aristóteles: "O que fica bem aqui não é nem a rapidez, nem a concisão, mas a justa medida. Ora, a justa medida consiste em dizer tudo quanto ilustra o assunto, ou prove que o fato se deu, que constituiu um dano ou uma injustiça, numa palavra, que ele teve a importância que lhe atribuímos". É propriamente a argumentação.
> 3. *Provas*: Se o discurso for persuasivo, é mister comprovar aquilo que se está dizendo. Serão os elementos sustentadores da argumentação.

4. *Peroração*: É o epílogo, a conclusão. Pelo caráter finalístico, e em se tratando de um texto persuasivo, está aqui a última oportunidade para se assegurar a fidelidade do receptor, portanto, mais um importante momento no interior do texto. A ela se referia Aristóteles: "A peroração compõe-se de quatro partes: a primeira consiste em dispô-lo [o receptor] mal para com o adversário; a segunda tem por fim amplificar ou atenuar o que se disse; a terceira, excitar as paixões no ouvinte; a quarta, proceder a uma recapitulação".

Os ensinamentos de Aristóteles ajudam, portanto, a determinar a ordem em que os temas devem ser abordados, de modo a despertar o interesse e mantê-lo aceso durante o pronunciamento.

Resumidamente, e aproveitando as sugestões de Kuntz (1986, p. 65),

> o discurso poderia iniciar com temas emocionais ou até polêmicos, intercalando-se temas fundamentais, procurando manter uma harmonia e ritmo constantes até o final, encerrando-o com um tema de alto impacto, a fim de que, mesmo após a partida do candidato, seu discurso continue na memória do eleitor.

Internet: potencial ainda a ser desvendado

Um exemplo clássico do impacto de novas tecnologias midiáticas no processo político foi a eleição para a presidência norte-americana de 1960. Naquela ocasião, John Fitzgerald Kennedy (Partido Democrata) e Richard Milhous Nixon (Partido Republicano) disputavam uma campanha muito equilibrada.[12] No dia 26 de setembro, iniciou-se uma série de quatro encontros entre os dois postulantes à Casa Branca, os primeiros debates presidenciais norte-americanos a serem transmitidos pela televisão. Até então, a maioria dos eleitores podia apenas escutar os candidatos – agora o visual tornava-se também um elemento cru-

---

[12] No quadro final da eleição, Kennedy foi eleito com 34.227.096 votos (ou 49,72%), enquanto Nixon obteve 34.107.646 votos (49,55%).

cial, como ficou demonstrado pelas pesquisas de opinião. Pois enquanto para os eleitores que apenas escutaram o debate pelo rádio o grande vencedor foi Nixon (que tinha uma aparência abatida devido a problemas em seu joelho), a preferência dos que viram o debate na televisão foi para Kennedy (que tinha a pele bronzeada após passar o mês em campanha na Califórnia).

A diferença de percepção provocada pela nova mídia que se impunha – e que mais uma vez demonstraria seu potencial para a mobilização política nos Estados Unidos com a guerra do Vietnã – mudou a forma de fazer política e hoje grande parte do dinheiro arrecadado em campanhas na maioria dos países democráticos de todo o mundo é investida em propagandas e programas para a televisão. No entanto, a tecnologia é algo dinâmico. E é novamente uma eleição presidencial norte-americana a primeira a sentir o impacto das mudanças de paradigmas, desta vez provocada não por uma nova mídia, mas por uma plataforma de mídias: a Internet.

Comentando a atual disputa entre George Walker Bush (republicano) e John Forbes Kerry (democrata), o articulista Tom Curry, da National Affairs Writer, elenca as características do que ele já chama de antigo modelo de campanha:

- A grande mídia – o *New York Times*, o *Washington Post*, os serviços sem fio, as três grandes cadeias de televisão – era a principal fonte de informação para a maioria dos eleitores.
- Os candidatos comunicam-se com seus eleitores por meio de anúncios na televisão.
- Os candidatos participam de debates e discutem, como cavalheiros, sérias questões sobre política internacional e temas domésticos.
- A vida pessoal dos candidatos – infidelidade conjugal, uso de drogas ilícitas – e suas ações na juventude não foram pensadas para ser um assunto apropriado ou relevante para a cobertura midiática.[13]

---

[13] Artigo disponível em: <http://www.msnbc.msn.com/id/6011452/>.

Um quadro que nos parece ainda extremamente atual. Mas, então, o que muda?

A campanha de 2004 apresentou novidades antes mesmo de o Partido Democrata ter definido quem enfrentaria Bush. Quando a grande mídia descobriu o pré-candidato Howard Dean, em meados de 2003, ele já arrecadara 7,6 milhões de dólares,[14] a maior parte gerada por pequenas doações feitas por pessoas que o conheceram por meio de blogs,[15] como o do professor de Direito de Stanford, Larry Lessig.[16]

Outro ponto a ser notado é a difusão de informação que foge da lógica dos grandes grupos de mídia. Pequenos blogs cobriram a campanha abordando assuntos extremamente específicos que interessavam apenas a uma pequena quantidade de leitores. Também digno de nota foi o "furo" dado por um blog de um especialista em aviação, que descobriu antes de toda a grande mídia quem seria o vice na chapa democrata: ele simplesmente tinha conhecidos na empresa que pintava o nome de John Edwards no avião de campanha de Kerry.

Essa campanha ainda precisa ser estudada, analisada e comparada com outros elementos para termos uma idéia mais clara das tendências ou até mesmo do tamanho da transformação que o mundo Web está provocando na forma de se fazer política. Mas, de qualquer maneira, é preciso estar alerta para o dinamismo dessa nova forma de comunicação e incorporar alguns de seus conceitos – como interatividade, instantaneidade e comunicação aberta. Afinal, agora o eleitor tem uma ferramenta que o aproxima dos candidatos e é preciso saber como utilizar essa aproximação. A tecnologia digital também possibilita às vozes – que antes passariam desapercebidas no oceano da grande mídia – adquirirem relevância no processo político. Isso tudo deve ser pensado no momento de criar e desenvolver uma campanha política, mesmo que a Internet ainda tenha uma abrangência limitada, como é o caso do Brasil, mas que cresce em proporção geométrica a cada dia.

---

[14] Números publicados na edição de 11 de agosto de 2003 da revista *Time*, v. 162, n. 6. Texto disponível em: <http://www.time.com/time/magazine/0,9263,1101030811,00.html>.
[15] Blogs podem ser definidos como páginas Web de fácil atualização que disponibilizam pequenos textos em ordem cronológica.
[16] Disponível em: <http://www.lessig.org/blog/>.

O importante, numa campanha, é que todos os meios de comunicação de massa – como tevê, rádio, mídias impressas e exteriores, Internet – procurem atingir o destinatário da mensagem por intermédio dos recursos próprios que cada um deles proporciona. Todos devem estar focados no objetivo de construir uma marca forte, que passe uma imagem coerente com a personalidade do candidato e com os anseios do público-alvo. O resultado será tão mais eficaz quanto for a sinergia entre as variáveis do mix de comunicação. O valor da marca de um candidato, assim como para um produto, será decorrência dos efeitos de sentidos que sua comunicação vai conseguir engendrar em seu público-alvo, o eleitor.

Bibliografia

ARISTÓTELES. *Arte retórica e arte poética.* Trad. de Antônio Pinto de Carvalho. São Paulo: Difel, 1959.

BOBBIO, N.; MATTEUCCI, N.; PASQUINO, G. *Dicionário de política.* 5. ed. Trad. Carmen C. Varieli et al. Brasília: Editora da UnB; São Paulo: Imprensa Oficial do Estado, 2000.

CARVALHO, N. de. *Publicidade: a linguagem da sedução.* São Paulo: Ática, 2000.

CITELLI, A. *Linguagem e persuasão.* São Paulo: Ática, 2001. Série Princípios.

DIMENSTEIN, G. *Como não ser enganado nas eleições.* São Paulo: Ática, 1994.

DOMENACH, J.-M. *A propaganda política.* São Paulo: Difusão Européia do Livro, 1963.

FAVARÃO, M. J. *A palavra e a imagem: os discursos de FHC e de Lula na campanha de 1998.* São Paulo, 1999. Dissertação de (Mestrado) – Faculdade de Comunicação Social Cásper Líbero.

FIGUEIREDO, M. et al. Estratégias de persuasão em eleições majoritárias: uma proposta metodológica para o estudo da propaganda eleitoral. Artigo sem data de publicação, disponível em: <www.iuperj.br> Acesso em: junho de 2003.

FIGUEIREDO, N. L. *Direto ao poder: estratégias de marketing político.* Campinas: Cartgraf, 1985.

FIGUEIREDO, R. *O que é marketing político.* São Paulo: Brasiliense, 1994.

GARCIA, N. J. In: DOMENACH, J.-M., *A propaganda política*. São Paulo: Difusão Européia do Livro, 1963.

_____. *O que é propaganda ideológica*. São Paulo: Brasiliense, 1986.

_____. *Sedução, sadismo e silêncio: propaganda e controle ideológico no Brasil (1964-1985)*. São Paulo: Edições Loyola, 1990.

GRUPO DE TRABALHO ELEITORAL. *Cartilha do PT: Dicas de pré-campanha*. Partido dos Trabalhadores, abril/2004.

HASWANI, M. Comunicar para convencer. In: PEREIRA, H. (org.). *Como agarrar seu eleitor: manual de campanha*. São Paulo: Senac, 1995.

HEREDIA, B. M. A. de; TEIXEIRA, C. C.; BARREIRA, I. A. F. (orgs.). *Como se fazem eleições no Brasil*. Rio de Janeiro: Relume Dumará, 2002.

JORGE, V. L. Os meios de comunicação de massa nas campanhas eleitorais. *Revista Comunicação&Política*, v. 4, n. 1, p. 126-133, 1997.

KOTLER, P. *Administração de marketing*. São Paulo: Atlas, 1998.

KUNTZ, R. A. *Marketing político: manual de campanha eleitoral*. São Paulo: Global, 1986.

KOPPLIN, E.; FERRARETO, L. *Asseorias de impresa*. São Paulo: Segra-Luzzato, 2000.

LAVAREDA, A. *A democracia nas urnas*. Rio de Janeiro: Iuperj/Revan, 1999.

MANHANELLI, C. A. *Estratégias eleitorais: marketing político*. São Paulo: Summus, 1988.

_____. *Eleição é guerra: marketing para campanhas eleitorais*. São Paulo: Summus, 1992.

MATOS, H. (org.). *Mídia, eleições e democracia*. São Paulo: Página Aberta, 1994.

MENDONÇA, D. *Casos & coisas*. São Paulo: Globo, 2001.

PEREIRA, H. (org.). *Como agarrar seu eleitor. Manual de campanha*. São Paulo: Senac, 1995.

PEREZ, C. *Signos da marca: expressividade e sensorialidade*. São Paulo: Pioneira Thomson Learning, 2004.

REGO, F. G. T. do. *Marketing político e governamental*. São Paulo: Summus, 1985.

TCHAKHOTINE, S. *A mistificação das massas pela propaganda política*. Trad. Miguel Arraes. Rio de Janeiro: Civilização Brasileira, 1967.

TEIXEIRA, S. *Sobras de campanhas – marketing eleitoral: o que candidatos e eleitores podem aprender com eleições passadas*. São Paulo: Esfera, 2000.

VEIGA, L. F. Marketing político e decisão do voto: como agem os eleitores diante das propagandas eleitorais. Artigo sem data de publicação (a), disponível em <www.iuperj.br>.

_____. O eleitor diante do horário eleitoral. Artigo sem data de publicação (b), disponível em <www.iuperj.br>.

14

Semiótica e gestão de marcas

Clotilde Perez*

Concepção de marca

Há inúmeras possibilidades de conceituar marca, porém poucas têm em conta a complexidade que o tema requer. Desde concepções burocráticas, como da American Marketing Association (AMA), que diz que a marca é "um nome, termo, *sinal* [...] que têm o propósito de *identificar* bens ou serviços de um vendedor [...] e de *diferenciá-los* de concorrentes", ou ainda de estudiosos do tema como Ellwood (2004, p. 19), que diz: "a marca funciona como um tipo de bandeira, acenando aos consumidores, provocando a consciência ou lembrança do produto e diferenciando-o da concorrência", até outras que simplificam a marca como identidade organizacional.

O tema das marcas é essencialmente interdisciplinar, portanto concluímos que a abordagem jurídica do tema será auxiliar no entendimento mais alargado da problemática. No Brasil, a Lei da Propriedade Industrial, n. 9.279, de 14 de maio de 1996, diz que a marca é:

---
*Livre docente em Ciências da Comunicação pela ECA-USP, doutora em Comunicação e Semiótica e mestre em Administração de Marketing pela PUC-SP. Professora da ECA-USP e da PUC-SP.

Todo *sinal*
Capaz de *identificar* um produto ou serviço
Distinguindo-o de outros de igual natureza

Se compararmos a primeira definição, da AMA, com a concepção de marca na perspectiva do direito, percebemos que surgem três elementos centrais em ambas: sinal, identidade e distinção.

A marca é uma conexão simbólica e afetiva estabelecida entre uma organização, sua oferta material, intangível e aspiracional, e as pessoas para as quais se destina com o objetivo de estabelecer distintividade (Perez, 2004).

A marca é portadora de sentidos e resumidamente deve:

- encarnar a missão da organização;
- funcionar como efeito espelho;
- ter capacidade de atração;
- informar;
- ser perene.

Na contemporaneidade a marca deixa de ser apenas um signo plástico de fácil reconhecimento, capaz de proteção legal (parcialmente), para encarnar em uma dimensão subjetiva como portadora de significados cada vez mais complexos.

Uma marca existe num espaço psicológico, na mente das pessoas, dos consumidores. É uma entidade perceptual, com um conteúdo psíquico previamente definido, mas que é absolutamente plástico, orgânico e flexível. A publicidade é o meio que nos permite ter acesso à mente do consumidor, criar um estoque perceptual de imagens, símbolos e sensações que passam a definir a entidade perceptual que chamamos marca. Dentro desse espaço de percepção da marca podemos criar sedutores mundos imaginários, fábulas, sonhos e personagens míticos que, graças às ferramentas publicitárias, ficam associados ao produto e que finalmente passam a definir a marca (Figura 14.1).

O espaço perceptual da marca pode ser utilizado como um espelho que reflete o estilo de vida e os valores do consumidor. Uma marca pode funcionar como portadora de projeções, na qual o anunciante, a empresa e a agência projetam os valores e a sensibilidade do consumidor, ou como um distintivo, um meio de expressar e reforçar nossas identidades pessoais e culturais. Cada marca tem sua própria mitologia de marca, com seu inventário específico e único de imagens reais e mentais, símbolos, sensações e associações.

Semiótica da marca

Como vimos antes, há na concepção de marca, tanto na perspectiva do marketing como no direito, três elementos centrais:

- sinal;
- identidade;
- distintividade.

Quando comparamos essa tríade com a noção fundamental da semiótica peirceana, que é a concepção de signo, notamos que há uma correspondência absolutamente adequada; vejamos:

Qualquer coisa – **Signo**
Que está no lugar de outra – **Objeto**
Para ser interpretada por alguém – **Interpretante**

Signo

Objeto　　　　　　　　　　　　　　Interpretante

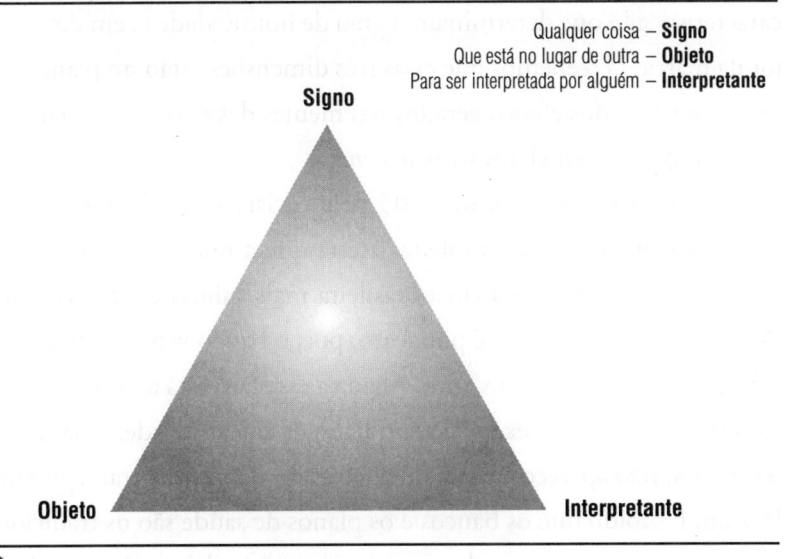

Figura 14.2

Ao analisarmos a tríade semiótica e o cotidiano de construção e gestão das marcas percebemos que, em relação ao *signo*, podemos incluir não apenas o nome da marca, como também toda a sua expressividade, ou ainda o *identity mix*: nome, logotipo, embalagem etc.

Na perspectiva do *objeto*, ou seja, aquilo a que a marca se refere, temos toda a complexidade do produto, do preço, da propaganda e da distribuição, o que em marketing costuma-se chamar marketing mix. O marketing mix é que evidencia a missão geral na qual a marca irá encarnar.

O *interpretante* é a dimensão da recepção sígnica, ou seja, os efeitos de sentido gerados nas mentes que interpretam o signo. Nesse contexto, estamos nos referindo aos interpretantes possíveis das marcas.

Por meio da semiótica da marca, é possível entender os mecanismos de geração de efeitos de sentido para os diferentes públicos aos quais a marca se destina. Por meio da decomposição sígnica e da posterior reconstrução e generalização, a semiótica é capaz de revelar a potencialidade comunicativa da marca, fato que permitirá a avaliação de sua adequação aos objetivos organizacionais e a construção de valor.

Entendemos que uma marca tem valor quando há conscientização a respeito dela, percepção de qualidade pelos diferentes públicos e fidelidade. Essas características é que determinam o grau de notoriedade e, em decorrência, o valor da marca. Percebemos que essas três dimensões estão no plano dos interpretantes, ou seja, dos efeitos gerados nas mentes das pessoas os quais vão permitir a construção de um vigoroso *image mix*.

Publicado em julho de 2005 pela revista *IstoÉ Dinheiro*, o *ranking* da Interbrand para marcas brasileiras atesta que a notoriedade da marca é determinante de seu valor. A marca brasileira mais valiosa é a marca Itaú, no valor de US$ 1,34 bilhão. Não é por acaso, pois o banco vem lucrando em torno de US$ 3 bilhões nos últimos anos. Aliada a esse fato está a busca de coerência entre a comunicação e o exercício cotidiano de sua atividade: o banco, há mais de seis meses, não aparece na lista de queixas do Banco Central nem tampouco do Procon. É sabido que os bancos e os planos de saúde são os tradicionais líderes em reclamações por parte dos consumidores brasileiros. A segunda e a terceira marcas também são de instituições financeiras: o Bradesco, com valor em torno de US$ 859 milhões, e o Banco do Brasil, com US$ 601 milhões. Em quarto lugar surge uma indústria, a Natura, com valor de US$ 573 milhões, seguida pela Skol, US$ 562 milhões, e a Petrobras, com US$ 554 milhões.

O *ranking* da consultoria Interbrand, mais do que evidenciar o valor das marcas brasileiras, apresenta uma coerência muito grande entre marketing mix (produto, distribuição etc.), *identity mix* (expressividade marcária) e o posicionamento da marca na mente das pessoas (coerência, satisfação dos clientes etc.), o que constitui o *image mix*. Essa coerência é determinante da potencialidade sígnica da marca no mercado.

Identity mix — Nome, logotipo, símbolo, *slogan*, mascote etc.

Marketing mix — Produto, preço, distribuição etc.

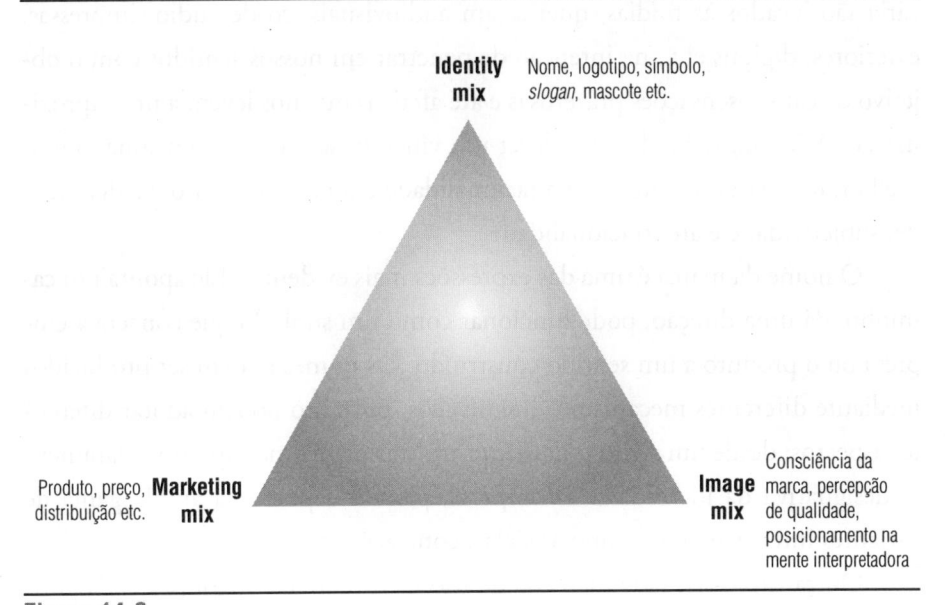

Image mix — Consciência da marca, percepção de qualidade, posicionamento na mente interpretadora

Figura 14.3

Expressividade das marcas ou *identity mix*

As organizações constroem suas marcas com o objetivo de reunir em uma única entidade sígnica a potência de sentido que essa organização representa ou pretende representar na sociedade. A marca, nesse sentido, deve encapsular a essência da organização (marketing mix), bem como representá-la tendo em conta a complexidade e a diversidade de públicos com que se relaciona. O que se pretende é muito mais do que construir uma identidade visual; o objetivo é estabelecer uma forte e duradoura conexão com as pessoas (*image mix*). Um caminho para isso, além é claro da total coerência entre discurso e prática organizacional – porque não é possível ter uma marca vigorosa sem que esteja por trás um excelente produto/idéia ou organização –, é a multiplicidade sígnica de expressividade da marca (*identity mix*).

As marcas se expressam, se dão a ver e, portanto, mostram-se de diversas maneiras com o objetivo de potencializar seus efeitos de sentido para os diferentes públicos para os quais se comunicam. Esses elementos de expressão marcária são levados às mídias, quer sejam audiovisuais, só de áudio, impressas, exteriores, digitais etc., na intenção de penetrar em nossos sentidos com o objetivo de causar sensações prazerosas e até afetivas que nos levem a uma aproximação. A intenção é a de estabelecer um vínculo; se este for emocional, tanto melhor, uma vez que minimiza a racionalidade em favorecimento da afetividade, subjetividade e até irracionalidade.

O nome da marca é uma das expressões mais evidentes. Ele aponta um caminho, dá uma direção, pode funcionar como um símbolo que conecta a empresa ou o produto a um sentido construído. Os nomes podem ser produzidos mediante diferentes mecanismos lingüísticos, portanto podem adotar diferentes aspectos: desde um signo puramente arbitrário até uma expressão claramente designativa da identidade da empresa, passando por uma ampla gama de variantes intermediárias, como as siglas, contrações etc.

Outra expressividade marcária de uso recorrente é o logotipo. Os logotipos são símbolos que procuram representar de maneira simplificada, sintética e direta a complexidade de valores que a marca corporifica. Têm a intenção de comunicar o máximo com o mínimo de esforço, com um sinal distintivo. Apesar das diversas possibilidades de interpretação do que é o logotipo, utilizamos o conceito de logotipo como forma, tipografia, modo de expressão do nome da marca. Há autores que interpretam o logotipo além da tipografia, como o conjunto entre tipografia e símbolo distintivo, ou seja, o desenho, a construção imagética que dá sentido à marca (ver Figura 14.4):

Logotipos:	Símbolos:	Símbolo + logotipo:
Nokia	Banco do Brasil	Brasil
Nescafé	Kibon	Avon
Seda	Splat da Omo	Burger King
Lux	Adidas	Petrobras
Closeup	VW	Rolex
Comfort	Carrefour	
Siemens.	Lacoste	

Alguns estudiosos dos logotipos, como Chaves (1994) e Delorme (1999), afirmam que um bom logo deve ter as seguintes características:

- originalidade para distinguir;
- capacidade de reconhecimento e memorização;
- flexibilidade e versatilidade;
- coerência com o discurso global da organização;
- encarnação da imagem da empresa;
- resistência à fragmentação.

A originalidade diz respeito à capacidade do logo de expressar um sentido de forma única e diferente de tudo o que já existe. É a capacidade de ser diferente que contribuirá para o reconhecimento imediato e a memorização na mente dos diferentes públicos com os quais a marca e também o logo devem se comunicar. A flexibilidade é a capacidade de ser aplicado em qualquer meio. Muitas vezes, quando se constitui um logo, não se tem em conta que a organização pode crescer e ter sua identidade estampada nos mais diferentes meios.

Logotipos muito complexos e por vezes rebuscados têm dificuldade de aplicação em couro para confecção de agendas, por exemplo, ou ainda em tecidos para uniformes ou peças promocionais etc. A criação deve levar em conta toda a ampla gama de aplicação que as novas tecnologias permitem. A coerência com o discurso global da organização é uma condição básica; o logotipo deve reforçar toda a missão da empresa, por isso a coerência é determinante.

Como o logo é a síntese da imagem da organização ou de um produto, ou ainda de uma idéia, deve encarnar toda a complexidade sígnica emitida pela organização: é a síntese do efeito de sentido. A resistência à fragmentação é uma característica difícil de ser obtida. Um logo que resiste à fragmentação é o que poderá ser reconhecível mesmo em pedaços, em fragmentos. Um exemplo é o símbolo da Volkswagen que, mesmo fragmentado, permite reconhecimento imediato, pelo menos em nossa cultura.

As formas e o *design* que os produtos encarnam também podem se configurar como importantes sinais de identidade. Nesse aspecto, as embalagens e os rótulos podem assumir posição de destaque no arsenal de possibilidades de geração de efeitos de sentido. Há marcas que encarnam produtos altamente distintivos pelo formato de sua embalagem; podemos citar desde a mais referencial, que é garrafa centenária de Coca-Cola, como também a embalagem do desinfetante Pato Purific, ou ainda a garrafa da vodca Absolut. A distintividade da embalagem de Absolut é utilizada metaforicamente em situações que colaboram ainda mais para o efeito de diferenciação pretendido pela marca, como pode ser observado na Figura 14.5.

Além de conter, proteger, identificar e promover os produtos, as embalagens se constituem como objetos semióticos, e nesse sentido devem operar de modo a gerar atração, ser também uma referência sedutora, além de funcionar como efeito espelho, ou seja, refletir o próprio consumidor para o qual se destinam, sem hesitações. São, em muitos casos, potentes expositores de classe. Os perfumes, por exemplo, há muitos anos apostam nas embalagens como importante elemento gerador de sentido. Exemplos não faltam: desenhado pelo francês René Lalique em 1908, o frasco de L´Effleurt by Coty, em estilo *art nouveau*, foi o primeiro do joalheiro para a grife que posteriormente fabricou outras embalagens para a Dior. A embalagem de L´Eau D´Hariene, de Anick Goutal, é feita com cristal Baccarat e chega a custar, no Brasil, cerca de R$ 1.400,00.

As cores, apesar de serem elementos complexos por apresentarem dimensões fisiológicas, psicológicas e culturais, também podem ser exploradas como importante elemento da identidade marcária. Isoladamente, pouco contribuem para a diferenciação, mas, associadas a outros elementos da embalagem, constituem-se em vigorosa ferramenta de distinção. Exemplo clássico foi o caso do creme dental Kolynos no Brasil, que durante anos foi vendido na cor amarela com tipologia em verde em um mercado no qual os concorrentes apresentavam-se nas cores branco (como cor de fundo), azul e vermelho. A diferenciação do produto no ponto-de-venda era um dos determinantes competitivos de sua posição de liderança e de *share of mind*.

Outro caminho possível no conjunto de possibilidades de *identity mix* é a constituição de um *slogan* para a marca. Esse recurso sígnico tem por objetivo resumir, por meio de uma mensagem verbal sucinta, a proposta essencial da marca; muitas vezes é chamado assinatura da marca. Por exemplo, a Natura vem há anos utilizando "bem estar bem" como elemento de identidade da marca, tanto nas campanhas publicitárias e promocionais, como também em diversas embalagens. Outro exemplo é a estratégia da Unilever para a sua marca líder de sabão em pó, Omo, que introduziu a partir de 2001 o irreverente *slogan* "porque se sujar faz bem" em uma aposta de incrementar afetividade à marca. Êxito no Brasil, certamente encontra muitos problemas onde a idéia de sujeira é totalmente rejeitada como, por exemplo, na China ou mesmo na Índia. Não apenas os *slogans*, mas toda a expressividade marcária deve ter em conta a cultura local para se constituir.

Como estratégia de ampliar as potencialidades de identidade para a marca é possível a construção de *jingles* que incorporem a missão geral da marca. Os *jingles* cumprem a função de gerar simpatia e afetividade, associando musicalidade à mensagem. Eram muito freqüentes na época em que o rádio tinha a primazia dos veículos publicitários, o que ocorreu até meados da década de 1950.

O uso de personalidades conhecidas, ou ainda personagens e mascotes, são recursos de humanização e aproximação que também se constituem como possibilidade de identidade marcária para as organizações. Os mascotes são recursos que possibilitam maior controle por parte da organização; já as personalidades devem passar por um rigoroso critério de seleção, sem que se tenha, no entanto, nenhuma garantia de êxito no tempo. As pessoas pensam, falam e têm vida própria, e isso se constitui muitas vezes em uma ameaça quando estão totalmente vinculadas à imagem de uma marca.

Apesar de todas as possibilidades de expressividade marcária apresentadas, e evidentemente sem a pretensão de esgotá-las, cabe ainda ressaltar que há outros recursos que envolvem funcionários e parceiros, bem como sua relação com o meio, além de projetos culturais, ecológicos e sociais que também geram significação e, quando agregados à marca, colaboram na construção de sentido.

A utilização de uma ou outra forma de expressão, ou de várias – o que normalmente ocorre –, depende do tipo de produto, do consumidor, da natureza e dos objetivos organizacionais. Além das questões já mencionadas, outra que se apresenta diz respeito à cultura na qual a organização está inserida. Percebemos, nesse sentido, que em diversas situações há a necessidade de proceder a ajustes nos elementos constitutivos de expressividade da marca para melhor adequá-la à cultura em que se pretende inseri-la. Esse caso pode ser observado em empresas que se internacionalizam e que pretendem adequar-se ao novo ambiente sociocultural, e não ser imperativas. Há organizações que utilizam todas as formas de expressão da marca no intuito de dar maior amplitude a sua comunicação, até porque os mecanismos de avaliação e controle da eficácia comunicacional em cada tipo de expressividade e veículo não é tarefa fácil por envolver inúmeros elementos subjetivos, por isso incontroláveis, do ponto de vista de sua mensuração.

Questões relacionadas ao sabor, aroma, textura etc. também formam impressões em nossa memória porque são responsáveis por associações mentais que colaboram para a construção de sentido. Nessa perspectiva, são também elementos de identidade e expressividade marcária.

Imagem, identidade e posicionamento da marca

Imagem é um conceito complexo. Para a semiótica peirceana (Santaella e Nöth, 1998, p. 15), a imagem tem dois domínios e se configura como uma representação visual e também mental:

> O primeiro é o domínio das imagens como representações visuais: desenhos, pinturas, gravuras, fotografias e as imagens cinematográficas, televisivas [...]. Imagens, nesse sentido, são objetos materiais, signos que representam o nosso meio ambiente visual. O segundo é o domínio imaterial das imagens na nossa mente. Nesse domínio, as imagens aparecem como visões, fantasias, imaginações, esquemas, modelos ou, em geral, como representações mentais.

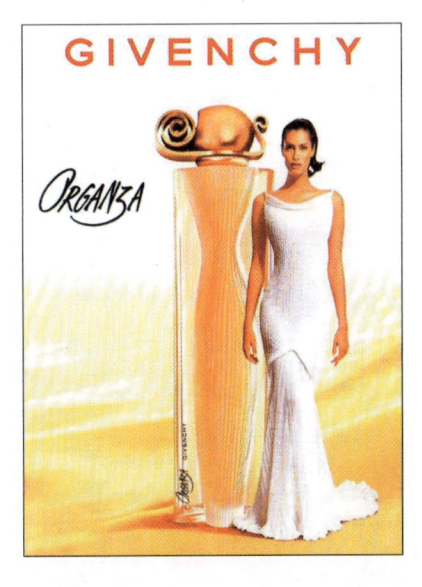

SEMIÓTICA E GESTÃO DE MARCAS **329**

▲ **Figura 14.1:** Imagem extraída da revista de bordo da companhia aérea TAP, fevereiro de 2005.

Logotipos | Símbolos

Símbolos + logotipo

▲ **Figura 14.4**

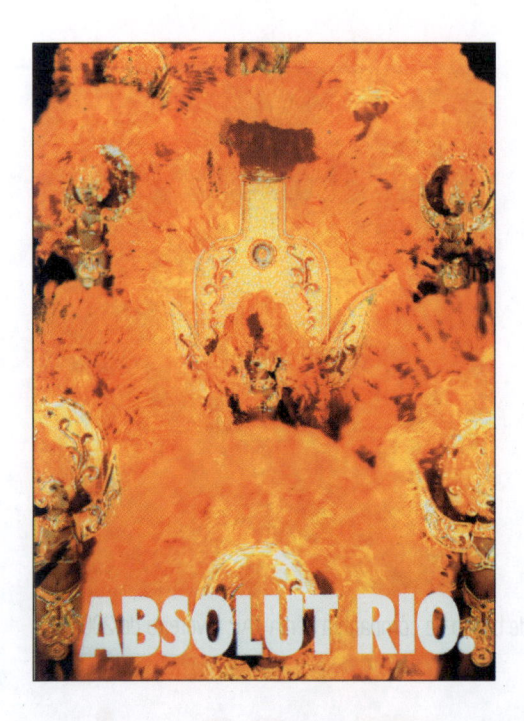

▲▼ **Figura 14.5:** Postcard distribuído em pubs na Europa.

Quando concebemos imagem na perspectiva mercadológica estamos nos referindo às duas dimensões, ou seja, à imagem visual "concreta" emitida pela organização e à imagem mental "imaterial" construída pelos diferentes públicos, levando-se em conta a emissão e a elaboração próprias de cada uma das pessoas com base em seu repertório e campo de experiência. Nessa perspectiva, percebemos que é possível administrar a imagem como representação visual, ou seja, a organização tem condições de controlar e gerir seus elementos constitutivos, adequando-os a seus objetivos. Já a dimensão da imagem como representação mental é mais fugidia, ou seja, seu controle é no máximo parcial. As pessoas, junto com seu repertório próprio, que se constitui de inúmeras referências e valores, formam mentalmente um posicionamento. É possível colaborar para essa construção, mas não controlá-la.

Um dos importantes estudiosos da gestão da marca, o americano David Aaker (1996, p. 93), entende que imagem de marca refere-se a como a marca é percebida em determinado momento. Já sua concepção de identidade está ligada à intenção dos gestores: "como os estrategistas querem que a marca seja percebida". Na mesma direção reflexiva, Kapferer (1993, p. 33) estabelece que imagem de marca é "a síntese feita pelo público de todos os sinais emitidos pela marca", e a identidade "é a concepção de si da marca". Percebemos, portanto, que imagem é um conceito de recepção, enquanto a identidade se refere à emissão sígnica. A imagem é o resultado, uma decodificação. Num plano de gestão, a identidade precede a imagem.

O termo posicionamento indicia um lugar, uma posição, um espaço. Na dimensão de posicionamento da marca, estamos nos referindo a um espaço na mente das pessoas, "um lugar" mental construído e dinâmico. Aaker (1996, p. 93) entende que posicionamento é "a parcela da identidade e da proposta de valor da marca que deve ser ativamente comunicada ao target". Esse conceito indica que a parcela de sentido pela qual a organização é responsável auxilia no posicionamento, mas não incorpora a dimensão individual de cada um dos interpretantes e da sua colaboração na construção do posicionamento mental da marca.

O posicionamento é construído em parte pela emissão sígnica, o *identity mix*, e pelo marketing mix (referente). O que se obtém é a imagem (posicionamento) que pode gerar respostas em diversas dimensões. A resposta primeira é a da consciência da marca, ou seja, a resposta cognitiva. Pode-se ainda obter a resposta afetiva, que diz respeito à dimensão da qualidade percebida e dos aspectos emocionais. A resposta final buscada é sempre a resposta comportamental, que é a responsável pela ação de compra ou de adesão e, em última instância, de fidelidade à marca.

O estudioso das marcas Ellwood (2004) afirma que as marcas se posicionam mediante intenso trabalho de construção de códigos estéticos simbólicos que serão aceitos universalmente pelos grupos de pessoas para as quais a marca se destina. O autor (2004, p. 148) afirma que "os códigos estéticos são as imagens e significados simbólicos de uma marca derivados de todos os campos da cultura dos consumidores, incluindo a geografia, a tecnologia, a moda, a história, a arte etc.". Por exemplo, a marca de automóveis Mercedes-Benz utiliza os códigos estéticos geográfico e de linguagem de germanidade (alemã) para representar a personalidade da sua marca e, portanto, para se posicionar.

Entropia marcária

Como vimos, a marca é um signo complexo e deve ser administrada tendo-se em conta essa realidade. Em função dessa complexidade há a necessidade de constantes investimentos para que ela não se desgaste. O evento a que chamamos de desgaste é a entropia da marca. O fenômeno da entropia tem sua origem vinculada à física e diz respeito a uma lei da termodinâmica que se refere à perda de energia em sistemas isolados, levando-os à degradação.

Na biologia o conceito é utilizado como a medida da variação ou da desordem de qualquer sistema. A entropia, que etimologicamente significa transformação (do grego *entrope*), pode ser entendida como uma medida de desordem ou de imprevisibilidade da informação, uma certa tendência à degradação, desintegração e até ao desaparecimento. O termo também é amplamente usado na *teoria dos sistemas* apropriada aos estudos da administração de empresas. Desse ponto de vista, a organização é vista como um sistema e, portanto, está sujeita à perda de energia, à desordem e à degradação: entropia. As implicações dessa abordagem estão no entendimento da organização como um conjunto de elementos e recursos organizados que operam em relação de interdependência.

A lei contrária à entropia, que também vem da física, é a entropia negativa, ou seja, o suprimento da energia adicional para que o sistema não entre em desordem. Assim, quando aplicamos esses conceitos à linguagem administrativa, a entropia negativa é a informação. A informação permite a homeostasia do sistema, seu equilíbrio, trazendo-o ou mantendo-o em ordem, "contrariando" sua tendência ao desgaste.

Transportando o entendimento da organização como sistema para as marcas, percebemos que estas também se constituem em sistemas e subsistemas. Seus elementos constitutivos vão desde o seu nome, logotipo, forma, cores, até a publicidade, que lhe dá sustentação, e o discurso sociocultural dos executivos, dos funcionários e da organização que lhe deu origem. Trata-se, portanto, de um sistema bastante complexo com componentes tangíveis e, mais ainda, de grande carga subjetiva, por isso de difícil controle e mensuração.

Se a marca é um sistema, ela, assim como todos os outros, tende ao desgaste, pela sua tendência entrópica. Diante disso percebemos que, se não injetarmos constantemente energia na marca, ela perde sua atratividade, sua pregnância; desgasta-se, degrada-se e pode desaparecer. Essa "energia" está aqui revestida do investimento em comunicação e expressão marcária. A marca deve estar constantemente presente, se auto-referenciando. Lembremos que a marca não é um ente natural, mas sim uma construção sociocultural, e, assim, não está provida de condições de se auto-alimentar; há que se prover esse "abastecimento" com investimentos publicitário e promocional.

A entropia marcária pode ter sua origem na presença e no investimento de um concorrente. Se um competidor passa a "cuidar" de sua marca de maneira vigorosa e "você" não o faz, naturalmente com o tempo sua marca se esvaece. Outro fenômeno é o da insistência em padrões já desgastados de comunicação; esse fenômeno se dá quando uma marca não se atualiza em relação ao seu público-alvo. A marca deve ir incorporando as tendências de sua época e as mudanças socioculturais da audiência para a qual deve manter seu diálogo. Um exemplo desse cuidado foi o lançamento do carro Ford Ka em finais dos anos 1990. O objetivo principal com o lançamento do produto, que era bastante arrojado, foi o de trazer jovialidade à marca Ford, que estava desgastada e envelhecida. Esse é um tipo de estratégia, mas às vezes pequenas alterações na logotipia ou na abordagem publicitária são suficientes para se manter em dia com seus consumidores e com o seu tempo.

Cuidar da marca e envolvê-la em ambientações estrategicamente planejadas, revesti-la de modernidade sem perder seus traços de memória distintiva, agregá-la a situações agradáveis e prazerosas, até hedonísticas em algumas situações (nem todas são adequadas), calibrar seu discurso com o público talvez seja o caminho para se chegar à entropia negativa, ou seja, ao equilíbrio sistêmico de seus elementos, evitando a degradação. A marca é um sistema complexo, plástico e vivente e, como tal, requer monitoramento e renovação constantes. A marca tende à entropia mais rapidamente quando deixa de produzir significações afinadas com o seu público.

A atenção das organizações para evitar a entropia deve estar na avaliação da construção simbólica e da rede de associações que se pretende atingir com a marca, pois esta é o elemento fulcral da imagem organizacional. A marca é a convergência semiótica de elementos reticulares resultante de uma negociação constante entre os diversos atores sociais do processo comunicacional.

Bibliografia

AAKER, D. A. *Managing brand equity: capitalizing on the value of a brand name.* Nova York: Free, 1991.

_____. *Building strong brands.* Nova York: The Free Press, 1996.

_____. *Brand leadership.* Nova York: The Free Press, 2000.

AAKER, D. A.; KUMAR, V.; DAY, G. *Pesquisa de marketing.* São Paulo: Atlas, 2001.

ACCIOLY, A. et al. *Marcas de valor no mercado brasileiro.* Rio de Janeiro: Senac, 2000.

ARNOLD, D. *The handbooks of brand management.* Nova York: The Economist Books, 1992.

BASSAT, L. *El libro rojo de las marcas.* Madri: Espasa Calpe, 2000.

BIEL, A. L. *Como a imagem da marca direciona o brand equity.* São Paulo: Global, 1993.

BONNICI, P. *Lenguaje visual: la cara oculta de la comunicación.* Madri: Index Book, 2000.

BROWN, J. *Marketplace information for managing brands.* Nova York: ARF, 1997.

BRUCE-MITFORD, M. *O livro ilustrado dos signos & símbolos.* São Paulo: Centralivros, 1996.

CADET, C.; CHARLES, R.; GALUS, J. *La communication par l'image.* Paris: Nathan, 1998.

CEGARRA, J.; MERUNKA, D. *Les extensions de marque: concepts et modèles: recherche et applications marketing.* Paris: PUF, 1993.

CERVIÑO, A.; HURTADO, M. L. (coord.). *Comentarios a los reglamentos sobre la marca comunitaria.* Madri: La Ley-Actualidad, 2000.

CHAVES, N. *La imagen corporativa: teoría y metodología de la identificación institucional.* Madri: GG Diseño, 1994.

CHRISTIANI, A. *Exploring brand equity.* Nova York: ARF, 1996.

COMPANY-RAMÓN, J. M. *El trazo de la letra en la imagen.* Madri: Cátedra, 1997.

CRAINER, S. *The real power of brands: making brands work for competitive advantage.* Londres: British Library, 1995.

DEARLOVE, D.; CRAINER, S. *O livro definitivo das marcas.* São Paulo: Makron Books, 2000.

DELANO, F. *The omnipowerful brand.* Nova York: AMA 1998.

DELORME, C. *Le logo.* Paris: Les Éditions d'Organisation, 1999.

DIAS, J. S. *O direito à imagem.* Belo Horizonte: Del Rey, 2000.

DUNCAN, T.; MORIARTY, S. *Driving brand value.* Nova York: McGraw-Hill, 1998.

ELLWOOD, I. *O livro essencial das marcas.* São Paulo: Clio, 2004.

FERREL, O. C. et al. *Estratégia de marketing.* São Paulo: Atlas, 2000.

FRUTIGER, A. *Sinais & símbolos: desenho, projeto e significado.* São Paulo: Martins Fontes, 1999.

_____. *Signos, símbolos, marcas y señales. Elementos, morfología, representación y significación.* Barcelona: GG Diseño, 1981.

GAUTHIER, G. *Veinte lecciones sobre la imagen y el sentido.* Madri: Cátedra, 1997.

GOBÉ, M. *A emoção das marcas.* São Paulo: Negócio, 2002.

GOMES FILHO, J. *Gestalt do objeto. Sistema de leitura visual da forma.* São Paulo: Escrituras, 2000.

GROUPE, J. *Tratado del signo visual – para una retórica de la imagen*. Madri: Cátedra, 1993.

HOOLEY, G.; SAUNDERS, J.; PIERCY, N. *Estratégia de marketing e posicionamento competitivo*. São Paulo: Prentice Hall, 2001.

IND, N. *The corporate brand*. Londres: MacMillan 1997.

JONG, C. de (org.). *Manual de imagen corporativa*. Barcelona: Gustavo Gili, 1991.

KAPFERER, J. *Strategic brand management*. Nova York: Free 1993.

_____. *Les marques – capital de l'entreprise – les chemins de la reconquête*. Paris: Organisation, 1966.

_____. *Marcas: capital da empresa*. Lisboa: Cetop, 1992.

KELLER, K. L. *Strategic brand management*. Nova York: Prentice Hall, 1997.

KOTLER, P. *Administração de marketing*. 5. ed. São Paulo: Atlas, 1998.

_____. Semiotics of person and nation marketing. In: UMIKER-SEBEOK, J. (ed.) *Marketing signs: new directions in the study of signs for sale*. Berlim: Mouton de Gruyter, 1987.

LARSEN, H; MICK, D. G.; ALSTED, C. *Marketing and semiotics*. Copenhagen: Handelshojskolens Forlag, 1991.

LENCASTRE, P. de. Marca: o sinal, a missão e a imagem. *Revista Portuguesa de Marketing*, ano 3, n. 8, dez. 1999.

MALAVAL, P. *Stratégie et gestion de la marque industrielle: produits et services business to business*. Paris: Publi Union, 1998.

MARTINS, J. *A natureza emocional da marca: como escolher a imagem que fortalece a sua marca*. São Paulo: Negócio, 1999.

MARTINS, J. R. *Grandes marcas, grandes negócios: como as pequenas e médias empresas devem criar e gerenciar uma marca vencedora*. São Paulo: Negócio, 1997.

_____. *Branding. Um manual para você criar, gerenciar e avaliar marcas*. São Paulo: Negócio, 2000.

MARTINS, J. R.; BLECHER, N. *O império das marcas: como alavancar o maior patrimônio da economia global*. São Paulo: Marcos Cobra, 1996.

_____. *O poder da imagem*. São Paulo: Intermeios, Comunicação e Marketing, 1992.

McCARTHY, J.; PERREAULT, W. *Marketing essencial*. São Paulo: Atlas, 1997.

McCRAKEN, G. *Culture & consumption*. Bloomington: Indiana University, 1988.

McQUARRIE, E.; MICK, D. On resonance: a critical pluralistic inquiry in to advertising rhetoric. *Journal of Consumer Research*, 1992.

MESTRINER, F. *Design de embalagem*. São Paulo: Makron Books, 2001.

MEYERS, H.; LUBLINER, M. *The marketer's guide to successful package design*. Chicago: NTC, 1999.

MICHEL, G. *La stratégie d'extension de marque*. Paris: Vuibert, 2000.

MICK, D. G. Semiotics in marketing and consumer research. *Post Cards from the Edge*, 1997.

_____. Contributions to the semiotics of marketing and consumer behavior. *The Semiotic Web*, 1997.

_____. Consumer research and semiotics; exploring the morphology of signs, symbols and significance. *Journal of Consumer Research*, 1986.

MOLLERUP, P. *Marks of excellence: The history and taxonomy of trademarks*. Londres: Phaidon, 1997.

MORGAN, C. I. *Logo, identidade, marca, cultura*. Lisboa: Destarte, 2000.

NEVES, R. de C. *Imagem empresarial*. Rio de Janeiro: Mauad, 1998.

NORMAN, D. *La psicología de los objetos cotidianos*. Madri: Nerea, 1998.

NÖTH, W. Advertising the frame message. In: UMIKER-SEBEOK, J. (ed.). *Marketing signs: new directions in the study of signs for sale*. Berlim: Mouton de Gruyter, 1987.

_____. *Handbook of semiotics*. Bloomington: Indiana University, 1990.

_____. *Panorama da semiótica – de Platão a Peirce*. São Paulo: Annablume, 1995.

_____. *A semiótica no século XX*. São Paulo: Annablume, 1996.

_____. Máquinas semióticas. *Galáxia Revista Transdisciplinar de Comunicação, Semiótica, Cultura*, São Paulo: Educ, v. 1, 2001.

PAVITT, J. *Brand.new*. Londres: V&A, 2000.

PEDRO, M. O valor da marca. *Revista Portuguesa de Marketing*, ano 4, n. 9, set. 2000.

PEIRCE, C. S. *Semiótica*. Trad. J. Teixeira Coelho. São Paulo: Perspectiva, 1977.

_____. *Collected papers* (1931 a 1958). Cambridge: Harvard University, 1999.

PEREZ, C. *Signos da marca. Expressividade e sensorialidade*. São Paulo: Thomson Learning, 2004.

_____. Semiótica peirciana da marca. In: LENCASTRE, P. de (org.). *O livro da marca*. Lisboa: Don Quixote, 2007.

PIGNATARI, D. *Informação, linguagem e comunicação*. São Paulo: Cultrix, 1986.

PINHO, J. B. *O poder das marcas*. São Paulo: Summus, 1996.

_____. *Comunicação em marketing*. São Paulo: Papirus, 1991.

POTTIS, E. S. *Designing brands: market success through graphic distinction*. Gloucester, Massachusetts: Rockport, 2000.

RIES, A.; RIES, L. *As 11 consagradas leis de marcas na internet*. São Paulo: Makron Books, 2001.

ROOM, A. *Trade name origins*. Nova York: NTC, 1982.

RUBIN, A.; BENTZ, I.; PINTO, M. (orgs.). *O olhar estético na comunicação*. Petrópolis: Vozes, 1999.

_____. *Produção e recepção dos sentidos midiáticos*. Petrópolis: Vozes, 1998.

RUST, R.; ZEITHAML, V.; LEMON, K. *Customer equity. O cliente é o real valor da sua marca*. Porto Alegre: Bookman, 2001.

SANTAELLA, L. *Dialogismo: Charles Sanders Peirce e M. M. Bakhtin, semelhanças e diferenças*. São Paulo: Cruzeiro Semiótico, 1985.

_____. *A teoria geral dos signos – semiose e autogeração*. São Paulo: Ática, 1995.

_____. *O que é semiótica*. São Paulo: Brasiliense, 1983.

_____. *A percepção – uma teoria semiótica*. São Paulo: Experimento, 1998.

SANTAELLA, L.; NÖTH, W. *Imagem – cognição, semiótica, mídia*. São Paulo: Iluminuras, 1998.

SCHMITT, B. H. *Experiential marketing: how to get customers to sense, feel, think, act, and relate to you company and brands*. Nova York: Free, 1999.

SCHMITT, B.; SIMONSON, A. *A estética do marketing*. São Paulo: Nobel, 2000.

SEMPRINI, A. *Multiculturalismo*. Bauru: Edusc, 1999.

_____. *Il senso delle cose*. Milão: Franco Angeli, 1999.

_____. *La marque*. Paris: PUF, 1995.

_____. *Le marketing de la marque*. Paris: Licrisons, 1992.

_____. *A marca pós-moderna*. São Paulo: Estação das Letras. 2006.

SERRA, E.; GONZALEZ, J. *A marca: avaliação e gestão estratégica*. Lisboa: Verbo, 1998.

SICARD, M.-C. *La métamorphose des marques: le roc, l'étoile et le nuage.* Paris: Les Éditions d'Organisation, 1998.

SOUZA, M. G. de S.; NEMER, A. *Marca & distribuição.* São Paulo: Makron Books, 1993.

SOUZA, S. E. de. Marketing & semiótica. *Revista ESPM*, v. 3, n. 3, 1996.

STOBART, P. *Brand power.* Londres: British Library, 1995.

STRUNCK, G. *Como criar identidades visuais para marcas de sucesso.* Rio de Janeiro: Rio Books, 2001.

TAVARES, M. C. *A força da marca: como construir e manter marcas fortes.* São Paulo: Harbra, 1998.

UPSHAW, L. *Building brand identity.* Nova York: Willey, 1996.

VILLAFAÑE, J. *Imagem positiva: gestão estratégica da imagem das empresas.* Lisboa: Sílabo, 1999.

WATIN-AUGOUARD, J. *Le dictionnaire des marques.* Paris: Sediac, 1997.

W/BRASIL. *Soy contra: capas de revista.* São Paulo: Negócio, 2000.

WEILBACHER, W. *Marketing de marcas: criando estratégias vencedoras de marcas que proporcionam valor e satisfação ao cliente.* São Paulo: Makron Books, 1994.

15

Merchandising televisivo: *tie-in*

Eneus Trindade*

As ações promocionais denominadas merchandising televisivo têm seu surgimento coincidentemente com o próprio processo de desenvolvimento da economia brasileira e do parque industrial de mercadorias e de bens simbólicos do país. É nos anos 1950, quando surge a televisão brasileira, que se inicia uma prática de ações promocionais, caracterizada pela inserção ou uso de produtos, ou recomendação de serviços e uso de produtos em programas de tevê e de rádio, realizados pelos(as) famosos(as) garotos(as)-propaganda, que marcam a gênese do merchandising e do processo publicitário televisivo brasileiros, como hoje os compreendemos.

Posteriormente, essa ferramenta se aperfeiçoa e passa a ser utilizada em vários programas de auditório e no meio das cenas das telenovelas, demandando a criação de departamentos e empresas especializados na comercialização de espaços junto aos programas e telenovelas, que se somam ao tradicional departamento comercial das televisões, que negocia os espaços tradicionais destinados à mensagem publicitária televisiva.

---

*Doutor e mestre em Ciências da Comunicação pela ECA-USP. Graduado em Comunicação Social, Publicidade e Propaganda pela Universidade Federal de Pernambuco. Professor da ECA-USP.

Essa organização em departamentos/empresas, como já se pôde investigar em outra oportunidade (Trindade, 1999, p. 153-154), deu-se a partir das primeiras experiências de ações de merchandising em telenovela, que datam de 1969, na telenovela *Beto Rockfeller*, de Bráulio Pedroso, da TV Tupi, quando o personagem do ator Luís Gustavo, Beto Rockfeller, aparecia de ressaca e tomava um efervescente Alka Seltzer, da Bayer.

Depois dessa primeira experiência, em 1978, na telenovela *Dancing Days* a personagem da atriz Sônia Braga, Julia, apareceu em cena usando uma calça jeans da marca Staroup e, posteriormente, a personagem Lígia (interpretada por Betty Faria), da telenovela *Água Viva*, de Gilberto Braga (1980), apresentou uma calça jeans UStop em cena, ambas provocando revoluções no estímulo ao consumo para seus anunciantes, dando origem aos departamentos de merchandising nas emisssoras da TV Globo e da Bandeirantes, a partir dos anos 1980.

Contudo, longe de ficar no lugar trivial das curiosidades sobre o merchandising televisivo, considera-se necessário discutir o potencial e as características dessa ferramenta promocional, desde sua definição à sua classificação, bem como suas possibilidades de aplicação.

As controvérsias de um conceito e suas definições

Quando se consultam obras clássicas da teoria e técnica da propaganda e da área de promoção, percebe-se que não há registros mais consistentes sobre a ferramenta ora em discussão. Mas em obra recente de Marcélia Lupetti (2003, p. 83) é apresentada, de forma sucinta, uma apreciação das várias acepções referentes ao termo merchandising:

1. American Marketing Association (AMA): merchandising é a operação de planejamento necessária para colocar no mercado o produto ou serviço certo, no tempo certo, no lugar certo, em quantidades certas e a preço certo.

2. Blessa (2001) afirma: merchandising é qualquer técnica, ação ou material promocional usado no ponto-de-venda que proporcione informação e melhor visibilidade a produtos, marcas e serviços, com o propósito de motivar e influenciar as decisões de compra dos consumidores.
3. Rabaça (Rabaça e Barbosa, 1978): merchandising é o conjunto de operações de planejamento e de supervisão da comercialização de produtos e serviços nos locais, períodos, preços e quantidades que melhor possibilitarão a consecução dos objetivos de marketing.
4. Ainda Rabaça: merchandising é o termo que designa, em mídia, a veiculação de menções ou aparições de um produto, marca ou serviço ao consumidor, em programa de televisão ou rádio, filme, espetáculo teatral etc.
5. Sant'Anna (2001): merchandising é a atividade que engloba todos os aspectos de venda do produto ou serviço ao consumidor, prestada pelos canais normais do comércio, por meios que não sejam os veículos de publicidade.
6. Cobra (apud Lupetti, 2003, p. 8): o objetivo do merchandising é criar um cenário para o produto no ponto-de-venda, proporcionando maior giro nos estoques.

Apenas a quarta definição guarda relações de pertinência com o termo merchandising da maneira como aqui ele está sendo discutido, ou seja, no sentido do merchandising televisivo. A maioria dos autores que trata de promoção rechaça a idéia de merchandising como uma inserção ou menção da marca, produto ou serviço nos espaços de uma mídia não publicitária.

Tal impasse parece ser resolvido no trabalho de De Simoni (1997, p. 52), que entende o merchandising televisivo com base no conceito americano de *tie-in*, ou seja, a palavra *tie*, que em inglês significa "amarrar", e *in*, que quer dizer "dentro de". Dessa forma, a exibição de uma marca, produto ou serviço no espaço de uma mídia não publicitária, como um programa de tevê, uma telenovela, um cartaz ou um cabeçalho de jornal, por exemplo, seria entendida como propaganda *tie-in*, algo amarrado dentro de um programa ou de uma mídia de natureza não publicitária, mas que estaria funcionando como tal.

Percebe-se que aquilo que hoje se convencionou chamar de merchandising televisivo nada tem a ver com o conceito promocional em sua origem. A definição de propaganda *tie-in* torna-se mais ajustada ao caso em estudo. Contudo, os vícios da aplicação equivocada do primeiro conceito resultaram em utilização indiscriminada, de ampla aceitação, que hoje se torna corrente.

Em que pese a utilização inadequada da denominação "merchandising televisivo", esse tipo de ação publicitária no Brasil, distintamente do tradicional *tie-in* americano, praticado em filmes e programas de tevê, adquiriu uma profissionalização e um *know-how* junto às emissoras de tevê do país, em especial no que se refere ao merchandising em telenovela, inigualável em relação às demais ações semelhantes realizadas em outros países.

O Brasil, portanto, coloca-se como doador de um saber publicitário ímpar no que diz respeito ao domínio da técnica de merchandising televisivo, principalmente em telenovela, o que neste capítulo será alvo de aprofundamentos.

O merchandising comercial e social em programas e em telenovelas

Na perspectiva da teoria da propaganda, como já se mencionou, quase não há registros de reflexões sobre as ações de *tie-in* ou merchandising televisivo, exceto pelos trabalhos de De Simoni (1997) sobre ponto-de-venda e de Pinho (2001, p. 80-81), que dedica duas páginas de sua obra sobre comunicação em marketing ao assunto.

Cabe traçar, então, um paralelo didático entre publicidade e propaganda, relacionando o primeiro termo à difusão de mercadorias e o segundo à difusão de idéias, como discutem Sant'Anna (2001) e Barbosa (1995, p. 31-32), o que propicia a compreensão das ações de *tie-in* ora como propaganda, ora como publicidade.

Em determinados momentos as ações de merchandising televisivo terão finalidades exclusivamente comerciais, visando à divulgação ou promoção de uma mercadoria, marca ou serviço, o que permite classificar tais ações de *tie-in* como merchandising televisivo comercial.

De outro lado, algumas ações de *tie-in* acontecerão visando à difusão de valores positivos para o bem-estar coletivo da sociedade ou prestando um serviço de utilidade pública à comunidade. Esse tipo de difusão de idéias possibilita a classificação do *tie-in* como merchandising televisivo social.

No primeiro caso, o departamento comercial ou empresa responsável pelo merchandising das emissoras se encarrega de comercializar e oferecer para as agências de publicidade os locais de inserções da marca, produto ou serviço nos programas de auditório, de entrevistas, telenovelas e outras variações que possibilitem a implementação dos quatro tipos de ações básicas de *tie-in*, ou a combinação delas:

1. Menção ao produto: testemunhal, realizada pelo apresentador ou garoto(a)-propaganda, que deve recomendar o uso do produto, marca ou serviço no meio do programa;
2. Estímulo visual: a marca é exibida ou compõe o cenário do programa, mas não há menção verbal a ela. Amplamente utilizadas em cenas de passagem de uma telenovela, em partidas de futebol exibidas pela televisão, em cenários de programas etc.;
3. Demonstração e/ou explicação sobre o uso ou utilidade do produto ou serviço: procura dar uma conotação conceitual ao bem anunciado, sendo o produto bem explorado pela câmera. Acontece em programas de TV e nas telenovelas;
4. O uso simples do produto ou serviço sem explicações conceituais. Esse tipo é mais corrente em cenas de telenovela.

(Trindade, 1999, p. 157-158)

A oferta do *tie-in* aos anunciantes/clientes das emissoras de tevê ocorre pela mediação dos departamentos comerciais ou empresas responsáveis pela implementação das ações de merchandising conforme os tipos ou combinações dos tipos citados anteriormente.

Para as agências de publicidade, as emissoras elaboram um material informativo, sobre os programas e telenovelas, que consiste em uma espécie de levantamento de oportunidades, informando dados sobre audiência dos programas, perfil de público, características do programa, dos personagens (no caso das telenovelas), que permitem às agências incluir ou não as ações de merchandising comercial como apoio às outras ações de comunicação publicitária ou ainda como estratégia única de ferramenta de comunicação para seu cliente/anunciante.

Já as ações de merchandising social partem do compromisso social da emissora de tevê e da imagem que o veículo deseja construir junto ao público, como empresa responsável socialmente. Tanto em relação às telenovelas como aos programas, existe um setor específico das emissoras que busca a construção desse tipo de imagem e determina as temáticas e natureza das ações a serem feitas e divulgadas na programação da emissora.

Alguns aspectos da produção em merchandising televisivo

Quando se trata da produção de merchandising televisivo em programas, aquilo que constitui o cenário do programa, ou faz parte do uso do apresentador, fica sob a responsabilidade da produção da emissora. Mas quando são inserções com *displays*, modelos, atores (garotos-propaganda), esse tipo de material e pessoal normalmente são de uma produção externa, realizada por uma empresa de promoção contratada pela agência ou pelo próprio anunciante.

No caso específico do estímulo visual gerado por computadores, que insere a marca de um patrocinador virtualmente junto às imagens dos programas, sabe-se que esse trabalho é realizado pela produção interna do programa.

Quanto às telenovelas, toda a sua produção trabalha na construção da cena de merchandising. Marcenaria, direção de arte, figurino, maquiagem, atores, enfim, todo o arsenal da indústria da telenovela se coloca à disposição da ferramenta de merchandising.

A exceção fica para o autor, que não se preocupa em escrever as cenas de merchandising. Estas são escritas por redatores publicitários da própria emissora de tevê ou de agências de publicidade que detêm as contas dos anunciantes e procuram estudar as cenas dos capítulos a fim de encontrar a cena ideal ou propor cenas que viabilizem a ação.

Deve-se destacar que a Rede Globo de Televisão é líder no setor, pois, como trata Borgneth (1983, p. 22), existe toda uma estrutura a serviço da emissora, que se deu com a criação da Apoio Comunicação, uma empresa independente e exclusiva da Rede Globo de Televisão para desenvolver o merchandising e o licenciamento de marcas e personagens.

Isso propiciou melhor qualidade profissional ao trabalho desenvolvido no setor. Tal atividade gera os levantamentos de oportunidade apresentados aos clientes e às agências de publicidade.

A eficácia do merchandising televisivo

Como explica Pinho, a atividade de merchandising configura uma expansão do poder comercial da emissora que está submetido à regulamentação de limitar a 15 minutos por hora o tempo destinado à publicidade. As emissoras de tevê têm na ação do *tie-in* uma forma de ampliação de lucro marginal, que se torna, hoje, significativo para a vida comercial da organização (Pinho, 2001, p. 80).

Soma-se a isso o fato de o merchandising propiciar, quando respeitados alguns critérios de sua qualidade, conforme Costa e Talarico (1996, p. 189), a possibilidade de difundir o uso do produto ou serviço das empresas anunciantes; fortalecer a sua imagem e lembrança de marca, explorando o testemunhal, ao mesmo tempo que beneficia o produto ou serviço promovido na sinergia estabelecida entre ator ou apresentador do programa escolhido; introduzir o uso do produto ou serviço no cotidiano das pessoas que assistem aos programas e ampliar o número de impactos junto ao público, ao somar-se às outras estratégias do mix de comunicação empregadas para o anunciante.

Mas é importante ressaltar que a qualidade das cenas é fundamental para que o sucesso dessa ferramenta de comunicação possa acontecer. Nesse sentido, Costa e Talarico (1996, p. 188-189) enumeram alguns critérios que podem garantir a qualidade do merchandising televisivo:

> Ser discreto e fazer parte da cena; o aparecimento do produto nas situações citadas não deve ser ostensivo e nem agressivo, deve fazer parte do roteiro, explorando situações naturais previstas nas cenas. Criar cenas para mostrar um produto parece falso para o telespectador e gera reação

negativa. Mesmo em programas ao vivo e gravados o uso do produto não pode ser forçado nem ter textos longos.

O produto deve ser demonstrado em suas verdadeiras formas de uso e consumo, naturalmente, passando credibilidade e aceitação por parte do espectador.

O nome do produto não deve ser mencionado em novelas e filmes, podendo sê-lo nos programas de auditório, bem como distribuídos.

Os personagens que utilizarem o produto devem apresentar o perfil e características do seu público real, devendo-se ter o cuidado para que nenhum fato relativo à vida do personagem na novela e no filme, de caráter negativo, possa ser associado à imagem do produto, prejudicando-o.

Os aspectos mencionados na citação anterior mostram o poder de impacto junto ao público que essa ferramenta possui. O merchandising televisivo aproxima o telespectador/consumidor potencial, possibilitando uma experiência empática e simpática, justamente por estar inserido no universo de programação, que faz parte do cotidiano das pessoas, ou seja, são ações que acontecem inseridas nos programas que as pessoas gostam de ver, o que por extensão leva ao consumo dos produtos e serviços afins ao universo de expectativas e desejos do espectador/consumidor.

Tal rede de relações possibilita a construção de uma poderosa argumentação sedutora que associa por contigüidade, ou aproximação, o programa a que gostamos de assistir com os produtos, serviços e marcas que devemos consumir ou que esses programas nos sugerem ao consumo.

Para alguns autores, como Calazans (1992), esta seria uma estratégia subliminar ao consumo. Mas pautados nos significados da psicologia experimental, behaviorista, a subliminaridade estaria condicionada a estímulos não perceptíveis no nível da consciência e que na sua freqüência levariam a uma resposta involuntária por parte dos indivíduos.

O caso do merchandising televisivo, nessa perspectiva, não configuraria uma possibilidade de experiência subliminar, já que sua função de estímulo acontece em mecanismos transparentes de percepção, ou seja, ele é feito para ser visto e percebido, e sua resposta demanda uma ação voluntária por parte do indivíduo, a adesão ao argumento que pode levar ao ato de compra.

Contudo, essa familiaridade dada pela relação programas, cotidiano, momento de lazer e afinidades de gostos resulta em uma estratégia sutil de sedução que insere as marcas, os produtos ou serviços na vida das pessoas de modo pertinente à vivência dos indivíduos e, por conseqüência, estimula desejos e modos do consumo diário.

Trata-se de uma ferramenta promocional eficaz que trabalha, na especificidade dos mecanismos expressivos de sua forma de construção, os pressupostos clássicos da argumentação no que diz respeito ao convencimento, persuasão e sedução, como os trabalhados na mensagem publicitária tradicional, capazes de conceber o *ethos* e o *pathos,* que possibilitam identificações entre o auditório (a audiência) e os argumentos do seu orador, no contexto da produção do discurso, o programa e seu momento de consumo, que é também um momento de lazer telespectador. Isso significa que a propaganda *tie-in*, ou merchandising televisivo, possibilita a projeção da audiência sobre as características dos programas, bem como a identificação com os produtos e serviços neles anunciados, que se dá também na identificação/mediação no e com o apresentador/ator, em uma construção afetiva que se projeta para os bens anunciados em uma relação do dia-a-dia.

Isso acontece de modo distinto da publicidade tradicional, pois o merchandising, ao estar inserido nos programas, passa a ser algo da ordem do que está incluído, ou seja, do que as pessoas querem ver. Já a publicidade em si é algo que está, em certos aspectos, excluída, pois ninguém liga a tevê para assistir a comerciais. Dessa maneira, pode-se entender a sutileza e as vantagens do merchandising diante da publicidade televisiva e daí o cuidado que se deve ter na sua concepção, como já se apontou com base nas observações de Costa e Talarico (1996), citados anteriormente.

As possibilidades de aplicação do merchandising televisivo e suas dificuldades

Como toda ferramenta promocional do mix de comunicação em marketing, a propaganda *tie-in* deve ser aplicada considerando-se as possibilidades de investimento do anunciante/cliente, questões de ajuste e impacto junto ao público, as situações de consumo que dele podem ser sugeridas e sua pertinência ao momento de recepção desses programas, bem como os aspectos de posicionamento da marca no que se refere à sinergia construída entre marca, programa e telespectadores/consumidores.

O merchandising televisivo, como já foi dito, pode ser utilizado de modo isolado ou em conjunto com outras ferramentas de comunicação. Tanto num caso como no outro as avaliações devem considerar as possibilidades de impacto dessa ação junto ao trabalho de comunicação empreendido pelo cliente no seu processo de posicionamento e atuação no mercado.

Contudo, na formação acadêmica dos profissionais em publicidade e propaganda, assim como no campo do marketing de promoção, não existem referências nem apresentação de técnicas que auxiliem o estudante a compreender os potenciais dessa ferramenta, bem como organizá-las na perspectiva de planejá-las.

Nesse sentido, apresentamos nesta obra uma contribuição que pode atenuar as dificuldades mencionadas e que pode propiciar melhor compreensão e percepção sobre a utilidade do merchandising televisivo, como ferramenta promocional.

O estudo de casos de merchandising televisivo e a percepção de suas potencialidades

Os estudos de casos de merchandising televisivo tornam-se, com base no impasse colocado anteriormente, uma alternativa de estímulo à percepção e à compreensão das potencialidades dessa ferramenta.

Como primeiro passo, recomenda-se a gravação dos programas e de telenovelas para a observação das cenas, a fim de se ter uma decupagem das seqüências em imagem e áudio. Tal ação permite o registro documental do merchandising televisivo que pode se prestar a estudos mais profundos, sobre os planos mais recorrentes, ângulos de câmera, aspectos das locuções dos testemunhais e dos sons utilizados nas cenas de uma ação dessa natureza.

O segundo passo é observar o tipo de merchandising quanto à sua natureza social ou comercial, para refletir o seu propósito e suas possibilidades de impacto junto ao público.

O terceiro passo é identificar os tipos que constituem a forma de exploração da temática social ou da exibição da marca, produto ou serviço no contexto do programa, conforme a classificação já apresentada: menção ao produto; estímulo visual; demonstração e/ou explicação sobre o uso ou utilidade do produto ou serviço; o uso simples do produto ou serviço sem explicações conceituais.

Em seguida, pode-se recorrer à consulta da agência de publicidade responsável pela conta do cliente/anunciante e das emissoras de tevê para solicitação de esclarecimentos sobre aspectos específicos das ações estudadas, a fim de se compreender a utilização da ferramenta diante do conjunto das demais ações do mix de comunicação em marketing determinadas para aquele produto ou serviço, para se ter uma dimensão do papel do merchandising televisivo (*tie-in*) no processo de planejamento de comunicação.

Recomenda-se também a apreciação de dados referentes à audiência do programa e características, perfil, de seus telespectadores fiéis, para a avaliação da ação de propaganda *tie-in* em relação ao seu *target*.

Por fim, na perspectiva da gestão de qualidade do merchandising televisivo, recomenda-se, com base em Costa e Talarico (1996, p. 188-189), a percepção sobre aspectos das cenas quanto à sua naturalidade; pertinência ao programa escolhido; pertinência de quem apresenta ou testemunha (modelo, ator, apresentador); pertinência ao produto, marca ou serviço; poder de impacto previsto diante da audiência do programa.

Esse conjunto de ações, executado passo-a-passo, pode resultar em um caminho profícuo para a análise do merchandising televisivo, que em sua trajetória torna-se uma ferramenta a mais no trabalho de comunicação em marketing para os clientes.

A abordagem aqui realizada não esgota as possibilidades de aprofundamentos sobre a propaganda *tie-in* no Brasil, nas suas manifestações do merchandising social e comercial, que carecem de estudos mais elaborados, considerando-se o seu desenvolvimento técnico e eficácia que, aqui, apresentam-se delineados em seus aspectos gerais.

Bibliografia

BARBOSA, I. S. Propaganda e significação: do conceito à inscrição psicocultural. In: CORREA, T. G. (org.). *Comunicação para o mercado. Instituições, mercado e publicidade.* São Paulo: Edicon, 1995. p. 31-50.

BLESSA, R. *Comunicação no ponto-de-venda.* São Paulo: Atlas, 2001.

BORGNETH, L. S. Uma lei em retalhos. *Meio & Mensagem,* São Paulo, n. 118, p. 8-9, 1ª quinzena, dez. 1983. (Informe especial n. 19).

CALAZANS, F. *Propaganda subliminar.* São Paulo: Summus, 1992.

CORRÊA, T. G. (org). *Comunicação para o mercado. Instituições, mercado e publicidade.* São Paulo: Edicon, 1995. p. 31-50.

COSTA, A. R.; TALARICO, E. de G. *Marketing promocional; descobrindo os segredos do mercado.* São Paulo: Atlas, 1996.

DE SIMONI, J. *Promoção de vendas.* São Paulo: Makron, 1997.

LUPETTI, M. *Administração em publicidade. A verdadeira alma do negócio.* São Paulo: Thomson, 2003.

PINHO, J. B. *Comunicação em marketing.* 5. ed. Campinas: Papirus, 2001.

RABAÇA, C. A.; BARBOSA, G. *Dicionário de comunicação.* Rio de Janeiro: Codreci, 1978.

SANT'ANNA, A. *Propaganda. Teoria, técnica e prática.* 7. ed. São Paulo: Pioneira Thomson, 2001.

TRINDADE, E. Merchandising em telenovela: a estrutura de um discurso para o consumo. In: CORREA, T. G.; FREITAS, S. G.de (orgs.). *Comunicação, marketing, cultura. Sentidos da administração, do trabalho e do consumo.* São Paulo: ECA-USP/Centro Lusitano de Cultura, 1999. p. 154-166. Disponível em: <www.ama.org>.

16

Promoção de vendas: a teoria da prática

Leandro Leonardo Batista*

Introdução

Promoção de vendas (ou marketing promocional) é a atividade estratégica, tática e de apoio para uma marca, geralmente de curto prazo, projetada para estimular a compra ou "alavancar" a performance de vendas, tentando com isso obter vantagens mercadológicas tais como neutralizar ao máximo a ação da concorrência ou reforçar a imagem de uma marca perante o consumidor ou o comércio.

Dessa maneira, as empresas utilizam promoções com a finalidade de atrair novos consumidores, recompensar clientes fiéis, impulsionar clientes eventuais a continuarem preferindo determinada marca a outra etc. Portanto, uma promoção começa a partir de uma necessidade que possa ser satisfeita pela resposta "rápida" do público (aumento de consumidores, estocagem do cliente, redução de estoques dos varejistas, clientes leais ou novos, novos produtos ou em declínio etc.). Isso determina os seus objetivos específicos sem, no entanto, desconsiderar outras variáveis, tais como as condições de competitividade no momento da promoção e a eficiência em termos de custo de cada ferramenta promocio-

---
*Professor da Escola de Comunicações e Artes da USP.

nal a ser utilizada (amostras grátis, cupons, descontos, brindes, prêmios, promoções cruzadas etc.).

Temos então que, dentro de um contexto geral de marketing, enquanto a propaganda fornece uma razão para o indivíduo escolher um produto e, portanto, construir fidelidade a uma marca por meio de ações de longo prazo, a promoção atua com a finalidade de dar um impulso final, agindo como influenciador instantâneo da decisão de compra. De maneira bem simples, pode-se dizer que, embora ambas atuem na tentativa de influenciar o comportamento de compra do consumidor, a propaganda *seduz*, e a promoção *conquista* os consumidores, pelo menos no curto prazo.

Nas últimas décadas, os investimentos em promoção de vendas têm crescido consideravelmente. Isso vem ocorrendo devido a diversos fatores – por exemplo, a grande segmentação da mídia, o aumento do número de marcas, a preocupação do consumidor em relação ao preço, a queda de eficiência da propaganda devida ao alto custo e experiência do receptor com as técnicas de persuasão, aspectos que, de uma maneira ou de outra, interferem no processo de decisão, criando dúvidas ou diminuindo a confiança nos julgamentos. A promoção de vendas, ao contrário, fornece ao consumidor um motivo extra a ser considerado no momento da decisão de compra, em geral enaltecendo uma qualidade do produto (preço ainda mais baixo!!) ou mesmo totalmente sem relação com ele (compre aqui e concorra a um carro!!). Assim, a ferramenta de promoção de vendas mostrou-se plenamente adaptável a diversas situações e necessidades.

Esse desenvolvimento fez com que a promoção de vendas (assim como o merchandising) deixasse de ser o "patinho feio" da comunicação. Hoje, ela é integrada ao planejamento estratégico de uma empresa e/ou de um produto, quando não a mola mestra do sistema promocional.

Dessa forma, a promoção despontou como uma alternativa promissora, exatamente no momento em que os custos da propaganda começaram a se tornar proibitivos. Se esta se tornou muito cara, com seus custos de produção e veiculação, as empresas encontraram na promoção de vendas e no merchandising as alternativas que pudessem "fazer o papel da propaganda" ou tentar substituí-la.

No momento em que a propaganda começou a perder verba e a promoção, a ganhar, ocorreu um benefício mútuo para essas duas ferramentas do marketing: a especificidade da propaganda, que se tornou mais despojada de atributos que não eram seus, ou seja, vendas imediatas, e maior desenvolvimento das práticas promocionais no sentido de cobrir lacunas entre a propaganda e o comportamento de compra e recompra do consumidor, reforçando atributos motivadores desenvolvidos pela propaganda e gerando novas motivações.

Sendo assim, aos poucos, a promoção de vendas vem deixando de ser tratada como uma ferramenta tática e operacional da propaganda para ser vista como um instrumento causador de impactos para melhor interação com o público-alvo, diretamente no ato da compra. Isso está ocorrendo apesar de o uso de promoções ter sido considerado, tempos atrás, como uma atividade de pouco interesse para as agências de publicidade por não gerar o mesmo nível de retorno (tanto financeiro como em termos de prestígio) obtido com o desenvolvimento e veiculação de anúncios.[1]

Objetivos específicos da promoção de vendas

Embora seja uma ferramenta muito presente hoje em dia, seus efeitos no médio e longo prazos são muito pouco estudados, e por isso sua utilização indiscriminada deve ser evitada, uma vez que pode afetar as percepções do consumidor em relação à marca, impor à empresa um ciclo constante de concorrência de preços e/ou criar o hábito de compra associado somente aos ciclos das promoções (Semenik e Bamossy, 1995).

De modo geral, as promoções de venda podem ser boas ferramentas para:

- *Atrair novos usuários*: seja para um produto que está sendo introduzido ou como forma de atrair não-usuários (da marca ou

---

[1] Alguns autores, tomando como base o linguajar americano, sugerem que promoções de vendas sejam descritas como atividades abaixo da linha (publicidade que usa técnicas de veiculação controladas, como pdv's em lojas, telemarketing, relações públicas ou mala direta), enquanto propaganda, ou publicidade destinada ao público em geral, seja considerada uma atividade acima da linha (comerciais de tevê, rádio, anúncios impressos, cartazes). Linha é uma fronteira imaginária entre as formas de comunicação que pagam comissão às agências de publicidade e as que não pagam, o que pode determinar, em alguns casos, a sua menor utilização no mercado.

da categoria), a promoção de vendas pode atuar como fator redutor do risco de experimentação percebido pelo público que se pretende atingir.

- *Facilitar compras repetidas*: o uso de cupons de descontos para a próxima compra do produto ou o preenchimento de cartelas para obter esse desconto atuam como estímulo à repetição da compra e podem criar lealdade.
- *Estimular estocagem dos consumidores*: promoções do tipo "pague um, leve dois" facilitam a criação do hábito de uso da marca e podem causar aumento de consumo, enquanto ajudam o ponto-de-venda a diminuir seus estoques.
- *Aumentar tráfego nas lojas*: vários tipos de promoção podem ser utilizados visando apenas atrair clientes que, de outra forma, não visitariam a loja; desse modo, aumentam as chances de venda dos produtos expostos.

A combinação desses objetivos indica que as promoções de vendas não só procuram fazer uma concentração de consumo em torno de determinada marca/produto, mas também atrair novos consumidores. De fato, vários estudos demonstraram que, nas respostas às promoções de preço, 75% do aumento de demanda foi ocasionado por consumidores da categoria que, em virtude da oferta, mudavam de marca para obter uma vantagem econômica, enquanto 25% era decorrente da entrada de novos consumidores na categoria (Gupta, 1988; Chiang, 1991; Chintagunta, 1993; Bell, Chiang e Padmanabham, 1999). Portanto, os resultados obtidos pela promoção de vendas podem, ao longo do tempo, modificar ou reforçar as características do público consumidor (*o produto é para pessoas como eu!*) e/ou atributos desejados ou esperados no produto (*não é tão bom, mas está barato*).

Técnicas empregadas

As técnicas a serem empregadas nas promoções são definidas tomando como base os objetivos a serem alcançados. De forma geral, elas procuram estimular a demanda, atrair a atenção dos consumidores e/ou atacar a concorrência.

Podemos observar efeitos referentes à *apresentação* das promoções de vendas, a qual pode ser dividida grosseiramente em:

a) *Promoções diretas*: quando a vantagem oferecida é obtida no momento da compra; e
b) *Promoções proteladas*: quando a vantagem oferecida é obtida por meio de uma ação realizada pelo consumidor em um momento diferente daquele em que está sendo adquirido o produto, seja essa ação enviar pelo correio um cupom, trocar por prêmios etc. Em geral consiste em ganhar algo em troca da compra do produto ou em reembolso parcial ou total do valor pago.

Podemos considerar ainda que, em relação à *localização*, essa vantagem pode se situar:

a) *No contexto da compra*, quando está:
- *Próxima ao produto*: em outra prateleira ou com o vendedor, mas não diretamente ligada ao produto.
- *Dentro da embalagem*: o produto tem de ser aberto para a vantagem ser obtida.
- *Na embalagem*: a oferta está afixada na embalagem.
- *Na forma de bônus*: quando uma quantidade extra do produto é oferecida, alterando-se ou não a embalagem original.
- *Como contêineres reusáveis*: a embalagem serve como contêiner para o próprio produto ou para outras situações que sejam de interesse do público consumidor.

Quando localizadas no contexto da compra, as promoções têm a função de influenciar o momento da compra procurando provocar uma reação imediata do consumidor; dessa maneira, o objetivo é *reacional* e seu apelo pode estar ou não ligado aos atributos desejados para o produto.

b) *Fora do contexto da compra*: quando a vantagem é oferecida junto com outro produto ou na mídia.

Nessa situação, o objetivo é *racional*, a reação buscada é de associação e a forma de influência procurada é a inclusão do produto no leque de opções do consumidor ou a exclusão da concorrência. Os apelos da promoção devem estar ligados aos atributos anunciados ou desejados para o produto, pois estes terão uma oportunidade maior de serem guardados na memória do indivíduo.

Quanto ao *formato*, muitas técnicas foram desenvolvidas para oferecer essas promoções aos clientes. Em todas elas é importante considerar o custo adicional que os "prêmios" vão acarretar, pois eles podem ir muito além do benefício buscado. As formas mais comuns dessas técnicas são:

   a) *Cupons*: descontos oferecidos no ato da compra ou na próxima compra obtidos com o próprio produto, em outros produtos, na mídia, nos panfletos da loja etc. Em geral são utilizados quando se verificam a necessidade de elasticidade de preço em determinada categoria de produto ou evidências de troca de marca pelos consumidores. A sua penetração é facilitada quando existe uma percepção de homogeneidade dos produtos concorrentes em uma categoria. É possível que cupons colocados no modo de promoção direta, principalmente na embalagem, estimulem a lealdade à marca.
   b) *Prêmios*: técnica promocional que oferece gratuitamente ou a preço reduzido um outro produto relacionado ou não com aquele comprado. A área de serviços utiliza largamente esse tipo de promoção oferecendo serviços adicionais relacionados ao adquirido, com o objetivo de estimular o uso de outros serviços fora do hábito do consumidor ou como simples vantagem financeira.
   c) *Concursos e sorteios*: essa técnica tem grande capacidade de atrair o interesse do público em geral, pois o prêmio, na maioria das vezes, é algo que o consumidor deseja muito (por exemplo: carros, viagens etc.), o que o leva a observar apenas o valor do prêmio, e não a chance de ganhar. Tem a vantagem adicional de facilitar a formação de banco de dados a respeito dos consumi-

dores, com informações quase sem erros, pois é de interesse do consumidor fornecer os dados corretos.

d) *Degustação e amostras*: muito aplicada na introdução de novos produtos ou com a intenção de aumentar a participação em mercados fracos ou enfraquecidos para a marca ou produto. Basicamente, podem ser de dois tipos:

– *amostras grátis*: dar uma quantidade de produto para que o consumidor o experimente de maneira efetiva diretamente (na própria loja) ou de forma protelada (após o momento da compra); ou

– *experimentação*: permitir que o consumidor tenha uma experiência direta utilizando o produto por tempo determinado antes de decidir se quer realmente adquiri-lo. Esse tempo vai variar em função do tipo de produto e da freqüência de uso do consumidor. Por exemplo: o *test drive* de carros ocorre na própria loja ou por períodos muito curtos, enquanto cartões de crédito permitem uma experimentação de 30 a 60 dias.

e) *Descontos*: podem ocorrer de diversas maneiras e por diversos períodos. Têm como objetivo geral atuar sobre a elasticidade de preços (assim como cupons), mas facilitam a percepção da vantagem que está sendo oferecida ao consumidor, pois o preço original é quase sempre mencionado. Uma degeneração desse tipo de promoção são os casos de lojas que estão se especializando em oferecer mercadorias a preço mais baixo, os chamados EDLP (*Every Day low price*) que aparecem como descontos mas sem obter a vantagem da comparação direta com o preço original e/ou o impacto reacional das promoções ocasionais.

Reações à ação promocional

Tomando como base resultados de discussões em grupo, D'Astous e Jacob (2002) sugerem que as reações dos consumidores (canadenses) em relação às promoções estão agrupadas em duas dimensões:

- uma de fundo *explanatório,* que contém *razões* para aproveitar a promoção, tais como interesse na categoria, atitude em relação à marca, interesse no prêmio, oportunismo, materialismo, compulsividade;
- outra relacionada às *reações imediatas* (favoráveis e desfavoráveis) geradas pela exposição à comunicação da promoção, tais como influência direta (me leva a comprar), complexidade da promoção (muito complicado!), honestidade (é justa?), qualidade da oferta, nível de interesse, valor (mais pelo dinheiro), novidade ou originalidade (é diferente!), gosto (eu gosto!).

Mesmo considerando os possíveis efeitos associados às diferenças culturais (canadenses *versus* brasileiros), a divisão em dimensões (ou fatores) de fundo *racional* e de fundo *reacional* à comunicação já foi observada em outras situações e apresenta validade aparente. Especificamente nas promoções de vendas, essa diferenciação pode aparecer mais claramente nos efeitos associados à localização da oferta, isto é, promoções apresentadas no ato da compra (reacional) ou fora dele (racional). No entanto, é claro que algumas promoções serão respondidas mais fortemente pelas "vias" reacionais para um público, enquanto outros públicos estarão mais inclinados a responder a essa mesma promoção pelos fundamentos racionais. Mais ainda, os componentes das dimensões, mencionados anteriormente, podem ter pesos diferentes na decisão.

Por exemplo, um consumidor que necessita de pneus depara com duas promoções: uma de redução de preço de uma marca considerada de alta qualidade (dimensão racional: aproveitar a promoção porque acha a marca boa) e outra promoção de uma marca menos conhecida mas com um preço muito mais baixo (dimensão reacional: aproveitar a oportunidade agora porque o preço está baixo). Esses dois itens vão estar presentes na mente do consumidor e sua decisão vai depender de uma interação dessas dimensões. Assim, considerando o exemplo anterior, o consumidor pode tomar sua decisão comparando a atitude que tem em relação à marca da primeira oferta (racional) com o valor da oferta da segunda marca (reacional), tendo como conjuntura a pressão de compra imediata (só hoje).

Portanto podemos considerar que múltiplos fatores das duas dimensões atuam ao mesmo tempo sobre o processo de decisão do receptor, e assim torna-se muito relevante compreender o que eles representam e qual o seu peso em cada situação, incluindo tipo de público, promoção, produto etc., levando em conta, ainda, as particularidades de cada técnica e situação mercadológica.

Resultados de estudos cientificamente desenhados demonstram de maneira específica alguns efeitos, já mencionados anteriormente. Por exemplo, Dodson, Tybout e Sternthal (1978) observaram de modo experimental que os efeitos promocionais têm curta duração, ou seja, quando a vantagem *está presente*, provoca uma grande mudança de marcas, mas quando é removida os consumidores tendem a retornar ao seu comportamento de compra usual. Esses autores também observaram que a *facilidade de obtenção* das vantagens (por exemplo: cupons na porta da loja) tem grande efeito na mudança de marcas, principalmente para produtos de baixo envolvimento em que o benefício (economizar dinheiro) foi obtido com menor custo. No entanto, o efeito da recompra do mesmo produto foi obtido com maior freqüência quando a vantagem estava na *própria embalagem* do produto. Assim, temos que tanto a forma, como a localização, quanto o formato têm capacidade de influenciar o comportamento tanto de compra como de recompra.

O importante da observação desse efeito é destacar que existem dois fatores de alta influência no efeito de promoções, ou seja, há um aspecto que é o *esforço necessário* para obter as vantagens ou a percepção da relação custo-benefício conforme demonstrado no estudo acima, o qual pode ser avaliado separadamente do outro fator, que é o *tempo*.

Portanto, o efeito esperado para a utilização de promoções de vendas, por definição, é induzir diretamente o consumidor a apressar a compra (Aggarwal e Vaidyanathan, 2003) por meio de sugestões semânticas que indicam limitações de tempo (Spears, 2001), sejam elas implícitas (por tempo limitado) ou explícitas (oferta válida por três dias). Uma explicação teórica relacionada a esse comportamento é apresentada por Inman e McAlister (1994) tomando como base a teoria do arrependimento (*regret*, no original). Quando os sujeitos dos experimentos eram induzidos a considerar o arrependimento ("E se este preço atrativo oferecido agora não estiver disponível mais tarde?"), eles antecipavam mais suas compras do que sujeitos não induzidos a pensar no arrependimento, ou seja, não apenas o preço ou a oferta têm a capacidade de antecipar a compra, mas a percepção de um possível arrependimento modifica (apressa) esse comportamento.

No entanto, é preciso diferenciar ofertas com efeito limitado pelo tempo diretamente (válido somente para esta compra, hoje!) e promoções em que o tempo (apesar de limitado) não é fator decisivo na compra, isto é, a promoção pode ser utilizada em uma próxima compra (por exemplo: oferta válida por três meses). Em termos de nomenclatura, o primeiro tipo tem sido identificado como *ofertas de tempo limitado*, e o segundo tem sido tratado na literatura como *promoção tempo-independente* (Aggarwal e Vaidyanathan, 2003).

O primeiro tipo de promoção é de fundo mais reacional do que racional. Implica uma resposta mais impulsiva e resulta em uma percepção de ter "sido realizado um bom negócio" (Inman, Peter e Raghubir, 1997), principalmente se a oferta era uma considerável redução no preço. Um aspecto mediador desse efeito é a expectativa da probabilidade de encontrar uma oferta naquela categoria de produto. Por isso, no estudo de Aggarwal e Vaidyanathan (2003) o preço foi mais decisivo na utilização de descontos para produtos com pouca expectativa de descontos (manteiga de amendoim) e a limitação de tempo foi mais relevante para produtos com maior expectativa de descontos (*ketchup*). Assim, temos que, além da oferta propriamente dita, a percepção do consumidor com relação às tendências da categoria modifica o efeito das diferentes maneiras de induzi-lo a comprar.

Dessa forma, torna-se importante a modificação da percepção que o consumidor tem da disponibilidade do tipo de oferta apresentada. Promoções com tempo limitado tendem a fazer com que o consumidor avalie mais rapidamente sua satisfação com a vantagem oferecida e decida se vale a pena continuar procurando ou aceitar o benefício oferecido. Dentro desse contexto, temos ofertas que podem cair em uma das três categorias a seguir, considerando o referencial de tempo do consumidor, ou seja, indicadores semânticos salientando economia, comparando com preços sobre o que:

- aconteceu no *passado*: "de R$ 10,00 por R$ 8,90";
- está acontecendo *agora*: "vendido no mercado por R$ 10,00, aqui por R$ 8,90"; ou
- vai acontecer no *futuro*: "de R$ 10,00 por R$ 8,90 somente nas próximas três horas".

Assim, temos que a maneira como a promoção é apresentada, considerada em função da conjuntura percebida pelo consumidor em relação ao produto, marca ou categoria, gera uma expectativa de bastante influência na avaliação do valor da promoção. De fato, já foi observado que a comparação direta de preços entre lojas (na concorrência a X, nosso preço Y, sendo X > Y) gera uma atitude *menos* favorável à oferta do que promoções do tipo "o preço era X, agora é Y"; isto é, reduções dentro da mesma loja são mais bem aceitas do que comparações entre pontos-de-venda diferentes (Lichtenstein, Burton e Karson, 1991). Também existe diferença na percepção do valor da promoção, se ela é apresentada na forma de desconto (50% de desconto) ou na de produtos extra (compre um, leve dois), sendo que a primeira forma é mais valorizada pelos consumidores (americanos), como reportam Sinha e Smith (2000).

Além das reações específicas de cada promoção, conforme mencionado antes, um outro aspecto identificado por Kumar e Leone (1988) é a sinergia entre as promoções. Esses autores demonstram que a soma dos efeitos associados individualmente a cada tipo de promoção é menor do que os efeitos dessas mesmas promoções realizadas em conjunto. Por exemplo, baixar os preços de um produto e anunciá-lo fortemente acarretam retornos maiores do que realizar essas duas atividades separadamente; fazer também promoções de produtos complementares, tais como massa para bolo e coberturas, gera maiores lucros do que essas promoções realizadas em separado. Também as promoções de diversas marcas dentro de uma mesma categoria, ou de uma marca apenas, porém em diversas categorias, resultam em retornos maiores se realizadas em conjunto do que a soma dos retornos quando feitas individualmente. Portanto, um entendimento entre as diversas interações presentes na mente do consumidor é de suma importância na idealização e realização de promoções de vendas.

Promoção de vendas e lealdade

Conforme já discutido anteriormente, as promoções de vendas podem afetar o comportamento de compra tanto imediatamente como no longo prazo. Mesmo considerando que esse efeito pode ser racional ou reacional, a maneira como o indivíduo percebe a vantagem que lhe está sendo oferecida vai afetar o seu comportamento imediato e o no longo prazo.

Por exemplo, considerando apenas a forma de apresentação, promoções diretas levam a reações mais positivas do que promoções proteladas, isto é, consumidores as apreciam melhor e têm uma percepção significantemente menor de estarem sendo manipulados (D'Astous e Jacob, 2002). Mais ainda, as promoções diretas afetam o comportamento do consumidor por meio da aprendizagem por associar a premiação ao ato de comprar. Promoções do tipo colecione e troque são mais efetivas em reforçar o comportamento da ida ao ponto-de-venda (para efetuar a troca) em vez de gerar a percepção de ser recompensado pela compra do produto, pois o momento da premiação gera maior impacto na satisfação do consumidor. Desse modo, o reforço positivo que a promoção gera é fator determinante do comportamento do consumidor.

É de esperar, então, que exista um efeito no comportamento de compra do consumidor, principalmente por intermédio da aprendizagem.

Nord e Peter (1980) discutem esse ponto considerando a aprendizagem comportamental, definindo-a como um comportamento-resposta que ocorre antes de o estímulo ser recebido. Lealdade é conseqüência desse tipo de aprendizado. Assim, temos que o aspecto motivador que leva o indivíduo à recompra é a satisfação obtida com o produto, ou seja, o reforço positivo recebido no pós-compra; no momento da decisão de compra é fundamental essa expectativa de satisfação pós-compra, uma vez que o reforço positivo facilita a formação de uma atitude positiva, que é o melhor indicador de comportamento de compra.

Mesmo considerando que lealdade, em geral, é associada a produtos de alto envolvimento, em que o processo de decisão envolve aspectos mais complexos, ela pode ocorrer também com produtos de baixo envolvimento pela comodidade do processo de decisão, se o produto gerar satisfação suficiente para o consumidor.

Segundo Yi e Jeon (2003), em situações de alto envolvimento o tipo de premiação tem um efeito significativo na percepção de valor dos programas de lealdade: premiações relacionadas com o produto foram percebidas como mais valiosas do que as não relacionadas a ele; enquanto em situações de baixo envolvimento a técnica empregada foi mais relevante para modificar a percepção de valor: premiações diretas ou imediatas geraram uma percepção de valor maior do que premiações indiretas ou proteladas. Mais ainda, em condições de baixo envolvimento, a fidelidade à marca não foi influenciada pela percepção de valor da premiação, mas pelo valor associado aos programas de lealdade. Portanto, para produtos de baixo envolvimento, programas de lealdade com premiações imediatas devem ter maior influência no comportamento e facilitar a fidelidade à marca.

Desse modo, é possível estabelecer uma ligação entre a promoção de vendas e o desenvolvimento de novos comportamentos como a recompra de produtos em geral.

Um conceito importante na introdução de novos comportamentos é denominado *shaping* (ou moldagem). Esse conceito toma como base a psicologia comportamental e sugere que o comportamento de compra é o resultado de reforços positivos gerados pela satisfação proporcionada pela posse do produto, ou seja, a avaliação positiva de um processo de decisão, e que essa satisfação pode ser ampliada por meio da manipulação das outras variáveis do marketing (preço, distribuição e promoção). A promoção pode ser considerada como o principal elemento que facilita o desencadeamento desse processo que, segundo Rothshild e Gaidis (1981), envolve uma série de passos até atingir a aprendizagem comportamental.

O papel da promoção de vendas para desenvolver lealdade está em promover uma série de reforços ao longo do tempo. Portanto, uma amostra grátis pode incluir um cupom com um desconto grande para ser usado em uma próxima compra; nessa compra um cupom com desconto menor é incluído, e assim sucessivamente, até que não sejam oferecidos mais descontos, nem sejam necessários, pois o comportamento de compra da marca foi construído.

Para que essa seqüência seja alcançada com sucesso, dois fatores deverão estar presentes: o reforço positivo tanto pela oportunidade de compra com desconto (reacional) como pela qualidade do produto que gera satisfação (racional). A grande vantagem do processo é que o indivíduo inicia um comportamento sem compromisso (experimentar/comprar um produto sem custo); em seguida, um pequeno compromisso financeiro é introduzido (preço bem reduzido) e gradativamente esse compromisso financeiro deve ir crescendo, até o desconto ser totalmente eliminado. O objetivo é obter compromisso total como resultado da repetição da compra e do reforço positivo gerado pela qualidade do produto.

Alguns cuidados são necessários para a boa aplicação dessa técnica, uma vez que a aprendizagem pode não ocorrer se a mudança de comprometimento for brusca (eliminação antes do aprendizado) ou se ela for longa demais e a compra do produto ficar associada à presença do desconto. Desse modo, temos que a relação entre o tamanho do incentivo e a qualidade do produto é talvez o aspecto mais relevante quando se usa promoção para estabelecer uma mudança de comportamento. O foco deve ser em aumentar, passo-a-passo, a recompensa pela qualidade percebida do produto (racional) em detrimento da oportunidade gerada pela promoção (reacional).

Avaliação de promoções

Um dos erros mais comuns em avaliar promoção de vendas é o que pode ser chamado de agregação (Srinivasan e Anderson, 1998), isto é, considerar todas as promoções como se tivessem o mesmo objetivo e tomar o seu valor pela influência que têm nas vendas. Essa investigação deve considerar os aspectos específicos de cada atividade promocional. Da mesma maneira que não se devem comparar os efeitos promocionais da propaganda com os resultados de uma promoção de vendas, também deve ser evitado comparar as diversas atividades de promoção de vendas.

A promoção de vendas tem efeitos diversos na venda de produtos, como mudança de marca, aumento de estoque dos consumidores, diminuição de estoques dos PDVs, apressamento de compras, expansão da categoria, desenvolvimento de lealdade ao produto e/ou à marca etc. Esses efeitos podem aparecer em conjunto ou isoladamente.

A avaliação é dificultada, ainda mais, pela apresentação do problema, uma vez que os custos para desenvolver uma promoção são fáceis de identificar, mas os benefícios são difíceis de avaliar; note, por exemplo, que os efeitos em lealdade só são percebidos após longo período. Da mesma maneira, o aumento de estoque do consumidor pode ter conseqüências negativas nas próximas compras, uma vez que este não vai necessitar do produto por algum tempo. Desse modo, temos efeitos imediatos e efeitos retardados, e eles podem ser negativos ou positivos.

O primeiro aspecto a ser considerado está relacionado à segmentação do público-alvo. Não se pode uniformizar uma promoção em um país tão grande como o Brasil, com desigualdades sociais e diferentes necessidades, e usar o mesmo padrão para avaliar os efeitos. Por exemplo, uma empresa que oferece uma casa por sorteio no valor de 80 mil reais não pode esperar a mesma percepção de valor para consumidores que vivem em uma região em que a maioria das casas custa esse valor (ou seja, representa uma casa típica) e consumidores que vivem em uma região em que a maioria das casas custa um décimo desse valor. Nesta última, o valor da promoção parecerá infinitamente maior. Mesmo que a empresa, por questões de logística, utilize a mesma promoção, a avaliação deve levar em consideração as características de cada segmento (geográfico e/ou econômico, nesse caso).

Outro aspecto de muita importância está relacionado ao impacto da promoção nos parceiros comerciais. Em geral, os efeitos de uma promoção são observados no que ela faz para a marca/produto em promoção em termos de vendas e lucratividade, desconsiderando como a atividade promocional afetou esses mesmos aspectos de seus parceiros comerciais. Mesmo nos casos em que a promoção de vendas traz lucratividade para todos os parceiros, faz-se necessário observar como esses valores estão distribuídos entre distribuidor e revendedor.

Sendo assim, a avaliação deve procurar entender situações nas quais ambos ganham; em que apenas um ganha, enquanto o outro perde, e situações nas quais ambos perdem, considerando sempre as condições de curto e longo prazos. Por exemplo, consideremos uma empresa jornalística que oferece um CD musical junto com o jornal de domingo adquirido na banca por um valor adicional. Ainda que essa promoção não aumente a venda de jornais no longo prazo (uma vez retirada a promoção, as vendas caem), ela pode ter a função de elevar o lucro do jornaleiro pela venda de outros produtos, ou seja, pelo aumento de fluxo no ponto-de-venda. Essa é uma situação em que, possivelmente, não exista lucro direto com a promoção, mas o aumento do fluxo no ponto-de-venda pode trazer lucros para o estabelecimento.

Temos, portanto, que a avaliação das promoções de vendas deve considerar os efeitos associados:

> a) ao tipo de técnica empregada, com relação à apresentação, localização e formato escolhido;
> b) ao comportamento procurado, se racional ou reacional, considerando o papel do esforço e do tempo;
> c) ao ambiente ou conjuntura, observando quais são as expectativas do consumidor com relação às promoções da categoria ou marca;
> d) ao resultado sinérgico das promoções no ponto-de-venda e
> e) aos efeitos desejados na lealdade à marca.

Bibliografia

AGGARWAL, P.; VAIDYANATHAN, R. Use it or lose it: purchase acceleration effects of time-limited promotions. *Journal of Consumer Behavior*, v. 2, n. 4, p. 393-403, 2003.

BELL, D. R.; CHIANG, J.; PADMANABHAM, V. The decomposition of promotional response: an empirical generalization. *Marketing Science*, v. 18, n. 4, p. 504-526, 1999.

CHIANG, J. A simultaneous approach to the whether, what and how much to buy questions. *Marketing Science*, n. 10, p. 297-315, outono 1991.

CHIANTAGUNTA, P. Investigating purchase incidence, brand choice and purchase decision of households. *Marketing Science*, v. 12, n. 2, p. 184-208, 1993.

D'ASTOUS, A.; JACOB, I. Understanding consumer reactions to premium-based promotional offers. *European Journal of Marketing*, v. 36, nov./dez. p. 1270-1286, 2002.

DODSON, J. A.; TYBOUT, M. A.; STERNTHAL, B. Impact of deals and deal retraction on brand switching. *Journal of Market Research*, v. 15, p. 72-78, fev. 1978.

GUPTA, S. Impact of price promotions on when, what and how much to buy. *Journal of Marketing Research*, p. 342-356, 25 nov. 1988.

INMAN, J. J.; MCALISTER, L. Do coupon expiration dates affect consumer behaviour? *Journal of Marketing Research*, v. 29, p. 423-428, ago. 1994.

INMAN, J. J.; PETER, A. C.; RAGHUBIR, P. Framing the deal: the role of restrictions in accentuating deal value. *Journal of Consumer Research*, v. 24, p. 68-79, jun. 1997.

KUMAR, V.; LEONE, R. P. Measuring the effect of retail store promotions on brand and store substitution. *Journal of Marketing Research*, v. 25, p. 178-185, 1988.

LICHTENSTEIN, D. R.; BURTON, S.; KARSON, E. J. The effects of semantic cues on consumer perceptions of reference prices ads. *Journal of Consumer Research*, v. 18, p. 155-173, 1991.

NORD, W. R.; PETER, J. P. A behavior modification perspective on marketing. *Journal of Marketing*, v. 44, p. 36-47, primavera 1980.

ROTHSHILD, M.; GAIDIS, W. Behavioral learning theory: its relevance to marketing and promotions. *Journal of Marketing*, v. 45, p. 70-78, primavera 1981.

SEMENIK, R.; BAMOSSY, G. *Princípios de marketing: uma perspectiva global.* São Paulo: Makron Books, 1995.

SINHA, I.; SMITH, M. F. Consumer's perceptions of promotional framing of price. *Psychology and Marketing*, v. 17, n. 3, p. 257-275, 2000.

SPEARS, N. Time pressure and information in sales promotion strategy: conceptual framework and content analysis. *Journal of Advertising*, n. 30, p. 66-76, primavera 2001.

SRINIVASAN, S. S.; ANDERSON, R. E. Concepts and strategy guidelines for designing value enhancing sales promotion. *Journal of Product and Brand Management*, v. 7, n. 5, p. 410-420, 1998.

YI, Y.; JEON, H. Effects of loyalty programs on value perception, program loyalty, and brand loyalty. *Journal of the Academy of Marketing Science*, v. 31, n. 3, p. 229-240, 2003.

17

Comunicação organizacional: surgimento e evolução das práticas, conceitos e dimensões

Margarida M. Krohling Kunsch*

Na contemporaneidade, a comunicação organizacional tem ocupado espaço relevante tanto no meio acadêmico como no mundo corporativo. Essa valorização não ocorre por acaso. Um longo caminho foi percorrido até aqui por agentes tanto da academia, por meio de uma nova geração de estudos e de produção de conhecimentos, quanto do mercado profissional, mediante a crescente utilização das suas práticas. Há que se reconhecer sempre que, de um lado, a comunicação é inerente à natureza das organizações e, de outro, que ela passou a assumir nos últimos tempos uma importância estratégica, sendo incorporada de fato na gestão das empresas.

A comunicação humana e as organizações

A comunicação, em primeiro lugar, tem de ser entendida como parte inerente à natureza das organizações. Estas são formadas por pessoas que se comunicam en-

---

*Professora titular e pesquisadora da Escola de Comunicações e Artes da Universidade de São Paulo (ECA-USP). Tem mestrado e doutorado em Ciências da Comunicação e livre-docência em Teoria da Comunicação Institucional: Políticas e Processos pela ECA-USP. Ex-presidente da Intercom e da Alaic – Asociación Latinoamericana de Investigadores de la Comunicación.

tre si e que, por meio de processos interativos, viabilizam o sistema funcional para sobrevivência e consecução dos objetivos organizacionais num contexto de diversidades e de transações complexas. Portanto, sem comunicação, as organizações não existiriam. A organização é um fenômeno comunicacional contínuo.

Há mesmo uma corrente de estudiosos que defende que a organização é comunicação e que ela se auto-organiza com a comunicação e graças a ela. Conforme diz James Taylor (2005, p. 215): "As organizações se auto-organizam e o fazem como resultado da dinâmica da interação local. A auto-organização é um fenômeno comunicacional". Gary Kreps (1995) analisa a comunicação como um processo de organização.

O processo comunicativo que ocorre no âmbito organizacional em que se realizam as relações entre o sistema macro (estrutura social) e o sistema micro (organização) é condicionado a uma série de fatores ou variáveis. Esses fatores podem ser representados, por exemplo, pelos contextos sociais, políticos e econômicos e pelas culturas, visões de mundo dos integrantes em confluência com a cultura organizacional vigente, em que são compartilhados comportamentos e universos cognitivos diferentes.

Nesse contexto as organizações não podem ser vistas e compreendidas como entidades que existem apenas para cumprir objetivos ou fins específicos, conforme apregoam autores funcionalistas como Etzioni (1980), entre outros.[1] O fato de as organizações serem compostas por pessoas que possuem os mais diferentes universos cognitivos e as mais diversas culturas e visões de mundo implica por si só a complexidade que é pensar a comunicação nas organizações ou as organizações como comunicação.

Ou seja, trata-se de trabalhar a comunicação não de um ponto de vista meramente linear, mas de considerar, sobretudo, um processo relacional entre indivíduos, departamentos, unidades e organizações. Se analisarmos profundamente esse aspecto relacional da comunicação do dia-a-dia nas organizações, interna e externamente, perceberemos que elas sofrem interferências e condicionamentos variados, dentro de uma complexidade difícil até de ser diagnos-

---

[1] Para maiores detalhes sobre os conceitos de organizações e instituições com base no pensamento de autores racionalistas (fins específicos) e organicistas (organismos sociais), consultar Kunsch (2003, p. 19-68).

ticada, dados o volume e os diferentes tipos de comunicações existentes, que atuam em distintos contextos sociais.

Quando fazemos referências aos contextos, aspectos relacionais etc., queremos enfatizar que a comunicação organizacional tem de ser pensada numa perspectiva da dinâmica da história contemporânea. Ou seja, segundo Jean-François Chanlat (1999, p. 49), "os contextos são modos de leitura da situação. São as *estruturas de interpretação, os esquemas cognitivos* que cada pessoa possui e utiliza para compreender os acontecimentos que ocorrem e, em particular, compreender o que nos interessa" (grifos nossos).

Nesse sentido, queremos lembrar que tudo o que já foi pesquisado e analisado sobre a evolução das correntes dos estudos teóricos da comunicação se aplica na prática do processo comunicativo nas organizações. Se fizermos um recorte, por exemplo, da "teoria da agulha hipodérmica" ou da "teoria da bala mágica",[2] para compreendermos o paradigma de Harold Lasswell, dos efeitos imediatos de reação do ato comunicativo na comunicação de massa, veremos que ele se aplica à realidade organizacional.

As organizações em geral, como fontes emissoras de informações para seus mais diversos públicos, não devem ter a ilusão de que todos os seus atos comunicativos causam os efeitos positivos desejados ou são automaticamente respondidos e aceitos da forma como foram intencionados. É preciso levar em conta os aspectos relacionais, os contextos, os condicionamentos internos e externos, bem como a complexidade que permeia todo o processo comunicativo. Daí a necessidade de ultrapassarmos a visão meramente mecanicista da comunicação para uma visão mais interpretativa e crítica.

Há necessidade, portanto, de trabalharmos a comunicação nas organizações numa perspectiva muito mais interpretativa do que instrumental e com base em uma visão de mundo. Tendo em vista as experiências tidas com organizações complexas e com estudos realizados, James Taylor (2005, p. 215) relata "que a comunicação não é mais descrita como transmissão de mensagens ou conhecimento, mas como uma atividade prática que tem como resultado a formação de relacionamento".

---

[2] Pode-se consultar, por exemplo, Wolf (1987), entre outros estudiosos das teorias da comunicação.

Assim, quando se fala em comunicação organizacional, temos de primeiro pensar na comunicação humana e nas múltiplas perspectivas que permeiam o ato comunicativo no interior das organizações. Esse é, a nosso ver, o ponto de partida quando se analisa essa modalidade comunicacional. Em primeiro lugar, temos de pensar na comunicação entre as pessoas, no fato de que os seres humanos não vivem sem se comunicar.

Gary Kreps (1995, p. 28), ao defender a comunicação como um processo de organização, enfatiza a importância da comunicação humana nas relações das pessoas no ambiente organizacional:

> A comunicação é um processo dinâmico e contínuo. É o processo que permite aos membros da organização trabalhar juntos, cooperar e interpretar as necessidades e as atividades sempre mutantes da organização. A comunicação humana não começa e nem termina. As pessoas estão envolvidas constantemente com a comunicação, consigo mesmas e com outras, especialmente na vida da organização. A vida da organização proporciona um sistema de mensagens especialmente rico e variado. Os membros da organização devem ser capazes de reconhecer e interpretar a grande variedade de mensagens disponíveis, para que lhes permitam responder de maneira apropriada a distintas pessoas e situações. Não pode existir sem comunicar-se. A comunicação é uma realidade inevitável de pertinência a uma organização e da vida em geral.

Ao tratar de comunicação e organizações, não podemos, portanto, dissociar esse agrupamento de pessoas do verdadeiro sentido da comunicação humana, que pressupõe compreensão e colocação de idéias em comum. Conforme J. R. Whitaker Penteado (1976, p. 1), a comunicação humana tem como grande objetivo o entendimento entre as pessoas: "Para que exista entendimento, é necessário que se compreendam mutuamente indivíduos que se comunicam".

Nesse contexto, chamamos a atenção para a necessidade de uma maior valorização, também, da comunicação interpessoal por parte das organizações. Acreditamos que ainda é um segmento pouco considerado no âmbito organizacional e não tem sido objeto de muitos estudos no meio acadêmico da área de comunicação social.

Em geral, a comunicação interpessoal é considerada como a interação de natureza conversacional, que implica o intercâmbio de informação verbal e não verbal entre dois ou mais participantes em uma situação face a face. Tânia Casado (2002, p. 279) a considera como um dos pilares mais importantes na gestão das pessoas nas organizações e destaca quatro formas de comunicação interpessoal mais presentes: verbal, não-verbal, simbólica e paralingüística. Ronald B. Adler e Neil Towne (2002, p. 10)[3] trabalham com duas visões da comunicação interpessoal: a definição quantitativa e a qualitativa:

> Uma definição quantitativa da comunicação interpessoal inclui qualquer interação entre duas pessoas, em geral frente a frente... Usando uma definição qualitativa, a comunicação interpessoal ocorre quando as pessoas tratam a outra como indivíduos singulares, independentemente do contexto em que a interação ocorre ou o número de pessoas envolvidas. Quando a qualidade da interação é o critério, o oposto da comunicação impessoal é a interação pessoal, e não a comunicação de grupo, pública ou de massa.

Essa visão qualitativa da comunicação interpessoal, trabalhada por esses autores, que a caracteriza como singular, insubstituível, interdependente e intrinsecamente compensadora, faz-nos refletir sobre como as organizações em geral a cultivam pouco ou mesmo deixam de possibilitar um ambiente propício para relacionamentos interpessoais realmente qualitativos nas relações cotidianas de trabalho.

Surgimento e evolução das práticas

A comunicação organizacional, na forma em que se encontra configurada hoje em dia, é fruto de sementes lançadas no período da Revolução Industrial, que ensejariam grandes e rápidas transformações em todo o mundo. A revolução, com a conseqüente expansão das empresas a partir do século XIX, propiciou o

---

[3] No livro *Comunicação interpessoal* (2002), esses autores apresentam um estudo detalhado dos aspectos que envolvem a comunicação interpessoal. Sugere-se consultá-lo para maior aprofundamento do assunto.

surgimento de mudanças radicais nas relações de trabalho, nas maneiras de produzir e nos processos de comercialização. Nesse contexto é que se devem buscar as causas do surgimento da propaganda, do jornalismo empresarial, das relações públicas e da própria comunicação organizacional como um todo.

As mudanças provocadas com o processo de industrialização obrigaram as empresas a buscar novas formas de comunicação com o público interno, por meio de publicações dirigidas especialmente aos empregados, e com o público externo, por meio de publicações centradas nos produtos, para fazer frente à concorrência e a um novo processo de comercialização. Assim, a propaganda foi pioneira em buscar formas de comunicação mercadológica com o mundo exterior, especialmente com o consumidor.

A comunicação com o público interno inicia-se com um formato muito mais de ordem administrativa e de informações. Foram as primeiras iniciativas da existência de comunicação nas organizações – a comunicação administrativa ou gerencial. É uma comunicação que assume um caráter funcional e instrumental. Esse formato se estendeu também por muito tempo ao relacionamento com os públicos externos, enfatizando a divulgação dos produtos e da organização, sem uma preocupação com o retorno das percepções e dos interesses dos públicos, isto é, com a comunicação simétrica.

Com a evolução do seu uso e a importância cada vez mais crescente nos processos de gestão e na divulgação institucional propriamente dita, a comunicação foi assumindo novas características, sendo mais produzida tecnicamente e tendo como base pesquisas de opinião junto aos diferentes públicos, até chegar ao estágio em que se encontra hoje em muitas organizações *top* e/ou modernas, no qual atinge um grau de sofisticação na sua elaboração e, também, um caráter estratégico, tanto no âmbito dos negócios quanto no conjunto dos objetivos corporativos.

Devido às mudanças ocorridas mundialmente com o fim da Guerra Fria, em 1989, e à nova geopolítica fomentada, sobretudo, pelo fenômeno da globalização e da revolução tecnológica da informação e da comunicação, as organizações tiveram de enfrentar um novo cenário mundial, dominado pelos mercados globais e por uma economia marcada por uma competição sem precedentes na história da humanidade.

Todas essas transformações alteraram por completo o comportamento institucional das organizações, e a comunicação passou a ser considerada de outra maneira. Assim como a propaganda teve um papel fundamental após a Revolução Industrial, a comunicação organizacional no sentido corporativo começou a ser encarada como algo essencial e uma área estratégica na contemporaneidade. As ações isoladas de comunicação de marketing são insuficientes para fazer frente aos novos mercados competitivos e para se relacionar com os *stakeholders* ou públicos estratégicos. Estes são cada vez mais exigentes e cobram das organizações responsabilidade social, atitudes transparentes, comportamentos éticos, graças a uma sociedade mais consciente e a uma opinião pública sempre mais vigilante. Nesse contexto, a comunicação passa a ser estratégica, e a sua gestão tem de ser profissionalizada e dirigida com competência.

Qual a importância e as principais características dessa comunicação na atualidade? Como essa área se configura no mercado profissional? As organizações em geral valorizam a comunicação? Quais são as realidades mais presentes? Infelizmente nem todas as organizações atribuem à comunicação a relevância que ela deveria merecer neste início do século XXI. Muitas só descobrem a necessidade de investir nessa área em momentos de crise, usando estratégias de relações públicas e técnicas de gerenciamento da comunicação com os públicos e a opinião pública só para "apagar incêndios". Por outro lado, percebe-se que, em geral, está ocorrendo uma valorização da comunicação organizacional em termos mundiais, tanto no mercado profissional quanto no meio acadêmico.

Na contemporaneidade, a comunicação organizacional acontece dentro de um contexto muito mais complexo no âmbito tanto das organizações quanto da sociedade. Grandes são os desafios a serem enfrentados pelos agentes envolvidos numa sociedade em constantes mutações, na qual o que predomina é a incerteza global. Para Anthony Giddens (2002, p. 22),

> o que separa a era moderna de qualquer período anterior é seu dinamismo. O mundo moderno é um "mundo em disparada": não só o *ritmo* de mudança social é muito mais rápido que em qualquer sistema anterior; também a *amplitude e a profundidade* com que ela afeta práticas sociais e modos de comportamento preexistentes são maiores.

As organizações, como partes integrantes da sociedade, são diretamente afetadas por todas essas novas mudanças e, conseqüentemente, a sua comunicação assume novas formas de atuação. Deixa de ter uma função apenas técnica e instrumental para ser estratégica. As ações de comunicação precisam ser muito mais bem pensadas estrategicamente e planejadas com base em pesquisas científicas e análise de cenários. Daí a necessidade de se ter uma visão abrangente e integrada da comunicação, unindo o trabalho de relações públicas perante a comunicação institucional e o de marketing diante da comunicação mercadológica, como veremos mais adiante.

E no Brasil? Como podemos analisar o surgimento e a evolução das práticas da comunicação organizacional? Quais seriam as principais características que ela assume na atualidade? São considerações que analisaremos a seguir.

Panorama das práticas da comunicação nas organizações brasileiras

O surgimento da comunicação organizacional no Brasil[4] é decorrência do processo de desenvolvimento econômico, social e político do país e da evolução das atividades de relações públicas e do jornalismo empresarial. São essas duas áreas das ciências da comunicação que iniciaram as primeiras atividades desse setor e que permitiram seu crescimento ao longo das últimas cinco décadas, tanto no nível acadêmico quanto no mercado profissional.

Assim, o jornalismo empresarial, a exemplo das relações públicas, começaria a configurar-se efetivamente, em nosso meio, a partir da década de 1950, como uma conseqüência natural da aceleração que se imprimiu ao processo de industrialização com a política industrial desenvolvimentista iniciada por Getúlio Vargas e implementada de forma mais efetiva por Juscelino Kubitschek de Oliveira.

Um fato marcante que ajudou a alavancar o início do desenvolvimento desse campo no Brasil foi a criação, em 1954, da Associação Brasileira de Relações Públicas (ABRP), que no ano de 2004 completou seus 50 anos. Nos anos 1950, buscava-se sistematizar e organizar a atividade de relações públicas, que

---

[4] Para maiores detalhes sobre jornalismo empresarial e sua evolução, assim como sobre os primeiros jornais e boletins de empresa, consultar Torquato (1984, p. 17-20). Sobre o histórico das relações públicas e da comunicação organizacional no Brasil, ver Kunsch (1997, p. 19-47).

se iniciava de maneira promissora. Com a promoção de cursos de capacitação, congressos, de participação de especialistas vindos do exterior, tentava-se dar um caráter mais profissional, técnico-científico, para uma área que basicamente se iniciava no país.

Nessa mesma década surge a primeira empresa de comunicação empresarial no Brasil, a Companhia Nacional de Relações Públicas e Propaganda. Criada em 1952, por Romildo Fernandes e Inácio Penteado da Silva, ela sinalizava desde então uma forma abrangente e pioneira de prestação de serviços de comunicação para as empresas. Um incremento real só viria a ter lugar na década de 1960, com a expansão dos departamentos de relações públicas e de relações industriais nas grandes empresas multinacionais, que trouxeram suas experiências dos países de origem. Essas empresas iniciaram todo um processo de uma cultura de valorização da comunicação, sobretudo das áreas de relações públicas, propaganda/publicidade e jornalismo empresarial, cujo paradigma dominante foi marcadamente o do modelo norte-americano.

As publicações institucionais passaram a ser cada vez mais valorizadas como um meio imprescindível para atender às novas demandas da comunidade e da opinião pública, desencadeadas com o desenvolvimento rápido da economia e da sociedade brasileira. E, à medida que a conjuntura e as estruturas se sofisticavam, também era preciso aperfeiçoar o relacionamento entre o capital e o trabalho e entre a organização e seu universo de públicos externos. Assim, os profissionais que atuavam nos mencionados departamentos logo perceberam a necessidade de maior nível de qualidade editorial e técnica para tais publicações, mediante uma aglutinação de esforços com essa finalidade. Daí o empenho de algumas lideranças em criar uma entidade capaz de organizar melhor esse segmento e profissionalizar as publicações institucionais.

Nesse contexto surge a Associação Brasileira dos Editores de Revistas e Jornais de Empresa (Aberje), sob a iniciativa do saudoso Nilo Luchetti, humanista, incansável propugnador dessa causa, então editor da revista *Notícias Pirelli*, como chefe de Relações Sociais da Pirelli. A criação da Aberje foi fruto de toda uma parceria entre os profissionais de jornalismo, relações públicas e recursos humanos que atuavam em grandes empresas multinacionais e perceberam a necessidade de maior sistematização das publicações empresariais.

A Aberje, que, mantendo o nome fantasia inicial, desde 1989 se denomina Associação Brasileira de Comunicação Empresarial, hoje se apresenta como uma entidade representativa do setor. Marcada por um espírito empreendedor, exerce papel relevante em prol do desenvolvimento da comunicação organizacional no país. Suas diversas frentes de atuação – Prêmio Aberje, eventos culturais e técnicos, cursos de reciclagem profissional, publicações, site etc. – têm permitido aglutinar centenas de associados e fomentar o debate dos grandes temas contemporâneos da comunicação como prática estratégica nas organizações, mediante a participação de especialistas acadêmicos e profissionais e de conferencistas internacionais nos congressos que vêm realizando.

Outra iniciativa que contribuiu para a profissionalização do jornalismo empresarial e que não pode ficar fora dos registros históricos da comunicação organizacional no Brasil é a Programação e Assessoria Editorial (Proal). Criada em 1968, em São Paulo, com a finalidade precípua de prestar serviços de consultoria a publicações empresariais, sua atuação marcou todo um pioneirismo na terceirização dos serviços de consultoria em publicações empresariais.

Com a reabertura política do país, a partir de 1985 novos ares surgem para a comunicação, passando as instituições e organizações a entender melhor a necessidade de serem transparentes e o fato de que suas relações com a sociedade deveriam dar-se pelas vias democráticas. Conseqüentemente, perceberam que aqueles formatos tradicionais dos departamentos de relações públicas governamentais e de relações com a imprensa, assim como as ações comunicativas centradas no jornalismo empresarial, focadas somente nos produtos (jornais, revistas, boletins, vídeos institucionais ufanistas etc.), não dariam conta de atender às novas demandas sociais e que a comunicação organizacional, como todas as subáreas da comunicação social, tinha de buscar um novo desenho e uma forma mais estratégica de atuar no âmbito organizacional.

Um exemplo ilustrativo dessa época foi o trabalho desenvolvido pela Rhodia, entre 1982 e 1988. Sob a liderança de Walter Nori, a equipe de comunicação dessa empresa criou na época um Plano de Comunicação Social, que apresentava uma estrutura de comunicação integrada. Esse plano foi amplamente divulgado na mídia, nas escolas e para os públicos formadores de opinião. Tal iniciativa provocaria mudanças no comportamento institucional da empresa, que antes era fechada e não se preocupava com a transparência e o diálogo aberto com a comunidade, a imprensa, o consumidor etc.[5] Esse fato constitui um marco de certo destaque na história da comunicação organizacional no Brasil, tendo servido de paradigma para outras organizações que perceberam que precisavam redimensionar sua comunicação para uma perspectiva mais proativa e democrática.

Em relação às características e às práticas vigentes da área de comunicação nas organizações brasileiras, a nosso ver, temos quatro realidades distintas. A primeira é atribuída àquelas organizações que vêem a comunicação como um elevado valor estratégico de resultados, fazendo nela grandes investimentos e valendo-se de profissionais realmente competentes para dirigi-la, contratando serviços especializados de empresas terceirizadas.

Na segunda, a comunicação é vista apenas na esfera técnico-tática, fazendo, sim, divulgação – por meio de assessoria de imprensa, de jornais, revistas, boletins, vídeos, folhetos etc. –, mas sem uma perspectiva mais clara quanto a diretrizes e estratégias. Temos no mercado excelentes produtores e executores da comunicação. Mas, em geral, ainda temos carência de mais "estrategistas". Faltam ainda profissionais – diretores, gerentes etc. – que, dotados de sólida formação especializada, sejam gestores daquilo que, desde 1985, defendemos como "comunicação organizacional integrada", em que a comunicação institucional, a comunicação mercadológica, a comunicação interna e a comunicação administrativa canalizem, unidas, toda a sua sinergia para os objetivos institucional-corporativos e negociais das organizações.

A terceira realidade é a das organizações em que a comunicação é reativa, improvisada, feita "por qualquer um", sem valorizar o profissional especialista. Já a quarta pode ser caracterizada pelas organizações que "não estão nem aí" para a comunicação. Ela existe espontaneamente, mas não recebe nenhum tratamento especial. Ocorre para viabilizar os fluxos de entrada, transformações e saídas numa perspectiva sistêmica, assumindo uma função mais administrativa e funcional.

---
[5] Consultar Valente e Nori (1990), para ver como foi todo esse processo de implantação e mudança de políticas da empresa no tocante ao relacionamento com os públicos.

Conceitos e dimensões

Costumamos conceituar e ver a comunicação organizacional como uma área abrangente e numa perspectiva de integração das subáreas da comunicação social, como destacaremos posteriormente. Entendida, também, como comunicação empresarial, cuja terminologia ainda é a mais utilizada pelo mercado profissional, vem sendo denominada por muitas outras terminologias. Há os que preferem chamá-la de comunicação corporativa, relações institucionais, assuntos corporativos, relações externas etc. Afinal, por que as organizações adotam tantos adjetivos para caracterizar algo tão substantivo? Por que não há uma identidade única e definida adotada pelas organizações? Seria a falta de uma epistemologia e de uma base conceitual mais sólida? Como os estudiosos têm trabalhado a questão?

Se recorrermos à revisão bibliográfica da literatura internacional disponível do campo, verificaremos que existem várias correntes de pensamento. Diferentes conceitos de comunicação organizacional são apresentados, dependendo das percepções e visões dos autores que têm se dedicado ao assunto desde a década de 1950 até hoje. Não é nosso propósito fazer aqui uma retrospectiva desses estudos.[6] Destacaremos apenas alguns pontos mais ilustrativos para exemplificar como autores de diferentes países concebem essa modalidade comunicacional.

O pensamento comunicacional dos Estados Unidos, numa perspectiva tradicional, tinha como foco ver a comunicação organizacional mais no âmbito interno e nos processos informativos de gestão. Linda Putnam e George Cheney (1990) identificaram cinco tradições de pesquisa no período de 1960 a 1980: o estudo da comunicação como meio-mensagem; estudos de canais de comunicação; estudos de clima; análise das redes formal e informal de comunicação; comunicação superior–subordinado. A partir dos anos 1980 há uma reviravolta nas pesquisas e começam a ser incorporados os estudos interpretativos

---

[6] Para uma melhor compreensão dos estudos já realizados sobre comunicação organizacional, sobretudo do pensamento dos pesquisadores dos Estados Unidos, país que detém a hegemonia do campo como identidade acadêmica, sugere-se consultar o *handbook* organizado por Jablin e Putnam (2001), principalmente os primeiros capítulos, em que os autores fazem uma revisão das "revisões" dos estudos da área.

que procuram priorizar outros aspectos, como a ênfase nas práticas cotidianas, nas interações sociais, nos processos simbólicos etc. Hoje, pode-se dizer que os estudos são mais abrangentes e contemplam muitos assuntos, como análise de discurso, tomada de decisão e poder, aprendizagem organizacional, tecnologia, liderança, identidade organizacional, globalização e organização, entre outros.

Muitos estudiosos do campo, em países da Europa e da América Latina, incluindo-se aqui também o Brasil, trabalham a comunicação organizacional numa perspectiva muito mais ampla, abrangendo as suas várias modalidades (administrativa, interna, institucional, mercadológica ou de negócios), tendo como ênfase uma estratégia voltada para resultados e ganhos de retornos de imagem e identidade corporativa.

Uma singularidade em todo esse contexto pode ser encontrada no Canadá, onde a Escola de Montreal apresenta uma visão mais ousada da comunicação organizacional. Seu pensamento pode ser considerado uma mescla do pragmatismo norte-americano com o pensamento francês, tendo como um de seus principais expoentes James Taylor, da Universidade de Montreal, que tem trabalhado a comunicação organizacional numa perspectiva interpretativo-crítica, vendo a comunicação *como* organização, em vez da comunicação *nas* organizações, conforme já demos a entender antes.

Taylor adota uma perspectiva mais dialética e assume a complexidade da comunicação nas organizações. As relações ocorrem entre *pessoas* com diferentes visões de mundo, e essas *pessoas*, para que haja sucesso da organização, devem ser capazes de agregar seus *accounts* (experiências e perspectivas) ao *account* maior da organização (uma espécie de "razão de ser"). A questão da diversidade nas organizações é bastante abordada por Taylor em sua teoria da co-orientação, na qual ele admite que cada membro da organização é influenciado por todos os outros, partindo sempre de um plano simbólico realizado na linguagem e nas narrativas. Essa visão, portanto, deixa de conceber a comunicação como instrumental ou como um contêiner ou depósito para viabilizar os fluxos informativos e a vê numa dimensão muito mais humana e de interação entre os indivíduos dentro das organizações.

Com base em novas tendências, o estudioso norte-americano Stanley Deetz (2001, p. 3-46) questiona o que, afinal, é comunicação organizacional. O que vemos ou o quanto estamos preparados para fazer, se pensamos a comunicação organizacional apenas de uma forma em contraposição a outras? Partindo dessa problemática, o autor propõe três novas e diferentes maneiras de conceituar a comunicação organizacional. Assim, de acordo com sua percepção, primeiro o foco poderia estar no desenvolvimento da comunicação organizacional como uma *especialidade* em departamentos e associações de comunicação, caracterizando-se como qualquer produção ou publicação de seus membros em jornais privados. Em segundo lugar, ela poderia ser analisada como um fenômeno que existe dentro das organizações, independentemente de seus departamentos. E, por fim, poderia ser pensada como uma maneira de descrever e explicar as organizações, ou seja, como um modo distinto de realizar a organização: "Assim como a sociologia, psicologia ou economia podem ser pensadas como capazes de explicar os processos organizacionais, a comunicação também poderia ser pensada como um modo distinto de estudo ou modo de pensar nas organizações".

O espanhol Joan Costa, um dos especialistas mais conceituados no assunto na Europa, apresenta uma visão abrangente da comunicação como estratégia nas organizações, dando importância às questões de imagem e da identidade corporativa:

> A comunicação se transformou em "corporativa". Não por um capricho da linguagem ou por querer introduzir mais complexidade no mundo das empresas, mas pela força das coisas. Daí que as organizações estejam despreparadas diante de uma nova realidade emergente, que é, ela mesma, produto da complexidade generalizada e da atuação tecnológica que caracterizam nossa sociedade e nossa civilização. (Costa, 1995, p. 95)

Para esse autor, a comunicação corporativa nasce de uma nova estratégia das organizações e leva em conta o total da comunicação de marketing, as várias formas de comunicação organizacional e da comunicação administrativa. Trata-se de uma abordagem, segundo ele, que especialistas dessa área trabalham para dinamizar suas próprias atividades de comunicação.

Já o holandês Cees B. M. van Riel (1995, p. 12), diretor do Centro de Comunicação Corporativa da Erasmus University, apresenta uma visão da comunicação corporativa e estratégica com forte ênfase nos estudos de reputação e imagem corporativas. Ele conceitua a comunicação organizacional como

> um termo generalizado que engloba as relações públicas, assuntos públicos, relações com investidores, comunicação com o mercado de trabalho, propaganda institucional, comunicação com o ambiente e comunicação interna. Denota um grande grupo de atividades heterogêneas de comunicação, que só possuem algumas características em comum. A característica mais importante que todas essas atividades têm em comum é, sem dúvida, que todas elas são primordialmente dirigidas aos chamados públicos-alvo.

Para o mexicano Horácio A. Rodriguez de San Miguel (2003), a comunicação organizacional pode ser vista como um conjunto de técnicas e atividades que buscam facilitar o processo de comunicação nas organizações pela comunicação interna, comunicação externa, relações públicas, publicidade e propaganda institucional. A visão mexicana de comunicação organizacional é mais focada na comunicação integrada e estratégica, com ênfase nos aspectos institucionais do processo. Maria Antonieta Rebeil Corella (2000, p. 177), também do México, em um artigo, faz uma rápida asserção de como a comunicação organizacional é vista pelos estudiosos desse país e propõe a seguinte definição:

> A comunicação organizacional é aquela que dentro de um sistema econômico, político, social ou cultural se dá à tarefa de resgatar a contribuição ativa de todas as pessoas que operativa e tangencialmente buscam abrir espaços para a discussão dos problemas da empresa ou instituição, esforçando-se por lograr soluções coletivas que beneficiam ao sistema e que o tornam mais produtivo. A comunicação organizacional inclui três dimensões: a comunicação institucional ou corporativa; a comunicação interna; e a comunicação mercadológica (marketing e publicidade).

Os estudos colombianos contemplam uma visão ampla e social da comunicação nas organizações, entendendo-a como processos, mensagens e redes e analisando sua gestão por meio da cultura e identidade organizacionais. Enfatizam, também, a comunicação estratégica e corporativa. Mariluz Restrepo (1995, p. 92), por exemplo, valoriza muito os aspectos da cultura e da identidade na dinâmica organizacional. A autora comenta:

> A comunicação em e das organizações deve ser entendida de uma maneira integral, reconhecida como presente em todas as ações de uma empresa ou entidade, configurando de maneira permanente a construção de sua cultura e identidade, marcando um estilo próprio e, por fim, suas formas de projetar-se ao exterior. Cada vez está mais nítido como os processos comunicacionais contribuem para desenvolver formas de inter-relação mais participativas e, portanto, mais comprometidas a dar maior flexibilidade às organizações como base de sua permanente transformação e a facilitar sua interação social de maneira responsável para conjugar seus interesses com as condições culturais, econômicas e políticas em que se inserem e se desenvolvem, para configurar com maior sentido nossa sociedade. Trabalhar esses aspectos se faz indispensável como parte das tarefas de qualquer organização. Ao se abordarem as organizações a partir de uma perspectiva comunicacional, reconhecem-se novas maneiras de ver o trabalho, as relações internas e os diversos processos de interação com seus diversos públicos externos.

Pablo A. Múnera Uribe e Uriel H. Sánchez Zuluaga (2003, p. 107), outros estudiosos do campo na Colômbia, priorizam a visão mais corporativa da comunicação organizacional. Para esses autores,

> uma primeira definição poderia ressaltar que a comunicação corporativa é a integração de todas as formas de comunicação de uma organização, com o propósito de fortalecer e fomentar sua identidade e, por conseqüência, melhorar sua imagem corporativa. É dizer que abarca todas as formas de apresentação e representação (simbolismo) de uma empresa; suas ações e seus atos voluntários, os tipos de comunicação com suas polaridades e gamas, entre os quais se podem enumerar o estratégico e o tático, o formal e o informal, a comunicação personalizada e a de difusão, a de massa e a dirigida, a imediata e a mediata, a direta e a indireta, a unidirecional e a bi-

direcional, a próxima e a distante, a carismática e a funcional, a quente e a fria, a relacional e a pontual, assim como a motivadora e a pesada.

No Brasil, os estudiosos da comunicação organizacional a abordam dentro de uma visão ampla e estratégica, considerando-a numa perspectiva integrada. Gaudêncio Torquato (1986, 2002), um dos pioneiros dessa concepção no país, arrola sob esse conceito as subáreas da comunicação social (jornalismo, relações públicas, publicidade, editoração etc.), a assessoria de imprensa, o jornalismo empresarial, a comunicação interna, a comunicação institucional, o marketing cultural e social, entre outras, todas elas amplamente trabalhadas em suas obras.

Wilson da Costa Bueno (2003, p. 31-32) procura conciliar o institucional e o mercadológico, destacando a função social das empresas. O autor continua adotando até hoje a terminologia *comunicação empresarial*. Ele afirma:

> A comunicação empresarial afina-se com o processo de gestão organizacional e tem sido pouco a pouco afetada pelas pressões do mercado, sobretudo quando ele se orienta por objetivos estritamente comerciais, relegando a segundo plano o seu caráter institucional. Felizmente, por uma reação de grupos sociais, as organizações têm sido pressionadas a exercer, em sua plenitude, sua função social. A indústria da comunicação também experimenta mudanças drásticas, com o aprofundamento de sua concentração e a sua dependência de fatores políticos e econômicos. A comunicação empresarial precisa conciliar estas duas vertentes, a institucional e a mercadológica, de modo a garantir, ao mesmo tempo, o reforço da imagem de uma empresa comprometida com a cidadania e a obtenção de resultados favoráveis.

De nossa parte, conceituamos da seguinte forma a *comunicação organizacional integrada*:

> Comunicação organizacional, como objeto de pesquisa, é a disciplina que estuda como se processa o fenômeno comunicacional dentro das organizações no âmbito da sociedade global. Ela analisa o sistema, o funcionamento e o processo de comunicação entre a organização e seus diversos

públicos. "Comunicação organizacional", "comunicação empresarial" e "comunicação corporativa" são terminologias usadas indistintamente no Brasil para designar todo o trabalho de comunicação levado a efeito pelas organizações em geral. Fenômeno inerente aos agrupamentos de pessoas que integram uma organização ou a ela se ligam, a comunicação organizacional configura as diferentes modalidades comunicacionais que permeiam sua atividade. Compreende, dessa forma, a comunicação institucional, a comunicação mercadológica, a comunicação interna e a comunicação administrativa. (Kunsch, 2003, p. 149)

Essa concepção procura contemplar uma visão abrangente da comunicação nas e das organizações, levando em conta todos os aspectos relacionados à complexidade do fenômeno comunicacional inerente à natureza das organizações, bem como os relacionamentos interpessoais, além da função estratégica e instrumental. Trata-se de um estudo a que estamos nos dedicando desde os anos 1980 e que continua em curso, pois buscamos sempre fundamentar e aperfeiçoar os pontos mais relevantes para construção de uma teoria numa perspectiva do pensamento comunicacional brasileiro dessa área do conhecimento.

Na verdade, o que defendemos é a adoção, por parte das organizações, de uma filosofia da comunicação integrada e a não-fragmentação dessa comunicação. Quando procuramos esboçar nossa proposta, não queremos dar a entender que tudo deva ocorrer de maneira tranqüila, sem conflitos e em compartimentos separados, conforme os diagramas. Estes têm como propósito tornar os conceitos muito mais didáticos e compreensíveis.

Apresentamos, a seguir, um novo diagrama (Figura 17.1), diferente dos apresentados em outras obras de nossa autoria (ver, por exemplo, Kunsch, 1997 e 2003).

Nesse diagrama procuramos destacar duas áreas fundamentais para dirigir a comunicação organizacional: relações públicas e marketing. A primeira abarcaria, pela sua essência teórica, a comunicação institucional, a comunicação interna e a comunicação administrativa. O marketing responderia por toda a comunicação mercadológica.[7]

---

[7] Para maiores detalhes sobre os conceitos dessas modalidades comunicacionais, consultar Kunsch (2003, p. 152-178).

Relação Públicas
Comunicação Institucional
- Marketing Social
- Marketing Cultural
- Jornalismo Empresarial
- Assessoria de Imprensa
- Imagem Corporativa
- Editoração Multimídia
- Publicidade Institucional

Comunicação Interna
Comunicação Administrativa
- Processo Comunicativo
- Fluxos Informativos
- Redes Formais e Informais
- Barreiras
- Mídias Internas

O Mix da Comunicação nas Organizações

Marketing
Comunicação Mercadológica
- Publicidade
- Promoção de Vendas
- Feira e Exposições
- Marketing Direto
- Imagem Corporativa
- Merchandising
- Venda Pessoal

Fonte: Margarida M. Krohling Kunsch.

Figura 17.1 Comunicação organizacional integrada.

Como se pode notar, a comunicação organizacional, nessa perspectiva abrangente, é por si só complexa. Nesse sentido a área da comunicação deixa de ter uma função meramente tática e passa a ser considerada estratégica, isto é, ela precisa agregar valor às organizações. Ou seja, deve ajudar as organizações no cumprimento de sua missão, na consecução dos objetivos globais, na fixação pública dos seus valores e nas ações para atingir seu ideário de visão no contexto de uma visão de mundo, sob a égide dos princípios éticos. Ressalte-se, ainda, que as ações comunicativas precisam ser guiadas por uma filosofia e uma política de comunicação integrada que levem em conta as demandas, os interesses e as exigências dos públicos estratégicos e da sociedade, ou seja, deve haver total integração entre a comunicação interna, a comunicação institucional e a comunicação de negócios para a busca e o alcance da eficácia, da eficiência e da efetividade organizacional, em benefício dos públicos e da sociedade como um todo, e não só da empresa isoladamente. Estudar, compreender e praticar a comunicação organizacional, portanto, é muito mais complexo do que se imagina.

Bibliografia

ADLER, R. B.; TOWNE, N. *Comunicação interpessoal*. 9. ed. Rio de Janeiro: LTC, 2002.

BUENO, W. C. *Comunicação empresarial: teoria e pesquisa*. Barueri: Manole, 2003.

CASADO, T. O papel da comunicação interpessoal. In: *As pessoas na organização*. São Paulo: Gente, 2002. p. 271-282.

CHANLAT, J. F. *Ciências sociais e management: reconciliando o econômico e o social*. Trad. Ofélia de Lanna Sette Torres. São Paulo: Atlas, 1999.

COSTA, J. *Comunicación corporativa y revolución de los servicios*. Madri: Editorial de las Ciencias Sociales, 1995.

DEETZ, S. Conceptual fondations. In: JABLIN, F. M.; PUTMAN, L. The new handbook of organization communications: advances in theory, research and methods. Thousand Oaks: Sage, p. 3-46, 2001.

ETZIONI, A. *Organizações modernas*. 6. ed. São Paulo: Pioneira, 1980.

FERNANDES COLLADO, C. (org.). *La comunicación en las organizaciones*. 2. ed. México: Trillas, 2003.

GIDDENS, A. *Modernidade e identidade*. Rio de Janeiro: Jorge Zahar, 2002.

JABLIN, F. M.; PUTNAM, L. L. (eds.). *The new handbook of organizational communication: advances in theory, research, and methods*. Thousand Oaks: Sage, 2001.

KREPS, G. L. *La comunicación en las organizaciones*. 2. ed. Buenos Aires: Addison-Wesley Iberoamericana, 1995.

KUNSCH, M. M. K. (org.). *Obtendo resultados com relações públicas*. 2. ed. São Paulo: Pioneira Thomson Learning, 2006.

_____. *Planejamento de relações públicas na comunicação integrada*. 4. ed. rev. ampl. e atual. São Paulo: Summus, 2003.

_____. *Relações públicas e modernidade: novos paradigmas na comunicação organizacional*. São Paulo: Summus, 1997.

_____. *Universidade e comunicação na edificação da sociedade*. São Paulo: Loyola, 1992.

LUCHETTI, N. Parto normal. Um relato sobre o nascimento da Aberje, trinta anos atrás. *Revista de Comunicação Empresarial*, ano 2, n. 25, 4º trim., p. 18-23, 1997.

MÚNERA URIBE, P. A.; SÁNCHEZ ZULUAGA, U. H. *Comunicación empresarial: una mirada corporativa*. Medellín: Asociación Iberoamericana de Comunicación Estratégica, 2003.

PENTEADO, J. R. W. *A técnica da comunicação humana*. 5. ed. São Paulo: Pioneira, 1976.

PUTNAM, L.; CHENEY, G. Organizational communication: historical development and future directions. In: CORMAN, S. R. et al. (eds.). *Foundations of organizational communication: a reader*. Nova York/Londres: Longman, 1990. p. 44-61.

PUTNAM, L. L. et al. Communication theory and organizational communication: multiple perspectives. In: JABLIN, F. M. et al. (eds.). *Handbook of organizational communication*. Newbury Park: Sage, 1987. p. 18-39.

_____. Metáforas da comunicação e da organização. In: CLEGG, S. R.; HARDY, C.; NORD, W. R. (orgs.). *Handbook de estudos organizacionais*. v. 3 – Ação e análise organizacionais. São Paulo: Atlas, 2004. p. 77-125.

PUTNAM, L. L.; PACANOWSKY, M. E. *Communication and organizations: an interpretative approach*. Newbury Park/Londres: Sage, 1983.

REBEIL CORELLA, M. A.; RUIZ SANDOVAL, C. (coords.). *El poder de la comunicación en las organizaciones*. México: Plaza y Valés Editores/Universidad Iberoamericana, 2000.

RESTREPO, M. Comunicación para la dinámica organizacional. *Revista Signo y Pensamiento*, v. XIV, n. 26, p. 91-96, 1995.

RIEL, C. B. M. van. *Principles of corporate communication*. Hemel Hempstead: Prentice Hall, 1995.

RODRIGUEZ DE SAN MIGUEL, H. A. Definición y alcance de la comunicación organizacional. In: FERNANDES COLLADO, C. (org.). *La comunicación en las organizaciones*. 2. ed. México: Trillas, 2003. p. 11-17.

TAYLOR, J. R. *Rethinking the theory of organizational communication: how read an organization*. Norwood: Ablex, 1993.

_____. Engaging organization through worldview. In: MAY, S.; MUMBY, D. K. (ed.). *Engaging organizational communication theory and perspectives: multiple perspectives*. Thousand Oaks: Sage, 2005. p. 197-221.

TORQUATO, G. *Jornalismo empresarial*. São Paulo: Summus, 1984.

TORQUATO, G. *Comunicação empresarial, comunicação institucional: conceitos, estratégias, sistemas, estruturas, planejamento e técnicas*. São Paulo: Summus, 1986.

_____. *Cultura, poder, comunicação e imagem: fundamentos da nova empresa*. São Paulo: Pioneira, 1991.

_____. *Jornalismo empresarial*. São Paulo: Summus, 1984.

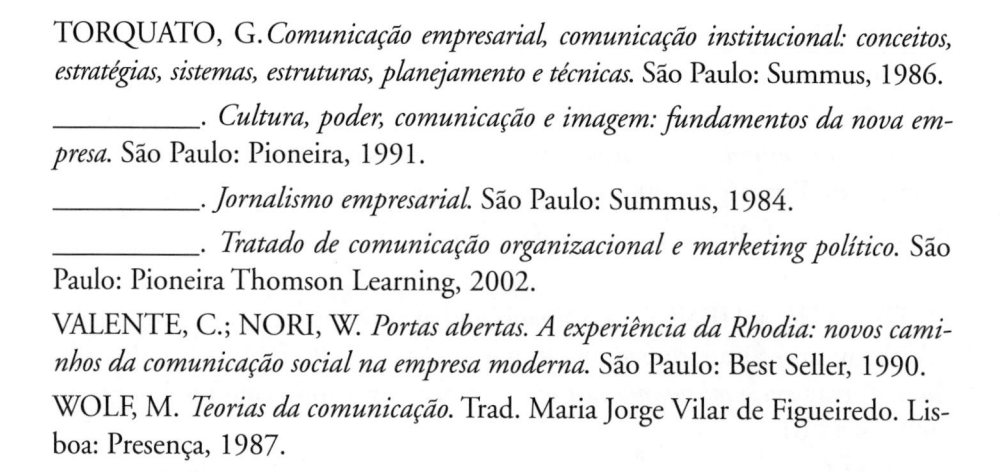

_____. *Tratado de comunicação organizacional e marketing político*. São Paulo: Pioneira Thomson Learning, 2002.

VALENTE, C.; NORI, W. *Portas abertas. A experiência da Rhodia: novos caminhos da comunicação social na empresa moderna*. São Paulo: Best Seller, 1990.

WOLF, M. *Teorias da comunicação*. Trad. Maria Jorge Vilar de Figueiredo. Lisboa: Presença, 1987.

18

Agências de comunicação, uma atividade em (r)evolução

Paulo Nassar*

A pré-história das agências de comunicação

Na última metade do século XIX se colocaram com força, na sociedade norte-americana, as demandas modernas que envolvem até os nossos dias os relacionamentos das grandes corporações e seus dirigentes com inúmeros públicos, entre eles trabalhadores, autoridades e imprensa. Entre essas demandas, a que mais se destacava era a necessidade que os empresários tinham de adaptar seus negócios e atitudes às regras da democracia e da bolsa de valores, bem como aos limites impostos pelos direitos dos cidadãos e das comunidades destes.

Sob pressão da sociedade da época, os empresários, protagonistas importantes da história da Segunda Revolução Industrial, mostraram seu despreparo no trato com esses vários públicos. É emblema dessa ignorância a frase de William Vanderbilt, magnata norte-americano das ferrovias, proferida por conta das cobranças públicas diante da sua decisão de fechar, em 1879, uma ferrovia em Nova York: "Danem-se os públicos. Eu só devo satisfação aos meus acionistas".

Nesse ambiente beligerante e mutável, a comunicação das empresas com a sociedade assentava-se na promoção de produtos. Destaca-se, nessa época, a

---
*Professor de Relações Públicas na ECA-USP, presidente da Aberje.

atuação de um agente de imprensa em especial, Phineas T. Barnum, que tinha como principal objetivo dar visibilidade às qualidades artísticas de seus clientes do mundo do circo e do teatro – e isso com a clara finalidade de vender os espetáculos desses clientes nas páginas destinadas às notícias dos jornais da época. É de Barnum esta declaração: "Se eu tiver que demonstrar profundo agradecimento pelos meios de comunicação [de] que disponho, elegeria o editor e seu papel, pois eles facilitam os ventos [de] que as minhas velas necessitam".

James Grunig e Todd Hunt contextualizam essa pré-história das relações públicas em seu modelo "agência/assessoria de imprensa".[1] Esses autores destacam que a natureza da comunicação desenvolvida nesse modelo é de apenas um sentido, no qual predominam apenas os interesses das fontes jornalísticas. Logo, nesse modelo, a imprensa é manipulada, e a verdade (princípio fundamental do jornalismo) não precisa ser respeitada. Kunsch (1997, p. 110), ao detalhar e comentar esse modelo desenvolvido por Grunig e Hunt, destaca que ele desenvolve "uma comunicação de mão única, não havendo troca de informações. Utiliza técnicas propagandísticas".

O modelo "agência/assessoria de imprensa" deve ser analisado para evitarmos, nos dias atuais, suas disfunções e os prejuízos delas advindos para a relação imprensa/empresa. Atualmente, características desse modelo superado persistem. Exemplo disso são os problemas típicos existentes no relacionamento entre empresas e imprensa quando o cliente pressiona seus assessores e agências de comunicação para que ganhem espaços de mídia destinados às notícias (espaço editorial) e assim divulguem seus produtos. Nesse caso, o cliente confunde notícia com publicidade, espaço editorial com espaço publicitário. Outro sintoma desse modelo é a utilização de ferramentas de comunicação invasivas, como *press-releases* (comunicados de imprensa), *junk e-mails*, entre outras, em detrimento de formas qualificadas de relacionamento com jornalistas

---

[1] James Grunig e Todd Hunt desenvolveram uma teoria evolutiva das relações públicas com base em quatro modelos (agência/assessoria de imprensa; difusão de informações; assimétrico de duas mãos e simétrico de duas mãos) que comentaremos no decorrer do texto. Sobre esses modelos James Grunig fez o seguinte comentário: "A questão dos quatro modelos é uma questão muito complicada. Os modelos são bastante populares entre os pesquisadores de relações públicas por todo o mundo porque descrevem o modo típico como as relações públicas são praticadas e porque especificam a maneira normativa ideal em que as relações públicas deveriam ser praticadas para serem eficazes." (Nassar e Damante, 1999, p. 21-24).

e seus veículos. Se esses erros crassos forem operacionalizados, apenas criarão mais dificuldades e desconfianças ao longo do processo de relacionamento com a imprensa.

O início da história das agências de comunicação (relações públicas)

No início do século XX, o empresário norte-americano John Rockefeller tinha uma imagem extremamente arranhada perante a sociedade do seu país. A síntese disso era expressa, na época, por expressões veiculadas pela impressa de massa e sindical: por exemplo, "capitalista cruel". Além de Rockefeller, a imagem pública de um grupo de empresários ícones do capitalismo, como John Pierpont Morgan, estava desgastada na sociedade norte-americana, principalmente por conta da operação monopolista e áspera de seus negócios e pela falta de relacionamento desses *managers* com os inúmeros públicos presentes nas organizações, entre eles os sindicatos e a imprensa. Como exemplo desse poder e visão de relacionamento, Chernow (1999, p. 5) assinala:

> No auge de seu esplendor, Mr. Morgan controlava um terço das ferrovias norte-americanas, e isso em uma época em que as ferrovias compreendiam 60% de todas as ações na Bolsa de Valores de Nova York, e quando 19 dos 20 títulos de renda fixa mais ativamente transacionados eram instrumentos relacionados às estradas de ferro. Após a criação, em 1901, da U.S. Steel, a primeira empresa bilionária, Morgan controlava cerca de 70% da indústria do aço e aparecia de forma proeminente nos negócios de três das principais companhias de seguros. Além do Morgan Bank ele reinava sobre o Bankers Trust e o Guaranty Trust (posteriormente incorporado ao Morgan Bank) e mantinha interesses de porte nos bancos que se tornaram Chase e Citicorp. Quando Morgan observou, de passagem, "para mim, a América serve", o jornal *The Commoner*, do populista William Jennings Bryan, foi rápido na réplica: "Quando você se cansar dela, pode devolvê-la".

Dentro desse ambiente hostil aos grandes capitalistas norte-americanos, precisamente em 1906, o jornalista Ivy Lee atuou como conselheiro de John Rockefeller com o claro objetivo de melhorar o relacionamento desse magnata com os jornalistas. E também para melhorar a imagem das grandes empresas que precisavam do capital dos pequenos poupadores, captado por meio da bolsa de valores. Para essa tarefa, Lee criou o que é considerada a primeira agência de relações públicas. Nessa época, John Rockefeller enfrentava problemas em seus negócios ligados à indústria de petróleo e ferro. Ivy Lee, "que havia trabalhado na editoria de economia dos jornais *New York Times, New York Journal* e *New York World*", segundo Chinem (2003, p. 26), começou a enviar *press-releases* contendo informações sobre os negócios de seu patrão, com o objetivo de gerar notícias favoráveis sobre tais negócios e sobre Rockefeller. Ivy Lee é considerado o pai das relações públicas. Sobre essa paternidade de Lee, Chaparro (1996, p. 135) nos diz:

> Quando surgiu, porém, em 1906, a assessoria de imprensa era apenas uma técnica, nem sempre ética, de relações públicas. E quem a inventou foi um jornalista, Ivy Lee, contratado para mudar, na opinião pública, a imagem de John Rockefeller, um homem então odiado pela sociedade americana (...).
> Para isso foi contratado Lee, jornalista brilhante, conceituado, com amigos nos postos de decisão das principais redações. Ele começou por escrever e distribuir aos ex-colegas uma carta de princípios hipócrita, em que prometia dar apenas notícias verdadeiras e estar sempre pronto a atender os jornalistas. Na prática, atuando como fonte, inventou técnicas e procedimentos de influência nas decisões jornalísticas, para divulgar ou deixar de divulgar informações, tendo sempre em vista o objetivo principal, de construir a nova imagem pública de Rockefeller (...). Lee sabia o que poderia interessar às redações e com que ingrediente deveria revestir uma informação, para que ganhasse atributos jornalísticos. Mas, como nem sempre isso era possível ou suficiente, e, como às vezes, o que interessava era a não-publicação de notícias, devemos a ele a criação de várias técnicas de cala-a-boca, como o emprego duplo, a propina,

os favores, os almoços, os brindes, as viagens e outras formas de convívio vantajoso com o poder econômico, ainda hoje tão do agrado de tantos jornalistas, e que serviam, como servem, para estimular ou desestimular a publicação de informações, não pelo mérito, mas pela conveniência.

Grunig e Hunt enquadram a atividade desenvolvida por Lee em seu modelo de relações públicas, qualificado como sendo de difusão de informações. Esse modelo tem como objetivo a disseminação da informação, da fonte para a imprensa. Kunsch (1997, p. 111) ressalta que esse modelo surge "como reação aos ataques dos jornalistas às grandes corporações e aos órgãos governamentais". As relações públicas disseminadas por Lee, no entender de muitos estudiosos de relações públicas e jornalismo, têm um perfil interesseiro – até mesmo grosseiro – e se caracterizavam por olhar a imprensa como um público a ser manipulado. Esse ponto de vista decorre do fato de que Ivy Lee e seus seguidores só distribuíam para a imprensa da época informações positivas de seus clientes. Esse posicionamento do jornalista é largamente adotado até hoje pelos comunicadores organizacionais e suas agências. Constatação que nos leva, diante das demandas éticas de nossa época, a perguntar: cabe atualmente à agência de comunicação, responsável pelo relacionamento com a imprensa, divulgar informações que potencialmente fragilizam seu cliente?

Lima (1985, p. 30) também trabalha essa questão em seu livro *Releasemania*, ao indagar: "Haverá relações públicas ainda hoje que já tenham saído de sua pré-história, ou seja, que não queiram mais apresentar os patrões e clientes como anjos de pureza e boas intenções?". Sobre as relações entre relações públicas e jornalismo no ambiente das agências, Noblat (2003, p. 35) considera o seguinte:

> O jornalismo supostamente praticado nas assessorias de imprensa pode ser livre? Pode ser crítico? E impiedoso, pode ser? Se for qualquer uma dessas coisas, ou todas ao mesmo tempo, não será um jornalismo de assessoria de imprensa. Porque não haverá assessoria de imprensa que sobreviva com um jornalismo desses. Ela simplesmente não terá clientes – nem de esquerda, nem de direita, nem de centro.

Mesmo que a verdade não seja claramente identificável, e mesmo admitindo que não exista uma única verdade, o dever número um do jornalista é persegui-la à exaustão. O dever número um do assessor de imprensa é oferecer para divulgação a verdade que melhor sirva ao seu assessorado. E, se preciso, ocultar a verdade quando ela lhe for nociva.

Ainda vale a pena lembrar as afirmações de Peruzzo (1986, p. 55) sobre a essência da atividade de relações públicas, que influencia as atuações das agências de comunicação: "As relações públicas se dizem promover o bem-estar social e a igualdade nas relações sociais numa sociedade marcada por profundas diferenças de classe. Tratam os interesses privados como sendo interesses comuns de toda a sociedade, escondendo que esses interesses são comuns à classe que detém o controle econômico, social, cultural e político da sociedade".

Polêmicas à parte, para entendermos o nascimento das primeiras agências de comunicação naquele momento da história das relações públicas, e os desafios atuais à atividade, destacamos que o foco das ações das primeiras empresas era os leitores, alcançados pelo trabalho voltado exclusivamente para os jornalistas e seus veículos de comunicação.

Um passo à frente

Nos anos 1920, as relações públicas começam a se desvencilhar de seu viés jornalístico. Referências desse momento são os pensamentos de Edward L. Bernays e Walter Lippmann, profissionais influenciados pela psicanálise e pelas ciências sociais, respectivamente. Bernays, considerado "o pai intelectual das relações públicas", criou, em 1923, a expressão "assessor de relações públicas", em seu livro *Crystalizing public opinion*. Lippmann, no mesmo período, publicou seu conhecido livro: *Public opinion*. É também nessa década que surge, nos Estados Unidos, a primeira agência de relações públicas.

Para Bernays, entre as principais atribuições do assessor de relações públicas, destacava-se a capacidade de entender e analisar as tendências não visíveis na opinião pública. Atribuição que se distancia da principal qualidade dos tempos de Ivy Lee: a capacidade de divulgar informações com atributos jornalísticos. Bernays, que curiosamente era casado com a filha de Sigmund Freud, traz para a atividade de relações públicas o instrumento da pesquisa, utilizado nas ciências sociais e na psicologia. Grunig e Hunt colocam as atividades desenvolvidas por Bernays no contexto do modelo assimétrico de duas mãos, que tem como objetivo principal a persuasão científica dos públicos. Kunsch (1997, p. 111) afirma que esse modelo usa a pesquisa e outros métodos de comunicação "para desenvolver mensagens persuasivas e manipuladoras, que contempla somente os interesses da organização, não se importando com os interesses dos públicos". Kunsch (ibidem) qualifica esse modelo de "engenharia do consentimento". Grunig afirma que "o modelo assimétrico de duas mãos é encontrado, com mais freqüência, nos departamentos de comunicação menos eficazes" (Nassar e Damante, 1999, p. 24).

Atualmente, pode-se encontrar com facilidade entre os inúmeros serviços oferecidos pelas agências pesquisas que analisam o ambiente dos vários públicos organizacionais, entre eles a imprensa, consumidores e empregados.

Agências e democracia

A evolução das atividades de relações públicas dentro de ambientes sociais, que se destacam pela democracia e pela necessidade do desenvolvimento de atividades e negócios que respeitem os direitos humanos, a natureza, a história e a cultura locais, formata cada vez mais o *design* das agências de relações públicas da atualidade. Grunig e Hunt propõem como uma teoria norteadora das relações públicas, alinhada com as demandas democráticas e da excelência de gestão, o modelo simétrico de duas mãos, no qual todos os interesses públicos estão contemplados, entre eles os dos acionistas. O modelo simétrico de duas mãos tem como objetivo principal a compreensão mútua. Sua comunicação persegue o equilíbrio de interesses, o entendimento entre os públicos que se relacionam. Grunig alinha os novos profissionais de relações públicas ao seu modelo simétrico. Em entrevista concedida durante a sua vinda ao Brasil, em março de 2000, afirmou:

> Os novos profissionais de relações públicas participam da administração estratégica, vêem relações públicas como um processo simétrico, conduzem pesquisas ou extraem informações do ambiente por outros meios, e são es-

pecialistas em construção de relacionamento. Para exercer as relações públicas dessa maneira, os novos profissionais devem ter aprendido um leque de conhecimentos da área baseados em pesquisa que os guiam na prática de suas atividades. Esse profissional estudou relações públicas na universidade, mas também adquiriu conhecimento por outras fontes: leituras, participando de atividades em organizações profissionais ou realizando pesquisa como parte de seu trabalho. Os profissionais de relações públicas tradicionais não vêem a atividade além do relacionamento com a imprensa e da construção de imagem (...) (Nassar e Damante, 1999, p. 21)

Em uma visão crítica semelhante à expressa por Grunig, Kunsch (1997, p. 113) afirma que "na prática, os profissionais vêem essa atividade (de relações públicas) de forma *pragmática* (como meio de agregação de valor, ao ajudar os públicos a alcançar seus objetivos); ou então de forma *conservadora* (como ferramenta para promover os interesses do poder); ou ainda de forma *radical* (como instrumento para promover melhorias e reformas)". São essas diferentes formas de ver a atividade de relações públicas que definirão a essência e a abrangência das ações dos relacionadores e agências. Aos profissionais cabe a escolha de um modelo de relações públicas (manipulador *versus* democrático) que orientará o seu pensamento e a sua prática. Kunsch (idem, p. 112), ao analisar os modelos propostos por Grunig e Hunt, afirma: "cada um dos quatro modelos poderia servir como teoria normativa das relações públicas. Por exemplo, seria possível dizer ao profissional como ser um assessor de imprensa ou um especialista em informação pública".

Cabe-nos afirmar que é imprescindível se orientar no universo teórico de relações públicas e de comunicação organizacional para a formatação eficaz e democrática de um modelo de atuação para os profissionais, departamentos e agências de comunicação.

As agências de relações públicas no Brasil

Os primeiros anos das relações públicas como atividade organizada, claramente delimitada por valores, crenças, tecnologias e profissionais, foram fortemente caracterizados, na década de 1960, por atividades voltadas à criação e operacionalização de programas de relacionamento com governos e comunidades, bem como ao desenvolvimento de jornais e revistas, publicações estas direcionadas principalmente para os trabalhadores das empresas e, no âmbito das multinacionais, para as insipientes ações de relações públicas. Antes desse período, as atividades de relações públicas estavam restritas aos departamentos de grandes empresas multinacionais, notadamente de origem norte-americana, entre elas a Light, que pioneiramente criou uma área para a atividade em 1914, com o objetivo de se contrapor a uma campanha nacionalista promovida por parte da imprensa brasileira, que se posicionava contra a entrada de capital estrangeiro no país. Na área governamental, as relações públicas se faziam presentes pontualmente em alguma empresa estatal ou autarquia. Um exemplo disso é a Companhia Siderúrgica Nacional, que, em 1951, criou o seu próprio departamento de relações públicas. Em 1954 é criada a Associação Brasileira de Relações Públicas (ABRP).

Um primeiro exemplo do perfil e das preocupações instrumentais dos comunicadores da época foi a fundação da Aberje – na época, Associação Brasileira dos Editores de Revistas e Jornais de Empresas – em 8 de outubro de 1967, em São Paulo, por um grupo de aproximadamente 50 jornalistas e relações-públicas de empresas multinacionais, na sua maioria norte-americanas. A entidade foi inicialmente criada para melhorar o padrão das publicações empresariais. Nassar (2001, p. 95) revela que

> o objetivo (da Aberje) de mudar o paradigma tecnológico das publicações empresariais brasileiras foi expresso na oficialização da entidade, em 9 de novembro de 1968, no auditório da Folha de São Paulo, realizada juntamente com a eleição de sua primeira diretoria. O estatuto da entidade deixava claro que a sua missão seria: reunir e integrar todos os profissionais, estudiosos e entidades cujas atividades estivessem ligadas às revistas e aos jornais de empresas; propugnar para que os nomes dos responsáveis por esses veículos fossem mencionados em seu expediente; defender os interesses da classe; aprimorar o padrão técnico e cultural das publicações mediante um intercâmbio no país e no exterior,

abrangendo troca e análise de experiência, estudos de novas técnicas e sua divulgação; incrementar a realização de seminários, conferências, cursos, palestras e congressos.

Como se pode apreender da primeira missão da Aberje, as grandes perguntas dos comunicadores empresariais daqueles anos iniciais da ditadura militar eram basicamente ligadas à produção de mídias: como pensar e produzir os veículos impressos? Como dignificar, perante as administrações, os jornais e revistas internos e, também, os seus produtores? O conjunto dos comunicadores empresariais daquela época podia ser caracterizado, na visão de Corrado (1994, p. 58), como uma "comunidade de artesãos". Jornalistas e relações-públicas, operadores de ações das áreas de pessoal, que nas empresas criavam e produziam jornais, revistas e eventos com objetivos de integração ou meramente festeiros. No ambiente das instituições governamentais, fazia-se presente o aparato sombrio das Assessorias Especiais de Relações Públicas (AERPs), comandadas em sua maioria por militares, nas quais o trabalho principal era evitar a exposição do que ocorria nas "áreas de segurança nacional" ou divulgar, por meio de propaganda ou do jornalismo oficial, os feitos do que se convencionou chamar de "milagre brasileiro". Ainda na década de 1960, no ambiente dos fornecedores do que se denominava relações públicas, existia um pequeno número de agências. Na época, pergunta Mestieri (2004, p. 16):

> O que eram as relações públicas no Brasil, mais especificamente em São Paulo e no Rio de Janeiro? Destacavam-se os departamentos internos das grandes empresas multinacionais, entre elas, apenas a título de exemplo, a Esso, no Rio de Janeiro, e a Light e a Nestlé, em São Paulo, além das montadoras de veículos. Empresas ou agências de relações públicas havia apenas duas, a AAB em São Paulo e outra no Rio de Janeiro.

No que consistia o trabalho dessas agências de relações públicas? Mestieri (idem, p. 15) nos dá uma pista do trabalho dessas agências:

Estamos em 1963. José Carlos Fonseca Ferreira e José Rolim Valença haviam recém-fundado a AAB – Assessoria Administrativa do Brasil, uma empresa de Relações Públicas, e realizado um estudo para uma indústria farmacêutica. Utilizando já àquela época as técnicas de auditoria de opinião pública, chegaram à conclusão de que os problemas de imagem enfrentados pela empresa, entre os seus diversos públicos – governo, imprensa, médicos e estudantes –, não eram particulares da empresa, mas sim do setor como um todo. Surge daí a recomendação da criação de uma associação, para as atividades de Relações Públicas constantes, de um programa integrado de comunicação que pudesse ser desenvolvido em nome do setor tendo, portanto, seus custos diluídos. Daí, resultou a Abif – Associação Brasileira da Indústria Farmacêutica (hoje, Abifarma), para a qual a AAB realizaria trabalhos por quase 15 anos, recebendo por isso vários prêmios internacionais. Ora, essa recomendação e o ambicioso trabalho a ser desenvolvido exigia[m] um grupo de pessoas com capacidade de exercer as atividades com os públicos governo, área educacional, imprensa e outros.

É nessa época, segundo o depoimento de Mestieri (idem, p. 16), que iniciam suas carreiras Vera Giangrande e Antonio De Salvo, relações-públicas que deixaram suas marcas na história da comunicação organizacional brasileira. Durante os anos 1970, existe o predomínio das assessorias de imprensa, que têm suas atuações focadas em atividades de relacionamento com a imprensa econômica. Esse direcionamento para o relacionamento com as áreas econômicas dos jornais e revistas é explicado, em parte, pelos anos de forte crescimento econômico do país e pela realização das grandes obras do período, entre elas a hidrelétrica de Itaipu, ícone do "milagre brasileiro".

A comunicação organizacional e a transição democrática

A partir dos anos 1980, o mundo brasileiro das grandes empresas e instituições incorporou, cada vez mais, o pensamento da comunicação organizacional em seus processos de decisão. Diante dos novos desafios que se apresentaram ao mundo da gestão, entre eles o retorno da democracia em nosso país, inúmeras empresas desenharam seus planejamentos em comunicação em uma perspectiva que começava a integrar as áreas de relações públicas, imprensa e mercadológica. Foi assim, em 1985, com a Rhodia, cujo Plano de Comunicação Social (PCS) ganhou grande visibilidade no ambiente da gestão brasileira, influenciando inúmeras outras organizações a olhar seus processos de comunicação diante da nova conjuntura histórica. Nassar e Figueiredo (1995, p. 140) afirmam que

> o histórico plano de comunicação empresarial da Rhodia refletia e adequava aquela empresa ao novo ambiente social e empresarial que o Brasil começava a viver. A sociedade brasileira acabava de sair dos anos de governo militar, a imprensa ficava mais livre, as organizações não-governamentais (ONGs) pipocavam por todo lado. Segundo o seu plano, a Rhodia passava a adotar uma postura de portas abertas, receptiva ao debate (...).

Esse acontecimento significou o início da compreensão, por parte dos gestores brasileiros, de que a comunicação é um dos sistemas organizacionais mais importantes para o sucesso das empresas. Abrir as portas das empresas implicava adicionar aos exercícios de planejamento estratégico, até então restritos ao pensamento de marketing, a análise de aspectos organizacionais intangíveis, entre eles as percepções (potenciais ou monitoradas) dos inúmeros públicos das empresas e instituições, que são, no ambiente moderno, fundamentais para a aprovação ou desaprovação do comportamento, decisões e ações organizacionais – além de serem insumos importantes para a gestão organizacional no seu trabalho de manutenção, defesa e construção de imagem competente, legal e legítima diante dos públicos e da sociedade.

Essa nova postura, ainda de poucas empresas e gestores, trouxe para dentro do planejamento estratégico organizacional a figura, antes considerada intangível e abstrata, dos relacionamentos públicos – o objetivo maior das pesquisas, análises e ações da comunicação organizacional. Entre os principais agentes motivadores desse fato estavam a inserção e a consolidação da democracia em nosso país e, em termos globais, a gestão de inúmeros fatores de risco para a sustentabilidade dos recursos naturais, bem como de pessoas e culturas.

A comunicação organizacional e a reestruturação produtiva

Os anos 1990 trouxeram os movimentos de reestruturação produtiva e de inserção do Brasil em processos econômicos cada vez mais internacionais. A reestruturação produtiva se caracterizou pelas mudanças em processos de gestão, que têm como exemplos o toyotismo, os programas de qualidade total, o *downsizing*, a reengenharia e as fusões e aquisições de empresas. Foi durante esses anos que jornalistas, relações-públicas e publicitários começaram a pensar suas atividades, no âmbito das organizações, dentro de sistemas sociais nos quais a comunicação é fortemente condicionada pelas demandas dos relacionamentos públicos, pelos elementos administrativos, tecnológicos, históricos, políticos e psicológicos de cada organização. Realidade que força esses profissionais a pensar as relações entre comunicação e os campos da administração, engenharia e arquitetura, história, ciências sociais, entre outros. E mais do que isso, reinventar-se profissionalmente em um campo "mestiço", ou seja, diferente do jornalismo, das relações públicas e da publicidade, mas que se caracteriza pela multidisciplinaridade: o campo da comunicação organizacional. Visto como multidisciplinar, a área da comunicação organizacional desenhará um novo tipo de comunicador, um novo tipo de planejamento para o setor, bem como novos processos, ferramentas e agências.

As novas agências, seus programas e ferramentas

A partir dos anos 1990, as agências de relações públicas, intituladas, em nosso país, de agências de comunicação, oferecem, cada vez mais, um conjunto abrangente de produtos e serviços que reflete a essência multidisciplinar e a ampla abrangência das ações, principalmente de comunicação. Para dar visibilidade a esses produtos e serviços oferecidos pelas agências, vamos inseri-los em dois grandes campos de trabalho: o da gestão de comunicação e relacionamento e o da produção de mídias. No campo da gestão de comunicação e relacionamento nos orientaremos para descrever os programas, produtos e serviços desenvolvidos pelas agências brasileiras, bem como as categorias de premiação e suas conceituações, que foram definidas pelo autor deste texto no início de 2004, para o regulamento do Prêmio Aberje, que é, desde os anos 1960, um importante indicador do estado da arte da comunicação organizacional e das relações públicas desenvolvidas no Brasil.

O campo da gestão de comunicação e relacionamento

O campo da gestão de comunicação e relacionamento comporta principalmente programas de comunicação integrada, relacionamento com a imprensa, relacionamento com o público interno, relacionamento com o investidor, relacionamento com a comunidade, relacionamento com o consumidor, responsabilidade histórica e memória empresarial. Mais detalhadamente, essas ações das agências são assim descritas:

- *Programa de comunicação integrada*: esse tipo de programa concretiza, com a sociedade ou público de interesse, um conceito importante para uma empresa ou instituição, a partir da integração de um conjunto de ações, processos e peças de comunicação.
- *Relacionamento com a imprensa*: esse tipo de programa, idealmente de médio e longo prazos, procura criar, manter e reforçar canais permanentes de relacionamento com jornalistas e seus veículos de comunicação. Para isso, as agências procuram habilitar para esse relacionamento a alta direção e os gestores de produtos, bem como serviços e processos. Isso é feito por meio de *midia trainings*, encontros periódicos com editores e repórteres, entrevistas coletivas para a imprensa, visitas aos veículos

de comunicação, pesquisas e análises da imagem da organização e dos seus dirigentes no meio jornalístico, programas de visitas de jornalistas às instalações da empresa, entre outros. Entre as inúmeras ações descritas, o *midia training* tem o objetivo de capacitar os gestores para entrevistas nos diferentes veículos de comunicação e, além disso, analisar os contextos das demandas dos jornalistas para, a partir daí, estruturar as mensagens-chave de seus discursos.

- *Relacionamento com o público interno*: esse tipo de programa tem o objetivo de criar comprometimento por parte dos trabalhadores, tendo como componente importante desse processo a comunicação. Uma das ações mais importantes dos programas voltados para o público interno são as habilitações das lideranças para a comunicação interpessoal. A implantação de ouvidorias internas tem se apresentado cada vez mais como prática de relacionamento com o público interno.
- *Relacionamento com o investidor*: esse tipo de programa tem como objetivo fortalecer a imagem da organização, marca, produtos, serviços e dirigentes por meio da difusão de seus valores (solidez, tradição, transparência, ética etc.), princípios de governança corporativa, políticas sustentáveis e indicadores de produtividade, rentabilidade, riscos, entre outros. A comunicação da organização com a comunidade de investidores se faz principalmente por meio de relatórios de administração, balanços sociais, encontros com analistas de mercado, boletins especializados etc.
- *Relacionamento com a comunidade*: esse tipo de programa, geralmente de médio e longo prazos, tem como objetivo reforçar a confiança da comunidade nas responsabilidades corporativas (comercial, ambiental, social, histórica). Isso por meio de ações de comunicação que expressem as preocupações da empresa ou instituição com temas como educação, saúde, cultura, lazer, esporte, meio ambiente, história e desenvolvimento da sociedade, entre outros.

- *Relacionamento com o consumidor:* esse tipo de programa estabelece processos de comunicação entre a empresa e seus consumidores, por meio de mídias especializadas como Serviço de Atendimento ao Consumidor (SAC), telefone 0800, *ombudsman*/ouvidoria, Internet, agências de defesa do consumidor, entre outras.
- *Responsabilidade histórica e memória empresarial:* entre as responsabilidades corporativas, a responsabilidade histórica se destaca por trabalhar as ações das organizações com o objetivo de preservar e valorizar a memória empresarial e o comprometimento das empresas e instituições com a comunidade e os públicos nos quais operam. Inúmeros produtos de comunicação são gerados nesse campo, dentre os quais destacam-se o livro histórico-institucional, o museu empresarial, os acervos de história oral, o *showroom* histórico, exposições, conteúdos para sites de Internet e centros de documentação e memória.

O campo de produção de mídias

Esse vasto campo de trabalho das agências está configurado na criação e produção de mídias, tais como publicações impressas tradicionais (revista, jornal, boletim), jornal mural, vídeos, programas de rádio corporativo, sites de Internet e intranet, *e-news* (boletim veiculado pelas redes digitais das organizações e pelo correio eletrônico), plataformas que permitam a convergência de mídias, entre outras. O importante é entender que, cada vez mais, a produção de mídias relaciona-se às estratégias e ações de relacionamento com os inúmeros públicos de interesse das empresas e instituições.

Pesquisas

As pesquisas realizadas com os inúmeros públicos das organizações têm como objetivo nortear de maneira científica o planejamento dos relacionamentos públicos elaborados pelas agências, bem como sua implementação e as correções que se fizerem necessárias. Kunsch (2003, p. 278) afirma que a pesquisa em relações públicas tem como objetivos: conhecer a opinião dos públicos; construir diagnósticos da área ou do setor de comunicação organizacional/institucional; conhecer em profundidade a organização, sua comunicação e seus públicos para a elaboração de planos, projetos e programas especiais de comunicação; fazer análise ambiental interna e externa, verificando quais as implicações que possam afetar os relacionamentos.

Vanona Madrid (1994, p. 55) destaca que "os sistemas e práticas de comunicação de uma organização, como acontece com todas as atividades humanas, se deterioram quando não se tem estabelecido um sistema permanente de avaliação e melhoramento".

As agências e clientes trabalham com pesquisas que avaliam seus programas e práticas de relacionamento e mídias. Os programas de relacionamento com a imprensa, por exemplo, demandam cotidianamente o monitoramento de jornais, revistas, sites da Internet, programas de rádio e televisão, com o objetivo de saber como a organização, seus gestores, temas, produtos e serviços são percebidos pelos públicos de interesse. Esse monitoramento da mídia utiliza ferramentas quantitativas (tempo ou espaço protagonizado, direta ou indiretamente, pela organização nos veículos de comunicação) e qualitativas (análise das mensagens da organização expressas em textos, voz e expressão). De maneira geral, as práticas de relacionamento e comunicação organizacionais são monitoradas por pesquisas qualitativas e quantitativas que podem centrar-se nas opiniões e percepções dos públicos de interesse, nas mensagens e mídias produzidas pela organização, na identificação de tendências sociais ou econômicas, entre outras.

Um dos tipos de pesquisa mais usados pelas agências de comunicação é a auditoria de opinião. Villafañe (2000, p. 44) nos diz que "a auditoria de opinião é um procedimento para a identificação, análise e avaliação dos recursos de imagem de uma entidade, para examinar o seu funcionamento e atuações internas e externas, assim como reconhecer os pontos fortes e fracos de suas políticas funcionais com o objetivo de melhorar seus resultados e fortalecer o valor de sua imagem pública". Dentre os aspectos organizacionais a serem examinados por uma auditoria de opinião, Villafañe (p. 53) propõe: aspectos internos da imagem (auto-imagem), que são compostos por uma análise situacional, cultura corporativa, recursos humanos, clima interno; aspectos planejados da imagem (imagem intencional), que são compostos pela identidade visual, comunicação interna, comunicação de marketing e comunicação corporativa; aspectos da imagem pública, que são compostos pela forma como a organização é percebida pelo ambiente financeiro, institucional, comunicacional, acadêmico-científico, comercial, usuário e pelos meios de comunicação. Esses aspectos são pontuados (a soma total poderá chegar a mil pontos) e essa pontuação pode ser alcançada usando-se métodos quantitativos ou qualitativos.

Especialização

Normalmente, os serviços de pesquisa são contratados pelas agências de comunicação de fornecedores especializados. No âmbito das agências de comunicação ocorre também uma crescente especialização nos segmentos econômicos e sociais de atuação de seus clientes. Assim, as agências de comunicação se especializam em áreas como tecnologia, varejo, farmacêutica, entre outras, e, em decorrência disso, há a especialização de seus profissionais de comunicação em atividades e mercados de interesse das organizações. Essa especialização pode se transformar em uma percepção positiva no ambiente das organizações.

As agências e os clientes

As agências de comunicação, além do extenso conjunto de serviços e consultorias que podem prestar aos seus clientes, têm também o papel de educar os gestores e alertar os departamentos que as contratam a respeito de características essenciais para alcançar a comunicação que cria valor para as organizações. Entre as principais características da comunicação excelente estão a integração, a conveniência e a velocidade. A integração de informações e de mensagens importantes para a organização é condição necessária para a construção de uma imagem consistente diante dos inúmeros públicos estratégicos. Trata-se de uma tarefa difícil, pois as empresas trabalham suas comunicações mercadológica e institucional em áreas estruturalmente separadas. Outro aspecto fundamental a ser considerado é a difusão, entre os gestores e os colaboradores, da história, identidade, missão, visão e valores da organização. São aspectos institucionais que devem impregnar o planejamento e as ações de relações públicas e comunicação. Essas demandas, ligadas à integração da comunicação e das percepções que elas geram no ambiente dos públicos, devem ser discutidas com o contratante – e devem ser atendidas com ações que passam pela produção de manuais de comunicação, *midia trainings* e criação de comitês de comunicação com integrantes de inúmeras áreas da organização. A conveniência das mensagens, dos meios de comunicação e das fontes do cliente também é uma condição importante para que o trabalho da agência alcance bons resultados. Os públicos estratégicos devem ter sempre ao seu alcance formas fáceis e amigáveis de comunicar-se com a organização. Um exemplo disso são as salas de imprensa disponibilizadas em sites na Internet, além dos guias de fontes com seus telefones, e-mails e endereços.

A velocidade de informação da organização e seus representantes também é uma condição vital para a construção de uma comunicação que reforça os laços com os públicos de interesse. É importante entender que os processos de relacionamento moderno não seguem os tempos da informação, que respeita organogramas construídos em linhas de autoridade. É preciso encontrar modelos de gestão da comunicação flexíveis e que não obstruam o trabalho da agência de relações públicas e do departamento de comunicação organizacional.

Os clientes e as agências

Alguns critérios devem ser seguidos para a contratação e relação com uma agência de relações públicas, entre os quais destacamos: o conhecimento dos trabalhos executados pela agência (portfólio) e a experiência de sua direção e profissionais em áreas de atuação de interesse do cliente; a variedade, qualidade e custos dos serviços oferecidos pela agência; a reputação da agência no mercado e nas associações profissionais. No Brasil, a Aberje, sigla que representa a Associação Brasileira de Comunicação Empresarial e a Associação Brasileira de Comunicação Organizacional, ao lado da Associação Brasileira das Agências de Comunicação (Abracom), são importantes fontes de informação sobre as agências, seus profissionais, seus trabalhos e experiências.

Tática e estratégia brilhantes

Para finalizar este ensaio sobre a r(e)volução das agências de comunicação, é importante destacar que o perfil dessas empresas vai se tornando a cada dia mais complexo, condicionado pelo patamar básico de oferecer serviços excelentes ao mercado e à sociedade, realizados com a maestria que lembra os melhores artesãos e orientados pela inteligência dos melhores comandantes.

BIBLIOGRAFIA

CHAPARRO, M. C. Jornalismo na fonte. In: DINES, A. MALIN, M. (org.). *Jornalismo brasileiro: no caminho das transformações*. Brasília: Banco do Brasil, 1996.

CHINEM, R. *Assessoria de imprensa: como fazer*. São Paulo: Summus, 2003.

CORRADO, F. *A força da comunicação*. São Paulo: Makron Books, 1994.

CHERNOW, R. *A morte dos banqueiros*. São Paulo: Makron Books, 1999.

KUNSCH, M. M. K. *Relações públicas e modernidade*. São Paulo: Summus, 1997.

_____. *Planejamento de relações públicas na comunicação integrada*. São Paulo: Summus, 2003.

LIMA, G. M. *Releasemania: uma contribuição para o estudo do press-release no Brasil*. São Paulo: Summus, 1985.

MESTIERI, C. E.*Relações públicas: a arte de harmonizar expectiativas*. São Paulo: Aberje, 2004.

NASSAR, Paulo. *Comunicação e organizações brasileiras nos anos 1970*. São Paulo, 2001. Dissertação (Mestrado) – Escola de Comunicações e Artes, Universidade de São Paulo.

_____. *Tudo é comunicação*. São Paulo: Lazuli, 2003.

_____. (org.). *Memória de empresa: história e comunicação de mãos dadas, a construir o futuro das organizações*. São Paulo: Aberje, 2004.

NASSAR, P.; DAMANTE, N. Gerando a comunicação excelente: entrevista com James Grunig. *Comunicação Empresarial (Aberje – São Paulo)*, ano VIII, n. 33, p. 21-24, quarto trimestre, 1999.

NASSAR, P.; FIGUEIREDO, R. *O que é comunicação empresarial?* São Paulo: Brasiliense, 1995.

NOBLAT, R. Assim é, se lhe parece. *Comunicação Empresarial (Aberje – São Paulo)*, ano 13, n. 47, segundo trimestre, 2003.

PERUZZO, C. *Relações públicas no modo de produção capitalista.* São Paulo: Summus, 1988.

VANONA MADRID, F. Las auditorias de la comunicación organizacional desde una perspectiva académica estadounidense. *Diálogos de la Comunicación* (Felafacs – Lima), n. 39, p. 55, jun. 1994.

VILLAFAÑE, J. *Imagen positiva: gestión estratégica de la imagen de las empresas.* Madri: Parámide, 2000.

19

Patrocínio, apoio e mecenato: importância e estratégias de uso

Luiz Alberto de Farias*

Patrocínio, apoio e mecenato como instrumentos estratégicos

A cada dia, a criação do composto de ações de uma organização – seja ela do primeiro, segundo ou terceiro setores – passa pela busca de diferenciais estratégicos capazes de dar ao discurso da organização sustentação que agregue valor aos produtos e serviços, bem como permitir maior competitividade. O cenário mercadológico exige cada vez mais que diferenciais competitivos sejam inseridos no produto-serviço e em seu discurso publicitário.

A comunicação estratégica (ver Quadro 19.1) torna-se um elemento propulsor desse processo de criação de diferenciais. Pode ser que, por meio dela, se consiga destacar – pelas mensagens institucionais ou promocionais – os diferenciais dos produtos e das organizações que os ofertam. A partir da criação

---

* Graduado em Relações Públicas e em Jornalismo, é especialista em Comunicação, mestre em Comunicação e Mercado, doutor em Integração da América Latina pela Universidade de São Paulo, professor da ECA-USP, da Faculdade Cásper Líbero e da Unicsul, editor da *Organicom – Revista Brasileira de Comunicação Organizacional e Relações Públicas*. É diretor da Intercom e da Abrapcorp e vice-presidente de planejamento da ABRP-SP.

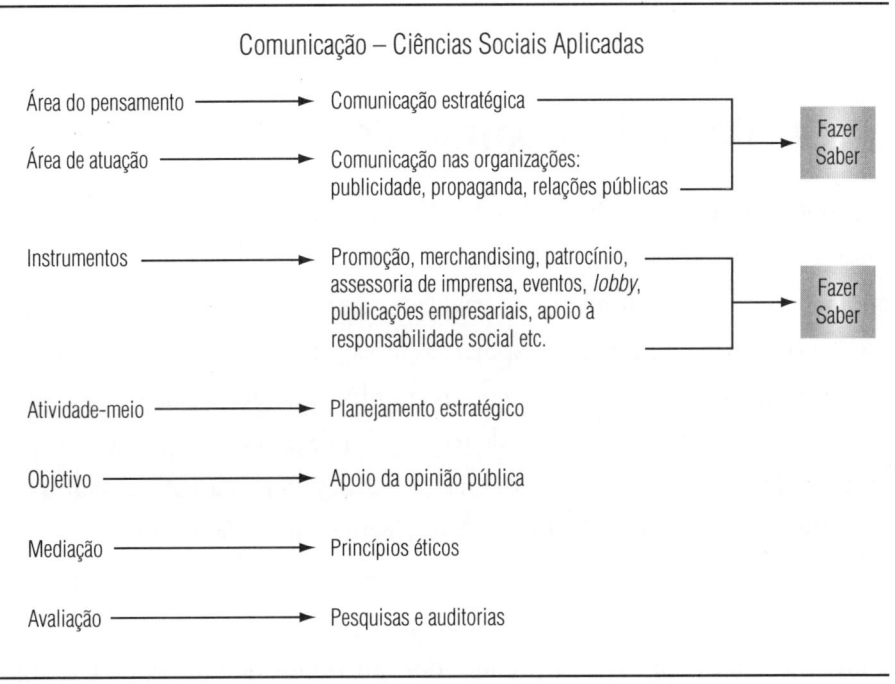

Quadro 19.1 Composto da comunicação estratégica[1]

Comunicação – Ciências Sociais Aplicadas

Área do pensamento	→ Comunicação estratégica	→ Fazer Saber
Área de atuação	→ Comunicação nas organizações: publicidade, propaganda, relações públicas	
Instrumentos	→ Promoção, merchandising, patrocínio, assessoria de imprensa, eventos, *lobby*, publicações empresariais, apoio à responsabilidade social etc.	→ Fazer Saber
Atividade-meio	→ Planejamento estratégico	
Objetivo	→ Apoio da opinião pública	
Mediação	→ Princípios éticos	
Avaliação	→ Pesquisas e auditorias	

de conceito positivo pode-se mostrar uma imagem ímpar em um mundo massivo, mercadológico e globalizado, o que é cada vez mais uma árdua e permanente tarefa.

Entre as diversas estratégias que se podem adotar para conquistar, manter e ampliar o *market share* e fortalecer o *share of mind*, a comunicação perpassa boa parte delas – ou pelo menos possibilita torná-las públicas de uma maneira efetiva e eficaz.

Neste capítulo serão discutidas estratégias relacionadas ao uso de patrocínio, apoio e mecenato como incentivos ao fortalecimento da percepção da imagem institucional como composto de percepção de marca e de produto referentes às características da organização que os sustenta. Contudo, essa reflexão não pode ser realizada sem que se avalie como se dão os diversos processos de percepção da imagem pelos diversos públicos que se relacionam

---

[1] Quadro proposto pelo autor.

com as organizações, estratégicos em diversas medidas e em diferentes níveis e momentos.

Mecenato, apoio e patrocínio

Um trabalho justo, perfeito e equilibrado entre empresa e sociedade passa pela busca de sustentação dos dois lados. A empresa se torna, dia-a-dia, elemento de apoio à criação ou ao fomento de atividades essenciais à continuidade de grupos sociais, como estímulo ao esporte, às artes e à cultura e mesmo a diversas outras formas de expressão. Talvez por isso a última década tenha presenciado o gigantesco crescimento das ações de responsabilidade social empresarial e o nítido envolvimento das organizações nas atividades sociais, artísticas, culturais e esportivas como maneira de fortalecer os vínculos com a sociedade.

Essas ações se dão por meio de patrocínios e apoios. Historicamente, ambos estão associados ao conceito de mecenato, cuja expressão, há muito tempo, é utilizada para designar as atividades dos indivíduos que fomentam as artes, bem como realizam investimentos para estimular a produção de um determinado artista, grupo ou mesmo a efetivação de uma obra (de arte ou literária). A intenção explícita dos mecenas[2] ao apoiar iniciativas artístico-culturais muitas vezes estava diretamente relacionada ao interesse em comunicar seus próprios objetivos ou dos grupos que integravam. Desse modo influenciavam o resultado da obra em função de seus objetivos, desejos e crenças.

Com os novos tempos e o novo formato de relação entre o setor produtivo e os membros da sociedade, foi necessário voltar no tempo e buscar conceitos para fortalecer tal relação. Todavia, essas estratégias passaram a compor o planejamento global da organização, amparadas em ações explícitas – que não podem ser vistas ou manifestas de modo sub-reptício, mas como algo claro e ético – e como parte de um processo de informação sobre as intenções da organização em relação aos seus diversos públicos.

---

[2] A expressão refere-se às atividades realizadas por Gaius Mecenas durante o Império Romano (30 a.C. – 10 a.C.).

Ainda que o patrocínio seja visto por muitos autores como exclusivamente ligado a ações promocionais, parece que está situado em um campo além de uma proposição pontual como essa. Até porque ele pode gerar resultados globais para a organização – e não só para estratégias ligadas ao produto, mas também para a corporação. Desse modo, a visão focada no possível retorno comercial é apenas uma das muitas possibilidades de retorno das ações de patrocínio e apoio.

Talvez possamos entender que o patrocínio é uma estratégia da organização – diluída em seu planejamento estratégico maior – que propõe estimular ações sociais, culturais, artísticas ou esportivas principalmente por meio de suporte financeiro, visando à obtenção de um retorno financeiro-comercial e/ou de imagem para a marca, para o produto ou para a organização, seja de forma isolada, seja de maneira plena.

O apoio parte dessas mesmas premissas, todavia é efetivado pelo fornecimento de outras condições que não o suporte financeiro, mas de materiais ou de colaboração por meio de produtos ou serviços.

Assim, investir em ações de apoio ou de patrocínio tem relação direta com os objetivos de marketing da organização, mas também com os princípios institucionais (missão, visão, filosofia) e com a vocação que a empresa tenha para investir em campos nos quais os retornos sejam de médio e longo prazos, como é o caso da comunicação institucional. A vocação, assim, passa também a contar para o possível sucesso da empreitada, pois quanto mais próximo o objeto patrocinado estiver da missão da organização patrocinadora, mais potencial de êxito parece existir.

A modernidade trouxe esse conceito para o dia-a-dia das empresas e fez renascer ou florescer a relação mercado-arte-cultura-esporte etc. De acordo com Reis (2003, p. 12), "o patrocínio só floresceu realmente a partir da década de 1970, impulsionado por uma confluência de fatores e, com grande força, pela mudança de orientação de foco no produto para foco no mercado".

Ainda assim, uma vez que a sua ampliação decorreu de uma nova postura empresarial, muitas vezes o patrocínio pode ser visto de maneira satanizada, como se interesse empresarial e necessidades sociais não pudessem conviver harmoniosamente. Se, de um lado, o ato de patrocinar pode ser visto pelas empresas como um grande risco por conta das inúmeras vulnerabilidades que ainda parecem existir, pela sociedade muitas vezes soa como um ato que deveria ser desinteressado, o que não faz sentido. Mas se o patrocínio e o apoio crescem, é porque tanto o setor artístico-cultural-esportivo quanto o empresarial têm ganhado com essa parceria.

As ações de patrocínio são, com relativa freqüência, associadas exclusivamente a atividades de marketing. Talvez essa visão recortada – que gerou termos como marketing esportivo, marketing cultural e tantos outros – tenha a ingênua pretensão de garantir alguma exclusividade em um mundo de não-exclusividades.

Talvez caiba aqui uma rápida discussão sobre os termos anteriormente descritos. Para alguns, marketing cultural, por exemplo, é a relação entre artistas, produtores culturais e empresas. Perpassa esse conceito o próprio patrocínio. Para outros, é a utilização das estratégias de marketing – estas, sim, aplicáveis de forma plena a qualquer campo, sem a necessidade de termos-apêndice e sem que seja preciso criar mais de um marketing, o que só se justifica pelos modismos – por empresas que tenham seu produto ou serviço diretamente ligado ao setor cultural, por exemplo.

O mesmo raciocínio se aplicaria ao chamado marketing esportivo. A abundância de termos pode ser negativa, especialmente para os profissionais de marketing mais dedicados e sérios, pois banaliza a disciplina e estimula que eventuais arrivistas se sintam em condições de batizar seu novo e particular conceito e nomenclatura.

O patrocínio, então, passa sem dúvida pelo campo do marketing, mas tem de estar relacionado ao todo da organização, bem como aos seus valores e à sua vocação. Passa, dessa forma, por uma ampla análise. Tanto o lado mobilizador de recursos por meio de patrocínio quanto o lado investidor/patrocinador têm o compromisso de envolver a razão de ser da organização e o objeto do patrocínio. Para tanto, alguns passos essenciais devem ser seguidos.

O conceito de visão global estratégica deve ser aplicado aos dois lados interessados no patrocínio: patrocinador e patrocinado. Mas para isso poderia se utilizar o processo de coordenação da comunicação baseado no princípio do carrossel (ver Figura 19.1). De acordo com Riel (1997, p. 176), a existên-

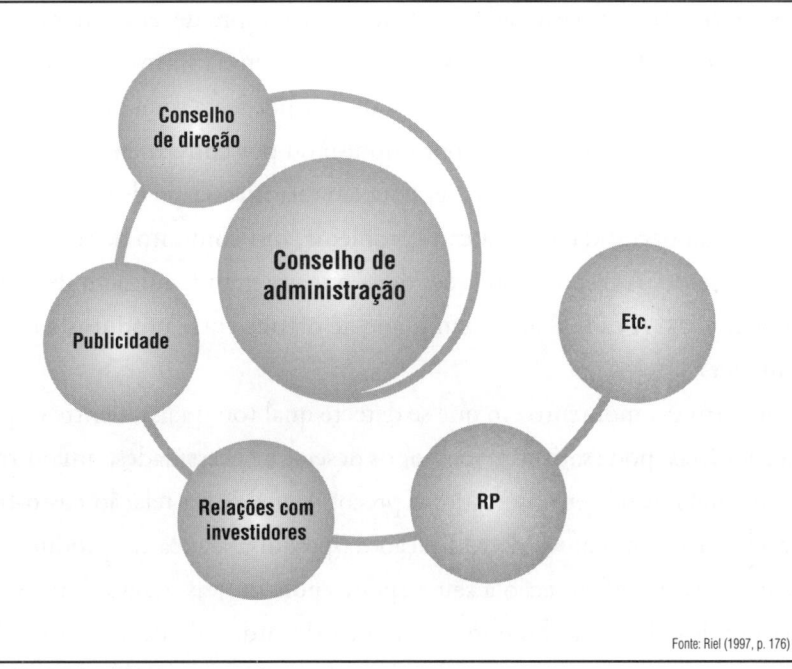

Figura 19.1 Princípio do carrossel.

Fonte: Riel (1997, p. 176)

cia de uma coordenação dos interesses da organização pode se dar pela integração de diversas áreas convergentes, em especial a publicidade, o setor de relacionamento com os investidores e as relações públicas, moderadas por um conselho de direção ou diretoria que uniria as partes e as ligaria ao conselho de administração da empresa.

Uma visão integrada da ação comunicacional por meio da unidade obtida nos discursos publicitário e institucional é um ponto de vista adequado às inúmeras demandas da empresa que se propõe a patrocinar ou dos grupos que desejam obter o patrocínio.

Fatores para fazer (ou estimular) uma escolha

Até que ponto as condições clássicas de análise de um produto ou de um serviço conseguem de fato torná-lo diferente entre os demais a ponto de a escolha, no momento da aquisição, ser-lhe direcionada? No instante em que um consumidor detecta uma necessidade de compra, ele sempre deverá – ainda que isso possa acontecer de maneira inconsciente – ter algumas informações claras sobre o que deseja/precisa. É claro que isso pode cair por terra total ou parcialmente, quando se trata de uma compra por impulso ou por conveniência.

A primeira observação deve ser feita em relação ao tipo de produto que irá atender à sua necessidade. Para cada problema, um conjunto de soluções pode ser apresentado. A resposta pode ser dada por um grande número de produtos em nossos dias. A cada dia, a quantidade de ofertas entre produtos concorrentes aumenta.

A partir do momento em que se detecte qual (ou quais), dentre os produtos disponíveis, pode satisfazer melhor os desejos e necessidades, um outro item fundamental deverá ser observado: o preço. A análise da relação custo-benefício pode vir mesmo antes da realização da pesquisa acerca do produto, talvez pela ausência de informação a seu respeito, pois muitas vezes o não-comunicar comunica. Todavia, mesmo se o fator primordial de decisão for o preço, ainda assim haverá uma boa possibilidade de escolha no rol disponível dentro de determinada faixa.

O terceiro item a ser observado – não se deve entender que exista uma condição de hierarquização, pois pode haver um processo simultâneo ou uma eventual hierarquia entre os itens aqui destacados – é a acessibilidade ao produto. Aquilo que se faz disponível por meio de uma boa distribuição ganha a força de sua presença. No caso da prestação de serviços, a informação a respeito pode fortalecer o conceito de acessibilidade.

Ocorre, todavia, em diversas situações, um empate técnico entre todos esses fatores, o que direciona a responsabilidade pela decisão para o campo externo às condições de produção, venda e distribuição, momento em que a comunicação pode ser fator persuasivo determinante. A partir de estratégias de publicidade, propaganda, promoção, merchandising etc. é possível diferenciar um produto de outro, agregando o valor de uma marca, que, desse modo, pode revestir o produto e dar-lhe os diferenciais competitivos necessários para torná-lo único no momento da escolha.

Atualmente, porém, nos diversos campos mercadológicos, a concorrência também se dá por meio de marcas: além de produtos altamente desenvolvidos, marcas valiosas vêm sendo construídas com maciços e contínuos investimentos. Tais investimentos buscam a ampliação da lembrança da marca para que, assim, se conquiste participação de mercado. Se dois produtos equivalentes, além de criar a percepção de equilíbrio aos olhos do consumidor, têm preço e condições de venda, distribuição, embalagem e marca semelhantes – a embalagem imaginária do produto –, podemos entender que, nessa situação, é necessário a criação de elementos diferenciais capazes de agregar algo a mais ao discurso do produto, algo que lhe acrescente – ou amplie – a noção de utilidade marginal.

Talvez nesse momento o caminho seja acrescentar uma nova embalagem à marca, que pode, então, ser recoberta de maneira transparente, mas efetiva, por uma imagem institucional sólida e coerente. Para isso o planejamento estratégico deve se servir das mensagens institucionais provenientes do produtor/fornecedor e resultantes de um claro conjunto de princípios institucionais – missão, visão, filosofia etc. A imagem institucional permite a identificação do produto e de sua marca com valores oriundos de uma organização, dando, assim, personalidade ao discurso.

> Todo esse processo de valorização da organização, de seus produtos e de sua marca, por meio de uma Proposta Institucional Única, deve redundar na melhoria do clima organizacional e na ampliação de *market share*, na fidelização do consumidor e na opinião pública – nesse momento, é mais provável que públicos como imprensa, governo, lideranças variadas tenham mais boa vontade para com a organização. (Farias, 2004, p. 61)

A imagem institucional, por sua vez, não deve surgir de uma construção isenta da realidade organizacional. Ao contrário, deve ser fruto dela. De acordo com Costa (1995, p. 45):

> A imagem é a resultante da identidade organizacional, expressa nos feitos e nas mensagens. Para a empresa a imagem é um instrumento estratégico, um conjunto de técnicas mentais e materiais, que têm por objetivo criar e fixar na memória do público os "valores" positivos, motivadores e duradouros. Estes valores são reforçados ao longo do tempo (reimpregnação

da mente) por meio dos serviços, atuações e comunicações. A imagem é um valor que sempre se deseja positivo – isto é, crescente e acumulativo –, e cujos resultados são o suporte favorável aos êxitos presentes e sucessivos da organização.

Se para alguns a imagem não é nada, talvez em alguns momentos possa ocorrer exatamente o contrário: seja tudo. Aqui não se prega que a forma deva informar o conteúdo de modo ligeiro, raso. A imagem deve ser exatamente o conteúdo manifesto por sua imagem: um processo de ação (conteúdo) e reação (mensagem percebida ou imagem). O equilíbrio entre as diversas atuações mercadológicas e a proposta institucional, entendida por seus princípios institucionais – missão, visão, filosofia e objetivos –, deve criar a ponderação necessária entre imagem e identidade, revertendo valores positivos à marca e ao produto.

> Quando a identidade é forte, claramente diferenciada e gerenciada, chega a formar parte da personalidade original da empresa e, então, resulta em "estilo". A esse estilo – dito em sentido amplo – pode-se chamar, com propriedade: imagem. (Costa, 1995, p. 43)

A cada tempo cresce a necessidade de uma assinatura corporativa que dê crédito mais amplo à marca. Se há a necessidade de ampliação da parcela de mercado com a ampliação de faturamento, isso ocorre justamente porque a organização produtora necessita ampliar seu patamar de satisfação de necessidades. E isso se aplica a todas as organizações, tenham elas finalidade de lucro ou não.

Para que isso resulte em sucesso, é necessário que se ofertem produtos e serviços revestidos por uma marca forte. Todavia, a crescente concorrência em todos os segmentos de atuação leva a pensar que somente a construção de uma comunicação mercadológica não é suficiente para dar destaque e prioridade a um setor. Cada vez mais se faz necessário, então, o diferencial, o valor extra.

O posicionamento da marca passa, então, pela imagem absorvida por um determinado segmento de público em relação a determinada organização ou setor. Essa imagem constrói-se, por assim dizer, a partir da identidade oriunda das manifestações culturais de uma organização. Conclui-se, então, que produto, marca e instituição são indissociáveis (Zozzoli, 1995), formando uma pirâmide de sustentação para a atuação institucional/organizacional e para a concorrência de mercado (ver Figura 19.2).

$
\text{(resultados/receita)} \\
\downarrow \\
\text{PRODUTO} \\
\downarrow \\
\text{MARCA} \\
\downarrow \\
\text{IMAGEM INSTITUCIONAL} \\
\downarrow \\
\text{IDENTIDADE CORPORATIVA} \\
\downarrow \\
\text{CULTURA ORGANIZACIONAL} \\
\therefore \\
\text{(MARCA + PRODUTO + INSTITUIÇÃO)} \\
= \\
\text{RESULTADOS/MERCADO}
$

Fonte: Farias (2003, p. 75)

Figura 19.2 Pirâmide de sustentação organizacional.

Pode-se entender, desse modo, o conceito de comunicação integrada como suporte ao olhar global dos esforços de comunicação de uma organização. De acordo com Kunsch (2003, p. 150), pode-se definir comunicação integrada como:

> Uma filosofia que direciona a convergência das diversas áreas, permitindo uma atitude sinérgica. Pressupõe uma junção da comunicação institucional, da comunicação mercadológica, da comunicação interna e da comunicação administrativa, que formam o mix, o composto da comunicação organizacional.

Para quem se enviam as mensagens

Se a organização precisa convencer os diversos públicos com os quais interage de sua unicidade, de seus diferenciais, pode ser nesse momento que ela também precise se convencer da unicidade e dos diferenciais dos públicos com os quais interage. O processo, então, é contínuo, dinâmico e multidirecional.

Conhecer os diversos públicos pode permitir à organização a definição de caminhos estratégicos para comunicar-se com eles. A identificação dos grupos para os quais se enviam as mensagens é tão importante quanto a sensibilização da organização para os temas prioritários que orientam as discussões desses grupos.

A responsabilidade da organização com os diversos assuntos que permeiam a pauta pública pode tornar-se valor agregado à sua mensagem, tanto do ponto de vista promocional quanto do ponto de vista institucional. Para tanto, conhecer os públicos, mapeando-os e percebendo suas características mais específicas, pode transformar-se em diferencial competitivo.

Ao mesmo tempo que os grupos devem ser compreendidos, a inter-relação existente entre eles também é fundamental para o planejamento global da comunicação. Quando se planeja uma ação para a comunidade, não se pode deixar de lado a influência disso sobre os meios de comunicação de massa: se o foco da ação é o consumidor final, não se pode ignorar o público interno, formado pelos profissionais responsáveis pelo cumprimento das promessas feitas pela organização. Assim, a avaliação dos diversos processos em que os públicos influenciam direta ou indiretamente é de suma importância para o planejamento da organização.

Desse modo, a agenda de discussões e de cada público influenciará fortemente as demais agendas, bem como a percepção sobre o planejamento global da própria organização, que deve se servir da comunicação como um elemento fundamental de sua constituição na mesa de negociações – momento no qual é gerado todo o planejamento e são definidos objetivos e metas. A participação da comunicação permitirá orientar melhor os modos como os públicos serão envolvidos no processo e como a opinião pública poderá ser trabalhada de modo favorável.

Quando gastar é investir

Comunicação é uma área muitas vezes pouco palpável, freqüentemente de difícil medição, e por vezes interpretada como não-vital (em especial em momentos de corte ou de crise, em que a sobrevivência da organização passa por tomadas de decisão pautadas em crenças nem sempre baseadas na realidade). Ainda que existam ferramentas de mensuração, é difícil falar sobre uma área que trabalha com imagens, conceitos e percepções. Quando se fala de resultados de mercado, de vendas, é claro que se torna mais fácil o convencimento sobre o investimento a ser feito, em detrimento da possível percepção do gasto.

A flexibilidade dos investimentos destinados à comunicação também depende de quão consistente possa ser a sua percepção. Isso também será diretamente proporcional ao modo como cada organização e seus gestores a enxergam e percebem. Desde o momento em que se definem missão, filosofia e visão de uma instituição são dados os primeiros passos na constituição do pensamento sobre a razão da comunicação.

A associação a atividades diferenciadas pode (e talvez deva!) marcar positiva e permanentemente a organização e seu nome, reverberando nos produtos e nos resultados. Entre os diversos recursos implementados como agregadores de diferenciais, as políticas de apoio, mecenato e patrocínio tornam-se cada dia mais utilizadas e bem-recebidas pelo mercado. Ainda assim, a grande maioria dos projetos de patrocínio – cultural, esportivo etc. – é fundamentada por meras programações de eventos e outras informações menos estratégicas e convincentes que os benefícios que podem ser levados e associados às empresas.

A diferença entre gasto e investimento pode ser muito tênue, separada apenas pelo significado atribuído a partir de um conjunto de informações qualificadas acerca do que se pretende propor como objeto do patrocínio. Custos equivocados – seja por ingenuidade, seja por "segurança" – também acabam por criar estigmas pouco adequados e interessantes para o campo. A necessidade de parametrização, de sistemática, está diretamente associada à credibilidade necessária para que se demonstrem claramente os retornos que podem ser obtidos, justificando o investimento e clareando o conceito de benefício.

Outro aspecto a ser discutido é o compartilhamento de patrocínios por diversas empresas. Se por um lado isso facilita por apresentar valores mais reduzidos que patrocínios exclusivos, por outro pode diluir a sensação de retorno, por conta da não visibilidade para quem investe – e por colocar a marca em meio a outras, criando um possível embaralhamento. Alguns desses fatores podem criar a sensação de que investir é gastar.

Para que se tenha foco no investimento, o projeto de patrocínio deve conter, de forma clara e bem definida, todos os atributos, vantagens e detalhamentos de cada etapa. Antes mesmo do investimento, cabe convencer a organização patrocinadora da importância e credibilidade do projeto, de suas associações diretas e indiretas à imagem da corporação, à marca e ao produto, permitindo assim a sensação de benefícios duráveis oriundos do patrocínio.

Avaliação do objeto

Para que se tenha sucesso com a estratégia do patrocínio deve-se buscar uma visão abrangente e ao mesmo tempo do passo-a-passo da ação. Toda a reflexão deve partir da minuciosa explicação e do total esclarecimento acerca da atividade. Para quem é destinada a ação e quais públicos serão atingidos em decorrência da iniciativa também devem fazer parte do rol de qualificações.

O custo – que a partir de sua plena justificativa passa a ser investimento – deve ser apresentado e qualificado em cada uma das etapas, esclarecendo os envolvidos, os valores das atividades e a importância para a consumação do evento. Além disso, o incentivador – por meio de apoio ou de investimento – deve ter claro para si quais serão os benefícios em formato, tamanho, periodicidade, cores etc.

Um projeto deve ser a primeira etapa para a reflexão sobre a validade de uma proposta de patrocínio, que deve conter um conjunto de informações, tais como a própria definição e a explicação da ação. Além disso, devem constar a dinâmica de realização, período e local de realização, bem como detalhamento sobre os envolvidos – artistas, esportistas, personalidades, empresas, instituições, comunidades etc. Ao apresentar um projeto, é indispensável que se ofereça a melhor descrição possível, a fim de avaliar sua pertinência.

As realizações têm três etapas: pré-produção, produção e pós-produção. As diversas ações necessárias a cada uma dessas etapas devem ser distribuídas ao longo do tempo, o que permite uma maior organização e projeção de investimentos necessários em cada momento, facilitando, assim, a visualização do desembolso.

O passo-a-passo de um projeto

O mérito de um projeto está diretamente associado à sua forma e conteúdo. Tanto a adequação da temática do projeto que pleiteie um patrocínio quanto a sua forma de apresentação potencializam resultados positivos. Cabe ao captador do patrocínio a clareza de buscar adaptar os objetivos de seu projeto às características de seu potencial apoiador – e o modo de fazê-lo deve ser visto como um processo com algumas etapas fundamentais.

O passo inicial para a realização de uma proposta de patrocínio passa pela elaboração consistente de um sólido projeto. O início de todo projeto passa pela aglutinação de dados que possam subsidiá-lo. A pesquisa, assim, passa a ser um dos mais importantes elementos do início do processo. Todavia, cabe lembrar que a realização de pesquisas muitas vezes remete a um trabalho volumoso, de características técnicas muito específicas. Desse modo, uma rápida reflexão pode ser útil.

Dentro das pesquisas podemos nos remeter às de caráter qualitativo ou quantitativo. Ambas exigem preparo técnico e, em algumas circunstâncias, demandam mais investimento que o que se poderia realizar na etapa de preparação do projeto. Mesmo assim, um caminho que pode colaborar na construção de uma boa base é a realização de estudos exploratórios.

Há diversas bases de dados disponíveis e de fácil acesso, como, por exemplo, as associações representativas e a própria Internet, que se por um lado nem sempre é de todo confiável, por outro permite um sem-número de levantamentos de forma imediata e com a possibilidade de confrontação entre as diversas fontes.

Conhecer o máximo sobre o segmento em que se propõe um patrocínio é o primeiro passo. Quantos e quais projetos já foram apresentados e seus resultados, quais as organizações que têm a prática de investir e em quais tipos de projetos, quais os prazos mais adequados para inserção no orçamento anual das empresas devem ser perguntas-chave.

Entre as leis de incentivo existentes também devem ser buscadas as mais ajustadas ao projeto, seja pela potencialidade de uso, seja pelo cronograma também estabelecido pelos órgãos públicos.

Um bom *mailing* de investidores também faz parte do rol de pesquisa e pode ser conseguido por acessos a páginas de grandes empresas, que costumam deixar claro qual é o processo para obter o incentivo com eles e quais os tipos de projeto que fazem parte do seu portfólio de investimentos.

Com esses dados em mãos pode-se iniciar a redação do projeto. Cabe lembrar que sempre há dois lados: o que propõe, e que deve ter claro as informações vitais para o convencimento da outra parte, e o patrocinador, que também deve se cercar de informações sobre o captador e o projeto. Ambos devem oferecer credibilidade e clareza, sem as quais os riscos de um baixo ou de nenhum retorno se acentuam.

Todo projeto deve deixar claro a qual tema se refere. Ainda que os projetos devam ser sucintos e objetivos, um primeiro contato com um tema exige um bom panorama, capaz de dar uma idéia geral sobre o que se propõe. A introdução é, assim, o momento em que se poderá estimular o leitor-patrocinador a dar seguimento à leitura do texto.

Após uma primeira explanação, devem ser definidos os públicos a ser atingidos pela ação. Quanto mais se possa falar sobre o perfil do público, tanto melhor, deixando claro de que modo a opinião pública poderá agir sobre o nome da organização patrocinadora. A quantidade de pessoas atingidas direta e indiretamente, os dados demográficos (gênero, faixa etária, religião, faixa de renda etc.) sobre esse público e, se possível, informações sobre seus hábitos comportamentais ajudarão a orientar e a valorizar o projeto.

Os objetivos que se têm com a ação devem vir bem delineados, mas sem esquecer dos objetivos para o patrocínio. Isso pode ser apresentado como objetivo geral e objetivos específicos. A partir destes pode-se partir para um rol de acompanhamento de cada etapa a ser cumprida no futuro e de como cada uma delas será capaz de fazê-los acontecer.

O passo seguinte é a redação de uma justificativa. Clara e amparada por dados oriundos da própria pesquisa já realizada, a justificativa deverá dar conta dos motivos para realizar a ação e, ao mesmo tempo, de por que a organização deve investir no patrocínio.

Um passo importante é a definição do plano de divulgação. A maneira que se escolhe para colocar em cena a ação patrocinada pode ser um grande diferencial no momento da análise do patrocínio. Para isso, um detalhado plano de mídia deve ser apresentado, tanto no que se refere à forma quanto ao conteúdo, além da explicitação de como o nome da organização patrocinadora aparecerá (mídia, local, tamanho, formato, cores etc.).

Isso posto, a minuciosa definição de recursos – materiais, físicos, financeiros e humanos – deve ser amparada pela descrição das necessidades ao longo de cada etapa de realização da ação. Nesse momento, a descrição das dinâmicas de realização colabora para fundamentar os recursos necessários.

A amarração entre todos os itens leva à credibilidade e à facilidade de compreensão da proposta, permitindo a avaliação da validade da proposta e sua relação com os objetivos da organização patrocinadora.

A divulgação do patrocínio

Utilizar o patrocínio como estratégia de divulgação está diretamente relacionado à valorização de toda a ação. Nesse aspecto há dois caminhos que podem ser utilizados. O primeiro é a própria divulgação promocional. Seja pelos meios de comunicação de massa, seja de forma segmentada ou no próprio espaço destinado à realização da ação (caso exista essa configuração física), os resultados são diretamente relacionados ao planejamento de divulgação e à capacidade de alcançar os públicos visados.

As vantagens das ações de divulgação promocional são a agilidade e a certeza da divulgação, partindo das referências que cada veículo escolhido apresente. Tais ações podem ser malas-diretas, *folders* promocionais, decoração do ponto-de-venda, *outdoors*, inserções publicitárias etc. Porém, as vantagens de um maior controle sobre a divulgação não trazem garantias à recepção das mensagens. Um elemento que pode fazer diferença entre a escolha da veiculação das mensagens – na forma e no conteúdo – é o custo para cada estratégia. E as estratégias de divulgação com fins promocionais, especialmente a publicidade, têm, notadamente, elevado custo, mesmo representando uma exposição importante e necessária, capaz de dar destaque e favorecer o contato de um grande número de pessoas com as idéias propostas no composto comunicacional.

Nesse aspecto, pode prevalecer a vantagem da comunicação institucional – seja ela dirigida ou destinada à comunicação nos grandes veículos. Partamos inicialmente da comunicação dirigida, que, segundo Andrade *apud* Ferreira (1997, p. 73), "é o processo que tem por finalidade transmitir ou conduzir informações para estabelecer comunicação limitada, orientada e freqüente com determinado número de pessoas homogêneas e identificadas".

Nesse âmbito, então, temos, dentro do rol de ações da comunicação dirigida, uma série de instrumentos capazes de viabilizar de modo bastante controlável as relações com os públicos envolvidos. Tratando-se de ações de patrocínio, isso parece ter importância fundamental. O conhecimento do público interno da organização patrocinadora – funcionários, familiares, terceirizados – permite que ações pontuais sejam delineadas de forma equilibrada para cada um desses grupos, potencializando o envolvimento deles e fortalecendo os vínculos com a ação patrocinada.

Cabe ressaltar que ações de patrocínio que não estejam relacionadas à essência ou ao momento da organização podem ser malvistas pelos seus públicos e tornar-se um ponto negativo nos relacionamentos. Por isso a necessidade de avaliar a vocação e o momento da organização, planejando de modo equilibrado o investimento e potencializando o retorno.

A utilização de ferramentas como *folders* com conteúdo institucional, veículos de comunicação institucional – boletins, jornais e revistas –, intranet, internet, rádio e TV institucional pode fazer com que os objetivos do patrocínio se acerquem e conquistem a boa vontade dos públicos internos.

Para os públicos externos, em especial os formadores de opinião e os diretamente atingidos pelos efeitos do patrocínio, a informação também pode ser feita pela via da comunicação dirigida, seja pelo envio de malas-diretas com conteúdo institucional, seja pela realização de eventos de divulgação etc. Todavia, a necessidade de divulgação em larga escala parece exigir mais fortemente a utilização de estratégias de mais largo alcance, como a assessoria de imprensa.

Por meio desse instrumento, a assessoria de imprensa – que melhor seria se fosse chamada de relações com a imprensa, mas é conhecida mesmo pela expressão que, ao pé da letra, talvez faça pouco sentido –, pode-se veicular a mensagem com um alto nível de credibilidade, pois acaba fazendo parte do editorial dos veículos que divulgam a notícia, recebendo assim seu depoimento testemunhal. Além disso, a relação custo-benefício é altamente estimulante.

O primeiro passo para uma assessoria de imprensa eficaz é que ela faça parte do composto comunicacional e não seja vista como a única ferramenta de comunicação a ser utilizada – de forma exclusiva ou dissociada das demais. Sua função é compor o quadro geral de instrumentos, entendido como um portfólio no qual existem instrumentos promocionais e institucionais.

Em cada uma das estratégias propostas ou utilizadas deve ficar clara a razão do evento maior, o motivo do patrocínio, os valores agregados da ação e o nome dos patrocinadores. Mais uma vez vale lembrar que a organização (promotora e patrocinadora), o produto e a sua marca não devem ser dissociados.

Seja, então, em qual estratégia for, a divulgação deve, desde a sua criação, contemplar o equilíbrio entre o produto patrocinado e o patrocinador (ou patrocinadores).

Pontos de vista para o patrocínio

Patrocínio é um bom negócio. O importante é que ele seja expresso como bom negócio para todas as partes. Buscar um patrocínio exige demonstrar, antes de tudo, total credibilidade por parte do captador e do produto a ser patrocinado. A avaliação desse conjunto permitirá que o contato na organização, seja ele de qual área for, possa ter a certeza de um investimento de curto, médio e longo prazos.

Para o captador, por sua vez, cabe um levantamento prévio o mais completo possível, de modo a não associar sua ação a uma organização que não colabore diretamente para o sucesso. Além disso, a minúcia no controle de custos pode e deve ser elemento diferencial, sem o qual não há garantias para quaisquer partes.

O discurso profissional deve acontecer de ambas (ou das várias) partes. A associação de marcas e de imagens pode ser um elemento de grande sucesso ou mesmo de constrangimento, caso não haja equilíbrio e planejamento.

A divulgação por si só também não é o elemento mais importante, pois antes dela a ação de patrocínio deve ter claro as razões que a fizeram existir. O patrocínio, por mais antigo que seja o conceito, passa a ser um elemento diferencial no composto comunicacional das organizações, permitindo a visão de comunicação estratégica, com a união dos elementos da comunicação interna, comunicação mercadológica e comunicação institucional. Qualquer um desses pilares que não for bem avaliado no processo de fundamentação do patrocínio pode lançar por terra o sucesso da proposta. A sua boa observação pode, sem dúvida, ampliar o sucesso e fazer do patrocínio um instrumento eficiente e estratégico para o planejamento global da organização, bem como de seus produtos e marcas.

Outro aspecto que deve em todo momento ser avaliado é a utilização das leis de incentivo, as quais exigem grande especialização, pois nem sempre são o melhor caminho – ou ao menos o único – para a mobilização de recursos. A grande densidade da burocracia envolvida, que talvez chegue a torná-la uma má burocracia, acaba por engessar alguns processos. De qualquer modo, vale também essa análise quando se pretende utilizar os inúmeros elementos de convencimento ante os investidores. A profissionalização é mesmo o melhor caminho, em especial em uma área na qual cresce a maturidade e as oportunidades vão se tornando cada vez mais atrativas.

São inúmeros pontos de vista, mas a conjunção de diversos profissionais que têm migrado para essa área, dando-lhe a cada dia mais corpo, mostra as potencialidades que ela permite vislumbrar e os bons resultados que a sociedade pode vir a receber.

BIBLIOGRAFIA

BRANT, L. *Mercado cultural: investimento social, formatação e venda de projetos, gestão e patrocínio, política cultural.* São Paulo: Escrituras, 2001.

COSTA, I. F. da. *Marketing cultural: o patrocínio de atividades culturais como construção de marca.* São Paulo: Atlas, 2004.

COSTA, J. *Comunicación corporativa y revolución de los servicios.* Madri: Ediciones de las Ciencias Sociales, 1995.

FARIAS, L. A. de. Políticas de relações públicas para o fortalecimento do turismo. *Communicare – Revista de Pesquisa,* São Paulo, Faculdade de Comunicação Social Cásper Líbero, v. 3, n. 1, 2003.

FARIAS, L. A. de. *A literatura de relações públicas: produção, consumo e perspectivas*. São Paulo: Summus, 2004.

FERREIRA, W. Comunicação dirigida: instrumento de relações públicas. In: KUNSCH, M. M. K. (org.). *Obtendo resultados com relações públicas*. São Paulo: Pioneira, 1997.

_____ . *Planejamento de relações públicas na comunicação integrada*. Edição revista, atualizada e ampliada. São Paulo: Summus, 2003.

REIS, A. C. F. *Marketing cultural e financiamento da cultura*. São Paulo: Thomson, 2003.

RIEL, C. B. M. van. *Comunicación corporativa*. Madri: Prentice Hall, 1997.

YANAZE, M. H. Esqueça o marketing! *Revista Líbero*, ano III, v. 5, p. 88-92, 2000.

ZOZZOLI, J. C. A marca: fenômeno e instrumento não negligenciável em relações públicas. Aracaju: XVIII Congresso Brasileiro de Ciências da Comunicação, 1995.

IMPRESSÃO E ACABAMENTO:
YANGRAF Fone/Fax:
6195.77.22
e-mail:yangraf.comercial@terra.com.br